Paul Roazen
Wie Freud arbeitete

Das Anliegen der Buchreihe BIBLIOTHEK DER PSYCHOANALYSE besteht darin, ein Forum der Auseinandersetzung zu schaffen, das der Psychoanalyse als Grundlagenwissenschaft, als Human- und Kulturwissenschaft und als klinische Theorie und Praxis neue Impulse verleiht. Die verschiedenen Strömungen innerhalb der Psychoanalyse sollen zu Wort kommen, und der kritische Dialog mit den Nachbarwissenschaften soll intensiviert werden. Bislang haben sich folgende Themenschwerpunkte herauskristallisiert:

Die *Wiederentdeckung lange vergriffener Klassiker der Psychoanalyse* – wie beispielsweise die Werke von Otto Fenichel, Karl Abraham und Otto Rank – soll die gemeinsamen Wurzeln der von Zersplitterung bedrohten psychoanalytischen Bewegung stärken. Einen weiteren Baustein psychoanalytischer Identität bildet die *Beschäftigung mit dem Werk und der Person Sigmund Freuds und den Diskussionen und Konflikten in der Frühgeschichte der psychoanalytischen Bewegung.*

Im Zuge ihrer Etablierung als medizinisch-psychologisches Heilverfahren hat die Psychoanalyse ihre geisteswissenschaftlichen, kulturanalytischen und politischen Ansätze vernachlässigt. Indem der *Dialog mit den Nachbarwissenschaften* wiederaufgenommen wird, soll das kultur- und gesellschaftskritische Erbe der Psychoanalyse wiederbelebt und weiterentwickelt werden.

Stärker als früher steht die Psychoanalyse in Konkurrenz zu benachbarten Psychotherapieverfahren und der biologischen Psychiatrie. Als das anspruchsvollste unter den psychotherapeutischen Verfahren sollte sich die Psychoanalyse der *Überprüfung ihrer Verfahrensweisen* und ihrer Therapie-Erfolge durch die empirischen Wissenschaften stellen, aber auch eigene Kriterien und Konzepte zur Erfolgskontrolle entwickeln. In diesen Zusammenhang gehört auch die Wiederaufnahme der Diskussion über den besonderen *wissenschaftstheoretischen Status der Psychoanalyse.*

Hundert Jahre nach ihrer Schöpfung durch Sigmund Freud sieht sich die Psychoanalyse vor neue Herausforderungen gestellt, die sie nur bewältigen kann, wenn sie sich auf ihr kritisches Potential besinnt.

BIBLIOTHEK DER PSYCHOANALYSE
HERAUSGEGEBEN VON HANS-JÜRGEN WIRTH

Paul Roazen

Wie Freud arbeitete

Berichte von Patienten
aus erster Hand

Aus dem Amerikanischen übersetzt
von Anni Pott

Psychosozial-Verlag

Die Deutsche Bibliothek - CIP-Einheitsaufnahme

Roazen, Paul:
Wie Freud arbeitete : Berichte von Patienten aus erster Hand / Paul Roazen.
Aus dem Amerikan. übers. von Anni Pott. - Gießen :
Psychosozial-Verl., 1999
(Bibliothek der Psychoanalyse)
Einheitssacht.: How Freud worked <dt.>
ISBN 3-932133-48-X

© 1999 Psychosozial-Verlag
Friedrichstr. 35, D-35392 Gießen,
Tel.: 0641/77819, Fax: 0641/77742
e-mail: psychosozial-verlag@t-online.de
Alle Rechte, insbesondere das des auszugsweisen Abdrucks
und das der photomechanischen Wiedergabe, vorbehalten.
Copyright der amerikanischen Originalausgabe © 1995 by Paul Roazen, Ph.D.
Umschlagabbildung: Nancy J. D'Arrigo und M. Moskowitz
Umschlaggestaltung: Atelier Warminski, Büdingen
Druck: Runge, Cloppenburg
ISBN 3-932133-48-X

Für
Sylvia, Joe, Albert
und im Gedenken an Lena

Inhaltsverzeichnis

Seite

Vorwort von Hans-Jürgen Wirth .... I-IV

Danksagung 9

Einleitung 11

1. Die Frage der Kälte: Albert Hirst 25

2. „Die richtige Strafe": David Brunswick 51

3. Co-Abhängigkeit: Mark Brunswick 77

4. Verbotener Sex: Dr. Edith Jackson 103

5. Vertreter der Wiener Psychoanalytischen Vereinigung:
   Dr. Robert Jokl 125

6. Kultismus: Kata Levy 149

7. „Eine feine Sache für normale Menschen":
   Dr. Irmarita Putnam 167

8. Zwischen Vater und Mutter: Eva Rosenfeld 191

9. Bloomsbury: James und Alix Strachey 223

10. Schlußfolgerungen 245

Bibliographie 263

Stichwortverzeichnis 269

Vorwort zur deutschen Ausgabe

Der besondere Charakter der psychoanalytischen Wissenschaft macht eine eigentümliche Form der wissenschaftlichen Traditionsbildung, Wissensvermittlung und professionellen Identitätsbildung notwendig: Im Unterschied zu den Naturwissenschaften spielt in der Psychoanalyse das „personengebundene Wissen, Können und Kommunizieren" (Fürstenau 1979, S. 23) eine relativ große Rolle gegenüber den unpersönlichen, in Büchern und Zeitschriften kanonisierten Erkenntnissen. Man erlernt den Beruf des Psychoanalytikers hauptsächlich dadurch, daß man sich mit seinem Lehranalytiker, seinen Supervisoren und seinen sonstigen psychoanalytischen Lehrern und Vorbildern identifiziert. Und da diese wiederum in komplexen Gruppenzusammenhängen stehen und ihrerseits mit ihren eigenen psychoanalytischen Vorbildern identifiziert sind, nimmt jede neue Generation von Psychoanalytikerinnen und Psychoanalytikern per Identifikation die gesamte psychoanalytische Tradition – mit all ihren Konflikten, Abspaltungen und Kämpfen – in sich auf. So pflanzen sich beispielsweise die Spaltungsprozesse aus der Frühzeit der psychoanalytischen Bewegung, die von allen Beteiligten als traumatisch erlebt wurden, von Generation zu Generation fort und wirken sich bis heute auf Theorie- und Schulen-Bildung aus.

Psychologisch gesehen sind alle Psychoanalytikerinnen und Psychoanalytiker Nachkommen von Sigmund Freud und seinem Kreis. Jeder Psychoanalytiker hat seinen Platz im „Stammbaum der Psychoanalyse" (Falzeder 1998). Freud spielt als „Schöpfer der Psychoanalyse" – so die Widmung des Freud-Schülers Otto Rank in seinem Buch *Das Trauma der Geburt und seine Bedeutug für die Psychoanalyse* (1924) – eine ganz hervorragende Rolle für die professionelle Identitätsbildung eines jeden Psychoanalytikers, einer jeden Psychoanalytikerin. Die psychoanalytische Identität ist ganz wesentlich durch die Identifikation mit Sigmund Freud geprägt. Zwar können dabei auch Teilidentifikationen, Gegenidentifikationen, die Identifikation mit Freud als Aggressor, die Introjektion Freuds als Über-Ich-Substitut oder auch die Identifikation mit Freud-Kritikern oder Freud-Dissidenten eine Rolle spielen, in jedem Falle aber bildet die Person Sigmund Freuds einen zentralen Kristallisationskern der psychoanalytischen Identität. Die gleichsam persönliche und emotional gefärbte Beziehung zum Gründervater Freud macht den besonderen Charakter der beruflichen Identitätsbildung des Psychoanalytikers aus, die ganz anderen Regeln gehorcht als in anderen Wissenschaften. Beispielsweise ist die Person Isaak Newtons für die professionelle Identität eines Physikers völlig ohne Belang. Für diesen zählen nur die physikalischen Gesetze, die Newton entdeckt hat, nicht aber seine Person.

Die für die Psychoanalyse charakteristische personen- und beziehungsgebundene Form der professionellen Identitätsbildung entspricht dem Charakteristikum der psychoanalytischen „talking-cure" als einer höchst persönlichen und intimen Form des Gesprächs. Dies bringt aber auch einige Schwierigkeiten mit sich: Aufgrund des großen Gewichts, das dem Gründervater Freud zukommt, stellt sich das Problem der Orthodoxie – Freud und seine Lehre können idealisiert werden, was zur Folge hat, daß jede Kritik an seinen Ausführungen, jede Abweichung, Modifikation oder Weiterentwicklung mit einem Tabu belegt wird. Dies verhindert eine lebendige und kreative wissenschaftliche Diskussion. Orthodoxie und Konservatismus stellen eine Abwehr gegen Neuerungen in der psychoanalytischen Theorie und Praxis dar. Die Verabsolutierung der reinen Lehre entspringt einer Über-Identifikation mit der Person Freuds und hat die Funktion einer Abwehr aggressiver, entwertender Impulse, die sich unbewußt gegen Freud richten und in ihr Gegenteil, nämlich die Idealisierung Freuds, verkehrt werden. Wie alles Verdrängte kehrt jedoch auch die abgewehrte Aggression gegen Freud wieder: Indem die orthodoxe Psychoanalyse Freud als Karrikatur erscheinen läßt, gibt sie ihn letzlich der Lächerlichkeit preis.

Paul Roazen argumentiert in diesem Buch gegen die psychoanalytische Orthodoxie. Er bekämpft den psychoanalytischen Konservatismus. Dabei läßt er durchaus erkennen, daß er auch aus eigener Betroffenheit argumentiert: Bei seinen historischen Nachforschungen mußte er wiederholt feststellen, daß er auf massive Ablehnung und Behinderung seiner Arbeit stieß, wenn seine Nachforschungen Tatsachen ans Licht brachten, die dem Freud-Bild der institutionalisierten Psychoanalyse widersprachen. Der Umstand, daß Sigmund Freud seine Tochter Anna selbst in Psychoanalyse nahm, wird inzwischen als historisch erwiesene Tatsache angesehen (vgl. Gay 1987, S. 489, 393 ff.). Als Roazen diese Tatsache erstmals publizierte, wurde er von Kurt R. Eissler, dem Leiter des Sigmund-Freud-Archivs in New York, diffamiert und bei seinen Forschungen behindert.

Allerdings könnte eine wohldosierte und selbstkritische Orthodoxie durchaus auch eine positive Funktion für die Psychoanalyse haben. Indem die Orthodoxie die Person und das originäre Werk Freuds als zentralen Bezugspunkt betont, kann sie dazu beitragen, daß sich die Vielfalt neuer Theorien nicht in Beliebigkeit verliert. Die bewußte Reflexion der Traditionslinien neuer theoretischer Konzepte, die letztlich alle mit Freud in Verbindung stehen, könnte dafür Sorge tragen, daß neue psychoanalytische Konzepte im Kontakt und im Austausch miteinander blieben und sich trotz ihrer Differenzen untereinander als Teil der Psychoanalyse verstünden. Eine selbstreflexive Orthodoxie könnte also die Einheit der Psychoanalyse in ihrer Vielfalt bewahren helfen.

Ein dogmatisches Festhalten an der reinen Lehre, das jegliche Abweichung von Freud tabuisiert, trägt hingegen nur dazu bei, daß sich Abspaltungen und sektenähnliche Schulen bilden. Wie die französische Psychoanalytikerin Joyce McDougall (1997) konstatiert, hat sich die psychoanalytische Bewegung bereits in eine Vielzahl von konkurrierenden Schulen aufgespalten, die den Charakter von Sekten angenommen haben: in orthodoxe Freudianer, Kleinianer, Hartmannianer, Lacanianer, Kohutianer, Bionianer, Winnicottianer usw. Die Ursache für die „Heiligsprechung von Konzepten und die Verehrung (oder Herabwürdigung) ihrer Urheber" sieht sie in „unaufgelösten Übertragungsbindungen" (ebd., S. 331). Der gegenwärtige Präsident der Internationalen Psychoanalytischen Vereinigung, Otto Kernberg, hat in einer durchaus ernstgemeinten Satire die Rigidität und Hierarchisierung des psychoanalytischen Ausbildungssystems angeprangert, indem er „Dreißig Methoden zur Unterdrückung der Kreativität von Kandidaten der Psychoanalyse" (Kernberg 1996) empfiehlt.

Die Beschäftigung mit der Geschichte der psychoanalytischen Bewegung ist sicherlich kein Allheilmittel gegen die ideologische und institutionelle Erstarrung der Psychoanalyse, sie stellt jedoch eine der unverzichtbaren Voraussetzungen dar, um die Lebendigkeit und Offenheit der Psychoanalyse zu gewährleisten. Da jeder Psychoanalytiker in einer historischen Tradition steht und seine peronlichen psychoanalytischen Überzeugungen und Auffassungen über den psychoanalytischen Familienstammbaum mit Freud verknüpft sind, gehört die Auseinandersetzung mit der Geschichte der psychoanalytischen Bewegung wesentlich zur Identitätsbildung eines jeden Psychoanalytikers. Sowohl die Person Freuds als auch die seiner Schüler – insbesondere die der ersten Stunde – gehen in die psychoanalytische Identitätsbildung ein, und deshalb ist es wichtig, daß wir uns damit beschäftigen, woher wir kommen, von welchen psychoanalytischen Vorfahren wir abstammen und geprägt wurden und mit welchen theoretischen, persönlichen und institutionellen Konflikten sich die psychoanalytischen Generationen vor uns herumgeschlagen haben. Erst auf dem Hintergrund der historischen Entwicklung werden die heutigen theoretischen Differenzen und Schulenbildungen relativierbar und die historische Dimension unserer „unaufgelösten Übertragungsbindungen" wird verstehbar.

Die psychoanalytischen Theorien befinden sich in einer stetigen Weiterentwicklung und damit in einem stetigen Wandlungsprozeß. Man kann sogar sagen, daß die Psychoanalyse in jeder psychoanalytischen Behandlung, ja in jeder einzelnen psychoanalytischen Sitzung, gleichsam neu erfunden wird, da kein menschliches Schicksal dem anderen gleicht. Andererseits benötigen wir die Theorien, um unsere Wahrnehmungen vorzustrukturieren und unsere Aufmerksamkeit auf die Aspekte zu lenken, die sich schon in tausenden von Behandlungsstunden erfahrener Analytiker vor uns als relevant erwiesen haben. Gleichwohl bleibt in der Psychoanalyse das Verhältnis zwischen dem als gesichert geltenden Bestand des Wissens und neuen Entdeckungen immer prekär. Dies hängt – wie Johann August Schülein (1999) gezeigt hat – mit dem konnotativen Charakter der psychoanalytischen Wissenschaft zusammen. Um psychoanalytische Konzepte wirklich zu verstehen, ist es notwendig, den Prozeß ihrer historischen Entwicklung nachzuvollziehen.

Alle Forschungen zur Geschichte der Psychoanalyse sind sich heute darin einig, daß das Freud-Bild, das Ernest Jones (1957) in seiner dreibändigen Freud-Biographie gemalt hat, sich durch Idealisierungen und Beschönigungen auszeichnet und in mancherlei Hinsicht kein realistisches Bild von Freud und der Frühzeit der psychoanalytischen Bewegung gibt. Es ist das große Verdienst von Paul Roazen, daß er in den siebziger Jahren eigene intensive Forschungen angestellt hat, indem er alle damals noch lebenden Personen, die mit Freud in direktem Kontakt standen, also seine Patienten, seine Schüler, seine Verwandten aufsuchte und in ausführlichen Gesprächen interviewte. Er hat dabei reichhaltiges Material zusammengetragen, dessen Einzigartigkeit nur mit den Tonbandaufzeichnungen von Interviews, den Briefen, den Manuskripten und den sonstigen Dokumenten vergleichbar ist, die Kurt Robert Eissler aufgezeichnet, gesammelt und archiviert hat und im New Yorker Sigmund-Freud-Archiv vor der wissenschaftlichen Öffentlichkeit unter Verschluß hält.

Mit Fug und Recht kann man Paul Roazen als einen der bedeutendsten Historiker der Psychoanalyse bezeichnen. Seit über 30 Jahren beschäftigt er sich mit dem wissenschaftlichen Werk und der Person Sigmund Freuds und mit der Geschichte der psychoanalytischen Bewegung. Er hat nicht nur zahlreiche historische Bücher über Freud und andere Pioniere der Psychoanalyse geschrieben, sondern auch Werke bedeutender Psychoanalytikerinnen und Psychoanalytiker herausgegeben, beispielsweise *Psychoanalysis of the Sexual Functions of Women* (1991) von Helene Deutsch. Sein erstes Buch, das auf Deutsch erschien, war *Politik und Gesellschaft bei Sigmund Freud* (englische Ausgabe 1968), das 1971 in der von Alexander Mitscherlich herausgegebenen Buchreihe *Literatur der Psychoanalyse* im Suhrkamp Verlag veröffentlicht wurde. Es ist schon seit vielen Jahren vergriffen. Sein bedeutendstes Werk dürfte *Sigmund Freud und sein Kreis* (englische Ausgabe 1975) sein, das erstmals 1976 auf Deutsch erschien und das 1997 in der »BIBLIOTHEK DER PSYCHOANALYSE« neu aufgelegt wurde. Die Biographie *Freuds Liebling Helene Deutsch* (englische Ausgabe 1985) wurde 1989 im Verlag Internationale Psychoanalyse veröffentlicht, während die Biographie *Erik Erikson The Power and Limits of a Vision* (englische Ausgabe 1976) bislang noch nicht ins Deutsche übersetzt wurde. Besonders kontrovers diskutiert wurde Roazens Buch *Brudertier. Sigmund Freud und Viktor Tausk. Die Geschichte eines tragischen Konflikts* (englische Ausgabe 1969), das 1973 bei Hoffmann und Campe veröffentlicht wurde. Eine Neuausgabe dieses Buches ist im Psychosozial-Verlag in Vorbereitung. Der vor wenigen Tagen, am 17. Februar 1999, verstorbene Kurt Robert Eissler hat heftig gegen Roazens These polemisiert, Freud trage eine

Mitschuld am Selbstmord seines Schülers Tausk, weil er sich aus Gründen sexueller und beruflicher Rivalität in einem entscheidenden Moment von ihm abgewandt habe (vgl. Eissler 1971, 1983).

Eisslers harsche Kritik einerseits und Paul Roazens Weigerung, sich Denkverboten zu unterwerfen, andererseits, haben dazu geführt, daß Roazen mit seinen umfangreichen Studien zur Geschichte der Psychoanalyse nur sehr zögerlich von der psychoanalytischen Öffentlichkeit aufgenommen wurde. Im angelsächsischen Sprachraum hat er inzwischen eine gewisse Anerkennung gefunden, was unter anderem in einem Buch Ausdruck gefunden hat, das ihm zu Ehren geschrieben wurde: *Freud under Analysis. Essays in Honor of Paul Roazen* (Dufresne 1997).

Paul Roazens Buch *Wie Freud arbeitete* gibt uns ein eindrucksvolles Bild davon, wie Freud wirklich Psychoanalyse praktizierte. Das Buch basiert auf den Gesprächen, die Roazen in den siebziger Jahren mit 25 Personen geführt hat, die Freuds Patienten oder Lehranalysanden waren. Deutlich wird in diesen Gesprächen, wie experimentell, wie unorthodox und wie unkonventionell Freud arbeitete. Im Zweifelsfall hielt sich Freud nicht an Konventionen. Für ihn als Forscher hatte die Erkenntnis in jedem Falle Vorrang. So sah er deutlich, daß seine Theorie und Praxis den Rahmen der naturwissenschaftlich-medizinischen Forschung sprengten: „Ich bin nicht immer Psychotherapeut gewesen, sondern bin bei Lokaldiagnosen und Elektroprognostik erzogen worden wie andere Neuropathologen, und es berührt mich selbst noch eigentümlich, daß die Krankengeschichten, die ich schreibe, wie Novellen zu lesen sind, und daß sie sozusagen des ernsten Gepräges der Wissenschaftlichkeit entbehren." (Freud 1895, S. 227) Aber er zögerte nicht, diesen Weg zu gehen und sich den Vorwurf der Unwissenschaftlichkeit einzuhandeln. Er nahm sich die Freiheit heraus, so zu forschen, wie er es für angemessen hielt und behauptete einfach, was er tue sei (Natur)wissenschaft. Eine ähnliche Doppelstrategie findet sich auch bei Freuds Handhabung der psychoanalytischen Regeln. In seinen technischen Schriften, speziell in seiner Arbeit *Ratschläge für den Arzt bei der psychoanalytischen Behandlung* (Freud 1912) formuliert er Prinzipien und Regeln, an die er sich – das zeigt Roazens Arbeit überzeugend – selbst nicht hielt. Möglicherweise war Freud – getragen von seinen Größenphantasien – der Ansicht, er könne es sich leisten, seine eigenen Behandlungsprinzipien partiell außer acht zu lassen, da er sich der potentiellen Gefahren bewußt sei und deshalb mit prekären Situationen auch ohne strikte Beachtung von Regeln fertig werden würde. Wir mögen es bedauern, daß wir uns von unserem liebgewonnenen Freud-Bild verabschieden müssen, aber diese Trauerarbeit ist uns aufgegeben, wenn wir die Psychoanalyse entwicklungsfähig und damit lebendig halten wollen.

Hans-Jürgen Wirth

Literatur

Deutsch, H. (1991): Psychoanalysis of the Sexual Functions of Women. Edited and with an introduction by Paul Poazen. London (Karnac Books).
Dufresne, T. (1997): Freud under Analysis. Essays in Honor of Paul Roazen. Northvale, London (Jason Aronson).
Eissler, K. R. (1971): Talent and Genius. The fictitious case of Tausk contra Freud. New York (Quadrangle Books).
Eissler, K. R. (1983): Victor Tausk's suicide. New York (International University Press).
Falzeder, E. (1998): Freud, Ferenczi, Rank und der Stammbaum der Psychoanalyse. In: psychosozial 73: Die Wiederentdeckung Otto Ranks für die Psychoanalyse. Herausgegeben von Ludwig Janus. 21. Jhg., 1998, Heft III, S. 39 - 52.
Freud, S. (1895): Studien über Hysterie. In: GW I, S. 75 - 312.
Freud, S. (1912): Ratschläge für den Arzt bei der psychoanalytischen Behandlung. In: GW VIII, S. 375 - 387.
Fürstenau, P. (1979): Zur Theorie psychoanalytischer Praxis. Stuttgart (Klett-Cotta).
Gay, P. (1987): Sigmund Freud. Eine Biographie für unsere Zeit. Frankfurt 1989 (Fischer).
Jones, E. (1957): Das Leben und Werk von Sigmund Freud. 3 Bände. Bern 1960 (Huber).
Kernberg, O. (1998): Dreißig Methoden zur Unterdrückung der Kreativität von Kandidaten der Psychoanalyse. In: Psyche 52. Jhg., S. 199 - 213.
McDougall, J. (1997): Die Couch ist kein Prokrustesbett. Zur Psychoanalyse der menschlichen Sexualität. Stuttgart (Verlag Internationale Psychoanalyse).
Rank, O. (1924): Das Trauma der Geburt und seine Bedeutung für die Psychoanalyse. Neuausgabe mit einem Vorwort von Ludwig Janus und einer Einführung von James Lieberman. Gießen 1998 (Psychosozial-Verlag).
Roazen, P. (1968): Politik und Gesellschaft bei Sigmund Freud. Frankfurt 1971 (Suhrkamp).
Roazen, P. (1969): Brudertier. Sigmund Freud und Viktor Tausk. Die Geschichte eines tragischen Konflikts. Hamburg 1973 (Hoffmann und Campe). Neuausgabe in Vorbereitung: Gießen 2000 (Psychosozial-Verlag).
Roazen, P. (1975): Sigmund Freud und sein Kreis. Gießen 1997 (Psychosozial-Verlag).
Roazen, P. (1976): Erik Erikson. The Power and Limits of a Vision. London (The Free Press).
Roazen, P. (1985): Freuds Liebling Helene Deutsch. Das Leben einer Psychoanalytikerin. Stuttgart 1989 (Verlag Internationale Psychoanalyse).
Schülein, J. A. (1999): Psychoanalyse als konnotative Theorie. Eine erkenntnistheoretische Studie. Gießen 1999 (Psychosozial-Verlag) (in Vorbereitung).

Danksagung

Dankbar bin ich meinem Agenten Georges Borchardt für seine Geduld und sein Vertrauen in meine Arbeit. Mein alter Freund Michael Paul Rogin hat wieder einmal mit positiven Konsequenzen ein Manuskript von mir gelesen. Todd Dufresne, ein neuer Student, war mir eine große Hilfe; ich hoffe, er wird mich weiterhin mit seinen kritischen Meinungen belohnen. Johann Mohr hat, so hoffe ich, in mir einen würdigen Schüler gefunden.

Die Hannah Foundation for the History of Medicine und das York University's Committee on Research, Grants and Scholarships, Faculty of Arts Research Grants und der Social Science and Humanities Research Council Small Grants haben meine Forschungen für dieses Buch gefördert und damit erleichtert.

David Kaplan, der Lektor von Jason Aronson, hat eine außergewöhnlich gute und einfühlsame Arbeit geleistet.

Einleitung

Was ist in Freuds Psychologie lebensgetreu?

Was für ein Therapeut war Freud eigentlich? Dies ist eine nach wie vor heftig und kontrovers diskutierte Frage. Für einige seiner unerschütterlichen Anhänger ist und bleibt er schlicht eine unantastbare Heiligenfigur – eine Figur, deren Handeln und Tun in jeder Hinsicht einen konsistenten wissenschaftlichen Standpunkt widerspiegelte. Im anderen Extrem gibt es jene, die Freud für einen Schwindler halten, der seine Erfolge weitestgehend einer wirksamen Werbe- und Öffentlichkeitsarbeit zu verdanken hat. Fest steht, daß sowohl die Person Freuds als auch seine Lehren inzwischen massiven Anfechtungen ausgesetzt sind. Die *Time* (29. November, S. 46-50) brachte 1993 eine Titelgeschichte, die mit der Frage: „Ist Freud tot?" überschrieben war. Nun könnte man der Ansicht sein, daß jeder, der mehr als fünfzig Jahre nach seinem Tod Anlaß zu einer solchen Diskussion gibt, sowieso bereits ins Pantheon der Giganten der Geistesgeschichte eingegangen ist. Aber noch im selben Monat, in dem der *Time*-Artikel erschienen war, eröffnete die *New York Review of Books* ebenfalls eine harte und erbitterte Diskussion darüber, wie irreführend Freuds Behauptungen sein konnten (Crews, 1993).

Daß Freud sich kaum Aufzeichnungen über seine Patienten machte, ist sicher ein Punkt, der nicht gerade zur Klärung der umstrittenen Fragen und Ungewißheiten beiträgt. Im Alter erstellte er zwar manchmal eine Liste von den Briefen, die er verschickte, und bewahrte in der Regel auch die eingehende Korrespondenz auf; von seinen klinischen Unterlagen scheint er jedoch das meiste vernichtet zu haben. Im Unterschied zu den vielen Karikaturen, die Psychoanalytiker gerne mit ihrem bereitliegenden Block und gezücktem Stift zeigen, wie sie im Laufe der Jahre mannigfach, wie etwa im *New Yorker*, erschienen sind, lehnte Freud selbst es ab, sich bei den Therapiesitzungen Notizen zu machen, und sprach sich auch anderen gegenüber ausdrücklich gegen diese Gepflogenheit aus. Hierin unterschied er sich sowohl von einigen seiner aufgeklärtesten Zeitgenossen als auch von vielen modernen Klinikern heute.

Freud war der Meinung, daß die „Ablenkung der Aufmerksamkeit des Arztes dem Kranken mehr Schaden [bringt], als durch den Gewinn an Reproduktionstreue in der Krankengeschichte entschuldigt werden kann" (1909, S. 385). Nur in seltenen Fällen machte er, und zwar in der Regel am Ende eines Arbeitstages, auch klinische Aufzeichnungen, aus denen wir ersehen können, wie seine direkten schriftlichen Schilderungen sich bisweilen von seinen veröffentlichten Fallgeschichten unterscheiden (Mahony, 1986, dt. 1988). Anhand eines verblüffenden Beispiels, das den Gegensatz zwischen seinen veröffentlichten Werken und dem verdeutlicht, was ich direkt von einem seiner ehemaligen Patienten erfahren konnte, werden wir später noch sehen, wie seine Fallgeschichtsschreibung zu beurteilen ist.

Freud war und ist eine so faszinierende Figur, daß die Literatur über ihn immer noch weiter wächst, und er ist gleichfalls eine als solche weithin anerkannte zentrale Figur des geistesgeschichtlichen Lebens des zwanzigsten Jahrhunderts. Da es in der Library of Congress in Washington, D. C., noch eine Fülle von Dokumenten über Freud gibt, die dort von dem Hauptstifter, dem Freud-Archiv in New York, noch bis nach der Jahrhundertwende unter Verschluß gehalten wird, wird es fraglos nochmals eine neuerliche Ausweitung der Freud-Forschung geben, wenn der immense Berg an gesammelten Dokumenten schließlich der Öffentlichkeit zugänglich gemacht wird.

Freud war ein Denker, der die konventionelle Weisheit seiner Zeit in einigen zentralen Punkten ebenso wirkungs- wie eindrucksvoll herausforderte – Herausforderungen, die bis auf den heutigen Tag an ihrer Prägnanz nichts verloren haben. Und die philosophischen Implikationen dessen, was er zu sagen hatte, sind für viele der heute weithin akzeptierten Überzeugungen und Werte immer noch beunruhigend und subversiv. So sind zum Beispiel Freuds Skeptizismus gegenüber der Religion und seine Angriffe gegen die Schicklichkeit geltender christlicher ethischer Maßstäbe nach wie vor immer wieder Gegenstand von Disputen. Bereits 1928 veröffentlichte ein Schweizer Psychoanalytiker, der zugleich Pastor war, eine respektvolle Antwort auf Freuds *Zukunft einer Illusion* (siehe Pfister, 1993).

Die gesammelten psychologischen Schriften Freuds ergeben zwar ein Opus von vierundzwanzig Bänden, die interessantesten neuen Informationen über ihn sind jedoch in den langsam, aber beständig erscheinenden Bänden mit seinem Briefwechsel zutage gefördert worden. Und sei es auch nur aus rein kommerziellen verlegerischen Gründen, daß die im Namen von Freuds Erben operierende Freud-Copyrights die ganzen Urdokumente nicht auf einmal, sondern nur nach und nach veröffentlichen möchte. Bisher sind ein Dutzend verschiedene Bände mit Freud-Briefen erschienen, der Großteil seiner Korrespondenz ist jedoch noch immer unveröffentlicht. Selbst die Briefe, die er als junger Mann schrieb, erschienen vielen interessant genug, um sie aufzubewahren. Und was letztendlich erscheint, wird die Zeitläufte trotz der zerstörerischen Umwälzungen zweier Weltkriege überlebt haben. Es gibt allein über tausend Briefe, die Freud an seine künftige Frau schrieb und die derzeit zur Veröffentlichung in mindestens einem Band vorbereitet werden. Selbst in sachkundigen Kreisen gehen die Schätzungen auseinander, wieviele tausend Freud-

Briefe es überhaupt gibt; fest steht jedoch, daß bisher nur ein kleiner Bruchteil aller Briefe veröffentlicht wurde.

Dank seiner Größe als Autor gelang es ihm nicht nur, als Repräsentant des kosmopolitischen Geistes des alten Wiens der Habsburger weltweit Anerkennung zu finden, sondern auch als jemand, der sich durch ein bemerkenswert sachkundiges Verständnis von den Komplexitäten der menschlichen Seele auszeichnete. „Ihre Leistung", schrieb ihm ein Schriftsteller gegen Ende seines Lebens, „wird ohnehin zur Unsterblichkeit des Wiener geistigen Lebens im 19. und 20. Jahrhundert ausreichen" (E. Freund, 1970, dt. 1968, S. 164). Kein anderer konkurrierender Psychologe konnte ihm als Stilist das Wasser reichen. Daß er so viele Briefe schrieb, war etwas ganz Natürliches für ihn (und für seine Familie etwas ganz Selbstverständliches); es war zweifellos ein Weg, seine Fähigkeiten zu testen, wie er seine Gedanken zum Ausdruck bringen konnte. Welche Fehler und Schwächen Freud auch gehabt haben mag, und die Liste ist durchaus beachtlich – eines ist ihm nie vorgeworfen worden, langweilig gewesen zu sein.

Bei dem ganzen wachsenden Material, das von und über Freud zusammengetragen wurde, ist eine Frage immer noch ungelöst geblieben, nämlich, wie er als praktizierender Kliniker war. Leicht vergessen wird oft, da man an all die Erfolge denkt, die er seinem Schreiben zu verdanken hatte, daß er seine Arbeitstage meist nicht an seinem Schreibtisch sitzend, sondern zuhörend hinter einer Analytikercouch verbrachte. Auf dem Höhepunkt seines Leistungsvermögens schaffte Freud es, acht Patienten am Tag zu jeweils fünfzigminütigen Sitzungen empfangen, wobei er jeden Patienten regelmäßig sechsmal in der Woche sah. Sein Schreiben war somit weitestgehend den Abenden, Sonntagen und Sommerferien vorbehalten, wobei er in den Ferien allerdings gelegentlich auch noch von Patienten begleitet wurde. Nach der Zeit zu urteilen, mit der er sich beiden Aufgaben widmete, war Freud in erster Linie Kliniker und nicht Autor. Hin und wieder brachte er seinen Unmut zum Ausdruck, daß er Arzt war, und sprach von einer veranlagungsmäßigen mangelnden Eignung als Arzt. Er war jedoch gezwungen, sich als hart arbeitender Arzt seinen Lebensunterhalt mit den Einnahmen von seinen Privatpatienten zu verdienen. Leider haben jedoch nur relativ wenige dieser Patienten Berichte darüber hinterlassen, wie er als praktizierender Psychoanalytiker war.

Einen erheblichen Teil seiner Zeit investierte Freud, vor allem in seinen späteren Jahren, in die Ausbildung künftiger Analytiker. Im Brennpunkt dessen, was die Welt im wesentlichen über ihn weiß, stehen hingegen die Aktivitäten, mit denen er die „Sache" der Psychoanalyse voranzubringen versuchte. Im Bewußtsein der Öffentlichkeit hängengeblieben sind die Auseinandersetzungen, die er unter anderem mit Alfred Adler und Carl G. Jung hatte, zumal es diesen Männern am Ende gelang, unabhängige Schulen zu gründen.

Freud war in maßgebenden Teilen ein politischer Organisator, und er schaffte es, eine Bewegung ins Leben zu rufen, die von jenen angeführt wurde, um deren persönliche Therapie er sich in dieser oder jener Weise selbst gekümmert hatte. Die 1910 gegründete Internationale Psychoanalytische Vereinigung zählt weltweit inzwischen fast zehntausend Mitglieder.

Es gibt heute zahlreiche, von Psychoanalytikern abonnierte und in unterschiedlichsten Sprachen erscheinende Fachzeitschriften. Bezeichnend für die in den Artikeln aufgegriffenen Themen, bei denen es entweder um abstrakte theoretische Fragen oder realere Beispiele von Fallgeschichten geht, ist die stete Bezugnahme auf Freuds zukunftsweisende Schriften, während kaum einmal Bezug auf seine klinische Praxis genommen wird. Je mehr man jedoch über Freud als lebende historische Person weiß, desto einfacher ist es, den Hintergrund und die wirkliche Bedeutung dessen zu verstehen, was er zu Papier brachte.

Enorme Beachtung wird seit jeher zum Beispiel der Handvoll von Aufsätzen geschenkt, die Freud über die sogenannte Technik schrieb – worin dargelegt wird, wie ein ordentlicher Analytiker an den Behandlungsprozeß herangehen sollte. Er war zwar wenig geneigt, verbindliche Regeln aufzustellen, glaubte jedoch, seinen Ansatz von dem anderer unterscheiden zu müssen. Was Freud meistenteils lieferte, waren Warnungen für Anfänger vor etwaigen Fehlern und Irrtümern, wobei er jedoch nur selten konkrete Einzelheiten von seinen eigenen Fehlern und Irrtümern preisgab. Diese praxisorientierten Aufsätze werden seit jeher in der Ausbildung angehender psychoanalytischer Praktiker eifrig studiert, und Teile von Freuds Schriften sind auch heute vielen bestens bekannt. Freuds Einfluß geht inzwischen weit über den Kreis derer hinaus, die sich für treue Anhänger seines Weges halten; selbst Therapeuten, die seinen Ansatz ablehnen, sind häufig erstaunlich gut darüber informiert, was er im einzelnen zum Verhalten von Analytikern festlegte. Darüber hinaus hat er einen gewaltigen Einfluß bei Sozialarbeitern, Eheberatern und Kindertherapeuten, auch wenn sie sich vielleicht nicht an seine Lehren halten.

Auch praktische Ärzte haben etliches von Freud aufgegriffen, da viele Patienten, die wegen physischer Beschwerden zu ihnen kommen, zunehmend auch psychische Unterstützung suchen. Es gibt medizinische Zusammenhänge zwischen Seele und Körper, die jedoch immer noch nur zum Teil verstanden werden. Des weiteren haben sich die Leser inzwischen auch verstärkt Büchern über Kindererziehung zugewandt, die nachhaltig von jenem tiefenpsychologischen Denken geprägt sind, das sich geistesgeschichtlich auf Freudsche Inspirationen zurückführen läßt. Kurz: Freuds Einfluß ist aus unserer Kultur nicht mehr wegzudenken. Woody Allens Filme ziehen ein Publikum an, das mit dem Freudschen Werk bestens vertraut ist.

In Nordamerika hat die sogenannte biologische Psychiatrie inzwischen erheblich an Ansehen gewonnen, und mit dem hohen Stellenwert, der derzeit dem somatischen Ansatz gegenüber menschlichen Problemen beigemessen wird, scheint Freud heute zumindest in bestimmten medizinischen Kreisen therapeutisch als alter Hut zu gelten. Der Rang, der Freud als bahnbrechendem Neuerer zukommt, konnte nie bestritten werden, und mit dem Zusammenbruch des europäischen Kommunismus wird sein Werk jetzt auch in ganz Osteuropa und in der ehemaligen Sowjetunion, wo die Verdienste der Psychoanalyse dereinst vom Marxismus verspottet wurden, nun wiederentdeckt und -belebt. Aber selbst als Freud noch auf dem Höhepunkt seiner Macht war, hatte er bereits denkwürdige Schwierigkeiten mit bestimmten Schülern wie Adler, Jung und anderen, die entschlossen waren, ihre eigenen individuellen Therapiemethoden zu entwickeln. Nach diesen Brüchen, die in den Reihen seiner loyalen Schüler zu verzeichnen waren, die sodann die unterschiedlichsten alternativen Ansätze zur klinischen Arbeit propagierten, gab es nach seinem Tod 1939 noch jede Menge weitere Revisionen seines Ansatzes.

Eine Modewelle löste die nächste ab, und in der letzten Generation hat nun der organische Ansatz zur klinischen Psychotherapie enormen Auftrieb erfahren. Die verbreitete Verabreichung von Medikamenten wie allgemeinen Tranquilizern und Antidepressiva zeigt, wie viel auf der psychopharmakologischen Seite erreicht wurde. Es gibt inzwischen ein breites Spektrum von psychoaktiven Pillen, die für alle möglichen menschlichen Beschwerden verordnet werden, und mit der Verwendung dieser Medikationen wurde Freuds rein psychologischer Ansatz denn auch überholt. Gleichzeitig haben Medikamente jedoch auch ihre unliebsamen Nebenwirkungen, und sich übermäßig darauf zu stützen, ist sicher nicht minder bedenklich, als es die früheren scheinbar magischen Lösungen für menschliche Probleme waren.

Wie in der prä-Freudschen Ära neigen die Praktiker auch heute wiederum zu präzisen Klassifizierungsversuchen. Dabei werden die Diagnosen dann im Zweifel nicht als geistige Konstrukte, sondern als reale Gebilde genommen. Auf einem so unsicheren Terrain finden Abstraktionen vor allem bei denjenigen Anklang, die etwas Konkretes brauchen, woran sie sich festhalten können. Freud behauptete bisweilen, ein therapeutisches Verfahren entwickelt zu haben, das er gerne mit der Chirurgie verglich. Patienten, meinte er, stellten ein Rätsel dar – so als ob Menschen gelöst werden könnten. Er ging davon aus, daß Patienten ihre Geheimnisse selbstbetrügerisch verbargen. Aber er schrieb auch darüber, wie die Kunst mit der Wissenschaft kollidierte. Wenn es jedoch um Überlegungen über die menschliche Seele geht, sollten wir keine präzise Wissenschaft erwarten, und in der Praxis räumte Freud, wie wir noch sehen werden, dies auch ein.

Freud ahnte, daß die Pharmakologie die künftigen Entwicklungen bestimmen würde, und meinte, seine Schüler müßten sich beeilen, wenn sie ihre psychologischen Fälle noch studieren wollten, da diese Probleme vielleicht schon bald sehr leicht mit organischen Mitteln geheilt werden könnten und die Patienten dann nicht mehr für Untersuchungs- oder Lehrzwecke zur Verfügung stünden. Er hatte Angst, neue Medikamente könnten therapeutisch so erfolgreich sein, daß man die streng psychologische Dimension, die ihn so interessierte, dann nicht mehr würde untersuchen können. Freud war von Anfang an der Überzeugung, daß mentale Phänomene eine physische Grundlage hatten, und es hätte ihn wohl nicht überrascht, wie enorm erfolgreich die Innovationen in der organischen Medizin dann tatsächlich waren.

Auch wenn es heute viele Medikamente gibt, die zu Freuds Zeiten noch nicht verfügbar waren, ist es ihm dennoch gelungen, etwas von bleibendem Wert zur Praxis der Psychotherapie beizutragen. Was einem Patienten auch verschrieben wird, es ist einem Therapeuten überlassen, die entsprechende Empfehlung festzulegen. Und die Interaktion zwischen Patient und Kliniker, die für Freud in seinem Behandlungsverfahren so wichtig war, spielt auch heute in einer gewissen Form noch eine Rolle. Die neuen Medikamente zeitigen ihre Wirkung nicht in einem Vakuum; sie werden den Patienten von Ärzten, zum Beispiel von Allgemeinmedizinern, verschrieben, die ihre Patienten in der Regel sehr gut kennen. Zwischen dem Therapeuten und Patienten entsteht eine einmalige menschliche Beziehung, und daß Freud sich auf diese spezielle Seite der Dinge konzentrierte, hat mit zu der Bedeutung beigetragen, die ihm bis heute beigemessen wird. Die zwischen dem Patienten und Therapeuten entstehenden Bindungen sind ein wesentlicher Bestandteil der therapeutischen Veränderung, auch dann, wenn eine Medikation verordnet wird.

Es war, ganz abgesehen von dem nachhaltigen Einfluß seiner theoretischen Schriften, die Aufmerksamkeit, mit der Freud sich den einzelnen Patienten widmete, die in mir den Wunsch weckte, über Kontaktaufnahme mit möglichst vielen Personen, die ihn persönlich gekannt hatten, möglichst viel über den Gründer der Psychoanalyse in Erfahrung zu bringen. Begonnen damit habe ich Mitte der sechziger Jahre. Im Zuge meiner Recherchen versuchte ich auch, alle noch lebenden früheren Patienten von ihm ausfindig zu machen. Es gelang mir, fünfundzwanzig von ihnen zu interviewen, die inzwischen jedoch alle verstorben sind. Einige waren nur relativ kurze Zeit bei ihm in Analyse gewesen, während andere ihn viele Jahre lang gekannt hatten. Was ich an Informationen über ihre Behandlung erhielt, erzählten sie mir in Zusammenhang mit den Fragen, die ich ihnen zur frühen Psychoanalyse stellte, und den Dingen, die sie mir über ihren Kontakt mit Freud aus erster Hand berichten konnten. Die Begegnung mit Freud war im Leben dieser Menschen eine prägende Erfahrung. Obgleich ich daran interessiert war, alles über Freuds Leben in jener fernen Welt zu erfahren, die ich nur indirekt zu verstehen hoffen konnte, hatte ich vor allem zwei Fragen vor Augen: Was machte eine gute Therapie aus? Und wie wurde Freud diesem Maßstab als Kliniker gerecht?

Alle ehemaligen Patienten Freuds, die ich besuchte, waren zu der Zeit schon in fortgeschrittenem Alter, und das menschliche Erinnerungsvermögen ist fehlbar. Aber an die ferne Vergangenheit kann man sich, vielfach zumindest, leichter als an Ereignisse jüngeren Datums erinnern. Im übrigen habe ich mich natürlich auch bemüht zu verifizieren, was mir erzählt wurde. Hilfreich war, wie diese Patienten mir bei meinen Recherchen oft halfen, einander ausfindig zu machen. Soweit sie für das Freud-Archiv bereits Interviews gegeben hatten, ist dieses Material noch immer nicht zugänglich, und nach den Belegen zu urteilen, auf die ich gestoßen bin, sieht es ganz so aus, als wären diese unter Verschluß gehaltenen Interviews durch die Art und Weise, wie sie geführt wurden, unter großem Vorbehalt zu sehen. Das Bedürfnis, Freud zu idealisieren, das für die außergewöhnliche Zurückhaltung bei der Freigabe von Dokumentationen verantwortlich ist, führte zwangsläufig dazu, daß alles gefärbt wurde, was seine selbsternannten Verteidiger und Beschützer gesammelt und zusammengetragen haben.

Einige der Patienten, die ich besuchte, sprachen mit einer verblüffenden Offenheit über die Probleme, derentwegen sie hilfesuchend zu Freud gegangen waren, während andere ausgesprochen reserviert blieben. Einige äußerten freimütig ihre Kritik an der Freudschen Vorgehensweise, auch wenn es manchen dabei, was ihre eigene Behandlung anging, an einer angemessenen Objektivität mangelte. Viele waren auch einfach naiv, was die Psychotherapie anging. Aber alles in allem waren mir bei den Fragen, die ich stellen konnte, Grenzen gesetzt; oft konnte ich nicht weiter drängen, wenn es um Dinge ging, über die meine Gesprächspartner nicht sprechen wollten. Hinzu kam, daß ich damals noch relativ jung und unerfahren in solcherlei Arbeit war und mir überdies die Kultur jener alten Welt, aus der die meisten von ihnen kamen, nicht vertraut war.

Dieses Buch ist der Versuch, das auszuwerten, was ich von diesen Patienten darüber erfahren habe, wie Freud sich in ihren Therapien als Analytiker verhielt. Die Bedingungen, unter denen Freud sie behandelte, müssen einmalig gewesen sein; kein anderer hat bei Patienten solche unmittelbaren Reaktionen ausgelöst wie Freud. Dieses emotionale Klima hat zum Teil auch die besonderen Erwartungen beeinflußt, die Freuds angehende Klienten mit in die Behandlungssituation brachten. Er war bereits sehr bekannt, wenn nicht gar eine Berühmtheit, als meine Gesprächspartner ihm zum erstenmal begegnet waren; seine Schriften waren überall erhältlich und hatten zwangsläufig auch einen starken suggestiven Einfluß auf das Material, mit dem die Leute zu ihm kamen.

Freud veröffentlichte fünf berühmte Fallgeschichten, die nicht nur in Klinikerkreisen, sondern auch in der übrigen literarischen Welt sehr bekannt geworden sind. Seine Studie über „Dora", worin er seine Theorien über die Hysterie darlegte, erschien 1905. Freud veröffentlichte diese Fallgeschichte erst sehr spät, und er tat dies, obwohl er dabei in eine therapeutische Sackgasse geraten war; aber aus seiner Sicht hatte scheinbar der mangelnde klinische Erfolg dem, was er dabei gelernt hatte, keinen Abbruch getan. Die Fallgeschichte, bei der Freud bei einem fünfjährigen Jungen eine „Phobie" untersuchte, ist als der „Kleine Hans" bekannt und wurde 1909 veröffentlicht. Freud behandelte das Kind nicht direkt, sondern stützte sich dabei lediglich auf die Supervision, die er bei den Untersuchungen des Vaters übernahm, der zu Freuds Kreis gehörte und mit einer seiner ehemaligen Patientinnen verheiratet war. Im selben Jahr veröffentlichte Freud auch seinen Bericht über die Zwangsneurose des „Rattenmannes". Dieser Patient machte sich von allen Fällen, die Freud veröffentlichte, noch am besten; durch seinen Tod im Ersten Weltkrieg konnte dann jedoch nicht mehr weiterverfolgt werden, ob und wie er später noch zurechtgekommen wäre. Freuds Erörterung einer Paranoia, der „Fall Schreber", wurde 1911 veröffentlicht; er stützte sich dabei nicht auf einen Patienten, den er tatsächlich gehabt hatte, sondern konstruierte den Fall als Interpretation eines autobiographischen Buches. Der vielleicht ausführlichste Bericht Freuds über einen Patienten, den „Wolfsmann", wurde 1918 veröffentlicht; zu einem Zeitpunkt, als Freud entschlossen war, seine klinischen „Erkenntnisse" zu nutzen, um die aus seiner Sicht abtrünnigen und von Adler und Jung vertretenen Positionen zu bekämpfen, so daß diese Fallgeschichte mit viel theoretischem Ballast und einer komplizierten Rhetorik befrachtet war. Der Wolfsmann starb 1979 in einer psychiatrischen Anstalt und lebte somit lange genug, um viele der Freudschen Hypothesen über ihn zu widerlegen (Roazen, 1990a).

Jede dieser Fallgeschichten hat eine Fülle von Sekundärliteratur hervorgebracht, so daß mancher Experte seine akademische Karriere auf der Grundlage des Beitrages etablieren konnte, den er zu unserem Verständnis dieser klinischen Berichte geleistet hat. Fest steht, daß Freud als Pionier bei der Strukturierung des Materials tendenziös sein konnte, um damit seine Theorien zu veranschaulichen, und es gibt einige brillante Interpretationen dazu, wie Freud in dem Zusammenhang die Sprache nutzte. Diese Literatur hat jedoch zwangsläufig einen scholastischen Anstrich, da diese Texte sich ausschließlich auf Freuds Abhandlungen beziehen, die gewonnenen Erkenntnisse dann jedoch nicht bei den betroffenen Personen verifiziert werden konnten. Die Revolution, die Freud in Gang setzte, war gegen eine somatische psychiatrische Tradition gerichtet, die nach formalistischen Diagnosen suchte und den Menschen hinter den sogenannten Krankheiten nur allzuoft ignorierte. Sir William Osler hatte eine denkwürdige Maxime, die in diesem Zusammenhang bedeutsam ist: „Der gute Arzt behandelt die Krankheit, aber der große Arzt behandelt den Patienten, der die Krankheit hat." Die spätere Literatur über Freud hat sich, obgleich vermeintlich getreu seinem Geist, auf ihre eigene Weise der abstrakten klassifizierenden Psychiatrie angeschlossen, gegen die Freud so entschieden opponierte.

Selbst wenn man die Freudsche Version zu diesen fünf Patienten unkritisch akzeptieren wollte, bliebe die wohlbegründete Frage, wie repräsentativ diese sehr bekannten, veröffentlichten Fallgeschichten indes für Freuds Methoden waren. Sein Taktgefühl und seine Diskretion wie auch seine Vorstellung, was wirkliche Wissenschaft darstellte, prägten das klinische Material, das er der Öffentlichkeit präsentierte. Und während seine Berichte über Patienten von manchen als Evangelien genommen werden, haben andere den Eindruck, sie seien in wesentlichen Teilen erfunden. Freud sorgte sich auch selbst um seine Überzeugungskraft: „... und es berührt mich selbst noch eigentümlich", schrieb er bereits in den 1890er Jahren, „daß die Krankengeschichten, die ich schreibe, wie Novellen zu lesen sind, und daß sie sozusagen des ernsten Gepräges der Wissenschaftlichkeit entbehren" (Freud, 1895, S. 227). Desillusionierung über Freud bedeutete aber nur allzuoft, daß gleich sein ganzer Ansatz über Bord geworfen wurde. Und fest steht, daß das Pendel inzwischen für viele weit von den therapeutischen Verfahren weggeschwungen ist, die er empfohlen hatte.

Die übertriebene Kompromißlosigkeit der frühen Freudianer fand leider ihr Pendant in der unbekümmerten Rücksichtslosigkeit der nachfolgenden Generation. Während es zu der Zeit, als ich mit meiner Arbeit über die Psychoanalyse anfing, gang und gäbe war, daß jede Kritik, die sich daran festmachte, was Freud mit seinen expliziten Fallgeschichten zu erreichen versuchte, auf taube Ohren stieß, sind seine Methoden inzwischen längst durch das Bemühen verschüttet worden, sie durch alternative Ansätze zu ersetzen. Insbesondere wenn es um Freuds Patientinnen geht, wird unterstellt, daß sich mit den gesellschaftlich bedingten Veränderungen der Frauenrolle auch radikal jene Probleme verändert haben, an denen Freuds Patientinnen scheinbar gelitten haben. Fest steht, daß Freud Patienten behandelte, die aus einem breiteren Spektrum kultureller Milieus kamen, als es bei den meisten Therapeuten heute üblich ist, und es wird leicht unterschätzt, wie subtil er kulturell sein konnte. Nur die Naivsten können erwarten, daß Freud so reagiert haben sollte, wie wir es heute vielleicht im Idealfall täten, oder davon ausgehen, daß es zwischen seiner Zeit und der unseren einen ethischen Fortschritt gegeben hätte.

Um die heutige konventionelle Sicht noch um ein weiteres zu komplizieren, sei festgestellt, daß es zwischen den schriftlichen Regeln, die Freud formulierte, und den Dingen, die er in der Praxis tat, eine breite Kluft gab. Und hier glaube ich, daß Freud – wie auch seine loyalsten Schüler – der „Sache" der Psychoanalyse, die sie voranbringen wollten, einen schlechten Dienst erwiesen haben. Denn im festen Kreis der Anhänger Freuds war sehr wohl bekannt, daß er sich selbst nicht an die proklamierten Ideale hielt, die er für andere hochhielt. So entwickelte sich eine Verschwörung des Schweigens; und ich glaube, daß die Kluft zwischen dem, was Freud propagierte, und dem, was er in der Praxis machte, so groß war, daß sie seine Schüler zusätzlich in ergebener Treue zusammenschweißte. Dieses gemeinsame Teilen der Geheimnisse um Freuds klinische Techniken bedeutete zugleich, daß die frühen Psychoanalytiker sich gegenüber Außenstehenden überlegen fühlen konnten. Insider jedenfalls wurden durch die öffentliche Propaganda, die im Namen der Psychoanalyse betrieben wurde, nicht irregeführt und konnten somit unbefangen ihren eigenen Weg gehen und verschiedene Tabus verletzen, die Freud für andere aufgestellt hatte.

Nachdem dann jedoch auf breiter Ebene bekannt geworden war, wie „un-Freudsch" Freud in Wirklichkeit gewesen war und man Freuds wahre therapeutischen Praktiken nur zu verbergen versucht hatte, kamen Beobachter kaum umhin zu denken, daß Freud und seinen Schülern bösartige Arglist, wenn nicht Scheinheiligkeit, vorzuwerfen war. Schließlich hatte Freud einige seiner ehemaligen Anhänger just mit dem Vorwurf, sich „wild" zu verhalten, an den Pranger gestellt und sich mit der Begründung von ihnen distanziert, sie hätten sich über bestimmte Regeln hinweggesetzt, die wesentlich für eine ordnungsgemäße Durchführung der Psychoanalyse seien. Bei näherer Betrachtung sah es hingegen ganz so aus, als hätte Freud sich selbst durchaus technische Freiheiten genommen, die nicht minder gewagt als jene waren, die er bei den Opponenten kritisierte. Aber Freud glaubte wohl, es stünde ihm selbst als Schöpfer der Psychoanalyse frei, diesen oder jenen Aspekt seiner schriftlichen Empfehlungen, über Bord zu werfen, da er schließlich am besten wußte, was bzw. was nicht entscheidend und im besten Interesse der Psychoanalyse war.

Für unparteiische Beobachter ist es sicher nicht gerade leicht, alledem zu folgen. Aber Freud konnte sogar soweit gehen, daß er einen loyalen Schüler dafür tadelte, daß seine klinischen Schriften „zu anständig" waren. So schrieb Freud (1963) etwa in einem Brief:

> „Die Diskretion ist also mit einer guten Darstellung einer Psychoanalyse unvereinbar; man muß ein schlechter Kerl werden, sich hinaussetzen, preisgeben, verraten, sich benehmen wie ein Künstler, der für das Haushaltungsgeld der Frau Farben kauft oder mit den Möbeln für das Modell einheizt. Ohne ein solches Stück Verbrechertum gibt es keine richtige Leistung." [S. 36]

Aber auch ohne ein derart freimütiges Eingeständnis, wie sehr er auf Kunstkniffe schwor, gibt es keinen Grund, warum man annehmen sollte, daß irgend etwas einfach so war, weil Freud es behauptete. Freud war ein großartiger Stilist und wußte, wie man schreiben mußte, um von einem zeitgenössischen Wissenschaftstheoretiker gelobt zu werden. Freud hielt sich nach meiner Überzeugung für jemanden, der die traditionellen Maßstäbe, die Gut und Böse definieren, transzendierte. Das bedeutet, daß es schwierig sein kann, wirklich auszuloten, wie sein Werk letztlich insgesamt zu sehen ist (Roazen, 1991a). Ich teile nicht die Ansicht, daß er als unmoralisch, als eine Art Betrüger oder Gauner abgetan werden kann. Ich habe mich immer bemüht, ihn vor dem Hintergrund der Geistesgeschichte zu verstehen. Und in Buenos Aires und Mexiko City wird an den Straßenecken heute zum Beispiel der erste Band seiner gesammelten Werke in Spanisch in einem billigen Paket zusammen mit Jean-Jacques Rousseaus *Gesellschaftsvertrag* verkauft.

Ein zentrales Problem für Historiker der Geistesgeschichte war und ist die blinde Lehenstreue, mit der manche Analytiker Freud folgen. Nicht nur, daß jede sachliche, nüchterne Kritik an ihrem Herrn und Meister für sie auch weiterhin nur eine Ungeheuerlichkeit darstellt und per se ein Zeichen dafür ist, daß solche Arbeiten von vornherein nicht ernst zu nehmen sind; beklagenswert ist auch, daß nur so entsetzlich wenige neue Fallgeschichten geschrieben wurden. Seit Freuds Tod haben psychoanalytische Abstraktionen ein Eigenleben entwickelt, während Falllillustrationen sich mit einem Platz in der hinteren Reihe bescheiden mußten.

Dieser Trend zur großen Theoretisierung begann bereits zu Lebzeiten Freuds, und wurde vielleicht sogar durch Freuds erste Gaumenkrebserkrankung im Jahr 1923 beschleunigt. Für mich ist es schon seit langem bemerkenswert, daß Freud nie eine weitere Fallgeschichte schrieb und nach seiner Erkrankung anderen gegenüber auch nicht mehr so wie früher aus sich herausgehen konnte. Mit zunehmendem Alter löste er sich in seinen Schriften auch immer mehr von praktischen klinischen Fragen. Er schrieb zwar gelegentlich auch noch über therapeutische Fragen, seine letzten Jahre waren jedoch vor allem von seinen theoretischen Überlegungen geprägt. Von den Patienten, die ich interviewte, war einer zwar schon 1903 bei Freud in Behandlung gewesen, und auch noch einige weitere in den Jahren, in denen er gesundheitlich noch wohlauf war, die meisten waren jedoch erst nach seiner Erkrankung, in der letzten spekulativen Phase Freuds analysiert worden, die bis zu seinem Tod anhielt.

Meines Erachtens machte es, was diese Patienten anging, im übrigen einen Unterschied, ob sie, ehe sie zu Freud in die Analyse kamen, bereits ausgebildete Psychiater waren oder nicht. Denn bei ersteren war er darauf bedacht, sie für seine Bewegung zu gewinnen, um damit innerhalb der akademischen Psychiatrie die Gemeinde seiner Anhängerschaft zu erweitern, da er als Neurologe nicht darauf hoffen konnte, in der Psychiatrie einen sonderlich hohen beruflichen Status zu genießen. (In manchen Ländern wird zwischen der Neurologie und Psychiatrie nach wie vor eine klare Trennungslinie gezogen, aber in den Vereinigten Staaten sind die alten Trennungslinien zwischen diesen beiden Feldern inzwischen so fließend geworden, daß viele Leser nicht einmal wissen, daß Freud kein ausgebildeter Psychiater war. Schwerstgestörte Fälle, die einen Klinikaufenthalt erfordern, gehörten nicht zu jenen, mit denen er am besten vertraut war oder die ihn vor dem Hintergrund des Heilens am meisten interessierten.) Viele, die zu Freud kamen, hatten keine Intention, Kliniker zu werden, und blieben in ihren vorherigen Berufen oder gewohnten Lebensbereichen. Gleichwohl war es keineswegs außergewöhnlich, daß Personen, die ursprünglich nicht im mindesten daran gedacht hatten, Psychoanalytiker zu werden, am Ende, nachdem sie persönlich von Freud analysiert worden waren, doch als Analytiker dastanden. Und Freud konnte den Anstoß zu solchen Veränderungen in der beruflichen Laufbahn geben.

Die zehn Patienten, die ich ausgewählt habe, um über sie zu schreiben, sind mir besonders prägnant in Erinnerung geblieben. Sie sind nicht unbedingt die Berühmtesten von allen, die ich interviewte, aber bei ihnen sind die Notizen, die ich mir machen konnte, am vollständigsten. Sie waren mir gegenüber außergewöhnlich offen und freimütig, und dementsprechend fand ich sie auch besonders interessant. Meine Reaktion auf diese Personen hat natürlich auch ein subjektives Element, ich hoffe jedoch, daß es meinen zwangsläufig impressionistischen Beschreibungen nicht offensichtlich an konkreten Details mangeln wird. Denn es gibt auch eine falsche Objektivität, die durch ein allzu großes Vertrauen auf schriftliche Belege grundgelegt wird. Und ich hoffe, daß die hier aufgezeichneten Beispiele von Freuds Patienten dazu beitragen werden, jenes Material in eine richtige Perspektive zu rücken, das in den seit langem veröffentlichten Schriften Freuds oder den jüngst erschienenen Bänden mit seinem Briefwechsel zu finden ist. Das geschriebene Wort kann auf seine eigene besondere Weise irreführend sein, und es wäre ein Fehler, es einfach unkritisch anzunehmen. Ich liefere diese Berichte von Freuds Patienten, so wie sie sich mir präsentiert haben, um mit menschlichem Leben ein Gegengewicht zu manchen trocken erscheinenden Konzepten herzustellen, die sowohl in der allgemeinen Vorstellung wie in der fachspezifischen Literatur einen so breiten Raum einnehmen.

Dabei dürfte nicht verborgen bleiben, wieviel Bewunderung ich allen von mir interviewten Personen entgegenbringe. Sie waren in meinen Augen nicht nur Zeitzeugen der ersten Tage einer humanistischen Form der Psychotherapie, sondern auch außergewöhnlich emanzipierte Menschen, die willens und bereit waren, für sich originelle Alternativen und Möglichkeiten auszuprobieren. Auch wenn sie manchmal denkbar beschränkt in ihrer Unfähigkeit waren, über Freuds eigene Formulierungen hinauszugehen, fand ich diese Menschen faszinierend, da sie im besten religiösen Sinne Seelenforscher waren. Sie versuchten, für sich durch eine Änderung ihrer Einstellungen und Perspektiven neue Orientierungen zu finden, statt als Lösung ihrer Schwierigkeiten von der äußeren Welt Veränderungen zu erwarten. Ich werde jeweils darauf hinweisen, wenn ihre Angaben aus meiner Sicht unzuverlässig waren, aber ich hätte weder die Interviewarbeit durchführen noch die Berichte darüber schreiben können, wenn ich dabei entlarvende Absichten gehabt hätte.

Ich habe zwar schon 1969 bekanntgegeben, daß ich alle diese ehemaligen Patienten Freuds aufgesucht habe, es scheint jedoch verschiedene Tabus zu geben, die Organisationen und Verbände offensichtlich davon abgehalten haben, mich einzuladen, um über meine Erfahrungen zu sprechen. Unlängst hatte ich nun jedoch das Glück, einige der hier veröffentlichten Kapitel verschiedenen interessierten Hörerschaft vorstellen und sie dabei quasi testen zu können. In England habe ich an der University of Essex vor dem Fachbereich Soziologie einen Vortrag über Albert Hirst gehalten; vor dem Cambridge Psychoanalytic Forum in Cambridge, habe ich über David und Mark Brunswick gesprochen; der Psychotherapeutischen Abteilung des Maudsley Hospital in London, habe ich vorgestellt, was ich von Dr. Edith Jackson erfahren hatte; bei meiner Antrittsvorlesung vor der University Association for Psychoanalytic Studies an der Leeds Metropolitan University habe ich Dr. Robert Jokl vorgestellt; bei meinem Vortrag vor dem Centre for Psychoanalytic Studies am Keynes College in Kent, war Kata Levy Gegenstand meiner Ausführungen; Dr. Irmarita Putnam stand im Mittelpunkt des Abends, an dem ich vor der Association for Group and Individual Psychotherapy in London, sprach; Eva Rosenfeld war sowohl bei meinem Vortrag am Shelby Davis Center for Historical Studies an der Princeton University in Princeton, New Jersey, wie auch bei einer informellen Veranstaltung in Eric Rayners Haus in London mein Thema; und meinen Stoff über die Stracheys habe ich an der School of European Studies der University of Essex präsentiert. Darüber hinaus habe ich allgemeinere Vorträge über Freuds Patienten vor dem Fachbereich Psychiatrie der Universität von Genf in der Schweiz, der Buenos Aires Psychoanalytic Association in Argentinien, dem Psychoanalytic Seminary in Tucuman, Argentinien, dem Fachbereich Psychologie an der Buenos Aires National University, Argentinien, dem Fachbereich Psychiatrie am Toronto East General Hospital, der Abteilung 39 der American Psychological Association und der als AGORA bekannten Gruppe in Montevideo, Uruguay, gehalten.

Kapitel 1

Die Frage der Kälte: Albert Hirst

Es scheint einen Mythos zu geben, wonach Freuds frühe Patienten in der Hauptsache Frauen waren. Da bei meinen Interviews aber gerade Männer eine herausragende Rolle spielten, möchte ich auch mit einem Mann, mit Albert Hirst (1887-1974), beginnen. Hirst war ein so rein therapeutischer Patient Freuds, wie ich nur je einem begegnet bin. Er hat nie daran gedacht, sich selbst zum Analytiker ausbilden zu lassen. Auch nachdem er bei Freud gewesen war, hat Hirst in der von Freud geschaffenen Bewegung nie irgendeine Rolle gespielt. So geriet ich bei meinem Gespräch mit ihm auch gar nicht erst in Versuchung, mich vom eigentlichen Thema ablenken zu lassen und beispielsweise über etwaige psychoanalytischen Beiträge, die Hirst geleistet hätte, auf irgendwelche Nebengleise zu geraten.

Hirst schien durchaus von meinem Wissen über Freud beeindruckt zu sein. Er setzte aber dennoch nichts als selbstverständlich voraus, als er mir erläuterte, warum er der Auffassung war, daß Freud ihm tatsächlich geholfen hatte. Ohne auf technisches Vokabular zurückzugreifen, beschrieb er eloquent Freuds therapeutischen Ansatz. Als ich Hirst traf, hatte er bereits stundenlange Interviews gegeben, die für das Freud-Archiv aufgezeichnet worden waren; obwohl diese Interviews für die Öffentlichkeit noch nicht freigegeben waren, hatte ich Gelegenheit, sie einzusehen und konnte sie als Grundlage für weitere Fragen an Hirst nutzen.

Als ich Hirst kennenlernte, war er mit seinen neunundsiebzig Jahren ein zwar schon älterer, aber gleichwohl vitaler Anwalt, der sich als gebürtiger Wiener in den Vereinigten Staaten erfolgreich auf Steuerfragen spezialisiert hatte. Er wohnte in New York City in der Fifth Avenue und schrieb Artikel für die Zeitschrift einer Versicherung. Bei unseren Gesprächen wollten wir streng bei der Frage bleiben, wie Freud als Kliniker gewesen war. Dennoch zeigte sich, daß es selbst bei Hirst unmöglich war, sich darauf zu beschränken, wie Freud sich bei der Behandlung verhalten hatte und wie er, Hirst, die Behandlungsergebnisse bewertete, da er sich genötigt sah, auch bestimmte, ihm wichtig erscheinende Eigenarten der Gesellschaft im alten Wien erklären zu müssen.

Obwohl sich die ehemaligen Patienten Freuds oft untereinander kannten, war ich auf Hirsts Namen eher zufällig gestoßen, als ich in der Bibliothek der Britischen Psychoanalytischen Vereinigung in London den Nachlaß von Ernest Jones sichtete. Jones, die zentrale Figur in der Psychoanalytischen Vereinigung und der Entwicklung der Psychoanalyse in Großbritannien, war nach dem Zweiten Weltkrieg zu Freuds autorisiertem Biographen ernannt worden. Sein dreibändiges Werk, das zwischen 1953 und 1957 erschien, ist und bleibt eine grundlegende wissenschaftliche Quelle. Da sich die Verantwortlichen des Jones-Archivs inzwischen der potentiellen Bedeutung dessen, was sie besitzen, bewußt geworden sind, hat man unterdessen für künftige Forscher ein ausgeklügeltes System von Sonderbeschränkungen ausgeheckt und der freien Nutzung des Archivs einen Riegel vorgeschoben; aber als dieses Scheunentor geschlossen wurde, hatte ich schon alle Pferde, die ich brauchte.

Jones war 1957 krank und starb im darauffolgenden Jahr. Er war gegen Ende seines Lebens damit befaßt, eine Autobiographie zu schreiben, und hatte sich nicht darum gekümmert, die Dokumente zu bereinigen, die er über Freud hinterließ. In den Unterlagen von Jones habe ich die Namen und Adressen vieler, damals noch lebender Informanten über die frühe Psychoanalyse gefunden. Und so konnte ich dank dieser Akten eine Reihe von Personen aufzusuchen, die Freud gekannt hatten, und war durch die Hintergrundinformationen, die ich in London aufgetan hatte, bestens präpariert.

Eine unverzichtbare Komponente bei dem Jones'schen Werk war die Hilfe und Kooperation von Freuds Tochter Anna, die bis zu ihrem Tod, 1982, der inoffizielle Kopf der Psychoanalyse war. Sie hatte vorher auch ihre Zustimmung gegeben bzw. genehmigt, daß Jones die Freud-Biographie schrieb, obwohl sie Vorbehalte sowohl gegenüber seiner Person als auch gegenüber seiner Rolle innerhalb der britischen Analyse hatte. Einen Gutteil seines Erfolges, den er verbuchen konnte, hatte er zweifellos Anna Freud zu verdanken, die ihm kooperativ Zugang zu kostbaren Originaldokumenten gewährte, wie etwa Freuds Briefen an seine Verlobte, die heute immer noch nicht voll und ganz zugänglich sind. Während Jones an der Biographie schrieb, lebte er auf dem Land und Anna Freud in dem alten Haus ihres Vaters in London wohnte, so daß beide weitestgehend brieflich miteinander kommunizierten. Dieser informelle Briefwechsel ist besonders interessant zu lesen. Jones war bei den internen psychoanalytischen Auseinandersetzungen und Kämpfen ein politisch gerissener Kopf, und welche Differenzen er mit Freud auch immer gehabt haben mochte, er stellte Freuds Grundauffassungen nie in Frage. Genau wie andere mußte jedoch auch Jones vorsichtig sein, was er über Anna Freuds Vater sagte, und legte ihr so vor der Drucklegung der Biographie alle Kapitel zur Prüfung vor. Dennoch schien Jones aus Annas Sicht entsetzlich schwierig und eigensinnig gewesen zu sein (Roazen, 1975, dt. 1976; 1993a). Die Familien sind wohl nur selten mit den offiziellen Biographen zufrieden, auch wenn sie diese selbst gewählt haben.

Auf Hirst war ich durch einen Brief gestoßen, den er im Oktober 1953 an Anna Freud geschrieben hatte. Anlaß für den Brief war ein Kapitel über Freuds Beschäftigung mit Kokain gewesen, das im gerade veröffentlichten ersten Band der Jones' Biographie enthalten war. Hirst erinnerte Anna Freud am Anfang des Briefes daran, daß sie sich 1938 das letzte Mal begegnet waren. Er war damals kurz bei den Freuds zu Hause vorbeigekommen, als die ganze Familie mitten in den Vorbereitungen steckte, um sich aus dem von den Nazis besetzten Wien in Sicherheit zu bringen und nach London ins Exil zu gehen. Er war damals kurz gekommen, um ihnen zu erklären, warum er Freuds Briefe an Emma Eckstein – Hirsts Tante, die in den 1890er Jahren eine Patientin von Freud war – mit in die Vereinigten Staaten nehmen wollte. Diese Briefe befanden sich 1953 bereits im Freud-Archiv.

In seinem Brief an Anna schrieb Hirst, er sei von 1909 bis 1910 bei ihrem Vater in Analyse gewesen. Er war damals gerade einmal dreiundzwanzig Jahre alt und sei täglich zu Freud in die Sitzungen gegangen. Nach der Lektüre des Jones'schen Kapitels fühlte er sich nun veranlaßt, mit seinem Brief die Jones'sche Sichtweise der Einstellung Freuds zu Kokain zu korrigieren. Jones hatte hier ein sensibles Thema angepackt, da Freud nicht nur eine Menge Kokain genommen hatte, sondern es auch noch lange weiter nahm, nachdem er längst aufgehört hatte, die Droge für andere zu empfehlen. Jones zufolge währte „die Kokainepisode" von 1884 bis 1887, wobei wir heute jedoch wissen, daß Freud noch bis weit in die 1890er Jahre hinein auf Kokain setzte. Der Stellenwert, den diese Droge in Freuds Leben einnahm, muß noch weiter untersucht werden, und zwar unabhängig von manchen abenteuerlichen Vorwürfen, Freud sei selbst abhängig geworden (Roazen, 1990a).

Bei seiner Schilderung, wie Freud ursprünglich in den 1880er Jahren die medizinische Verwendung von Kokain zur Befreiung von Symptomen wie Ängsten und Depressionen sowie von Morphiumabhängigkeit empfohlen hatte, spielte Jones keineswegs das Ausmaß der unglücklichen Rolle herunter, die Freud – noch ehe man das suchterzeugende Potential der Droge erkannte – bei der Popularisierung der positiven Eigenschaften von Kokain spielte. So frei und ungehemmt, wie Freud die Droge verschrieb, war er, wie Jones einräumte, auf bestem Wege, „gemeingefährlich" zu werden (Jones, 1956, dt. 1982, S. 105). Diese Geschichte mag denn auch die erste Gelegenheit gewesen sein, bei der Freuds medizinische Reputation in Wien beschädigt wurde. Im Gegensatz zu Freud gelang es dann einem anderen Wiener Arzt, Karl Koller, mit der Entdeckung der Nützlichkeit von Kokain bei der Verwendung bei Augenoperationen einen Nobelpreis zu gewinnen. Jones erwähnte auch, wie unfair Freud später seiner Verlobten die Schuld für seinen Fehler zugeschoben hatte, daß er seine Kokain-Forschungen nicht gründlich genug weiterbetrieben und damit die Entdeckung der nützlichen anästhesierenden Eigenschaften der Droge verspielt hatte.

Die Jones'sche Darstellung von der Beschäftigung Freuds mit Kokain mag fair erscheinen, zumal, wenn man bedenkt, daß Jones im übrigen in der ganzen Biographie Freuds ureigenste Sicht der Dinge so übernahm, daß Freuds Rolle bei all den Kontroversen, an denen er beteiligt war, verherrlicht wurde. Hirst schrieb nicht an Anna Freud, weil er mit dem Jones'schen Werk insgesamt unzufrieden gewesen wäre oder es irgendwelche Animositäten gegenüber Freud selbst gegeben hätte, sondern weil er der festen Überzeugung war, daß er mit der Richtigstellung der Jones'schen Darstellung von Freuds Kokaingeschichte etwas Wichtiges beizusteuern hatte.

Wie Hirst sich erinnerte, hatte eine Wiener Zeitung damals, als er bei Freud in Analyse war, einen Artikel über Kollers Entdeckung der anästhesierenden Eigenschaften von Kokain beim Auge gebracht und darin möglicherweise auch Freuds frühes Interesse an der Droge erwähnt. Hirst hatte Freud in seiner Analyse dann auf den Artikel angesprochen; und er erinnerte sich, daß Freud sodann in einer Sitzung gesagt hatte, er hätte selbst die Idee gehabt, Kokain bei Augenoperationen zu verwenden, und in diesem Zusammenhang einem befreundeten Augenspezialisten, Dr. Leopold Königstein, eine Kokainprobe gegeben. Aber durch die spezielle chemische Lösung, die Königstein verwendete, sei das Ganze verpfuscht worden und hätte nicht funktioniert. Königstein sei dann in Urlaub gefahren. Und Freud vermutete, daß Koller dann wohl eine Kokainprobe an seinem, Freuds, Arbeitsplatz gefunden und an den Fingern die anästhesierenden Eigenschaften gespürt hätte. So hätte er dann schließlich das Experiment selbst erfolgreich durchgeführt, das ihn sodann berühmt machte.

Hirst wollte, daß Anna Freud diese Details wußte. Es erschien ihm wichtig, nicht zuletzt, weil Freud ihm gegenüber ausdrücklich betont hatte, er hätte geglaubt, seinem Freund Königstein mit dem Vorschlag, Kokain zu verwenden, ein „großes Geschenk" gemacht zu haben. Freud bedauerte, wie er sagte, daß Königstein damit seine Chance vertan hatte, fand aber gleichwohl, daß Koller mit seiner Vorgehensweise durchaus im Rahmen seiner wissenschaftlichen Rechte geblieben sei. Nichtsdestotrotz beanspruchte Freud, wie Hirst erklärte, für sich jedoch den vollen Verdienst an der Entdeckung, die Koller schließlich weltberühmt gemacht hatte. Hirst sagte, Freud sei dann in ein Zimmer nebenan gegangen, um eine Abschrift eines Artikels zu holen, den er über Kokain geschrieben und in dessen abschließenden Sätzen er festgestellt hatte, daß weitere wissenschaftliche Entwicklungen zu erwarten seien. Es war eine „sehr beeindruckende" Erfahrung für Hirst. So wie er Anna Freud den Sachverhalt schilderte, wollte ihr Vater diese abschließenden Worte seines Artikels in bezug auf die Verwendung von Kokain in der Augenchirurgie geschrieben haben. Wie

Hirst die Kokainepisode verstanden hatte, unterschied sich so sehr von dem, was er in Jones' Buch fand, daß er sich genötigt fühlte, direkt an Anna Freud zu schreiben. Daß er zuerst an sie und nicht an Jones schrieb, zeigt, daß er zur Genüge wußte, wo in der psychoanalytischen Bewegung die Macht lag.

Aus der Korrespondenz im Jones-Archiv geht hervor, daß es in Zusammenhang mit Hirsts Brief an Anna Freud informell einiges an Hin und Her zwischen den Analytikern der alten Garde gab. Hirst hatte auch direkt an Jones geschrieben, um ihn davon in Kenntnis zu setzen, wie unzufrieden er mit der Jones'schen Version der Darstellung der Rolle war, die Kokain in Freuds Leben gespielt hatte. Während es sich bei Jones so anhörte, als hätte Freud hier eine Chance verpaßt, meinte Hirst, Freud hätte die Kokaingeschichte vielmehr als einen seiner Triumphe betrachtet. So wie Hirst Freuds Sicht der Dinge darstellte, war die wirkliche Leistung auf dem Konto Freuds und nicht Kollers zu verbuchen.

Jones schrieb an Hirst zurück, Freud hätte die Geschichte seiner Meinung nach später im Vergleich zu den wahren Abläufen verzerrt, so wie sie sich nach den zeitgenössischen Unterlagen rekonstruieren ließen. Freud mochte zwar daran gedacht haben, Kokain beim Auge zu verwenden, aber dann zu medizinischen und nicht chirurgischen Zwecken. Hirst müßte sich hier, wie Jones meinte, den Gegensatz zwischen Freuds unmittelbarer Reaktion auf den Erfolg und seiner Reaktion Monate später vor Augen halten, als ihm schließlich voll und ganz bewußt geworden sei, was er versäumt hatte. Hirsts Darstellung war jedoch zumindest so überzeugend, daß Kurt Eissler, der Leiter des Freud-Archivs in New York, sodann an Jones schrieb, um ihm von einer ähnlich klingenden Version der Kokainepisode zu berichten, die er von Freuds Schüler Paul Federn gehört hatte. Nach dessen Darstellung war die Lösung, mit der Königstein arbeitete, ursprünglich opak gewesen, und er hatte ihr dann etwas hinzugefügt, um sie aufzuklären, womit dann ein glücklicher Ausgang des Experimentes zunichte gemacht worden war.

Als ich Hirst zum erstenmal traf, brachte ich das Kokainthema relativ früh zur Sprache, da ich hier einige schriftliche Unterlagen hatte, die ich als Grundlage bei meinem Interview nutzen konnte. Hirst wiederholte mir gegenüber, wie bestürzt er über die Jones'sche veröffentlichte Darstellung gewesen sei. Er meinte, Jones hätte den Ablauf „völlig mißverstanden" und seinen, Hirsts, Brief lediglich „hochnäsig" zur Kenntnis genommen, aber mitnichten die Absicht gehabt, seine veröffentlichte Version von der Geschichte auch richtigzustellen. (1954 kam eine zweite Ausgabe des ersten Bandes von Jones' Biographie heraus.) Hirst erzählte mir, Königstein hätte sich bei einem Apotheker eine klare Kokainlösung herstellen lassen, die dann zuviel Alkohol enthielt; Koller hätte seine Lösung demgegenüber selbst hergestellt und damit den gewünschten Erfolg erzielt.

Ich bringe Hirsts Version, wie Freud ihm von der Kokain-Entdeckung erzählte, um zu veranschaulichen, was wir über Freuds allgemeinen therapeutischen Ansatz bei Hirst erfahren könnten. Wir wissen, daß Freud bei verschiedenen Gelegenheiten öffentlich (1901) für sich das Verdienst reklamierte, eine „Abhandlung" geschrieben zu haben, „welche ... das Cocain in die Medizin einführte" (S. 140) (siehe auch Roazen, 1975, dt. 1976). Freud verwies mehr als nur einmal vor Studenten auf die Geschichte mit Koller, um damit ein anschauliches Beispiel zu liefern, wie die von Koller an den Tag gelegte Zielstrebigkeit, die Freud im übrigen in der Regel teilte, ein wesentlicher Bestandteil jeder wirklichen wissenschaftlichen Kreativität war. (Kollers Tochter, die loyal über die Arbeit ihres Vaters geschrieben hatte, war schockiert, verletzt und beleidigt angesichts der in ihren Augen parteiischen Abhandlung, die Jones über die Entdeckung ihres Vaters geliefert hatte. Es war neu für sie, daß ihr Vater jemals von Freud behandelt worden war, was aus Jones' Sicht zu Kollers späterer negativen Einstellung gegenüber Freud mit beigetragen hatte. 1927 hatte Koller selbst gesagt, Freuds Schriften hätten keinen Einfluß auf seine, Kollers, Entdeckung gehabt.) Zu der Zeit, als Freud Hirst analysierte, hatte er noch Hoffnungen, eines Tages den Nobelpreis zu bekommen, und war am Ende zutiefst enttäuscht, daß er wiederholt übergangen worden war. Ein anderer Zeitgenosse Freuds, Julius Wagner-Jauregg, war der einzige Psychiater, der je einen Nobelpreis bekam, und zwar 1927 für seine Fieberbehandlung bei progressiver Paralyse (Roazen, 1994a).

Wenn Hirst über vierzig Jahre nach seiner Analyse an Anna Freud und Jones schrieb, um seine Auffassung in Zusammenhang mit der Kokainepisode klarzustellen, dann tat er dies, weil er sich in diesem Punkt sicher war, daß sein Gedächtnis ihn nicht im Stich ließ. Ich ging zusammen mit ihm den Briefwechsel durch, den er mit Jones und Anna geführt hatte. Es muß ein ungewöhnlicher Aspekt bei Hirsts Behandlung gewesen sein, wenn Freud sich in der Sitzung über die Kokaingeschichte ausließ, aber es war durchaus auch typisch, daß Freud mit Patienten über verschiedene signifikante Punkte der frühen Phase seiner Arbeit sprach.

Daß Freud auf seine Rolle bei der Kokainfrage zu sprechen kam, würde ich nicht unbedingt als ein plattes Bemühen, sich wichtig machen zu wollen, interpretieren. Hirst kam aus einer angesehenen Wiener Familie, den Ecksteins, die sowohl mit Freud als auch mit dessen Frau bekannt waren. Die Ecksteins waren in den lokalen sozialistischen Kreisen prominent; Friedrich, Hirsts Onkel, hatte 1900 eine Rezension zu Freuds *Traumdeutung* geschrieben, und sein Bruder Gustav spielte eine führende Rolle in der Sozialdemokratischen Partei. Therese Schlesinger, eine Schwester, gehörte als erste Frau dem österreichischen Parlament an, und eine weitere Schwester, Emma Eckstein, war Freuds Patientin gewesen. Die Familie der Ecksteins zeichnete sich zweifellos durch außergewöhnlich begabte Personen aus. Hirst betonte, Wien hätte zwar vielleicht wie eine Großstadt ausgesehen, es sei in Wirklichkeit jedoch, wenn man die obere Mittelschicht der jüdischen Welt nahm, in der seine eigene Familie und die Freuds sich bewegten, eine Kleinstadt gewesen. Wien hatte 1900 insgesamt 1,6 Millionen Einwohner, und davon waren 9 Prozent Juden (Gilman, 1993, dt. 1994); 1910 war die Einwohnerzahl dann schon auf rund zwei Millionen angewachsen. Wien war nach wie vor das Zentrum des alten österreichisch-ungarischen Kaiserreichs und zog talentierte und ehrgeizige Menschen an.

Im Vergleich zu den Vereinigten Staaten war Österreich damals eine „gefestigte, eingefrorene Gesellschaft". Hirsts Verwandten rechneten sich selbst zu den „Vornehmen" und fühlten sich anderen gegenüber überlegen. Alte Kleidung wurde an die Armen abgegeben, welche die „abgelegten Sachen" trugen. So lernte Hirst als Kind, daß man nur „Treuhänder" der eigenen Anzüge war und sorgfältig damit umgehen mußte. Erst kamen die „Pflichten", und zwar lange vor jedem „Vergnügen" – „Privilegien" gab es hingegen nicht, da sie einfach nur „billig" waren. (Das Bild, das Hirst hier zeichnete, erinnerte mich an ein einzigartiges Buch, das beste, das ich je über das alte Wien gelesen habe, Stefan Zweigs *Die Welt von Gestern* aus dem Jahr 1943.) Hirst glaubte jedenfalls, daß Freud auf seine Meinung Wert gelegt haben mußte, da er ihm die Geschichte von der Kokain-Entdeckung sonst wohl kaum erzählt hätte.

Es war typisch, daß Freud so besorgt um die Prioritätenfrage war; genau wie andere in der Geschichte der Wissenschaft wollte er sichergestellt wissen, daß ihm das Verdienst, als erster bestimmte Erkenntnisse gewonnen zu haben, auch zuerkannt wurde (Roazen, 1969, dt. 1973; 1975, dt. 1976). Indem er mit Hirst über die Kokaingeschichte sprach, förderte er, wenn auch unwissentlich, unweigerlich seine Reputation und Stellung als kompetenter Arzt. Nach der detaillierten Schilderung der einzelnen Schritte, wie es dazu gekommen war, daß Koller ein berühmter Wissenschaftler geworden war, mußte Hirsts Glaube an ihn als Heiler zwangsläufig bestärkt werden. Freud hatte zudem mit ihm auch über ein Problem aus seinem früheren Leben gesprochen, womit er Hirst, einen damals noch jungen Mann, in gewisser Weise wie einen moralisch Ebenbürtigen behandelt hatte. Was auch immer Freud später darüber schreiben sollte, wie wünschens- und erstrebenswert es sei, daß ein Psychoanalytiker distanziert und neutral blieb, so machte er für seine Person, wie wir noch sehen werden, jedenfalls nur sehr wenig Gebrauch von jenen Regeln, die er für andere festlegte. Es war nur allzu menschlich, daß Freud auf den Zeitungsartikel einging, nachdem Hirst ihn darauf angesprochen hatte, und daß er sich um die Prioritätenfrage so besorgt zeigte, trug im Endeffekt zu seinem allgemeinen guten Einfluß auf Hirst bei.

Hirst erzählte, er sei mit sechzehn oder siebzehn Jahren (1903 bzw. 1904) das erste Mal von seiner Familie zu Freud geschickt worden. Er war damals nur relativ kurz bei ihm in Behandlung, und der Anlaß war ein, wie Hirst es später sah, zweifellos „sehr unaufrichtiger" Selbstmordversuch, sofern man davon überhaupt habe sprechen können. Er hätte damals, meinte er, eine leichte Abneigung gegen Freud gehabt, weil seine erste Analyse so kurz gewesen sei. Was er damals allerdings nicht gewußt hätte, war, daß seine Eltern diejenigen gewesen seien, die die Behandlung nicht hatten fortsetzen wollen. Obwohl er nur so kurz bei Freud gewesen war, war es doch eine so wesentliche Erfahrung für ihn gewesen, daß er seine Rückkehr zu Freud im Herbst 1909, diesmal für einen längeren Zeitraum, als seine „zweite analytische Erfahrung" mit Freud betrachtete. Hirst blieb bis zum Frühjahr 1910 in Analyse, als die Therapie auf Geheiß seines Vaters und nicht etwa Freuds beendet wurde. Bei Hirst konnte kaum davon die Rede sein, daß Freud es hier mit jemandem zu tun hatte, der autonom Entscheidungen traf, also mit jemandem, der in Freuds Schriften als am geeignetsten für die psychoanalytische Behandlung idealisiert wird.

Über diverse Familienkanäle konnte Hirst etliches über Freud in Erfahrung bringen. Ich kann nicht genau sagen, wann er was über Freud wußte; da er 1911 jedoch nach Amerika ging und nur zu bestimmten Anlässen nach Wien zurückkehrte, ist wohl davon auszugehen, daß er vieles von dem, was er über Freud erfuhr, entweder vor oder während der Analyse gehört hatte. Hirst erzählte mir, daß er sowohl Freuds *Traumdeutung* als auch *Der Witz und seine Beziehung zum Unbewußten* gelesen hatte, ehe er zu Freud ging; er hätte es nicht in Ordnung gefunden, einfach so mit der Bitte um eine Behandlung an Freud heranzutreten, ohne diese beiden zentralen Texte vorher gelesen zu haben. Und Freud war es „durchaus natürlich" erschienen, daß Hirst die Bücher gelesen hatte, auch wenn er in seinen technischen Schriften nicht davon ausging, daß angehende Patienten erwarten konnten, von der psychoanalytischen Literatur zu profitieren. (Das der *Traumdeutung* vorangestellte Motto stammt von Virgil: „Wenn ich die Himmel nicht meinem Willen beugen kann, werde ich die Hölle in Bewegung setzen." Hirst zufolge hatte der deutsche Sozialist Ferdinand Lassalle den Spruch umgewandelt und gesagt: „Wenn ich die Herrscher nicht bewegen kann, werde ich an die Massen appellieren", und so wie Freud das Motto verwendete, wurde für Hirst daraus: „Wenn ich mit dem bewußten Geist nicht zurechtkomme, verlasse ich mich auf das Unbewußte." George Brandes hatte dieses Zitat auch in seiner Biographie von Lassalle verwendet, der zu den Helden Freuds zählte; der Zionist Theodor Herzl hatte 1898 ebenfalls diese Zeile von Virgil zitiert [Pawel, 1989]).

Hirst schien viel über Freuds frühere Behandlung von Emma Eckstein in den 1890er Jahren zu wissen, die eine Schwester seiner Mutter war. Sie war eine sehr schöne Frau gewesen, und ihre erste Analyse bei Freud war als großer Erfolg betrachtet worden. Hirst zufolge hatte Emma dann jedoch einen Rückfall erlitten, und Freud hatte sie sodann an den Abenden zu Hause aufgesucht hatte. Ein anderer Arzt hatte bei der Diagnose „geschwindelt" und ihr gesagt, sie hätte ein physisches und kein psychogenes Leiden, da er glaubte, sie auf diese Weise heilen zu können, was auch tatsächlich der Fall gewesen sei, da sie in der Tat vorübergehend wieder „gesund geworden war." Freud hatte Hirst zufolge damals gesagt, es sei hoffnungslos, womit er in Hirsts Augen auch „absolut recht" gehabt hatte. Denn „sie war" den Rest ihres Lebens „krank."

Emma Eckstein und Freud blieben „befreundet", solange sie lebte, wobei die Arzt-Patientin-Beziehung zwischen ihnen jedoch längst beendet war. Sie hatte Freud auch weiterhin für „einen großen Mann" gehalten und ihn nur „entsetzlich verbohrt" gefunden, weil er so darauf beharrt hatte, bei allem psychische Ursachen zu sehen, wenn einige Probleme doch einfach physischer Natur waren. Als ich Hirst begegnete, meinte er, es sei ihm ein Rätsel, daß er in Freuds Schriften nie auf etwas gestoßen sei, das Emmas Fall ähnelte. Eine Geschichte, die mit Freuds Freund, Dr. Wilhelm Fließ, zusammenhing, war Hirst besonders lebhaft in Erinnerung geblieben: Emma Eckstein hatte, nach einer Operation durch Fließ, die im übrigen ihr Gesicht entstellte, einmal unter entsetzlichem Nasenbluten gelitten. Hirst fiel die Geschichte in Zusammenhang mit einem von Freuds Ohnmachtsanfällen ein. Nach Hirsts Meinung war Freuds Kollaps durch den Anblick von Blut ausgelöst worden, und er interpretierte den Ohnmachtsanfall als eine „Flucht", wonach Freud dann der Verantwortung enthoben worden war, die blutende Patientin behandeln zu müssen. (Freuds Horror vor Blut hing möglicherweise mit der Tuberkulose seiner eigenen Mutter zusammen.) Die Familie schien Freud diesen Vorfall mit dem Nasenbluten jedenfalls nicht zum Vorwurf gemacht zu haben, auch wenn der Umstand, daß Freud, der hier doch eigentlich hätte helfen müssen, auf dem Höhepunkt der Krise so einfach abgebaut hatte, eine gewisse „Amüsiertheit" hervorrief.

Einige weitere Einzelheiten über Emma Ecksteins Fall und wie Fließ ihre Behandlung verpfuscht hatte, wurden später in einem Buch veröffentlicht, das 1984 erschien und äußerst kritisch gegenüber dem Freudschen Ansatz war (Masson, 1984, dt. 1994). Aber diese Sicht der Ereignisse war erst auf der Grundlage bestimmter Briefe von Freud an Fließ möglich, die damals, als ich Hirst begegnete, noch nicht öffentlich zugänglich waren. Danach hatte es Fließ bei der Operation versäumt, Gaze aus Emmas Nase zu entfernen; und die nachträgliche Entfernung war dann der Auslöser der medizinischen Krise und damit auch von Freuds Ohnmachtsanfall gewesen. Freud hatte Emmas Nasenbluten dann jedoch vorzugsweise zum Teil als Ausdruck einer psychologischen Sehnsucht interpretiert, womit Fließ von den Folgen seines Fehlers freigesprochen worden war. Bemerkenswert scheint, da man daran auch ersehen kann, welche Bedeutung dem Vorfall beigemessen wurde, daß Hirsts Eltern sich trotz der Schwierigkeiten zwischen Freud und Emma nicht davon abschrecken ließen, ihn ebenfalls zu Freud in die Analyse zu schicken. Und sie hatten auch mit dem Gedanken gespielt, seine Schwester ebenfalls in Freuds Hände zu geben. Aber da sie, wie Freud Hirst erzählte hatte, ausschließlich aufgrund elterlicher Weisung zu ihm gekommen war und keinen Hehl daraus gemacht hatte, daß sie nicht behandelt werden wollte, war die Angelegenheit damit auch schon beendet gewesen. Freud hatte ihm sogar gesagt, er sei intelligenter als seine Schwester – was nach heutigen Maßstäben wohl kaum angemessen erscheinen mag.

Als Hirst mit vierundzwanzig Jahren nach Amerika emigrierte, schien ihm durchaus bekannt zu sein, daß Freud einen „sehr ungünstigen Eindruck" von den Staaten hatte. Hirst hatte eine etwas holprig klingende Erklärung dafür: Eine ehemalige Köchin aus dem Freudschen Haushalt, die nach Amerika gezogen sei, habe sich dann später bei einem Besuch bei den Freuds in Wien als „eine perfekte Lady" präsentiert. Wien sei damals „reaktionär" gewesen, und diese Form der Überschreitung von Klassenbarrieren sei für Freud angeblich eine „neue Erfahrung" gewesen.

Als Hirst Freud erzählte, daß er selbst vorhatte, nach Amerika zu gehen, hatte Freud ihn gefragt: „Warum gehen Sie nicht nach Südamerika?" Hirst fand, das sei sehr bezeichnend für Freud gewesen, der damit keineswegs einen seiner kleinen Witze gemacht hatte. Hirst hatte ihm daraufhin erklärt, daß er kein Spanisch konnte, worauf Freud ihm erwidert hatte: „Oh, zum Teufel, man braucht drei Wochen, um dahin zu kommen." Er hatte ihm damit sagen wollen, meinte Hirst, er könnte bequem bei der Überfahrt auf dem Schiff Spanisch lernen. Hirst glaubte im übrigen, Freud hätte offenbar das Gefühl gehabt, er träfe hier keine echte Wahl und seine Vorliebe für Nordamerika sei nur darauf zurückzuführen gewesen, daß er bei einer Reise nach London Englisch gelernt hatte.

Ich erkundigte mich bei Hirst noch weiter nach Freuds Einstellung zu den Staaten, worauf er mich daran erinnerte, daß es 1911 dort noch immer einen vergleichsweise starken puritanischen Einschlag, insbesondere in bezug auf die Sexualität gab. Außerdem war er der Meinung, daß es in Amerika Vorurteile gegenüber Freud gab und Hinweise auf sein Werk damals relativ selten gewesen seien. Als Hirst später dann auf solche Hinweise gestoßen war, hatte er die Artikel ausgeschnitten und sie ihm geschickt. Einmal war Freud von einem Mann, der gerade aus Wien zurückgekommen war, „entsetzlich angegriffen" worden, aber entgegen seinen Behauptungen schien Freud ihm jedoch nie begegnet zu sein. Auf meine Frage, ob Freud dankbar für die Ausschnitte gewesen sei, die er ihm geschickt hatte, meinte er, er habe nur Postkartenantworten bekommen, aber Freuds „Knappheit" sei wohl durch seinen Wunsch gerechtfertigt gewesen, ihn von der emotionalen Übertragung ihm gegenüber zu entwöhnen, die bei seiner Behandlung aufgebaut worden war. (Übertragungen sind illusorische Emotionen bei Patienten, die die gegenwärtige Beziehung mit dem Analytiker mit zurückliegenden emotionalen Bindungen verwechseln. Freud zufolge sollte die analytische Behandlung darauf abzielen, Übertragungen zu wecken, um sie dann durch rationale Interpretationen aufzulösen. Freud gegenüber, als dem Schöpfer der Psychoanalyse, zeigten Patienten eine einmalige Reaktion, die völlig anders als beim Umgang mit anderen Analytikern war. Und soweit Analytikern emotionale Reaktionen entgegengebracht wurden, die nur bei Freud angemessen waren, so waren sie Umstände halber in eine „widerrechtliche" Position gebracht worden.)

Hirst fand darüber hinaus, daß Freud sehr „geldorientiert" war und es nicht mochte, nicht für seine Dienste bezahlt zu werden. Insgesamt, meinte Hirst, habe Freud sowohl der Sexualität als auch finanziellen Dingen gegenüber einen außergewöhnlichen und „sehr ehrlichen" Ansatz gehabt. Und er erklärte Freuds mangelndes Interesse, den weiteren Werdegang von Patienten zu verfolgen, mit seiner Abneigung, sich auch noch um Patienten zu kümmern, wenn er nicht dafür bezahlt wurde.

Hirst wußte, daß die in den Vereinigten Staaten fehlenden öffentlichen Toiletteneinrichtungen ein besonderes Ärgernis für Freud gewesen waren. 1909, als Freud seine erste und einzige Reise in die Staaten unternommen hatte, um an der Clark University in Worcester, Massachusetts, die Ehrendoktorwürde entgegenzunehmen, hatte er offenbar an einer Blaseninkontinenz gelitten. Jung, der zusammen mit Freud die Reise unternahm, hatte versucht, ihn wegen eines psychogenen Symptoms zu behandeln (Roazen, 1975, dt. 1976; Rosenzweig, 1992). Uns beiden, Hirst und mir, war zu der Zeit, als wir uns begegneten, nicht ganz klar, was es mit den Blasenproblemen Freuds in Amerika 1909 genau auf sich gehabt hatte; Hirst glaubte, bei Freud sei „eine gewisse Unbeholfenheit" im Spiel gewesen – er hätte wohl nicht gewußt, wie er in einem Gebäude eine Toilette finden konnte, und erwartet, daß es öffentliche Toiletteneinrichtungen auf der Straße gab, wie sie in Mitteleuropa üblich waren. Hirst zufolge hatte Freud die in Amerika übliche Standortwahl für Toiletten als Teil der „Unterdrückung der Sexualität" empfunden.

Als ich Hirst kennenlernte, hatte er sich dem amerikanischen Leben assimiliert; er erinnerte sich jedoch noch, wie anders die Kultur in der Alten Welt war. So hatte es vor dem Ersten Weltkrieg in Europa zum Beispiel angeblich keine öffentlichen Bibliotheken gegeben; der Habsburger Kaiser hätte eine Bibliothek gehabt, die vorbehaltlich einer entsprechenden Erlaubnis hätte genutzt werden können. (In Wirklichkeit gab es mindestens seit Ende des achtzehnten Jahrhunderts in ganz Österreich öffentliche Bibliotheken, und zwar zusammen mit dem ersten staatlichen, von Joseph II. eingeführten Schulsystem – der auch das erste Edikt zur Emanzipation der Juden erließ.) Jedenfalls verband Hirst mit der Kultur, der er einmal angehört hatte, nach wie vor bestimmte feste Überzeugungen. Er „haßte", wie er sagte, zum Beispiel immer noch das politische Regime in Österreich, das seiner Meinung nach eine „niederträchtige" Regierung hatte; es war eine Welt, in der jemand wie Koller, allein weil er Jude war, keinen Ruf an eine Universität hatte erhalten können. Hirst erwähnte, daß sein Vater genau wie Freud dem B'nai B'rith, der jüdischen Loge in Wien angehört hatte, die mitnichten eine volkstümliche Organisation, sondern ein exklusiver Verein war, dem „nur reiche Juden" angehörten. (Freud hielt vor dem B'nai B'rith mehrere Vorträge [Meghnagi, 1993].)

Zu den Dingen, die Hirst Hitler übelgenommen hatte, gehörte, daß er ihn gezwungen hatte, Jude zu sein. „Was blieb einem, als zu rufen, ‚Ich bin ein Jude', wenn es doch mit einemmal so ein Nachteil war." Ein Onkel Hirsts hatte als Grund, warum sie nicht vom Judentum konvertieren sollten, einfach die Meinung vertreten: man lief nicht weg. Persönlich fühlte Hirst sich den Unitariern und Deisten wie Tom Paine und Thomas Jefferson am nächsten. Freud hatte aus Hirsts Sicht höchstwahrscheinlich weit mehr von einem jüdischen Bewußtsein, und daß er dem B'nai B'rith beigetreten war, mußte für ihn „eine Deklaration" zu seiner Position gewesen sein. Wichtig ist dabei, sich vor Augen zu halten, wie sehr Österreich ein römisch-katholisches Land blieb, selbst nachdem das Kaiserreich nach der Beendigung des Ersten Weltkrieges auseinandergebrochen war. Die alte Reichsführung konnte sich aus Hirsts Sicht nicht einmal darum kümmern, Geburten- und Sterberegister zu führen. Diese Statistiken wurden für die Katholiken von der Kirche geführt, und die jüdischen Gemeinden sammelten diese Daten über die Juden. Das System war so aufgebaut, daß man nicht einmal das Geburtsdatum von jemandem nachschlagen konnte, ohne vorher seine religiöse Zugehörigkeit zu kennen. Und diese religiösen Autoritäten hatten auch eine steuerliche Macht. Hirst mochte diese „kongenitalen" Zugehörigkeiten nicht und zog es vor, sich sein Bürgerrecht selbst wählen zu können. Die Alternative war für ihn eine Form der Sklaverei, und er wäre, sagte er, „überrascht", wenn Freud anderer Meinung gewesen wäre.

Um einen Wiener zutiefst zu beleidigen, genügte es, Hirst zufolge, ihn als „Patrioten" zu bezeichnen. Denn Patriotismus implizierte Scheinheiligkeit, Unterwürfigkeit gegenüber einer „durch und durch maroden Monarchie" und Blindheit gegenüber dem Bösen. Nach Hirsts Maßstäben konnte ein anständiger Wiener einfach nicht patriotisch sein. Napoleon Bonaparte mochte manchen als Autokrat erschienen sein, für Hirst war er jedoch der „Sohn" der Französischen Revolution, der den österreichischen Kaiser gezwungen hatte, ihm seine Tochter zur Heirat zu überlassen. Für Hirst gereichte jede Demütigung der Österreicher Napoleon zur Ehre, und er war ein Held für ihn; in seinem Zimmer in Wien hatte er überall Bilder von ihm hängen. Und Freud seinerseits hatte gerne Abwandlungen napoleonischer Sprichwörter zitiert.

Angesichts dessen, was Hirst mir über die Situation im alten Österreich erzählt hatte, fragte ich ihn, wieso Freud sich dann beim Ausbruch des Ersten Weltkrieges so entschieden auf die Seite der Österreicher und Deutschen hatte stellen können. Die Lösung war aus Hirsts Sicht relativ „einfach": man hatte das Gefühl, daß Österreich von dem „Mörder", dem Zaren, angegriffen worden war. Die Österreicher seien freier als die Russen gewesen, und England und Frankreich waren durch eine Reihe diplomatischer Bündnisse zu „Komplizen" des Zaren geworden. Während Napoleon für Hirst (wie auch für Freud) ein Held war, war der russische Autoritarismus eine ganz andere Sache; die Russen konnten als „Barbaren" betrachtet werden, da es bei ihnen weder eine Renaissance noch eine Reformation gegeben hatte und sie im Ersten Weltkrieg eine Bedrohung für die kultivierten, begrenzten Freiheiten der Österreicher dargestellt hatten.

Jemand wie Freud konnte eine große Liebe für die Alpen, die kleinen Dörfer auf dem Land und die österreichische Landschaft haben; solche Gefühle konnten ein „Ersatz" für Patriotismus sein. Obwohl Freud Jude war, mußte er sich im Ersten Weltkrieg im Kampf gegen die Alliierten also keineswegs als Außenstehender fühlen. Hirst fand, daß es bezeichnend für die Atmosphäre in jenen Kreisen war, in denen er sich in seiner Jugend in Wien bewegte, daß er die Religion seiner Klassenkameraden nicht kannte. Sie hatten damals alle gleichermaßen mit der „größten Verachtung" auf Priester, Rabbis und Geistliche herabgeblickt. Was ihn betraf, so konnte seiner Meinung nach kein ehrlicher Mensch an Religion glauben oder einen Beruf ergreifen, der die menschliche Unwissenheit ausbeutete. In Hirsts Familie hatte es keine religiösen Rituale gegeben; er hätte sich eigentlich als Atheisten betrachtet, stellte dann mit sechzig Jahren jedoch fest, daß er seit jeher doch immer sowohl an Gott als auch an die Unsterblichkeit geglaubt hatte. Als jemand, der in Wien aufwuchs, war er sowieso nicht umhingekommen, sich mit dem Katholizismus als Staatsreligion auseinanderzusetzen. Und Hirst wußte von Freud, daß dieser Ende der dreißiger Jahre mit der Veröffentlichung seines Werkes *Der Mann Moses und die monotheistische Religion* zum Teil auch gezögert hatte, weil er der Kirche nicht hatte zu nahe treten wollen.

Aus Hirsts Sicht kamen beide, Freud und er, im Prinzip aus der gleichen gesellschaftlichen Welt. Ich fragte ihn nach Freuds Familie und insbesondere nach Freuds Frau. Seiner Ansicht nach war sie der gleiche „Typ" wie seine Mutter und ihre Schwester. Sie waren Frauen der „Mittelschicht", „grauhaarig", „gut, aber nicht modisch gekleidet." 1938 war Hirst bei seiner Reise nach Wien noch einmal „zu einem letzten Besuch" nach Hause zurückgekehrt. Seine Schwester lebte damals noch in Wien, und er hatte die Reise unternommen, um sie herauszuholen und in Sicherheit zu bringen. Es herrschte damals, sagte er, eine „entsetzliche Stimmung" in der Stadt. Seine Schwester hatte damals Freuds Briefe an Emma Eckstein, und so war Hirst zu Freud gegangen, um sich die Erlaubnis zu holen, die Briefe mit außer Landes zu nehmen; den Besuch hatte Hirsts Onkel arrangiert.

Freud war zu jener Zeit jedoch alt und krank, so daß Hirst nur mit seiner Frau und mit Anna sprechen konnte. Er erinnerte sich, wie verwundert Freuds Frau war, daß er so locker über sein „Weggehen" aus Wien sprechen konnte, da die Freuds damals noch auf die amtlichen Papiere warteten, die sie für die Ausreise brauchten. Nach Hirsts Eindruck waren die Juden damals so verängstigt, daß sie es nicht wagten, die Auswanderungsregeln der Nazis einfach zu ignorieren. Dabei hatten sich die Nazis, als Hirst dann mit dem Nachtzug in die Schweiz abreiste, nicht einmal die Mühe gemacht, seine Papiere zu kontrollieren. Freuds Frau hatte in ihrem Gespräch nebenbei auch erwähnt, wieviel die Freuds für Wien getan hatten – sie hatten zum Beispiel Geld für die Restaurierung des Stephansdoms gespendet.

Hirst war nur relativ selten wieder nach Wien gefahren. Eine dieser Reisen in die alte Heimat hatte er unmittelbar nach dem Ersten Weltkrieg, 1919, unternommen. Als er bei der Gelegenheit bei Freud angerufen hatte, war Freud selbst in Bayern, aber sein Sohn Martin war zu Hause gewesen, der Hirst dann in die Wohnung von Mathilda Hollitscher, Freuds ältester Tochter, zum Essen eingeladen hatte (Roazen, 1993a). Auf meine Frage, ob Freud von seinen Söhnen enttäuscht gewesen sei, erinnerte Hirst sich, wie er bei seiner Analyse den Tagtraum hatte, daß er sich um Freuds Kinder kümmern wollte, wenn er eines Tages einmal reich wäre. Er wußte damals jedoch nicht, daß Freuds Kinder in seinem Alter waren. In Amerika kannte Hirst Freuds Nichten und Neffen der Bernays. Und in New York hatte er Kontakt mit Federn, einem Wiener Analytiker, der nach 1938 emigriert war. Er war Federn zum erstenmal vor dem Ersten Weltkrieg begegnet, als dieser eine kurze Reise in die Staaten unternommen hatte, um dort einen wohlhabenden jungen Amerikaner zu behandeln (Roazen, 1969, dt. 1973). Danach hatte er ihn erst 1938 wieder getroffen, als er nach Wien zurückgekommen war, um seine Schwester vor den Nazis in Sicherheit zu bringen. Als Federn später einmal bei ihm zu Hause in New York zu Besuch war, hatte Hirst ihm gegenüber beiläufig die Bemerkung fallen lassen, daß Freud mit seinen Söhnen offenbar auch keinen allzu großen Erfolg gehabt hätte. Statt sich nun schützend vor Freuds Söhne zu stellen, hatte Federn eine ausgesprochen „unbeholfene" Antwort gegeben; er war regelrecht steif geworden und hatte gemeint, das sei ein Thema, über das er lieber nicht sprechen wollte – womit er aus Hirsts Sicht jedoch die wahre Geschichte verraten hatte.

Federn hatte eine außergewöhnlich ehrfürchtige Einstellung gegenüber Freud als seinem „Herrn" und „Meister", der im übrigen für alle schlicht der „Professor" war. (Selbst Josef Breuer, älter als Freud und dessen einstiger

Mitarbeiter bei den *Studien über Hysterie*, hatte Freud in den Briefen, die er ihm nach ihrem Streit geschrieben hatte, als „Professor" angeredet.) Dieser Titel war für Hirst eine typisch österreichische Erfindung, die für Freud mit keinen Verpflichtungen, sondern nur dem Recht, Vorlesungen zu halten, verbunden gewesen war. An eine Professur in der Art, wie Freud sie hatte, war man Hirst zufolge durch Bestechung des zuständigen Ministers herangekommen, der dann das Geld dafür verwendet hatte, zu kontrollieren, was die Presse schrieb. Es war ein „faules" System, meinte Hirst, in dem „alle Titel käuflich waren." Freud hatte diese Professur sehr begehrt, die fraglos auch mit Blick auf die Honorare, die Patienten dann in Rechnung gestellt werden konnten, mit einem besonderen finanziellen Wert verbunden gewesen war. Daran, daß Freud auf diesen Posten so erpicht gewesen war, legte Hirst im übrigen nie den Maßstab seiner ansonsten hochgehaltenen Überzeugung an, wonach Personen aus den „vornehmen Kreisen" Wiens sich niemals so „erniedrigt" und einen Titel vom Kaiser angenommen hätten – und ich habe es leider versäumt, ihn auf diesen offenkundigen Widerspruch anzusprechen. (Der Vater des Philosophen Ludwig Wittgenstein „erhielt sogar das Angebot, sich adeln zu lassen, lehnte aber den Namenszusatz ‚von' ab, weil er nicht als Parvenu gelten wollte" [Monk, 1990, dt. 1992, S. 24].)

Federn war aus Hirsts Sicht ein „ganz eifriger Anhänger" Freuds. Dennoch schien es in Wien „unvorstellbar" gewesen zu sein, zu einem anderen Analytiker als Freud selbst zu gehen. In Hirsts Familie hatte man es allgemein als „Jammer" angesehen, daß die Schüler des großen Mannes so „mittelmäßig" waren. Um zu verdeutlichen, was er meinte, sagte Hirst, Bismarck hätte einen Sohn namens Herbert gehabt, „aus dem nie etwas wurde"; und Freuds geistige Söhne seien auch „alle Herberts" gewesen. Von Federn hatte man sich zum Beispiel die Geschichte erzählt, er hätte jahrelang einen Patienten analysiert, ohne zu wissen oder dahinterzukommen, daß dieser seit langem eine Affäre mit seiner, Federns, Frau hatte. Diese Geschichte, ob sie nun stimmt oder nicht, vermittelt zumindest etwas von dem damals in Wien vorherrschenden Gefühl, wonach das Niveau von Freuds Schülern relativ mäßig war. (Patienten, die aus dem Ausland kamen, bekamen von der Einstellung der Wiener hingegen nicht unbedingt etwas mit.) Hirst hielt Federn zwar nicht für „einen sehr intelligenten Mann", aber für jemanden, der seine „Grenzen" kannte und damit das Beste aus seinen Talenten gemacht hatte.

Nach seiner persönlichen Einstellung zum Erfinder der Psychoanalyse gefragt, meinte Hirst, Freud sei für ihn „ein absolutes Genie" gewesen – „damit wir uns da nicht falsch verstehen!" Freud hatte offenbar unaufgefordert einen Brief über Hirst an dessen Vater geschrieben. (Daß innerhalb Wiens in der Form Briefe ausgetauscht wurden, wäre nichts Ungewöhnliches gewesen, da Freud eine Abneigung dagegen hatte, das Telefon zu benutzen. Und es gibt auch eine Reihe solcher Briefe, die überlebt haben, zum Beispiel jene, die zwischen Freud und jemandem wie Federn ausgetauscht wurden.) Hirsts Analyse kostete vierzig Kronen in der Stunde, was anno 1909 etwa zehn Dollar entsprach; das heißt, daß Freud „ein ziemlich hohes Honorar" in Rechnung gestellt hatte. Hirsts Vater war „ein wohlhabender Mann", ein Papierfabrikant. Hirst sagte, er sei seinem Vater gegenüber damals „voller Undankbarkeit" gewesen. Hirsts Familie war den Freuds freundschaftlich verbunden gewesen.

Hirst meinte, Freud hätte sich über seine Patienten kaum Aufzeichnungen gemacht. Er hatte Freud einmal gefragt, wie er so vieles so genau behalten könnte, worauf Freud ihm geantwortet hatte: „Ich strenge mich nicht eigens an." Freud schien auf seine freien Assoziationen über seine Patienten vertrauen zu können. Es interessierte mich, ob Freud jemals mit ihm über Aggression oder Haß gesprochen hatte. Ein Begriff wie „Aggression" sei nie gefallen, meinte Hirst, an technischer Terminologie seien jedoch Begriffe wie „Identifikation" und „Übertragung" angesprochen worden. Selbst mit der Distanz all der Jahre glaubte Hirst jedoch nicht, jemals eine starke Übertragung gegenüber Freud gehabt zu haben. Er fand nur, daß er ihm eine „spürbare Bewunderung" entgegengebracht hatte und sich „des Privilegs bewußt" gewesen sei, „bei einem großen Mann zu sein." Ohne seine Analyse bei Freud, meinte Hirst, hätte er sicher weiter ein „höchst unglückliches Dasein" gefristet.

Es ist vielleicht eine Überlegung wert, sich vorzustellen, wie Freuds Reaktionen auf solche Gefühle seitens Hirst wohl ausgesehen haben könnten. Dabei wollen wir davon ausgehen, daß Hirsts Einstellung zu Freud tatsächlich so war, wie er sie darstellte. Es wäre nicht einleuchtend gewesen, wenn Freud Hirsts Gefühle zurückgewiesen oder versucht hätte, sie zu untergraben. Freud akzeptierte vermutlich die Hochachtung, die Hirst ihm entgegenbrachte, als einen Tribut, der ihm gegenüber angemessen war. Es war eine einmalige Situation, mit der in der Form seit Freud kein anderer Therapeut mehr konfrontiert war. Freuds Surrogate, wozu alle späteren Analytiker gehören, sind zwar die Adressaten jener Gefühle, die durch das von Freud geschaffene Behandlungssetting geweckt werden, wozu auch jene Emotionen gehören, die als Reaktion auf Freud einleuchtend waren, die aber, wenn sie den anderen entgegengebracht werden, unangebracht sind.

Als ich Hirst konkret fragte, wie Freud ihm helfen konnte, sprach er von „einer eigenartigen, seltenen Form von Impotenz", unter der er damals gelitten habe. Er konnte beim Geschlechtsverkehr nicht ejakulieren. Freud hatte ihn dann wegen einiger kleiner körperlicher Probleme, die bei der Analyse zutage getreten waren, zu einem Urologen geschickt. Was bei diesem Arztbesuch herauskam, änderte jedoch nichts an dem zentralen Symptom, das Hirst plagte. Freud sei klar gewesen, daß bei ihm auch noch andere psychologische

Probleme vorlagen, an denen etwas getan werden mußte, er sei jedoch kaum an etwas anderem als an jenem Symptom interessiert gewesen.

Seine „endgültige Heilung", seine „wirkliche Genesung", sagte Hirst, sei dann etwa zehn Jahre nach Beendigung der Analyse eingetreten. Aber noch während er bei Freud war, hatte er bereits eine außergewöhnliche Potenz bei sich festgestellt, wonach er mehrmals in der Stunde Geschlechtsverkehr haben konnte. Als Hirst seine außergewöhnliche sexuelle Potenz Freud gegenüber als seitens der väterlichen Linie erblich bedingt hatte hinstellen wollen, hatte Freud nur eine trockene Bemerkung gemacht und gemeint, wegen einer solchen Veranlagung müßte man seiner Familie schon vieles verzeihen können.

Zu den Hintergründen seines Problems und wie es schließlich zu seiner „endgültigen Heilung" gekommen war, erzählte Hirst, wie er ursprünglich als Vertreter der väterlichen Papierfabriken nach Amerika gegangen und nach dem Ausbruch des Ersten Weltkrieges mit wirtschaftlichen Schwierigkeiten konfrontiert worden war. Da er bald danach geheiratet und eine Familie gegründet hatte, hatte er nicht nur sich, sondern auch noch eine Frau und ein Kind zu versorgen. Die „endgültige Heilung" sei möglich geworden, als ihm dann mit einemmal klargeworden sei, daß es einen Zusammenhang zwischen den Schwierigkeiten, seinen Lebensunterhalt zu verdienen, und seinem vermeintlichen sexuellen Unvermögen gab. Und er erinnerte sich noch genau, wie er gerade eine Treppe hinunterging (die für Freud ein sexuelles Symbol war), als ihm dieser Zusammenhang plötzlich bewußt geworden war. Er hatte dann ein Jurastudium in Angriff genommen – und war danach erfolgreich seinen Weg gegangen.

Nach seinem Dafürhalten hatte Freud mit den Dingen, die er über ihn in der Analyse gesagt hatte, richtig gelegen. Er hatte Freud einmal einige selbstgeschriebene Gedichte zum Lesen mitgebracht. Und Freud hatte sich überrascht gezeigt, daß Hirst offenkundig auch noch „andere" Talente hatte als die, die er bereits kannte. Freud war verblüfft über seinen „starken analytischen Verstand" gewesen. Und er hatte ihm auch gesagt: „Sie sind kein schwacher Mensch, Sie sind sehr stark." Derart von Freud gelobt zu werden, war für ihn völlig unerwartet gekommen. Hirst hatte bis dahin, wie er sagte, nur halbwegs nach seinen eigenen Vorstellungen gelebt und so vieles nicht verwirklichen können. Und daß er es schließlich schaffte, sich selbst zu verwirklichen und Erfüllung zu finden, hielt er „ganz und gar" Freud zugute. Außerdem, meinte er, habe Freuds Versicherung, was für ein heller Kopf er war, mit dazu beigetragen, ihm zu helfen.

Die Idee, daß hinter jeder Neurose ein verborgenes Kindheitstrauma steckt, hatte Hirst zweifellos von Freud. Die in Alfred Hitchcocks Film *Ich kämpfe um dich* dargestellte Sicht der Psychoanalyse, die auf die Aufdeckung einer verborgenen Erinnerung, einer in Vergessenheit geratenen Kindheitskrise abzielt, war Hirst so vertraut, daß sie ein natürlicher Bestandteil seines eigenen

Selbstverständnisses war. (Für andere mag diese Freudsche Verfahrensweise auf einer Linie mit der Austreibung leidiger Dämonen liegen.) Bei der Behandlung lernte Hirst von Freud, daß das Trauma oft wieder zutage trat und in der Analyse auf seltsame Weise wiederauftauchte: als Tagtraumkritik an der Psychoanalyse. Hirst glaubte, sich daran zu erinnern, wie sein Vater ihn als kleines Kind festgehalten und gesagt hatte: „Ich könnte den Bastard erwürgen, daß er soviel Lärm macht." Hirst dachte damals, es sei doch blödsinnig, daß ein solcher Vorfall ihn in seinem Leben beeinträchtigen sollte. Und an diesem Punkt hatte Freud dann eingeworfen, daß ein entscheidender Kern der Neurose oft wieder als Kritik an der Psychoanalyse in Erscheinung träte.

Als ich Hirst fragte, was ihn seiner Meinung nach geheilt hätte, meinte er, es seien vor allem zwei Punkte gewesen. Erstens das unterstützende Element, das er in der Behandlung bei Freud gefunden habe, und zweitens, daß er später einen Zusammenhang zwischen seinem Sexualleben und seinen Fähigkeiten, sich seinen Lebensunterhalt zu verdienen, hatte herstellen können. Er hatte im übrigen im Grunde nie das Gefühl gehabt, Freud sei ihm gegenüber distanziert gewesen, zumal nicht, da er ja soviel berufliches Interesse an ihm gezeigt und so vieles von ihm behalten hatte. Hirst hatte nicht das Gefühl, von Freud in Schach gehalten worden zu sein. Da die Postkarten, die Freud ihm nach Amerika geschrieben hatte, jedoch so unpersönlich und kurz und knapp gewesen waren, hatte er allerdings eine gewisse „Kälte" bei Freud gespürt. Hirst meinte, seine Haltung gegenüber Freud sei vergleichbar mit der eines orthodoxen Christen gegenüber Christus gewesen. Freud war für ihn sein „Retter", und er glaubte, ohne ihn wäre er ein „Versager" oder Selbstmörder geworden.

Was den Apparat der psychoanalytischen Behandlung und des psychoanalytischen Denkens anging, beharrte Hirst darauf, daß „jedes System funktioniert, wenn es von einem Freud geschaffen ist!" Hirst konnte nicht sagen, daß ihm irgendein individueller Aspekt an Freuds Ansatz als besonders wichtig aufgefallen wäre. Er hatte im übrigen auch nie den Eindruck, daß Freud ihn ständig mit der Wahrheit hätte konfrontieren wollen; und Freud hatte auch nie Anstalten gemacht, Hirst zu erziehen und weiterzubilden, noch hatte er irgendwelche Propaganda betrieben. Freud hatte sich einfach wie jemand verhalten, der eine rein berufliche Arzt-Patienten-Beziehung wahren wollte. Und er hatte somit auch nie ein Interesse an Hirsts politischer und ethischer Einstellung oder Lebensphilosophie gezeigt. Ich versuchte zwar, einen Gegensatz zwischen Freud als Wissenschaftler und als Therapeuten aufzuzeigen, Hirst fand jedoch, daß er sowohl ein bedeutender Entdecker als auch ein großer Heiler war.

Hirst empfand es als Vorteil, daß er im Vergleich zu den meisten Menschen in seinem Leben mehr Zugang zu seinem Unbewußten gefunden hatte. Bei seinem Impotenzproblem hatte Freud zum Beispiel die Meinung vertreten, daß das Problem sich schon von selbst erledigen würde, sobald er seine Verdrängungen und Hemmungen verstehen lernen würde. Und so hatte Freud sich denn auch nie allein auf das Symptom, sondern auch auf Hirsts freie Assoziationen konzentriert.

Freud war anfänglich skeptisch bezüglich Hirsts Talent zum Gedichteschreiben gewesen. (Rückblickend meinte Hirst, er sei zu stolz auf seine dichterischen Gaben gewesen und habe nicht genug auf seine inneren Stärken und seine analytischen Fähigkeiten vertraut.) Eine Bemerkung, die Freud in dem Zusammenhang fallenließ, hatte Hirst zeit seines Lebens nicht vergessen: „In fast allen Flüssen enthält der Sand auch Gold, die Frage ist, ob es genug Gold ist, daß es sich lohnt, es herauszuholen." Damit hatte er versucht, Hirsts Dichtkunst in die richtige Perspektive zu rücken. In der Regel hatte Freud in der Analyse jedoch „sehr wenig" gesprochen und auch nie einen Witz erzählt. Als Hirst seine Analyse beendet und sich von ihm verabschiedet hatte, hatte er sich für „geheilt" gehalten, wobei ihm später jedoch erst klargeworden war, wie viele Möglichkeiten ihm in seinem Leben noch offenstehen würden.

Hirst hatte Freuds Gegenwart nie als einschüchternd empfunden. Beide Analysen waren so durchgeführt worden, daß Hirst dabei auf Freuds Couch gelegen hatte. Er konnte sich nicht mehr daran erinnern, wie viel Freud ihm zu den Grundsätzlichkeiten einer Psychoanalyse hatte erklären müssen. Natürlich hatte er die Bücher von Freud gelesen. Und er wußte um die Bedeutung, die Freud bei allen Neurosen dem „Urtrauma" beimaß; es war eine lineare Konzeption Freuds, die implizierte, daß die neurotischen Symptome durch die Aufdeckung der grundlegenden Ursachen behoben würden. Hirst wußte auch, daß Freud Neurosen gerne auf eine syphilitische Geschichte in der Ahnenreihe zurückführte, und wußte von seiner persönlichen Geschichte, daß sein Großvater an Syphilis gestorben war. Hirsts Großvater war an lokomotorischer Ataxie, dem letzten Syphilisstadium gestorben. Er hatte sich zwar auch bei einem Sturz aus einem Bus eine Verletzung zugezogen und war später gelähmt gewesen, ein Verwandter Hirsts, ein Arzt, hatte ihnen jedoch den wahren Hintergrund seiner Krankengeschichte erklärt. Freud betrachtete ein solches Erbe als Prädisposition für eine Neurose, und dies spiegelte eine Lamarcksche Annahme wider. Es war ein familiäres Erbe, das Hirst mit seiner Tante Emma gemeinsam hatte. Hirst konnte sich zwar nicht mehr so genau erinnern, was er im einzelnen direkt von Freud erfahren hatte und was er aus den Büchern wußte, die er von ihm gelesen hatte, aber daß Freud neurotische Probleme auf Syphilis zurückführte, gehörte sicher nicht zu den Dingen, die unbedingt auch in seinen Schriften aufgetaucht waren – er neigte im Gegenteil vielmehr dazu, Argumente über die Erblichkeit solcher Probleme einfach abzutun.

Freud, meinte Hirst, habe sein Heilen indirekt bewirkt und nicht allein durch bestimmte Worte, die er verwendete, oder bestimmte Deutungen, die er anzubieten hatte. Freud, meinte er hier (im Gegensatz zu dem, was er vorher in einem anderen Zusammenhang gesagt hatte), sei weitaus mehr ein Lehrer und Erzieher als ein Heiler gewesen, er habe jedoch nicht bewußt doziert. Er sei nicht wie ein Priester oder Geistlicher gewesen, der einem sagte, was man zu tun hatte. Ihm sei es vielmehr um eine tiefere Form der Bildung gegangen, darum, daß man die Funktionsweise der Psyche verstehen lernte und einem dazu die Instrumente zur Selbstanalyse anhand gab. Hirst schrieb nach seiner Analyse noch jahrelang seine Träume auf und analysierte sie. Diese Einsichten von Freud gelernt zu haben, war ihm weitaus wichtiger als der Erwerb von irgendwelchem medizinischen Wissen erschienen. Ein Freund hatte ihm bei einer Gelegenheit einmal gesagt: „Du *hättest* einen exzellenten Anwalt abgegeben", und zwar gerade zu dem Zeitpunkt, als er den Entschluß gefaßt hatte, endlich das zu tun, was er immer schon hatte tun wollen: Jura zu studieren.

Ich warf an einer Stelle die Bemerkung ein, daß Toleranz wohl nicht unbedingt eine von Freuds Tugenden gewesen sei. Darauf pflichtete Hirst mir bei und bekräftigte, daß Freud nicht tolerant gegenüber Schülern gewesen sei, die es gewagt hätten, anderer Meinung als er zu sein und von ihm abzuweichen. Hirst neigte jedoch dazu, Freuds Schülern die Schuld daran zu geben, daß es in der Psychoanalyse zu Spaltungen gekommen war. Er meinte, Leute wie Adler, den er gekannt hatte, hätten es Freud nicht gerade leicht gemacht. Persönlich, sagte er, habe er keinen Grund zu der Annahme gehabt, daß Freud ihn als Menschen gemocht hätte. Er mochte an ihm als Fall interessiert gewesen sein, was jedoch keine Bedeutung für die Behandlung als solche gehabt hätte. Freud hatte ihm in jedem Fall jedoch „unschätzbare Gaben" vermittelt, die er als „Geschenke" betrachtete. Er hatte ihm beigebracht, sich selbst erkennen und verstehen zu lernen, und ihn gelehrt, wie wichtig die Selbsterkenntnis insgesamt war. Bis dahin hatte er sich selbst nicht gekannt. Ihm sei damals schon klargewesen, meinte er, daß er bei einem der ganz großen Männer der Menschheitsgeschichte war, und dies sei kein Urteil, das er erst rückblickend gefällt habe, da er seine Bücher schon vorher voller Bewunderung gelesen hatte.

Hirst wußte, daß eine Analyse sowohl mit Antagonismus als auch mit Zuneigung verbunden war. Ich fragte ihn, ob er es je als frustrierend empfunden hatte, daß bei Freud alles immer so penibel und genau sein mußte. Darauf fiel ihm ein, wie Freuds Sammlung von antiken Figuren, die er auf seinem Schreibtisch hatte, immer genau in derselben Anordnung dagestanden hatte. Hirst besaß auch eine der berühmten Pollock-Radierungen von Freud, die ihn zeigt, wie er über seinen mit Antiquitäten bestückten Arbeitstisch hinwegblickt.

Freud hatte es auch mit den analytischen Stunden sehr „genau" genommen. Man zahlte für die Zeit, die man bei ihm war, von neun bis zehn zum Beispiel, und zwar von Punkt neun bis Punkt zehn. Hirst sagte, er habe sich „oft" verspätet. Er hatte bei der Frage der Pünktlichkeit jedoch nicht das Gefühl, daß es hier um eine persönliche Eigenart Freuds, sondern vielmehr um berufliche Regularien ging. Freud schien es Hirst nicht zu verübeln, wenn er zu spät kam, sondern es schlicht als einen Aspekt seines neurotischen Problems zu sehen. Eine Zeitlang hatte Hirst sich partout immer um fünfzehn Minuten verspätet, was Freud jedoch nur mit der Bemerkung quittierte, er nutze die Zeit, um Schecks zu schreiben. Freud seinerseits hatte ihn hingegen nie warten lassen. Und Hirst hatte auch nie die Patienten gesehen, die vor ihm oder nach ihm zu ihren Sitzungen gekommen waren. Freud hatte sein Wartezimmer so angelegt, daß die Eingangstür zu seinem Büro separat von der Ausgangstür war. Wenn er einmal jemandem im Treppenhaus des kleinen Apartmenthauses begegnet war, wußte er nie, ob der Betreffende ein Besucher Freuds war oder nicht.

Hirst bewunderte an Freuds Ansatz, daß er ihm „das Ruder überlassen" hatte. Als er beispielsweise mit seinen Gedichten angekommen war, hatte Freud schlicht gesagt: „Sie haben also beschlossen, daß auch der Dichter in Ihnen analysiert werden muß"; er hatte ihn nie gebeten, sie mitzubringen. Nicht Freud entschied, über welche Themen gesprochen wurde. Hirst erfuhr bei Freud eine immense Freiheit, wobei dieses Gefühl von Freiheit im Zweifel auch durch den krassen Gegensatz zu dem Verhalten verstärkt wurde, das er von seinen Eltern gewohnt war, die er als „sehr streng" und hartgesottene „Puritaner" bezeichnete.

Auf meine Frage, ob in der Analyse auch über Literatur gesprochen worden sei, sagte Hirst, von Romanen sei nur geredet worden, wenn er seinerseits darauf zu sprechen gekommen war. Dabei sei Freud jedoch sehr daran interessiert gewesen, seine Theorien durch die Literatur bestätigt zu finden. Hirst erinnerte sich zum Beispiel an eine Kurzgeschichte von Heinrich Mann, in der ein Liebhaber seine Geliebte umbrachte. Es sollte ein Doppelselbstmord werden, und sie half ihm dabei, ihr einen Dolch in die Brust zu stoßen. Und es war seltsam, schrieb der Autor, daß ihre heroischste Tat ihrer obszönsten ähneln sollte, nämlich, einen Penis in ihre Vagina einzuführen. In einer anderen Geschichte war ein Mann mit einer Frau verheiratet, mit der er jedoch nicht schlief. Sie sagte dann eines Tages zu ihm: Weißt du, wir sind uns nah und doch so fern – manchmal wünsche ich mir, du würdest mich schlagen. Und in jener Nacht schlief er zum erstenmal mit ihr; der Protagonist verstand offensichtlich die unbewußte psychoanalytische Bedeutung von Phantasien, die sich darum drehen, geschlagen zu werden. Als Hirst Freud davon erzählt hatte, hatte Freud sich an beiden Geschichten „sehr interessiert" gezeigt.

Hirst fand es im nachhinein verblüffend, wie Freud in Wien gehaßt und verleumdet worden war. Aber Ärzte, meinte Hirst, haben ja immer etwas gegen medizinische Neuerer, wobei in dem Fall sicher auch noch die Kleinlichkeit der Praktiker hinzugekommen sei, die von den wenigen Honoraren, die sie bekommen konnten, abhängig waren. Ein weiterer Punkt, meinte er, sei auch der Antisemitismus gewesen, der mit der Zeit immer mehr zuzunehmen schien – mit dem Ergebnis, daß Freud mitnichten als Witz betrachtet, sondern „ignoriert" worden sei und keinen Stand gehabt hätte. All das habe dazu geführt, daß seine Anhänger sich wie eine unterstützende Partei gefühlt hätten, da Freud in ihren Augen ein ständig angegriffener Prophet war. Gleichzeitig hatte Freud es jedoch, wie Hirst einräumte, vielleicht auch zu sehr genossen, kritisiert zu werden.

Das Ergebnis war, daß Freud nicht genügend anerkannt wurde, auch wenn er nicht als „Quacksalber" angesehen wurde. Das sexuelle Element in seiner Theorie hatte eine Opposition hervorgerufen. Die Scheinheiligkeit in sexuellen Dingen war damals noch groß, sagte Hirst, und habe sogar ursächlich eine Rolle bei Freuds Problem mit Jung gespielt. Aber auch Freud selbst sei in puncto Sexualität nicht „völlig unbefangen" gewesen. Auch für ihn sei sie mit etwas „Anstößigem" verbunden gewesen – etwas Außergewöhnliches, was nicht so normal wie der Sonnenaufgang und -untergang oder „Kauen und Essen" war. Freud sei selbst etwas puritanisch, genau wie auch Hirsts Familie gewesen.

Gleichwohl war Freud emanzipiert genug, um bei Hirst eine aktive Rolle zu übernehmen und ein Rezept für ein empfängnisverhütendes Mittel auszustellen, das in die Vagina einzuführen war. (Das Rezept tauchte später in der Library of Congress auf.) Bis dahin hatte Hirst ein Kondom zur Empfängnisverhütung verwendet. Freud meinte, ein Kondom sei ein unbefriedigendes Mittel und ohne Kondom würde es lustvoller für ihn sein. Hirst glaubte, daß Freud mit der Feststellung: „Ein Kondom ist eine Gewebeplatte gegen Infektionen und eine Panzerplatte gegen die Lust", im übrigen versucht hatte, ihn von der Masturbation zu „entwöhnen". Er hatte Hirst zwar nicht zu verstehen gegeben, daß er der Meinung war, daß Masturbieren zur Debilität führte, in jenen Tagen sei man jedoch allgemein der Auffassung gewesen, daß es „den Geist zerstörte". Freud sei statt dessen von dem Ansatz ausgegangen, daß die Natur eine Lösung der Spannung erwartete und es keine Rolle spielte, wie sie herbeigeführt wurde.

Hirst erinnerte sich noch an einige kleine Geschichten, die Freud zum besten gegeben hatte. Zum Beispiel jene, wie eine sehr vornehme Dame zu einem Arzt gegangen war und sich erkundigt hatte, was sie tun könnte, um keine Kinder zu bekommen. Die beste Methode, hatte er ihr geraten, sei ein Glas kaltes Wasser. „Schön", hatte sie gesagt, „aber vorher oder nachher?" „Oh, anstatt!" Hirst fand es typisch für Freud, daß er manche Weisheiten so trefflich bringen konnte.

Hirst hatte im übrigen nie den Eindruck, daß Freud dazu geneigt hätte, der Sexualität eine allzu übertriebene Bedeutung beizumessen. Er erinnerte sich, wie er Freud gegenüber einmal die Ansicht geäußert hatte, eine Frau würde nach einer langjährigen Ehe mit vielen Kindern ihre Attraktivität für den Ehemann verlieren. Wenn eine Ehe dieses Stadium erreicht hätte, hatte Freud daraufhin gemeint, nähme die Bedeutung der sexuellen Beziehung ab, und hier kämen dann andere Emotionen zum Tragen. Damit hätte Freud wohl sagen wollen, daß Liebe sowohl die Konsequenz als auch die Ursache der Sexualität sein konnte. Darum habe auch die Idee der Heiratsvermittlung im traditionellen Judentum so gut funktioniert, meinte er – wobei es natürlich keine Frage gewesen sei, daß die so zusammengebrachten Paare jeweils aus ähnlichen Verhältnissen kamen.

Als neutraler Außenstehender würde ich Hirsts Behandlung bei Freud als therapeutischen Erfolg werten. Dennoch glaube ich nicht, daß das, was Freud erreichte, den hohen Maßstäben gerecht wurde, die er öffentlich für sich gesetzt hatte. Die psychoanalytische Behandlung macht es sich vorgeblich zunutze, beim Patienten eine Übertragung zu wecken, um sie schließlich wieder aufzulösen. Freud zufolge sollte der Analytiker die positive Beziehung des Patienten zu ihm nutzen, um emotionale Reaktionen aus der Vergangenheit zu erforschen. Nach seiner Theorie traten Symptome aufgrund von unbewußten Konflikten auf; sobald man diese psychischen Probleme rational verstanden hatte, würden sich die Störungen von selbst verflüchtigen. (Ähnlich hatte auch Karl Marx argumentiert: Da die Geschichte durch Klassenkonflikte definiert werde, würde der Staat als Repräsentant der herrschenden Klasse logischerweise schwinden, sobald die sozialistische Revolution die Existenz von Klassen beseitigt hätte.)

Nach Hirsts Darstellung scheint es jedoch, daß bei seiner Behandlung genau jene Form der suggestiven oder Übertragungsheilung mit im Spiel war, die Freud vorgeblich hatte vermeiden wollen, da sie nicht dauerhaft sei und an religiöse Hilfe erinnerte. Nach Freuds Theorie wurde eine Übertragung nur geweckt, um Erinnerungen wachzurufen und über die wachgerufene Vergangenheit den Patientem vom Schatten der Neurose zu befreien. Hirst hatte demgegenüber bei seinem Interview, das Eissler mit ihm für das Freud-Archiv geführt hatte, ausdrücklich betont, daß die bloße Tatsache, mit Freud zu sprechen, einen größeren therapeutischen Effekt als irgend etwas hatte, was Freud zu ihm gesagt hatte. Das heißt, mit anderen Worten, daß die Beziehung und nicht die rationalistische Substanz von Freuds Deutungen das heilende Schlüsselelement war.

Hirst war dankbar für das, was Freud für ihn getan hatte. Er hatte das Gefühl, daß er, indem er mit mir darüber sprach, zum Teil auch eine „Schuld" zurückzahlte, mit der er bei Freud in der Kreide stand. Aus einem ähnlichen Grund hatte Hirst sich wohl auch bereit erklärt, mit Eissler zu sprechen. Die Bänder mit diesen Interviews werden für unabhängige Forscher erst im nächsten Jahrhundert zugänglich sein. Eissler hatte seinerzeit jedoch Kopien der

Abschriften an Jones nach London geschickt, um sie als Unterlagen bei der Biographie zu nutzen, die ein Bild von einem vermeintlich orthodoxen Freud untermauern sollte. Durch diese Abschriften, die sich auch Hirst bereitwillig nochmals ansah, erhielt ich eine gute Grundlage, Hirst noch einige aufschlußreiche Fragen zu stellen. (Kopien davon tauchten im übrigen auch im Nachlaß von Siegfried Bernfeld auf, einem Analytiker mit einem wegbereitenden Interesse an Freuds Lebensgeschichte.)

An einem Punkt des Meinungsaustausches zwischen Eissler und Hirst konnte man zum Beispiel die Unzufriedenheit Eisslers als einem Vertreter der späteren Orthodoxie spüren, die bei ihm wohl zwangsläufig angesichts der Darstellung, die Hirst gab, hatte aufkommen müssen. Denn Eissler erklärte Hirst, Freud hätte ihn doch bei „der ganzen Behandlung" gewiß darauf aufmerksam gemacht, daß die Frage der Impotenz „in Wirklichkeit nicht das einzige" anstehende Problem gewesen sei. Hirst war in der Frage, wie Freud als Analytiker vorgegangen war, jedoch entschieden anderer Ansicht als Eissler gewesen.

Hätte Freud Eisslers Einstellung gehabt, betonte Hirst am Ende ausdrücklich, so wäre Freud bei ihm sicher erfolglos geblieben. Sein Symptom, sagte Hirst, sei für ihn „schrecklich" wichtig gewesen, da er deswegen „entsetzliche Minderwertigkeitsgefühle" gehabt hätte. Eissler versuchte indes immer wieder, Hirst zu dem Eingeständnis zu bewegen, daß Freud ihn doch auf die Bedeutung einiger allgemeinen Charakterzüge hingewiesen haben mußte. Hirst ließ sich jedoch nicht beirren und sagte Eissler auf den Kopf zu, daß er, Eissler, das Ganze anders als Freud eingeschätzt hätte. Hirst war überzeugt, daß Freud mit ihm einer Meinung und die Frage der Impotenz das „überwältigende Problem" war, selbst wenn darüber hinaus noch jede Menge Neurosen geblieben waren, nachdem das Hauptsymptom nach der Behandlung verschwunden war.

In seinen Interviews mit Eissler bekräftigte Hirst die Vorstellung, daß Freud seinen Patienten den Eindruck vermitteln wollte, daß er als Therapeut absolut neutral war. Was Hirst natürlich relativ gemeint haben mußte, da wir um die komplizierten gesellschaftlichen Verwicklungen wissen, die Freud mit der Großfamilie Hirsts hatte. Aber Hirst behauptete auch, Freud hätte mit seinen ehemaligen Patienten nicht weiter in Kontakt bleiben wollen. Selbst vor wissenschaftlichem Hintergrund sei sein Interesse an seinen Ex-Patienten „sehr gering" gewesen. Freud bemühte sich nicht, die weiteren Entwicklungen im Leben seiner ehemaligen Patienten zu verfolgen oder sich anzusehen, welche Wirkungen die Analyse später noch hatte (Deutsch, 1965). Hirst fragte sich, ob nicht vielleicht ein geistiges Haushalten bei Freud dafür gesorgt hatte, daß er sich nicht mit mehr menschlichen Problemen als unbedingt notwendig hatte belasten wollen. Dieses mangelnde Interesse konnte aber auch ein Spiegel jener „grundsätzlichen Kälte" bei Freud sein, von der Hirst gegenüber Eissler gesprochen hatte. (1912 verwies Freud auf die Analogie zwischen einem chirurgischen Eingriff und der psychoanalytischen Behandlung: „Die Rechtfertigung dieser vom Analytiker zu fordernden Gefühlskälte liegt darin, daß sie für beide Teile die vorteilhaftesten Bedingungen schafft, für den Arzt die wünschenswerte Schonung seines eigenen Affektlebens, für den Kranken das größte Ausmaß von Hilfeleistung, das uns heute möglich ist" [Freud, 1912, S. 381].)

Als ich Hirst über ein Jahrzehnt nach seinem Gespräch mit Eissler interviewte, sagte er mir, es wäre ihm nie in den Sinn gekommen, Freud als „kalt" zu bezeichnen. Ich kann nur vermuten, daß dieser offenkundige Widerspruch auf Eisslers Ansatz zur vermeintlichen Irrelevanz von Hirsts Symptom zurückzuführen war, ein Ansatz, der Hirst geradezu unmenschlich distanziert vorgekommen sein mußte. Mit der Abstraktheit von Eisslers Einstellung zu seinen früheren Problemen konfrontiert, hatte Hirst dann von „einer wesentlichen Kälte" bei Freud gesprochen. Als Hirst später jedoch seine eigene Version, was bei seiner Behandlung passiert und herausgekommen war, präsentieren durfte, trat Freud als ein äußerst aktivistischer, mitunter interventionistischer Analytiker in Erscheinung, was mit dem stereotypen Bild vom neutralen Therapeuten, das vorzugsweise von den späteren Verfechtern der Orthodoxie – wie Eissler – gezeichnet wurde, kaum zu vereinbaren ist.

Kapitel 2

„Die richtige Strafe":
David Brunswick

Eissler hatte mit seiner Sicht der Dinge viele ideologische Verbündete, darunter auch keine Geringere als Anna Freud persönlich. Die Argumentationslinie, die Eissler bei seinem Interview mit Hirst verfolgte, wonach Hirst Freuds Botschaft einfach falsch verstanden haben mußte, wenn er glaubte, Freud hätte sein Potenzproblem sonderlich ernst genommen, spiegelte die in den 1960er Jahren gängige Überzeugung der orthodoxen psychoanalytischen Gläubigen wider, wonach Freud für einen distanzierten Ansatz bei der Behandlung von Patienten stand. Therapeutische Verbesserungen waren aus ihrer Sicht eine nebensächliche Frage, da vermeintlich die Beseitigung eines Symptoms leicht zum Entstehen eines Ersatzsymptoms führen konnte.

Es wäre jedoch falsch zu glauben, eine derart distanzierte Einstellung wäre in einem Vakuum, ohne Grundlage in Freuds öffentlich verbreitetem Ideensystem entstanden, da Freud ja wirklich eine unparteiische, neutrale Wissenschaft begründen wollte. Und dieses Merkmal seiner Arbeit findet weiterhin passionierte Befürworter. Obgleich eine genuine wissenschaftliche Forschung per se zu Vorsicht und Skepsis anhalten sollte, gibt es immer noch viele Psychoanalytiker, die Eisslers Überzeugung teilen. So zitierte zum Beispiel Janet Malcolm, deren Werk im New Yorker veröffentlicht wurde, beifällig den Leiter des Behandlungszentrums der New Yorker Psychoanalytischen Vereinigung, der 1981 erklärt hatte: „Überraschungen kommen nicht vor – seit 1947 haben wir keine Überraschung erlebt" (Malcolm, 1981, dt. 1992, S. 86; siehe auch Roazen, 1990a). Und 1992 schrieb sie, ohne mit der Wimper zu zucken, daß Analysen „heute im Durchschnitt zehn Jahre" dauern (Malcolm, 1992, S. 51). Daß es keine Überraschungen gibt, dürfte jedoch, denke ich, ein aufschlußreiches Zeichen für die theoretische Rigidität sein; und eine zehnjährige Analyse sollte wohl kaum als etwas Selbstverständliches genommen werden, sondern bedarf eher einer besonderen Rechtfertigung.

Aber die orthodoxe psychoanalytische Theorie hält daran fest, daß die Rekonstruktion der frühen Kindheit bei der analytischen Behandlung letztendlich heilend ist; dabei sind die aktuellen Symptome relativ unwichtig im Vergleich zu dem zentralen Ziel, zu einem Verständnis der ersten Lebensjahre zu gelangen, relativ unwichtig. Diese Analytiker, die sich von bestimmten Kriterien der Freudschen Weltanschauung leiten lassen, blicken gemeinhin auf Therapeuten herab, die primär an der Linderung menschlichen Leids interessiert sind. Wissen und Erkenntnis sind das hochgehaltene Behandlungsziel, verbunden mit der Überzeugung, daß die Wahrheit letztlich zur Emanzipation oder Befreiung führen wird. Und dabei soll die Beziehung zwischen Analytiker und Patient eine von emotionalen Neigungen unbelastete laborähnliche Situation sein. Orthodoxe Analytiker sind der festen Überzeugung, daß es Freud gelang, eine vollendete Wissenschaft zu schaffen, und daß seine Forschungsziele durch eine Vervollkommnung der therapeutischen Technik erreichbar sind.

Obwohl ich über David Brunswick nur wußte, daß er ein Patient Freuds war, war es kein Problem, ihn ausfindig zu machen. Sein Name stand im Mitgliederverzeichnis der Psychoanalytischen Vereinigung von Los Angeles, das damals als Feature des *Bulletin of the International Psychoanalytic Association* öffentlich zugänglich war, als Beilage verschiedener Ausgaben des *International Journal of Psycho-Analysis* erschien und in wissenschaftlichen Bibliotheken zu finden war. Jetzt, da die Mitgliederzahl der International Psychoanalytic Association wesentlich größer ist, werden solche Listen vertraulich behandelt und nur noch den Mitgliedern zugänglich gemacht. Nachdem ich Brunswicks Namen erst einmal hatte, bekam ich seine Adresse dann von der American Psychoanalytic Association.

David Brunswicks Praxis lag in Beverly Hills, wo fast alle Analytiker in Los Angeles zu finden waren. In Beverly Hills gab es auf einem kleinen Terrain so viele Analytiker, daß die Gegend als der „Analytiker-Canyon" bekannt war. In Kalifornien mußte ein Psychoanalytiker in jener Zeit ein Doktor der Medizin sein, und Brunswick stellte insofern eine Ausnahme dar, als er kein Mediziner war; er hatte einen Doktorgrad in Psychologie. Wie andere Analytiker jener Zeit, die keine Ärzte, sondern sogenannte Laienanalytiker waren, hatte er noch nach einer alten Zulassungsbestimmung seine Qualifikation als Psychoanalytiker erwerben können. Die frühen Analytiker, die keine medizinische Ausbildung vorzuweisen hatten, waren noch als tragbar angesehen und akzeptiert worden, während neue Mitglieder ohne medizinische Ausbildung nicht mehr zugelassen wurden. In den Vereinigten Staaten war das medizinische Monopol in der Psychoanalyse stärker als anderenorts, aber es gab auch noch einige Ausnahmen aus früheren Zeiten wie David Brunswick (Roazen, 1990b).

Gleichwohl ist das psychoanalytische Establishment in Kalifornien heute in einer geradezu verblüffenden Weise empfänglich für Analytiker, die keinen medizinischen Hintergrund haben. Freud selbst hatte für die Zukunft seiner Bewegung die Hoffnung, daß die Psychoanalyse nicht von der Medizin geschluckt würde, da nach seiner Überzeugung alle Humanwissenschaften dazu beitragen konnten, die Analyse als ein intellektuell vitales Unterfangen lebendig zu halten. Seit Jahrzehnten fördert die kalifornische Gesetzgebung inzwischen die Laienanalyse. Und unlängst war auch eine von Psychologen angestrengte Klage gegen die International Psychoanalytic Association erfolgreich, die es ihren amerikanischen Vereinigungen erlaubt hatte, nichtmedizinischen Kandidaten eine volle Ausbildung als Kandidaten zu verweigern. Es gibt also Grund zu der Annahme, daß es für die Laienanalyse in Amerika durchaus gute Zukunftsaussichten gibt.

Als ich gegen Ende des Jahres 1965 David Brunswick aufsuchte, stellte er in der damaligen medizinischen „Fraternität" der in Los Angeles ansässigen Analytiker jedoch noch eine Ausnahme dar. Ich hatte ihn angeschrieben, ehe ich bei einer Gelegenheit in die Gegend von Los Angeles fahren mußte. Da ich jedoch keine Antwort von ihm in meinen Unterlagen habe, gehe ich davon aus, daß ich ihn dann einfach angerufen habe, als ich schließlich in der Stadt war. Ich habe ihm nicht frei heraus gesagt, daß ich mit ihm über seine Analyse bei Freud sprechen wollte, sondern ihn um seine Hilfe bezüglich einer allgemeinen Arbeit über die Geschichte der Psychoanalyse gebeten.

In jener Zeit gab es zwei psychoanalytische Gruppen in Los Angeles, und Brunswick war Mitglied der eher „konservativen" Gruppe. Wie sich herausstellte, gehörte er in der Tat zu jenem Establishment, das Eissler so prominent repräsentierte. 1950 war es unter den Analytikern in der Stadt zu einer Spaltung gekommen, und zwar nachdem es kurz zuvor in Philadelphia ein ähnliches Schisma gegeben hatte. In beiden Städten waren die orthodoxeren Analytiker entschlossen, bezüglich der psychoanalytischen Behandlungen bei einem puristischen Ansatz zu bleiben. Brunswick erzählte mir zum Beispiel, daß er sich von jenen Kollegen in Los Angeles distanzierte, die eine „Dissidenten"-Gruppe gebildet hatten (die Südkalifornische Psychoanalytische Vereinigung) und von „Kurz"-Analysen und jeweils nur drei Sitzungen in der Woche überzeugt waren. Und diese Liberalen konzentrierten sich vor allem darauf, wie er sagte, die Symptomatologie des Patienten zu verbessern. Es gab zwar auch einige wenige, denen es gelungen war, eine Brücke zwischen den beiden Gruppierungen zu schlagen, und die in beiden Gruppen Schüler unterrichteten und ausbildeten, Brunswick selbst war jedoch der ursprünglichen Organisation treu verbunden geblieben. Erst in den letzten Jahren gelang es den Anhängern von Heinz Kohut, dem Schöpfer der Selbst-Psychologie, lange nach Brunswicks Tod, in Los Angeles einen dritten Ausbildungsverband ins Leben zu rufen.

Brunswick identifizierte sich mit der alten Garde, dem sogenannten Mainstream in der Analyse, der sich seit jeher aus einer relativ kleinen, aber enorm einflußreichen und wortgewaltigen Schar von Apologeten zusammensetzt.

Selbst Freud hatte, entgegen Hirsts Darstellung, manchmal argumentiert, daß mit der vorzeitigen Linderung der Symptome auch das Leiden eines Patienten beseitigt werde, damit aber auch der eigentliche Anstoß für die Suche nach Selbsterkenntnissen und Einsichten verschwand. Auf der Grundlage dieser Argumentationslinie konnten therapeutische Ambitionen dann durchaus unvereinbar mit den sogenannten wissenschaftlichen Zielen erscheinen.

Etwa in der Zeit, in der ich David Brunswick interviewte, hatte ich auch Gelegenheit, einem jener „abtrünnigen" Analytiker zu begegnen, der in Los Angeles der zweiten Gruppe angehörte. Dieser Analytiker zeigte mir nebenbei, wie er seinen Analytikerstuhl am Kopfende der Couch seitlich so hinstellte, daß der liegende Patient ihn, wenn er den Kopf wandte, problemlos anschauen konnte. Aber selbst eine derart kleine Abwandlung des üblichen psychoanalytischen Behandlungssettings wurde von manchen als häretisch, als eine Verunstaltung der traditionelleren Regelung angesehen. Freud selbst saß außer Sichtweite, hinter der Couch. Seit jeher wird großer Wert auf die Wahrung von moralistischem Purismus hinsichtlich einer ordnungsgemäßen psychoanalytischen Verfahrensweise gelegt, obwohl doch Freud selbst in einem berühmten Aufsatz 1912 zu dem von ihm damals umrissenen Ansatz gesagt hatte: „... aber ich muß ausdrücklich sagen, diese Technik hat sich als die einzig zweckmäßige für meine Individualität ergeben; ich wage es nicht, in Abrede zu stellen, daß eine ganz anders konstituierte ärztliche Persönlichkeit dazu gedrängt werden kann, eine andere Einstellung gegen den Kranken und gegen die zu lösende Aufgabe zu bevorzugen" (S. 376).

Aber wie tolerant Freud hier auch klingen und den Leser zu der Annahme ermutigen mag, daß andere ganz legitim einen anderen Kurs verfolgen und anders verfahren konnten, sei gesagt, daß er nur ein Jahr vorher in Wien für eine Sensation gesorgt hatte, als Adler samt seinen Sympathisanten faktisch exkommuniziert und aus dem Freudschen Anhängerkreis ausgeschlossen wurde (Roazen, 1975, dt. 1976). Adler hatte aus Freuds Sicht vielfältige Sünden begangen. Und zu den Meinungsverschiedenheiten, die ein „Abweichler" wie Jung mit dem Schöpfer der Psychoanalyse hatte, gehörte auch, daß er auf die Verwendung der analytischen Couch verzichtet hatte (Roazen, 1975, dt. 1976). Freud konnte unversöhnlich und unnachgiebig sein, wenn er einen wie auch immer gearteten Verrat an seiner einmaligen Mission witterte, der er sich verpflichtet fühlte. Seine diesbezügliche Unnachgiebigkeit ging sogar soweit, daß frühere Verbündete ausgeschlossen wurden. Jedenfalls sollte man bei allem, was Freud schrieb, vorsichtig sein und die „metaphorische Schlagsahne" nicht übersehen, die er – ganz wie ein wahrer Wiener – servierte, und damit konnte er denn auch bescheiden verkünden, daß die von ihm vorgeschlagene Technik allein „die einzig zweckmäßige" für seine „Individualität" war. Es mag schwierig sein, Freuds wahre Gefühle zu ergründen, es sei denn, man liest zwischen den Zeilen. In seinem Briefwechsel konnte er bisweilen Dinge äußern, die mit seinen öffentlichen Verlautbarungen nicht vereinbar waren. Aber selbst wenn man heute seine Briefe liest, wird man durch die Vielschichtigkeit seiner ganzen Art leicht in die Irre geführt.

David Brunswick war ein typischer Amerikaner, immer direkt und geradeheraus, der nichts von dem Charme der alten Welt hatte, den wir bei Hirst fanden. Man kann sich nur wundern, was aus der Psychoanalyse nicht nur ohne Freuds persönliche Fähigkeiten, sondern auch ohne die ganze Kultur geworden ist, aus der er kam. So schüttelte Freud zum Beispiel seinen Patienten regulär vor und nach jeder analytischen Stunde die Hand. Ein Händeschütteln ist nicht in jedem Fall nur ein gesellschaftliches Ritual, sondern kann auch ein Mittel der menschlichen Kommunikation und Unterstützung sein. Und einige der ehemaligen Patienten Freuds erinnerten sich an die besondere Bedeutung dieses Händeschüttelns mit Freud. Gleichwohl findet sich in einem berühmten britischen Lehrbuch über die psychoanalytische Technik, das auch David Brunswick für gut und lesenswert befand, ein langer Abschnitt über die Frage, ob man einem neuen Patienten die Hand schütteln sollte oder nicht. Und darin heißt es: „Die Entscheidung ist vielleicht nicht folgenschwer, es geht dabei jedoch um die Berücksichtigung gewisser Prinzipien" (Glover, 1955, S. 24). Was für Freud etwas absolut Natürliches war, wurde später unter anderen gesellschaftlichen Rahmenbedingungen in eine Prozedur verkehrt, die tiefschürfende Überlegungen erforderte.

Da ich neu in der psychoanalytischen Gemeinde Kaliforniens war, half Brunswick mir, dort einen Analytiker zu finden, der sich auf die Geschichte der Freudschen Bewegung in der Region spezialisiert hatte. Brunswick erzählte mir, wie die ursprüngliche Vereinigung 1946 von den Analytikern in Los Angeles gegründet worden war; bis dahin war die Psychoanalytische Vereinigung von San Francisco das für die Mitglieder an der Westküste maßgebende Gremium gewesen. Als ich Brunswick begegnete, hatte er sich schon lange mit jenen Analytikern in Los Angeles zusammengetan, die sich als Hüter der „Wissenschaftlichkeit" der Psychoanalyse verstanden und verhindern wollten, daß sie nicht in den klinischen Zielen unterging, bei denen es vor allem darum ging, Patienten zu helfen. Die heutigen biologischen Psychiater mögen mit ihrer Bereitwilligkeit, mit der sie verschiedene Medikamente empfehlen, human erscheinen, aber jedes Therapiesystem kann auch dazu benutzt werden, um Patienten auf Distanz zu halten. Fest steht, daß das Diagnostic and Statistical Manual als Bibel für die Diagnose und Verordnung von Medikamenten nur zu oft mißbraucht wird, um Patienten einfach ruhigzustellen, statt ihnen zu helfen. Als ich diese Interviews führte, wußte ich um die unterschiedlichen Gruppierungen bei den Analytikern, wobei mir als einem außenstehenden Sozialwissenschaftler, der an der theoretischen Anwendung des psychoanalytischen Gedankengutes interessiert war, wohl kaum irgendeine doktrinäre Parteinahme oder -verhaftung unterstellt wurde.

Die anderen Analytiker, denen ich in der Gegend von Los Angeles begegnete, hatten, mit einer Ausnahme, keinen persönlichen Kontakt mit Freud gehabt. Sie lieferten mir jedoch wertvolles Hintergrundmaterial und halfen mir weiter, was mein Verständnis der Psychoanalyse anging. Einige dieser Analytiker waren bemerkenswert erfolgreich und hatten mit berühmten Hollywood-Produzenten, Regisseuren, Schauspielern und Schauspielerinnen gearbeitet. Die Psychoanalyse genoß in Amerika ein solches Ansehen, daß Marilyn Monroes New Yorker Analytiker (sie hatte auch einen in Los Angeles, und beide standen in regelmäßigem Kontakt mit Anna Freud) zum Beispiel auch von Jacqueline Kennedy frequentiert wurde.

Obwohl Hirsts Analyse, so denke ich, als therapeutischer Erfolg betrachtet werden muß, gefiel die Darstellung, die er von seiner eigenen Behandlung gab, natürlich jemandem wie Eissler nicht sonderlich. Demnach wurde Freud als jemand dargestellt, der sich allzusehr wie ein fürsorglicher Mensch verhalten hatte, was jedoch nach Eisslers Auffassung nicht damit zu vereinbaren war, wie ein sogenannter klassischer Analytiker sich zu verhalten hatte. Man mag die Konzeption eines orthodoxen Analytikers für vorgeschoben oder vordergründig halten, aber Eisslers Unzufriedenheit mit Hirsts Schilderung der Dinge verdeutlicht, wie doktrinär jener Flügel der Analytiker sein konnte. Im Gegensatz zu Hirst gehörte Brunswick, der auch von Eissler interviewt wurde (das Tonband wird im Jahr 2013 zugänglich sein), zu Freuds therapeutischen Mißerfolgen – kein Desaster, aber bestenfalls eine Therapie, die in einer Sackgasse endete. Gleichwohl lernte Brunswick aus seiner frustrierenden Erfahrung eigenartigerweise dennoch eine seltsame Lektion. Daß er bei Freud nicht weitergekommen war, führte er darauf zurück, daß es Freud nicht gelungen war, jene abstrakten Ideale der Analyse selbst zu erfüllen, die er für andere aufgestellt und die Brunswick später dann auch für sich übernommen hatte.

Als ich Kontakt mit Brunswick aufnahm, hatte ich dies ursprünglich in der Hoffnung getan, daß er mir mit Auskünften über andere Patienten Freuds, insbesondere über seine Schwägerin, Ruth Mack Brunswick, weiterhelfen könnte, von der ich wußte, daß sie ein besonderer Liebling Freuds während der letzten Jahrzehnte seines Lebens gewesen war. Sie war 1946 gestorben, lange bevor ich mit meinen Nachforschungen begann. (Nebenbei: Die eigenartige Mischung von Dingen, mit denen Freuds Praxis in so einmaliger Weise vollgestopft war und die den Patienten eine ganz besondere Form des emotionalen Rapports gab, stand absolut im Kontrast zu der eher antiseptischen Umgebung, in der seine amerikanischen Anhänger wie Brunswick praktizierten. Was mich an Eisslers Praxis beeindruckte, als ich mein Interview mit ihm führte, waren die vielen Bücherreihen an den Wänden.) Bei meinem Gespräch mit

David Brunswick erfuhr ich, daß sowohl er als auch sein Bruder Mark sowie Marks Frau Ruth Patienten Freuds gewesen waren. Auch eine Schwester von David war in Wien in Analyse gewesen. Bemerkenswert in Zusammenhang mit Ruth Mack Brunswick war, daß trotz der Stellung, die sie einst in der psychoanalytischen Bewegung hatte, in einem Standardwerk wie der Freud-Biographie von Jones kaum etwas über sie zu finden war.

Die familiären Verbindungen zwischen David, Mark und Ruth waren mir eingangs nicht ganz bekannt. Die verwandtschaftlichen Verhältnisse auf die Reihe zu bringen, wurde indes noch dadurch kompliziert, daß Ruths Vater nach dem Tod seiner ersten Frau Davids und Marks Mutter geheiratet hatte. Der Richter Julian Mack, der schließlich Davids Stiefvater wurde, war ein bekannter Zionist und berühmter Jurist, der in der Ära von Präsident Franklin Roosevelts New Deal eine prominente Rolle gespielt hatte. Aber auch schon vor dieser Eheschließung zwischen Richter Mack und Davids Mutter waren David und Mark bereits entfernt mit Ruth verwandt gewesen. Als junger Mann war Mark 1917 bereits bei Ruths erster Hochzeit mit Herman Blumgart, der ein prominenter Arzt und Cousin seiner Mutter war, zu Gast gewesen. Und Hermans Bruder Leonard, ein New Yorker Psychoanalytiker, war kurz nach dem Ersten Weltkrieg vier Monate bei Freud in Analyse gewesen. Durch Leonard Blumgart hatte David auch zum erstenmal von Freud gehört. Blumgart war in jenen Tagen, als die Psychoanalyse als die Welle der Zukunft erschien, zusammen mit einer ganzen Gruppe von New Yorker Psychiatern zur weiteren Ausbildung zu Freud gefahren. David hatte auch bei E. B. Holt am Harvard College studiert, der bereits während des Ersten Weltkrieges Psychoanalyse gelehrt und früh eine Abhandlung darüber geschrieben hatte.

Von den drei Brunswicks, die schließlich zu Freud in die Analyse gingen, war Ruth die erste, die den Weg zu ihm fand. Sie war von den Brunswicks auch die einzige, die eine formale psychiatrische Ausbildung hatte. Sie hatte während des Ersten Weltkrieges das Radcliffe College besucht und dann an der Tufts Medical School ihren Abschluß gemacht. Mark, ihr künftiger Ehemann, war Musiker. Und ihr Schwager David hatte, als er ursprünglich zu Freud ging, nie daran gedacht, selbst Analytiker zu werden. Er schug diesen Weg erst später, nach seiner Rückkehr in die Vereinigten Staaten ein. David Brunswick gehörte also zu einer reichlich verzweigten Familienkonstellation, die mich interessierte.

Anders als bei Hirst, auf dessen Namen ich zufällig in offiziellen Unterlagen gestoßen war, waren damals nirgends irgendwelche schriftlichen Vermerke zu finden, die auf die Bedeutung der Brunswicks als Patientengruppe in Freuds Welt hingewiesen hätten. Ich wußte wohl, daß Freud seinen Fall des Wolfsmannes in den zwanziger Jahren zu einer nochmaligen Analyse an Ruth Brunswick geschickt hatte und ihre Darstellung des Falles als Nachtrag zu

Freuds berühmtem Bericht veröffentlicht wurde. Es wäre mir jedoch nie in den Sinn gekommen, der Geschichte der drei Brunswicks nachzugehen, wenn ich nicht durch einen inoffiziellen Hinweis auf die besondere Stellung aufmerksam gemacht worden wäre, die Ruth als eine wichtige Schülerin in Freuds Kreis genossen hatte. Jeder, dem ich begegnete und der über die damaligen Verhältnisse informiert war, bestätigte die Bedeutung, die sie hatte. Abgesehen von der Frage, warum Ruth Freud letzten Endes so viel bedeutete, ist es nicht minder interessant, daß alle drei Brunswicks gleichzeitig geraume Zeit bei Freud in Analyse waren. Freud hatte in seiner Praxis zwar separate Ein- und Ausgangstüren, so daß die Patienten ihre Anonymität wahren konnten, aber im Falle von David, Mark und Ruth behandelte er drei Personen gleichzeitig, die eng miteinander bekannt waren, und bei denen es undenkbar war, daß nicht jeder etwas von der Analyse der jeweils anderen mitbekam. Die analytische Therapie setzt eine Distanz zwischen dem Analytiker und seinen Patienten voraus. Als ich 1969 (dt. 1973) erstmals veröffentlichte, daß Freud diese drei engen Verwandten gleichzeitig behandelt hatte, war dies ein Schlag für das von den orthodoxen Analytikern so sorgfältig gehegte Bild Freuds, das ihn als distanzierten und neutralen Kliniker darstellte. Im übrigen ist über Ruth Brunswick nach den zwei Kapiteln, die ich 1975 (dt. 1976) über sie veröffentlichte, kaum noch etwas geschrieben worden.

Ehe ich Mark aufsuchte, verabredete ich mich mit David Brunswick und interviewte ihn in seiner Praxis in Los Angeles und bei einem Essen. Er sagte mir gleich eingangs, er sei von 1927 bis 1930 bei Freud in Analyse gewesen.

Im Gegensatz zu einigen anderen der in Los Angeles ansässigen Analytiker, die so etwas wie Medienberühmtheiten geworden waren, wurde mir David Brunswick von einer zuverlässigen lokalen Quelle treffend als ein außergewöhnlich bescheidener Mann beschrieben. Er hatte trotz seiner langen und direkten Verbindung mit Freud keinerlei Starallüren. Ich empfand ihn als ehrlich und unprätentiös, zwar weniger lebhaft und gewinnend als Hirst, aber irgendwie nett und für mein Empfinden auch etwas hitzig. Während Hirst ganz von den Umgangsformen der alten Welt geprägt war, war Brunswick eher eine etwas farblose Erscheinung, mit Sicherheit blaß im Unterschied zu seinem Bruder Mark. Eine alte Wienerin, die Witwe des Analytikers Edward Hitschmann, hatte mir zu David Brunswick einmal gar gesagt, nach ihrem Dafürhalten sei er „kaum ein Mensch" gewesen, was nichts anderes hieß, als daß er entsetzlich langweilig war. Ähnlich hatte sich auch die Frau eines Analytikers aus Los Angeles geäußert, die meinte, er hätte die Persönlichkeit eines „Buchhalters". Jedenfalls ist es ihm bisher noch nicht gelungen, in die Geschichtsbücher einzugehen (siehe auch Appignanesi und Forrester, 1992, dt. 1994). Aber ungeachtet dessen, wie David mir gegenüber charakterisiert wurde, habe ich durch ihn einige zentrale Dinge erfahren. Rückblickend ist es jedoch verständlich, daß er in meiner Erinnerung von seinem künstlerischen Bruder Mark in den Schatten gestellt wurde.

Davids hatte seine Analyse in der Spätphase von Freuds Laufbahn, als dieser bereits an Gaumenkrebs erkrankt war. Obwohl seine dreijährige Analyse gewiß nicht kurz war, betonte er mir gegenüber gleich, daß sein Bruder und seine Schwägerin sogar noch länger bei Freud in Wien gewesen seien. Es war im übrigen bezeichnend, daß Freuds Analysen vor seiner Erkrankung alle kürzer waren als danach. Je jünger er war, desto mehr neigte er dazu, anderen gegenüber aus sich herauszugehen, und desto höher war in seiner Praxis auch die Fluktuation der Fälle. Er konnte sogar soweit gehen, 1909 in einem amerikanischen Zeitungsinterview zu sagen: „Da Sie mich nach meiner eigenen Methode der Psychotherapie fragen, muß ich zunächst erwähnen, daß es natürlich viele Formen und Möglichkeiten der Psychotherapie gibt. Alle sind gut, wenn sie ihr Ziel erreichen, das heißt, eine Heilung bewirken." Dabei war er gleichzeitig der Überzeugung, daß „der größte Gegensatz zwischen der suggestiven und der analytischen Technik besteht" (Albrecht, 1973, S. 23-25). Ich konnte mich zwar des Eindrucks nicht erwehren, daß Eissler verärgert über die Hirstsche Darstellung von seiner Behandlung war, da das Ganze so sehr nach „Suggestion" klang, aber David Brunswick hätte sicher Eisslers Vorliebe für die Norm der „analytischen Technik" geteilt. Und daß seine eigene Analyse bei Freud fehlgeschlagen war, hätte er wohl auch damit erklärt, daß Freud dieser Norm bei seiner Analyse nicht gerecht geworden war.

Brunswick meinte, seine Behandlung bei Freud sei keine „gute Analyse" gewesen. Als ich ihn interviewte, war ich bereits hinlänglich über Freuds Mißerfolge und mögliches Versagen als Therapeut informiert. Ich wußte, daß viele seiner ehemaligen Patienten, zumindest jene, die selbst Analytiker geworden waren, durchaus ihre Witze untereinander über einige seiner klinischen Unzulänglichkeiten machten. Die daraus erkennbare Skepsis stand jedoch keineswegs im Widerspruch zu der allgemeinen Verehrung, die ihm entgegengebracht wurde, oder zu der immensen persönlichen Bedeutung, die er in ihrem Leben hatte. Vielleicht war David Brunswick auch der erste von Freuds ehemaligen Patienten, der mir so freimütig offenbarte, was Freud bei ihm falsch gemacht hatte. Dennoch war er selbst praktizierender Analytiker geworden, der sich, wie gesagt, stark mit jenem Flügel der Analytiker identifizierte, der der unmittelbaren Notwendigkeit eines therapeutischen Erfolgs relativ achtlos gegenübersteht. Es schien ihm nicht in den Sinn zu kommen, daß die grandiosen Erwartungen der orthodoxen Psychoanalyse einen Therapeuten vielleicht auch dazu verleiten könnten, sich wie ein Magier zu verhalten, und daß diese Doktrin sich infantilisierend auf den Patienten auswirken könnte.

Brunswick war es wichtig, mir gleich zu Beginn unseres Gespräches zu erklären, daß Mark und Ruth bereits bei Freud waren, als er mit seiner Analyse begann. Aber wie außergewöhnlich die Situation auch gewesen sein mag, und sie kam mir damals recht „unorthodox" vor, erklärte mir Brunswick, ohne dabei irgendwie in die Defensive zu gehen, daß Freud sie alle gleichzeitig psychoanalytisch „behandelt" hatte. Er meinte nur, Freud „hätte ihn nicht" zur gleichen Zeit zusammen mit seiner Schwägerin und seinem Bruder in Analyse „nehmen dürfen".

Nach den schriftlich vorliegenden Zeugnissen hätte man ein derartiges Arrangement wohl nie für möglich gehalten. Während des Ersten Weltkrieges hatte Freud geschrieben: „Die meisten Mißerfolge jener ersten Jahre sind aber nicht durch die Schuld des Arztes oder wegen der ungeeigneten Objektwahl, sondern durch die Ungunst der äußeren Bedingungen zustande gekommen." Er hatte die Psychoanalyse damals mit einem chirurgischen Eingriff verglichen und gefragt, wie viele dieser Operationen wohl gut ausgehen würden, „wenn sie im Beisein aller Familienmitglieder stattfinden müßten." Im Falle von Hirst konnte die Familie gezwungenermaßen nicht ausgeklammert werden. Aber bei den Brunswicks bürdete er sich selbst die Aufgabe auf, die intimsten familiären Probleme zu sondieren und auseinanderzuhalten. In Freuds Schriften hingegen wird dem Leser vor Augen gehalten, daß bei „den psychoanalytischen Behandlungen ... die Dazwischenkunft der Angehörigen geradezu eine Gefahr [ist], und zwar eine solche, der man nicht zu begegnen weiß" (Freud, 1916-1917, S. 477f). Bei den Brunswicks hatte Freud sich jedoch ehrgeizig auf ebendieses gefahrvolle Wagnis eingelassen, vor dem er andere warnte. (Demnach könnten sich heutzutage Familientherapeuten auf Freud als einen eigentlich unwahrscheinlichen Vorläufer berufen.)

Ich frage mich noch immer, was es für David Brunswick bedeutet haben mag, zu wissen, daß Freud so eklatant gegen seine eigenen Empfehlungen verstieß. Gleichwohl hatte ich nicht den Eindruck, daß Brunswick irgendwelche theoretischen Überlegungen darüber angestellt hätte, was Freud in seiner Therapie falsch gemacht hatte. Und ich glaube auch nicht, daß er prinzipiell den Punkt, daß analytische Therapeuten nicht gleichzeitig mehrere Mitglieder ein und derselben Familie behandeln sollten, verallgemeinern wollte. Daß Freud so offenkundig seine eigenen Regeln ignorierte, wonach der Analytiker um Distanziertheit und Neutralität bemüht sein sollte, hatte ich in der Tat vorher noch nie gehört. Später wußte ich von Analytikern, die verheiratete Paare analysierten – manchmal gleichzeitig, häufiger jedoch nacheinander –, und die sowhl von guten Erfolgen als auch schlechten Ergebnissen berichteten. In den letzten Jahren haben wir indes wesentlich mehr darüber erfahren, wie unkonventionell Freud als Therapeut sein konnte (Brabant und andere, 1993, dt. 1993; siehe auch Roazen, 1994b); dabei erscheint der Begriff der Indiskretion jedoch bei weitem zu schwach, um Freuds Kühnheit in dieser Beziehung zu beschreiben.

Brunswick betonte, als er nach Wien kam, hätte Freud sich im Vergleich zu seiner früheren Arbeit in einer anderen Phase befunden. Eine Zeitlang hatte er angeblich relativ kurze Analysen befürwortet, die nur einige Monate dauerten, was Ende der zwanziger Jahre dann aber „nicht mehr" so gewesen sei. Nach Brunswicks Darstellung kam die „Interferenz" bei seiner Analyse mehr von Freud und dessen „Gegenübertragung" als von seinen eigenen Übertragungs- „Widerständen". Freud erwähnte auf das Konzept, wonach die irrationalen Emotionen eines Analytikers eine gravierende Behinderung für die Praxis der Psychotherapie darstellen konnten – mehr hatte er jedoch nie getan. In seinen Schriften betonte er vorzugsweise das Problem der Übertragungen auf seiten der Patienten, wobei es seit Freuds Tod inzwischen jedoch auch eine umfangreiche Literatur über die Gegenübertragung gibt. Nach dem Freudschen Behandlungsmodell war es der Patient und nicht der Analytiker, der in der Behandlungssituation problematische Emotionen entwickelte – jene Emotionen, die von Freud als „Widerstände" gegen die Selbsterkenntnis charakterisiert wurden. Erst eine spätere Generation von Beobachtern sollte sich schließlich auch Gedanken darüber machen, wie durch die wechselseitige Interaktion zwischen Patient und Analytiker auch die wechselseitigen Gefühle geprägt werden. (Eine Analytikerin, die 1926 auf die positiven Möglichkeiten der Gegenübertragung hinwies, weil sie dem Analytiker helfen können, die Probleme des Patienten zu verstehen, war damals eine geradezu bahnbrechende Stimme [Deutsch, 1992].)

Brunswick hatte den Eindruck, Freud sei durch die Dinge, die er – vermutlich durch Ruth und Mark – über ihn gehört hatte, ihm gegenüber voreingenommen gewesen. (Leider hatte ich es versäumt, Hirst nach den Implikationen zu fragen, die für ihn damit verbunden waren, wie indiskret Freud sein konnte.) Freud wußte, meinte Brunswick, wie ein Analytiker sich korrekt zu verhalten hatte, und hatte sich dennoch nicht daran gehalten. Wären Freud in seiner früheren Laufbahn als Praktiker solche Schnitzer wie bei ihm unterlaufen, so wäre dies aus Brunswicks Sicht vielleicht verständlich gewesen. Aber 1927, als Brunswick zu ihm kam, hatte Freud längst erkannt, welche Patzer ihm früher unterlaufen waren, und „hätte" somit einer solchen maßlosen Versuchung in jedem Fall widerstehen müssen.

Freud hatte ihm zum Beispiel gleich zu Beginn der Analyse zu verstehen gegeben, daß er seiner Meinung nach Analytiker werden sollte. Brunswick hatte zwar eine gewisse psychologische Ausbildung, aber, wie er sagte, keine Intention, selbst Analytiker zu werden. Er hatte vielmehr vor, sich nach seiner Rückkehr in die Vereinigten Staaten in der Geschäftswelt umzusehen. Freud hatte hingegen gemeint: „Sie müssen Medizin studieren." Und so hatte er gehorsam in Wien ein Medizinstudium angefangen, das er dann jedoch, genau wie schon bei seinem Anlauf vorher in Amerika, wieder abbrach. Die Gründe, warum er im Studium gescheitert war, bezeichnete er freimütig als zweifellos „neurotischer" Natur. Freuds Punkt war jedoch, daß Brunswick eine medizinische Ausbildung bräuchte, um als Analytiker in Amerika überhaupt erfolgreich sein zu können, wo die Medizin ein Muß für Analytiker war. Dennoch gelang es ihm am Ende, auch ohne medizinischen Abschluß, in Amerika Analytiker zu werden, wobei ich jedoch der Meinung bin, daß er aufgrund der persönlichen Behandlung durch Freud praktisch einen Freibrief für seine Zulassung als Analytiker in der Tasche hatte.

Die Laienanalyse, für die Freud sich stark machte, war einer der vielen Zankäpfel zwischen ihm und den amerikanischen Analytikern. (Anna Freud, die keine formale höhere Bildung hatte, praktizierte bereits als Analytikerin, und Freuds Plädoyer für die Laienanalyse wurde von vielen auch als Verteidigung ihrer künftigen Stellung verstanden.) Mir erschien es nur natürlich zu fragen, ob Freud es Brunswick nicht zum Teil auch deswegen schwergemacht hatte, weil er Amerikaner war. Schließlich kannte ich die Geschichte von Leonard Blumgart, der nach dem Ersten Weltkrieg zusammen mit fünf weiteren amerikanischen Analytikern nach Wien reiste, wo Freud ihnen bei ihrer Ankunft eröffnete, daß er für sie nur dreißig Stunden verfügbar hätte, so daß einer von ihnen zu einem anderen Analytiker gehen müßte. Es war die Zeit der analytischen Sechs-Tage-Woche. Nachdem jedoch keiner der sechs angehenden amerikanischen Patienten auf die Chance verzichten wollte, von Freud persönlich analysiert zu werden, verständigte man sich auf einen Kompromiß: Unter der Voraussetzung, daß jeder von ihnen mit nur fünf Sitzungen in der Woche einverstanden war, nahm er sie schließlich doch alle an. Da es jedoch kein vergleichbares Beispiel gab, wonach Freud die Stundenzahl bei seinen britischen Patienten ähnlich beschnitten hätte, nahm zumindest einer der von ihm behandelten Amerikaner Anstoß an seiner offensichtlichen Vorliebe für die Briten (Kardiner, 1957).

Es wäre verständlich gewesen, wenn Freud, der seine Verachtung für die amerikanische Kultur so oft zum Ausdruck brachte, sich seinen amerikanischen Patienten gegenüber etwas schroffer verhalten hätte. Sie hatten finanziell am meisten zu bieten, und Freud muß es als jemandem, der jede Abhängigkeit haßte, ein Dorn im Auge gewesen sein, daß er das Geld der Amerikaner brauchte. Er störte sich insbesondere an ihrem Gemurmel, das von der Couch kam, und hatte prophezeit: „Diese Rasse ist dazu verurteilt, vom Angesicht der Erde zu verschwinden. Sie können nicht einmal mehr den Mund aufmachen, um zu sprechen; bald werden sie auch nicht mehr imstande sein, es zu tun, um zu essen, und werden verhungern." Der Wunsch Freuds, daß die Amerikaner verschwänden, kann auch in Zusammenhang mit seinen eigenen akuten Problemen gesehen werden, da er zu dem Zeitpunkt, als er diese Animosität äußerte, selbst unter den Schwierigkeiten litt, die er beim Sprechen hatte, und durch sein Gaumenkrebsleiden letzten Endes mit der Gefahr des Verhungerns konfrontiert war.

Auch wenn Freud dazu neigte, seine eigenen besonderen Schwierigkeiten auf die Amerikaner zu projizieren, tat Brunswick sich schwer, die Vorstellung zu akzeptieren, Freud hätte es den amerikanischen Patienten von sich aus schwermachen wollen. Er wollte auch nicht glauben, daß Freud irgendwelche Vorurteile gegenüber Amerika hatte. Diese Feststellung führte mir vor Augen, wie psychologisch beschränkt Brunswick sein konnte. Aus seiner Sicht hatte Freud vielmehr ein außerordentliches Interesse an seiner Schwägerin Ruth und seinem Bruder Mark gezeigt. Wenn er neben allen anderen Fehlern, die ihm bei Brunswick unterlaufen waren, hier offenbar „keinem" Anti-Amerikanismus erlegen war, so war ihm aus Brunswicks Sicht statt dessen im Falle von Ruth und Mark ein übertriebenes Engagement anzulasten.

Es interessierte mich natürlich, ob Freud die Analyse in Englisch durchgeführt hatte. Brunswick sagte, er hätte zu der Zeit zwar deutsch lesen, gesprochenes Deutsch jedoch nicht verstehen können, so daß sie die Analyse in Englisch begonnen hätten. Nach einer Weile sei es Freud dann jedoch lieber gewesen, die Analyse in Deutsch fortzusetzen, und er hatte sich dem gefügt. (Man sollte bedenken, wie nachteilig es für Freuds Stil als Autor sein konnte, Patienten zuhören zu müssen, die schlecht Deutsch sprachen; Freud ging in Briefen darauf ein [Brabant und andere, 1993, dt. 1993], und aus der Sprache, die Freud für seine Korrespondenz wählte, können gewisse Schlüsse gezogen werden.) Später, erklärte Brunswick, seien sie dann jedoch wieder auf Englisch umgestiegen. Das Ansinnen, daß er deutsch sprechen sollte, war für ihn, genau wie der Vorschlag, Medizin zu studieren, ein Aspekt von Freuds strafender Haltung. „Wenn Freud sagte, ich müßte Medizin studieren, tat ich es!" Aber es gab „keinen Grund, mich zu bestrafen", meinte er mißmutig mir gegenüber – und fügte hinzu, er sei als Kind bereits genug bestraft worden.

Brunswicks Analyse bei Freud dauerte über drei Jahre. Dabei fragt man sich zumindest, warum er überhaupt in Behandlung blieb, wenn doch so wenig dabei herauskam. (Offenbar war seine frühe Kindheit auch nicht gesondert rekonstruiert worden – „soweit" seien sie in der Analyse „nie gekommen", meinte Brunswick. Im Unterschied dazu hatte Hirst mir etwas ganz anderes erzählt. Gemeinsam war beiden, Hirst und Brunswick, jedoch, daß sie der Überzeugung waren, daß die Ursprünge neurotischer Symptome in der Kindheit zu suchen waren.) Vielleicht wäre es auch zuviel verlangt gewesen, von Brunswick zu erwarten, er hätte Freud einfach sitzenlassen und die Analyse beenden können. Andere Patienten hatten es hingegen sehr wohl geschafft, die Kraft aufzubringen und ihre unbefriedigende Beziehung mit Freud abzubrechen. Vielleicht trug auch eine gewisse Rivalität mit seinem Bruder Mark, der zufriedener mit Freud war, dazu bei, daß er in Analyse blieb. Ein Grund, in

Behandlung zu bleiben, waren sicher auch die Erwartungen, die er in die Analyse gesetzt hatte; schließlich hatte er die ganze verfügbare szientistische Propaganda über Analysen im allgemeinen und im besonderen verschlungen und geschluckt, die ihm vor Augen hielt, wie eine Analyse sein sollte.

Nach seiner Analyse bei Freud suchte Brunswick noch eine ganze Reihe von Analytikern auf, die ihn auch nicht vom Ideal der Analyse als einem distanzierten Instrument abzubringen vermochten. In Kalifornien wurde er von Ernst Simmel, Otto Fenichel und Frances Deri analysiert und in London schließlich auch von Anna Freud behandelt. Er erinnerte sich, wie sie einmal zu ihm gesagt hatte: „Aber jetzt stelle ich Fragen, und das ist immer ein Fehler." An dem Punkt, sagte er, hätte er „fast geweint", da die Bereitwilligkeit, mit der sie einen Fehler zugab, so im Gegensatz zu den Erfahrungen stand, die er bei Freud gemacht hatte. (Freud hatte 1895 geschrieben: „Es ist natürlich von hohem Werte für den Fortgang der Analyse, daß man dem Kranken gegenüber jedesmal recht behalte, sonst hängt man ja davon ab, was er mitzuteilen für gut findet" [S. 283].)

Brunswick räumte bereitwillig ein, daß er bei Freud „ein eigensinniger Patient" gewesen sei. Aber das war für ihn noch lange keine Entschuldigung für die Haltung, die Freud ihm gegenüber gezeigt hatte. Er wußte am Ende zwar nicht mehr genau, ob Freud ihm gegenüber letztlich zugegeben hatte, bei ihm einen falschen Ansatz gewählt zu haben. Aber als Folge der Kritik, die Freud an ihm geübt hatte, hatte er ihm in den ersten drei oder vier Wochen der Analyse seine Lebensgeschichte erzählt, allerdings ohne dabei auf die Hilfe der freien Assoziation zurückzugreifen, da er sich bei Freud einfach nicht entspannen konnte. Für Freud bedeutete dies jedoch einfach, daß der Patient nicht gefügig genug war, um der „Grundregel" der Analyse zu gehorchen und zuzulassen, daß er alles, was ihm in den Sinn kam, auch verbalisierte. Daß er in seinen freien Assoziationen blockiert sei, hatte Brunswick ihm jedoch zu seiner Verteidigung vorgehalten, sei nicht sein, sondern ursächlich Freuds „Fehler". Das Problem lag für ihn darin, wie Freud die Analyse begonnen hatte. Einmal hatte Freud ihn auch gefragt: „Angenommen, ich würde einen Fehler zugeben, was würden Sie denken?" Und Brunswick hatte ihm geantwortet: „Daß Sie mehr machen könnten!" Diese Reaktion hatte Freud dann offenbar als Bestätigung genommen, daß es nicht ratsam war, einen Irrtum zuzugeben. Grundsätzlich, meinte Brunswick, hätte Freud sich jedoch nie mit ihm auf einen derartigen Willenszweikampf einlassen dürfen.

Brunswick glaubte, bei Freud hätte eine „Angstreaktion" ihm gegenüber vorgelegen. Und diese Angst war für ihn auch die Erklärung, warum die Behandlung fehlgeschlagen war. Freud, meinte er, wollte sich vorsehen und bei einer Analyse nicht in „Schwierigkeiten" kommen. Er hatte von anderen im Vorfeld bereits gehört, daß Brunswick sehr intelligent sei, diese Intelligenz jedoch als „Widerstand" nutzen würde. Und so war Freud ihm gleich damit begegnet, daß er ihn aufgefordert hatte, deutsch zu sprechen, und ihn dazu angehalten hatte, Medizin zu studieren. Freud hätte jedoch keine Angst haben dürfen, meinte Brunswick, und selbst sehen müssen, wie er wirklich war. Freud war aus seiner Sicht „ein wunderbarer Wissenschaftler", woran er jedoch Anstoß genommen hatte, war, wie er sich ihm gegenüber als Therapeut verhalten hatte. Es war geradezu rührend, wie erpicht Brunswick im übrigen darauf war, von mir noch andere Geschichten von Fällen zu hören, wo Freud bei Patienten versagt hatte.

Nachdem die Analyse dann einmal auf dem falschen Fuß angegangen worden war, war sie offenbar auch nicht mehr zu korrigieren gewesen. Mir war nie ganz klar, ob das nur bei Freud oder in der Psychoanalyse allgemein so war. Aber ich hatte gehört, daß Freud mit einem anderen amerikanischen Patienten eine ähnliche Erfahrung gemacht hatte, mit Clarence P. Oberndorf. Bei ihm hatte er relativ früh, am Anfang der Analyse, eine Trauminterpretation geliefert, mit der er die Gefühle des Patienten als Südstaatler zutiefst verletzt hatte. Und danach war die Situation so verfahren, daß sie nicht mehr hatte ins Lot gebracht werden können. Nachdem Brunswick einen Monat bei Freud in Analyse war, äußerte dieser den Verdacht, er habe ihn gleich am Anfang „eingeschüchtert." Das sei das „Beste" gewesen, meinte Brunswick rückblickend, was Freud je zu ihm gesagt habe.

Ein anderes Thema, das mich interessierte, war, was Brunswick über den Wolfsmann wußte, den Ruth behandelt hatte. Er sei ihm einmal in Ruths Praxis begegnet, erzählte er mir. Der Wolfsmann habe damals an einer paranoiden Wahnvorstellung gelitten. Die Paranoia, meinte Brunswick, sei durch die finanzielle Hilfe, die Freud ihm habe zukommen lassen, heraufbeschworen und beschleunigt worden – eine psychoanalytische Interpretation, die mir unglaublich plump erschien. Dadurch, daß Freud gut zu dem Wolfsmann gewesen sei, begründete er seine These, sei eine paranoide Abwehr gegen homosexuelle Liebe mobilisiert worden. (Ruth Brunswick hatte hingegen geschrieben, die vorherige Stabilität des Wolfsmannes sei durch Freuds Krankheit und die Aussicht, daß er sterben könnte, untergraben worden.) Gleichwohl hatte Freud aus Brunswicks Sicht beim Wolfsmann einen therapeutischen Erfolg erzielt; seine früheren Symptome waren verschwunden, und er hatte bei einer Versicherungsgesellschaft eine Stelle als Statistiker gefunden.

Freud hatte Brunswick während seiner Analyse vorgeschlagen, wenn auch nicht seine klinischen, so aber doch die theoretischen Aufsätze zu lesen, die er geschrieben hatte. Eine spätere orthodoxe psychoanalytische Schule betrachtete es demgegenüber als Fehler, wenn Analysepatienten viel Fachliteratur lasen. Brunswick fand Freuds Empfehlung jedoch keineswegs verwunderlich; sie lag für ihn auf einer Linie mit der späteren Zulassung der Kandidaten in ihrem ersten Ausbildungsjahr zu theoretischen Seminaren. Bei diesem Zugang war, so wurde unterstellt, weniger als bei einer unmittelbaren Beschäftigung mit den klinischen Aspekten des psychoanalytischen Materials davon auszugehen, daß der therapeutische Fortschritt eines Schülers beeinträchtigt und gehemmt werden könnte. (Ich glaube jedoch, daß Brunswick hier falsche Kontinuitäten in der Geschichte der psychoanalytischen Ausbildung konstruierte und besser beraten gewesen wäre, in dem Fall eine weitere Inkonsistenz der Orthodoxie in Freuds Ansatz einzugestehen.)

Bei Brunswicks Analyse hatte Freud nicht einmal im Ansatz die Bewunderung gewinnen können, die ihm von Hirst entgegengebracht worden war. Dennoch war Brunswick derjenige, der dann selbst praktizierender Analytiker wurde. Als er nach Kalifornien ging, hatten sich dort die Analytiker von Los Angeles bereits zu einer kleinen Arbeitsgruppe zusammengefunden. Auf Drängen eines dieser Analytiker hatte er dann schließlich den Entschluß gefaßt, selbst Analytiker zu werden. Freud schrieb ihm damals einen Brief, allerdings in gotischer Schrift, die Brunswick selbst nicht lesen konnte, so daß er gezwungen war, zu jemandem zu gehen, um sich den Brief übersetzen zu lassen. Freud wußte genau, sagte er, daß er Deutsch in der Form nicht lesen konnte; dabei hätte er seinen Brief doch ebensogut in Englisch abfassen können, da er mit seinen amerikanischen Verwandten und meistenteils auch mit seinem britischen Schüler Jones bekanntlich auch in Englisch korrespondierte. Der Brief, den er Brunswick bei der Gelegenheit geschrieben hatte, lief auf eine formale Anerkennung Brunswicks hinaus: „Daß Sie Analytiker geworden sind, ist die richtige Strafe für Sie." [Das Zitat wurde rückübersetzt, da der Originalbrief nicht vorliegt – d.Ü.] Brunswick schien die Ironie in Freuds Äußerung jedoch in keiner Hinsicht witzig zu finden. Als er bei Freud in Analyse war, hatte er mitnichten den Wunsch gehabt, selbst Analytiker zu werden, er hatte, im Gegenteil, „so viele Widerstände", meinte er. Er war unglücklich genug über die Erfahrung, die er bei Freud gemacht hatte, so daß er Freuds Witzeln über den Verlauf, den seine Karriere dann letztlich genommen hatte, absolut nichts Witziges abgewinnen konnte. (Ich versuchte zwar mein Bestes, Brunswick dazu zu bewegen, die Briefe zu veröffentlichen, die er von Freud hatte. Er wollte davon jedoch nichts wissen und tat die Idee einfach damit ab, daß es nur „persönliche" Briefe seien; womit er nicht gesagt haben wollte, daß der Briefwechsel irgendwie vertraulich, sondern nur im Grunde belanglos war.)

Brunswick hatte zudem auch von Ruth Brunswick gehört, wie Freud auf die Nachricht reagiert hatte, daß er Analytiker geworden war. Freud, erzählte sie ihm, hatte schlicht gemeint: „Wenn's sein Ziel erreicht." Ich faßte das so auf, und Brunswick wohl auch, daß Freud sich nicht sicher war, wie Brunswick sich letztlich als Analytiker machen würde. Er hatte sich nicht mißbilligend geäußert, sondern nur etwas in der Richtung gesagt, daß sich wohl erst noch zeigen müsse, was daraus würde – nach dem Motto: Probieren geht über Studieren.

Bei unserem Gespräch ließ Brunswick keinen Zweifel daran, daß er absolut sicher war, wie die Psychoanalyse zu sein habe: weitestgehend umgekehrt, wie Freud sich seines Erachtens verhalten hatte. Brunswick war äußerst moralistisch, was die psychoanalytische Behandlung anging. Und was Freud anging, meinte er, so habe dieser „gewußt, was richtig war, und dennoch nicht danach gehandelt." Dabei verallgemeinerte er nicht nur seine eigene Erfahrung, sondern hatte dabei auch vor Augen, wie Freud Ruth und Mark behandelt hatte. Für ihn war es keine Frage, daß die Gegenübertragungsreaktionen bei Freud sich sowohl bei den Analysen von Ruth und Mark als auch bei seiner eigenen Behandlung negativ ausgewirkt hatten. Brunswick war auch bei der Trauung von Ruth und Mark im Wiener Rathaus mit dabei gewesen, bei der Freud einer der offiziellen Trauzeugen war. Und er bemerkte, wie gut Freud bei diesem Anlaß ausgesehen hatte. Aber er betonte wiederholt, wie bemüht er stets gewesen war, jeden persönlichen Kontakt mit Freud zu meiden, um eine wirklich „ordentliche" Analyse zu bekommen.

Brunswick schien Freud mehr als Wissenschaftler wegen der Entdeckungen, die er gemacht hatte, denn als Heiler zu bewundern – eine Unterscheidung, die Hirst so nicht gemacht und abgelehnt hatte. Ich konnte mich bei unserem Gespräch des Eindrucks nicht erwehren, daß Brunswick Freud auch die Beschäftigung mit Dingen unterstellte, die ihn selbst besonders beschäftigten, da er sich in seiner Arbeit ursprünglich auf die physiologische Psychologie konzentriert hatte. Als ich ihm begegnete, sprach er noch immer von seinem „Traum", dieses Denken mit der Psychoanalyse zu vereinigen, auch wenn er bereitwillig einräumte, mit seinen diesbezüglichen Bemühungen nur „langsam" voranzukommen. Als ich ihn darauf aufmerksam machte, daß er damit einem ähnlichen Kurs folgte, den Freud ursprünglich auch verfolgt hatte, stimmte er zu, meinte jedoch einschränkend, er hätte damals noch nichts von dieser sehr frühen Phase der Freudschen Arbeit gewußt, in der dieser sich auch mit der physiologischen Psychologie beschäftigt hatte.

Wie bei Hirst erkundigte ich mich auch bei Brunswick, ob Freud irgend etwas aus der frühen Geschichte der Psychoanalyse, wie etwa die Geschichte über die Entdeckung des Kokains durch Koller, erwähnt hatte. Ganz im Gegensatz zu seinem Verhalten bei den meisten anderen Patienten hatte er Brunswick jedoch nichts von seinen früheren Kämpfen erzählt. Für Brunswick wäre eine solche Legendenbildung zweifellos auch nur auf eine weitere Belastung hinausgelaufen. Er war dankbar, daß Freud gar nicht erst versucht hatte, ihn durch Propaganda zu beeinflussen, und meinte, Freud sei nach seinem „Eingangsfehler" in der Analyse, wonach er ihn dazu angehalten hatte, Medizin zu studieren und Deutsch zu sprechen, im übrigen „ein guter Analytiker" gewesen.

Brunswick hatte an der Westküste in der Organisation der Psychoanalyse eine gewisse Rolle gespielt. So war er beispielsweise seinerzeit derjenige gewesen, der an Simmel geschrieben und ihn eingeladen hatte, von Berlin nach Los Angeles zu kommen, um ihm hier eine leitende Funktion in der Ausbildung von Analytikern zu übertragen. Die Wahl Simmels sei, so Brunswick, sowohl von Franz Alexander als auch von Hanns Sachs gutgeheißen worden, die beide selbst aus Berlin kamen und unterdessen in Amerika zu prominenten Lehranalytikern avanciert waren. Brunswick war Simmel zum erstenmal begegnet, als er zusammen mit zwei oder drei weiteren Patienten Freud zwecks Behandlung und Erholung nach Berlin zu einem Aufenthalt in Simmels Sanatorium Tegel gefolgt war. (Es war in jenen Tagen üblich, daß Analytiker, nicht nur Freud, von ihren Patienten erwarteten, daß sie ihnen in den Urlaub folgten – dies wurde insbesondere von ausländischen Patienten erwartet, die keine Zeit zu vergeuden hatten.)

So wurde Simmel also der europäische Begründer der Psychoanalyse in Los Angeles. (Die Machtübernahme der Nazis trug maßgebend zur Flucht von Intellektuellen nach Amerika bei.) Simmel lud als erstes „Mrs. Deri" (die ursprünglich auch in Berlin gewesen war) ein, von Prag nach Los Angeles zu kommen, und „Mrs. Deri" lud dann wiederum Otto Fenichel ein, der in Norwegen gewesen war und dann ihre Nachfolge in Prag angetreten hatte. Und später sollte schließlich Alexander eine wichtige Figur der Psychoanalyse in Los Angeles sein. Er sei ein Organisator, ein Macher, gewesen, meinte Brunswick. Seit Anfang der dreißiger Jahre war Alexander ein inspirierender Führer der Psychoanalyse in Chicago, bis er sich 1956 entschloß, in den Westen zu gehen; er starb 1964. Er ist und bleibt in der Geschichte der Psychoanalyse eine der Figuren, über die wir viel zu wenig wissen. Ein Analytiker aus Los Angeles, den ich damals interviewte und der eng mit Alexander verbunden war, erzählte mir, er hätte auf seinem Schreibtisch einen Stoß von rund fünfzig Briefen von Freud gesehen. In den zwanziger und dreißiger Jahren war Alexander unbestritten eines der Glanzlichter in Freuds Bewegung und nach Freuds Tod ein origineller Denker, voller neuer Ideen. Ein Zeichen, welche Stellung Alexander damals in Freuds Augen hatte, war sicher, daß Oliver Freud, Freuds mittlerer Sohn, Anfang der zwanziger Jahre zu ihm ging, um sich persönlich von ihm analysieren zu lassen (Roazen, 1993a). Die besondere Bedeutung der Freud-Alexander-Briefe besteht darin, daß im Unterschied zu manchem eher belletristischem Meinungsaustausch, den Freud in seinen Briefen pflegte, darin zumeist klinische Fragen diskutiert wurden. Als Alexander Chicago verließ, ließ er zugleich jedoch ein Legat der Angst zurück, die mit seinem Namen verbunden war und darauf beruhte, daß die dortigen Analytiker panische Angst hatten, wegen Alexanders sogenanntem Abweichlertum stigmatisiert zu werden.

Wenngleich es für Brunswick vielleicht schwierig war, die Geschichte der Psychoanalyse mit wissenschaftlichem Abstand zu betrachten, so war ihm indes vollauf bewußt, welche besondere Stellung seine Schwägerin Ruth in Freuds letzter Phase eingenommen hatte. Sie hatte Wien 1938, nach der Besetzung Österreichs durch die Nazis verlassen, um wieder in die Vereinigten Staaten zu gehen. Sie ließ sich als praktizierende Analytikerin in New York City nieder und sollte Freud noch zweimal in London besuchen. Ihr Tod 1946 erschien David Brunswick als „ein großer Verlust." Ruths psychologische Krankheit beruhte aus seiner Sicht auf einer allzu großen Abhängigkeit von Freud. Freud sei jedoch nicht in sie „verliebt" gewesen, betonte er. Sie sei ihm einfach nur sehr ergeben und zugetan gewesen, und er ihr auch. Ruth und die Prinzessin Marie Bonaparte waren zweifellos die zwei Schülerinnen, meinte Brunswick, die Freud in seinen letzten Jahren am nächsten gestanden hätten. „Möglicherweise" seien andere jedoch eifersüchtig auf Ruths Intimität mit Freud gewesen. Dorothy Burlingham, die wie Ruth und Marie jahrelang bei Freud in Analyse war, stand Freuds Tochter Anna jedoch „näher" als Freud selbst. Erstaunlich ist, daß selbst heute, da umfassende Biographien sowohl über Marie Bonaparte als auch Dorothy Burlingham erschienen sind (Roazen, 1990a, 1991c), der Geschichte Ruths noch immer so wenig Beachtung geschenkt wird.

David Brunswick nahm während seines Aufenthalts in Wien nur an einer Sitzung der Psychoanalytischen Vereinigung teil, und zwar an der, die anläßlich der Rückkehr Wilhelm Reichs von einer Reise in die Sowjetunion stattgefunden hatte. Reich hatte sich vom Kommunismus „sehr begeistert" gezeigt, der mit Freuds Ansichten jedoch nicht zu vereinbaren war. Wenig später, 1930, hatte Freud sein Werk *Das Unbehagen in der Kultur* geschrieben, von dem Reich später zurecht behauptet hatte, es sei gegen seinen Versuch gerichtet gewesen, den Marxismus und die psychoanalytische Theorie miteinander zu verbinden (Higgins und Raphael, 1967, dt. 1969, S. 81).

Brunswick zufolge wollte Freud in jenen Tagen nichts mit der offiziellen Wiener Gruppe von Analytikern zu tun haben. Freud sei es körperlich gut genug gegangen, um an den Sitzungen teilzunehmen, und gut genug, um sein wöchentliches Kartenspiel nicht ausfallen zu lassen. Brunswick war jedenfalls nicht bereit, die Tatsache, daß Freud fortan nicht mehr an den Sitzungen der Psychoanalytischen Vereinigung teilnahm, mit seinem Krebsleiden zu entschuldigen. Aus chronologischer Sicht lag Brunswick hier jedoch falsch, da der Krebs sich nachweislich in Freuds Verhalten niederschlug; bis 1923 wäre es undenkbar gewesen, daß Freud eine öffentliche Sitzung seiner Anhänger in Wien verpaßt hätte. Zugleich denke ich jedoch, daß Brunswick mit seinem Urteil in gewisser Weise recht hatte und Freud wohl innerlich eine Zeitlang nicht mehr hatte hingehen wollen. Seine besonderen Schüler sah er auch weiterhin noch einmal im Monat bei kleinen Zusammenkünften, die in seiner Wohnung stattfanden. Brunswick gehörte nicht zu den Auserwählten, die zu diesen Sitzungen geladen waren. Sie waren rund einem Dutzend ausgewählten regelmäßigen Teilnehmern aus dem Kreis der Wiener Analytiker und gelegentlichen Besuchern vorbehalten.

Vor dem Hintergrund seiner eigenen klinischen Erfahrung mit Freud und seinen späteren Erfahrungen als Analytiker war Brunswick der Ansicht, daß eine Behandlung beeinträchtigt werden konnte, wenn ein Patient zu früh Kenntnisse über die Standardtechnik der Analyse erwarb. Dadurch könnten die „Widerstände" eines Patienten gegenüber der Selbsterkenntnis auf technische Fragen gelenkt werden, und mit solchen intellektualisierten Widerständen sei bekanntlich schwieriger als mit anderen umzugehen, meinte er. Ich fragte ihn daraufhin konkret, ob Freud in der Analyse über theoretische Fragen gesprochen habe. „Nein", meinte er, aber eine derartige Diskussion wäre nach seinem Verständnis auch ein technischer Fehler gewesen, da sie von den psychischen Problemen des Patienten abgelenkt hätte.

Brunswick wiederholte indes immer wieder, daß Freud zu Beginn der Analyse einen „nicht korrigierbaren Fehler" gemacht habe. Es hörte sich fast wie ein Trauma bei Brunswick an. Später, räumte er ein, sei Freud jedoch „ein guter Analytiker" gewesen. Aber am Anfang habe er sich ihm gegenüber trotz alledem „falsch" verhalten. Erstens, sagte Brunswick, hätte er ihn erst gar nicht als Patienten annehmen dürfen. Und zweitens hätte er sich nicht von den Informationen, die er über ihn hatte, beeinflussen lassen dürfen. Freud habe „Angst" vor ihm gehabt, und deshalb habe er ihm gleich „am zweiten Tag" der Analyse gesagt, er müßte Medizin studieren und deutsch sprechen.

Meiner Meinung nach ist die Tatsache, daß Freud Brunswick in Analyse nahm, ein Zeichen der Gefälligkeit gegenüber Ruth gewesen. Rückblickend mochte Brunswick Freud vorwerfen, ihn in Behandlung genommen zu haben; merkwürdig bleibt jedoch, daß er mit keinem Wort von der Möglichkeit sprach, daß Freud ihn auch an jemand anderen hätte verweisen können, zumal nachdem offensichtlich geworden war, daß die Analyse nicht gut lief. Ihm war jedoch durchaus klar, daß Ruth der Hauptkanal war, über den er an Freud herangekommen war. Als Ruth im Sommer 1926 in Amerika war, hatten sie und David darüber gesprochen, daß er zu Freud gehen sollte. Und im Frühjahr 1927 hatte er dann schließlich an Freud geschrieben. Im Unterschied zu den früheren Jahren machte Freud nun jedoch nicht mehr jene „Kurzanalysen", auf die David puristisch herabsah.

Festzuhalten bleibt, daß Brunswick keinerlei persönliche Feindseligkeiten gegenüber Freud hegte. Er fand vielmehr, er sei „sehr nett" und ein „angenehmer" Mensch gewesen. Daß Freud auf Fotografien immer so streng und ernst aussähe, sei irreführend, da dabei oft vergessen werde, daß der Umstand, daß er nirgends lächele, einfach mit den photographischen Konventionen jener Ära zusammenhing. Vor der Kamera „cheese" zu sagen, sei doch eine amerikanische Sitte, betonte er. Er erinnerte sich, wie ausgesprochen freundlich Freud war, als er ihn im Sommer 1929 in seinem Urlaub in Berchtesgaden besucht hatte; er hatte indes nicht das Gefühl, auf einer menschlichen oder persönlichen Ebene Kontakt zu Freud gefunden zu haben. Aber einen Kontakt auf der Ebene hatte er auch weder erwartet noch gewollt. Und er schien es auch durchaus angemessen zu finden, daß selbst Freuds veröffentlichte Autobiographie (1924), die er nach Ausbruch seiner Krankheit geschrieben hatte, „in Wirklichkeit eine Geschichte der Bewegung" und kein persönliches Testament war. Aber zu dem Zeitpunkt hatte Freud sein Leben auch bereits voll und ganz mit der Sache der Psychoanalyse identifiziert.

Ich fragte Brunswick, was er über Ruth und insbesondere über Freuds mögliche Enttäuschung über sie wußte. Daß es in Zusammenhang mit Ruth bei Freud irgendeine Desillusionierung gegeben haben sollte, war neu für ihn. Eine mögliche Erklärung war für ihn jedoch, daß sie trotz Freuds Behandlung „immer noch krank" geblieben war. Sie sei „medikamentenabhängig" gewesen, sagte er. Es war das erstemal, daß ich so etwas über sie hörte. Aber sie habe nicht nur Schlaftabletten, sondern „ständig irgendwelche Medikamente" genommen, sagte er. Als ich einwarf, Jones habe ihr in seiner Freud-Biographie nicht genügend Beachtung geschenkt, pflichtete er mir bei. (Brunswick hatte die Biographie jedoch nicht ganz gelesen, da er sich mit dem Lesen etwas schwertat, wie er sagte, und kannte folglich viele der darin enthaltenen unschätzbar wertvollen Informationen nicht.)

Ich fragte ihn auch, was Freud wohl an Ruth bewundert hatte. Darauf hob er ihre natürlichen psychologischen Fähigkeiten, ihre Intelligenz wie auch ihr Interesse an Psychotikern hervor. Ihr Leben sei jedoch ein „große Tragödie" gewesen, da es ihr nicht gutgegangen sei. Ihr Tod, betonte er ausdrücklich, sei jedoch kein Selbstmord gewesen – allenfalls ein „unbewußter" Selbstmord. Freud war gestorben, und Mark hatte sie verlassen – geblieben war ihr noch ihre Tochter Mathilda, die nach Freuds ältester Tochter benannt war. Aber sie habe schon zu Medikamentenmißbrauch geneigt, als sie noch bei Freud in Analyse war. Das Problem habe sich mit der Zeit soweit verschärft, daß am Ende ihres Lebens eine „große Abhängigkeit" bestanden habe. Als Ärztin konnte sie sich die Medikamente natürlich selbst verschreiben. Durch die Medikamenteneinnahme ruinierte sie sich auf Dauer fraglos ihre Gesundheit. Sie starb am Ende infolge eines Sturzes im Badezimmer, bei dem sie mit dem Kopf aufgeschlug und sich eine Schädelfraktur zuzog.

Ruth habe bis zuletzt sehr effektiv gearbeitet, erzählte Brunswick. Freuds Tod sei für sie keine Erschütterung gewesen; er sei inzwischen so alt und krank gewesen, daß sein Tod eher eine Erlösung für ihn gewesen sei. Ruth war fünf

Jahre älter als Mark, von dem sie 1945 geschieden worden war. Mark hatte zwar keine formale Bildung vorzuweisen – seine ganze schulische Bildung hatte unter dem Strich nur aus in einem Jahr an der Exeter Academy bestanden-, er war aber gebildeter als David. Mark und David hatten Ruth durch eine Schwester Davids kennengelernt, die eine Zeitlang aufs Radcliffe College gegangen war.

David Brunswick pflichtete mir bei, als ich meinte, Freud habe es als ein besonders schwieriges Problem angesehen, mit Drogen- oder Medikamentenabhängigkeiten umzugehen. Freud hatte Abhängigkeiten generell nicht gebilligt und mit Alkoholismus zum Beispiel nichts zu tun haben wollen. Er hatte eine Abhängigkeit wohl als Krankheit angesehen, die verstanden und behandelt werden mußte, es war ihm aber gleichwohl zuwider gewesen, sich damit zu beschäftigen. Es sei undenkbar, meinte er, daß Ruth eine Krankheit wie diese erfunden habe, um ihre Ambivalenz Freud gegenüber zum Ausdruck zu bringen – sie habe vielmehr schon die ganze Zeit bestanden und müsse auch in ihrer Analyse zur Sprache gekommen sein.

Freud hatte zwar selbst auch Kokain genommen, er war jedoch nie davon abhängig geworden. Versklavt war er hingegen mehr oder weniger seinem Zigarrenrauchen, wobei diese Nikotinabhängigkeit zweifellos ein Faktor war, der zur Entwicklung seines Gaumenkrebses beigetragen hatte. Aber auch wenn Freud Abhängige prinzipiell von der psychoanalytischen Behandlung ausschloß, wissen wir, daß er sich sehr wohl auch über seine eigenen Prinzipien hinwegsetzen konnte, wenn es um jemanden ging, den er besonders bewunderte. Vor dem Ersten Weltkrieg hatte er auch Loe Kann, die mit Ernest Jones zusammenlebte, behandelt, obwohl sie morphiumabhängig war (Roazen, 1993b). Und eine etwas seltsame Koinzidenz ist sicherlich, daß Freud 1914 ebenso bei Loe Kanns Hochzeit wie später bei der von Mark und Ruth mit dabei war, während er den Trauungen seiner eigenen Kinder ferngeblieben war. David Brunswick betonte in dem Zusammenhang nochmals, wie sehr er sich 1928 bei der Hochzeit der Brunswicks bemüht hatte, Distanz zu wahren und um seiner Analyse willen zuviel persönlichen Kontakt mit Freud zu vermeiden.

Für Brunswick war es keine Frage, daß Freuds Gegenübertragung sich sowohl bei seiner eigenen als auch bei Ruths Analyse negativ ausgewirkt hatte. Der Punkt bei Ruth sei jedoch gewesen, daß er mit ihr „zu gerne" gearbeitet habe. Und sie hatte es genossen, von ihm abhängig zu sein. Aber wenn sich eine derartige Beziehung entwickelt, meinte Brunswick, dann sollte sie als ein Problem behandelt und nicht einfach vergnüglich ausgekostet werden. Die Abhängigkeit hätte in jedem Fall aufgezeigt und analysiert werden müssen. Er ging sogar soweit zu behaupten, Freud habe Ruth zu sehr gemocht, um sie überhaupt analysieren zu können. Im Grunde, meinte er, hätte Freud allen

Grund gehabt, ebenso von seiner Behandlung Ruths wie von ihr selbst enttäuscht zu sein.

Wie Freud sich bei der Analyse von Ruth verhalten hatte, stand in krassem Kontrast zu dem, was er anderen Analytikern in seinen Aufsätzen als eine ordentliche Technik vor Augen hielt. Die Einstellung, die Freud hier an den Tag legte, meinte Brunswick, könnte man nur damit zusammenfassen, daß er das Gebot ausgab: andere sollen „tun, was ich sage, und nicht, was ich tue." Freud habe jedenfalls gezeigt, daß er sich bei Ruth sehr wohl besondere Freiheiten „zugestehen" konnte – ebenso wie er für sich auch eine Ausnahme damit gemacht hatte, daß er David, Mark und Ruth gleichzeitig in Behandlung genommen hatte.

Als ich Brunswick nach möglichen neurotischen Symptomen bei Freud fragte, lehnte Brunswick es ab, irgendwelche Verallgemeinerungen zu akzeptieren, die ich bezüglich möglicher psychischer Konflikte Freuds in den Raum stellte. Freud sei kein „zwanghafter" Typus gewesen, meinte er, da er sich schließlich auch mit Teilwissen zufriedengegeben habe. Dennoch seien bei ihm auch gewisse zwanghafte Anzeichen zu finden gewesen. Er meinte, Freud (den er „Professor" nannte) sei von seiner Persönlichkeit her vielleicht insgesamt nicht flexibel genug gewesen, um beispielsweise die psychoanalytische Technik so anzupassen, daß auch Psychotiker hätten behandelt werden können. Freud hatte aus seiner Sicht eine sehr gut organisierte Persönlichkeit und stand für ihn deutlich, eher mehr als die meisten Menschen, auf der „normalen" Seite. Freud hatte fraglos auch seine persönlichen Schwierigkeiten, die er nach Brunswicks Überzeugung jedoch durch seine Selbstanalyse aufgearbeitet hatte. Als ich ihn fragte, ob nicht Teile der psychoanalytischen Theorie aufgrund Freuds eigener neurotischer Neigungen völlig „daneben" seien und jeder Grundlage entbehren, wußte Brunswick dazu einfach nichts zu sagen. Es war für mich ein verblüffender Aspekt der in meinen Augen infantilen Beziehung Brunswicks zu Freud, daß er sich offenbar nicht vorstellen konnte, wie Freuds subjektive Charakteristika seine Theorien negativ beeinflußt oder gefärbt haben könnten. Und er konnte auch nicht sagen, mit welchen Patiententypen Freud besser zurechtgekommen war. Brunswick akzeptierte einfach linientreu die offiziellen allgemeinen Richtlinien, wie die Psychoanalyse sein sollte, auch wenn das bedeutete, daß er dabei seine unmittelbaren persönlichen Erfahrungen mit dem Gründer der Disziplin ausklammern mußte.

Freud verdiente es aus Brunswicks Sicht, als der „Entdecker" des Es und des Unbewußten in die Annalen einzugehen. Er wußte zwar auch von den Widerständen und dem Ich, aber nach seiner Überzeugung hatte Freud die sogenannten höheren Schichten der Persönlichkeit nicht genügend berücksichtigt. Es sei Anna Freud „überlassen geblieben", meinte er, diesen Teil des psychoanalytischen Systems zu entwickeln. (Aus unerfindlichen Gründen ging

Brunswick im übrigen davon aus, daß Anna Freud von Edward Hitschmann analysiert worden sei. Mir war damals noch nicht bekannt, daß Freud sein jüngstes Kind selbst analysiert hatte. Ich hatte diesbezüglich zwar einige Gerüchte gehört, war jedoch nicht überzeugt, daß sie sich bestätigen könnten.)

Freud wird öffentlich zwar oft damit assoziiert, daß er die These von der Bedeutung des Ödipuskomplexes aufgestellt hat, aber Ruth wurde ihrerseits auch eng mit der Vorstellung von „präödipalen" Schichten identifiziert, einem Aspekt der Humanpsychologie, den Freud erst relativ spät in seiner Laufbahn akzeptierte. Aus ihrer Theoriebildung hätte sich die Legitimität ableiten lassen, vor irgendwelchen möglichen triangulären Rivalitäten zunächst die Mutterbindung des Kleinkindes zu untersuchen. Von den drei Brunswicks war Ruth unstrittig diejenige, die in der Geschichte der Psychoanalyse die größte Rolle gespielt hatte. Aber David glaubte auch, daß ihr und nicht Mark der Vorwurf gemacht werden könnte, Freud mit irgendwelchen Warnungen vor etwaigen Schwierigkeiten, denen er bei der Behandlung von David begegnen würde, angst gemacht zu haben. Die Aussicht, bei ihm auf „intellektualisierte Widerstände" zu treffen, war nach seiner Überzeugung verantwortlich dafür, daß Freud sich veranlaßt sah, ihm in der Analyse das Ganze von Anfang an schwerzumachen.

Ruth sei in ihren freien Assoziationen emotional und frei gewesen, meinte David, der mir im übrigen nahelegte, mich mit Mark in Verbindung zu setzen, um ihn über die Existenz der von ihr erhalten gebliebenen Papiere zu informieren. Als ich David fragte, ob denn nicht jene Form der langen Analyse, wie Freud sie bei Ruth durchgeführt hatte, geradezu prädestiniert sei, jene Abhängigkeit zu schaffen, die er in der Beziehung von Ruth zu Freud für falsch hielt, meinte er, er sei sich „nicht sicher." Keine Frage war es für ihn jedoch, daß Freud und Ruth sich definitiv „zu nahe" gewesen waren. Auch wenn Brunswick sich bemüht hatte, den Kreis der Analytiker in Wien zu meiden, so war er zwangsläufig doch viel mit seinem Bruder und Ruth zusammen gewesen. (Da ich mehr über Ruth in Erfahrung bringen wollte, versuchte ich nebenbei natürlich auch, ein Treffen mit Mark zu arrangieren.) David wollte zwar nicht so weit gehen zu sagen, Ruth sei für Freud wie eine „Adoptivtochter" gewesen, er bestätigte mir jedoch, daß sie mit der Familie Freuds eng verbunden gewesen war. Daß Freud mit seinen Schülerinnen (wie Ruth) besser als mit seinen Schülern zurechtgekommen war, war für David im übrigen nur ein Zeichen, daß Freud ein ganz „normaler" Mann war.

Brunswicks Informationen zufolge war Ruths Ehe mit Herman Blumgart bereits, ehe sie nach Wien ging, in die Brüche gegangen. Sie hatte ihre psychiatrische Assistenzzeit abgeschlossen und ging zu Freud, um zum einen an ihren persönlichen Problemen zu arbeiten und sich zum anderen zu informieren, wie sie Analytikerin werden konnte. Sie hatte dann in Wien eine Ausbildung gemacht. Nach ihrer Heirat mit Mark war sie ebenso wegen ihrer persönlichen Probleme als auch zur Supervision ihrer eigenen Fälle weiter zu Freud gegangen. Während es in späteren Jahren in der Praxis die Regel gab, daß man zwecks Supervision der eigenen klinischen Fälle nie zum eigenen Analytiker ging, sondern andere konsultierte, hatte Freud bei Ruth in Wien noch beide Funktionen übernommen.

Schon in den ersten Jahren, in denen Freud seine Ideen vorgestellt und seinen therapeutischen Ansatz für neurotische Patienten entwickelt hatte, hatte es Skeptiker gegeben, die die Validität seiner Behauptungen bezweifelt hatten. Freud hatte sich jedoch auch von dem Sturm, den er auslöste, nicht abschrecken und beirren lassen. Wenn man die Rezensionen seiner Werke genauer betrachtet, die damals, zu seinen Lebzeiten, erschienen sind, etwa die aus der ersten Dekade des zwanzigsten Jahrhunderts, ist festzustellen, daß einige der grundlegendsten Fragen zu seinen Ideen mit ebensoviel Sympathie wie Respekt gestellt wurden (Roazen, 1990c). Freud wußte es jedoch nicht zu würdigen, wie er aufgenommen wurde, und machte sich kaum einmal die Mühe, einem dieser frühen Kritiker zu antworten.

Ich glaube, Freud spürte bereits, welche besondere Form der Macht er in der psychoanalytischen Behandlung geschaffen hatte. Und bei aller Unzufriedenheit, die Brunswick wegen seiner eigenen therapeutischen Erfahrung mit Freud empfand, wurde er nichtsdestotrotz ein loyaler Anhänger. Obwohl Freud die Rolle, die die altmodische Suggestion spielen konnte, oder den Stellenwert rationaler Einsichten nicht verstanden zu haben schien, wußte er, daß seine Arbeitsmethode Konvertiten und Schüler anzog. Am Ende der ersten Dekade des zwanzigsten Jahrhunderts war es für Freud wie auch für Außenstehende offensichtlich, daß es ihm unstrittig gelungen war, eine neue Schule aus der Taufe zu heben.

Kapitel 3

Co-Abhängigkeit: Mark Brunswick

Nach meinem Gespräch mit David Brunswick in Kalifornien suchte ich gleich, noch innerhalb eines Monats seinen jüngeren Bruder Mark in seiner Wohnung in Greenwich Village auf, um ihn zu interviewen. So innerlich gehemmt David war, so spontan und ungehemmt war Mark. Mark zeichnete sich durch blitzschnelle Gedankengänge in die erstaunlichsten Richtungen aus, und subtile Bemerkungen, die er machte, gingen mir noch jahrelang durch den Kopf. Mark war so spontan und intuitiv, daß ich, lange nach seinem Tod 1971, oft den magischen Wunsch verspürte, daß er doch noch am Leben wäre, um mit ihm sprechen zu können. Obwohl ich im nachhinein viele neue Ideen hatte und mir gewünscht hätte, sie wären mir rechtzeitig in den Sinn gekommen, um mit allen Patienten Freuds darüber zu sprechen, bin ich niemals jemandem begegnet, der mir ein lebendigeres und individuelleres Bild von Freud zeichnete, als Mark es tat. Er stellte einen scharfen Kontrast zu David dar, der zwar aufschlußreiche Einzelheiten beigesteuert hatte, insgesamt aber als die beschränktere Persönlichkeit erschien. Das Bild, das Mark von Freud hatte, war reich, kompliziert und realistisch. Die Begegnung mit Mark ist mir von allen Interviews, die ich führte, als eines der großen Glanzlichter in Erinnerung geblieben.

Gleich am Anfang betonte Mark, daß er von wissenschaftlichen Fragen in Verbindung mit der Psychoanalyse wenig Ahnung hätte und mir nur mit „persönlichen Informationen" dienen könnte. Er war locker, entspannt und freundlich und gab mir rasch zu verstehen, daß ich bei Bedarf gern wieder auf ihn zurückkommen oder auch versuchen könnte, ihm diese oder jene Frage brieflich zu stellen. Ich schrieb ihm in der Folge nicht nur, sondern interviewte ihn später auch in Princeton, New Jersey, im Haus seiner damaligen Frau, die hier Mathematik lehrte. Anders als bei David, den Freud zur medizinischen Fakultät geschickt hatte, hatte Freud Mark nie dazu angehalten, Arzt zu werden. Die Tatsache, daß Freud sich bei ihm anders als bei Mark verhalten hatte, versuchte David sich damit zu erklären, daß Mark als Komponist und Musikologe beruflich bereits festgelegt gewesen sei, als er zu Freud kam. Mark erzählte mir, daß er von Medizin überhaupt keine Ahnung habe und Freud in dem Zusammenhang einmal bemerkt hatte, dies sei in Anbetracht der Tatsache, daß er mit Ruth verheiratet sei, gewiß eine Leistung!

Als Mark 1924 nach Wien kam, hatte er Freuds *Totem und Tabu* bereits gelesen, eine kühne und phantasievolle Betrachtung der Ursprünge der menschlichen Zivilisation, die in einer kraftvollen und durchdringenden Prosa geschrieben war. Ihm hatte das Buch sehr gefallen, da es für ihn darin mehr um „Anthropologie" als um Medizin ging. (Moderne Anthropologen waren allerdings nie sonderlich glücklich mit dem Buch.) In der Analyse hatte Freud ihn dann noch „dazu gebracht", auch die Fallgeschichten vom Wolfsmann und vom Kleinen Hans zu lesen. (Als Freud ihn gebeten hatte, den Fall vom Wolfsmann zu lesen, hatte er sich in einen Zustand „reiner Agonie" katapultiert gefühlt, nur noch nackten „Widerstand" empfunden, sich aber gefügt.) Darüber hinaus hatte er Freud jedoch nie lesen können, der in seinem Fall hingegen offenkundig davon ausgegangen war, bei ihm könnten in der Analyse durch die Beschäftigung mit diesem klinischen Material „Dinge herausgebracht" werden. Der Unterschied zu der Lektüre, die Freud von David erwartete, mochte zum Teil auf die Tatsache zurückzuführen gewesen sein, daß Mark erklärt hatte, nie davon geträumt zu haben, selbst Analytiker zu werden.

Es wäre falsch anzunehmen, Freud hätte nach seiner frühen Phase, die durch Hirsts Analyse beispielhaft veranschaulicht wurde, seine klinische Vorgehensweise geändert. Trotz der technischen Aufsätze, die er unmittelbar vor dem Ersten Weltkrieg veröffentlichte, war eine Kontinuität in seiner Arbeit zu verzeichnen. 1912 hatte er geschrieben, der Analytiker „soll undurchsichtig für den Analysierten sein und wie eine Spiegelplatte nichts anderes zeigen, als was ihm gezeigt wird" (S. 384). Da er selbst jedoch selten, wie etwa die Behandlungen von David und Mark zeigen, jene Maßstäbe erfüllte, die an eine „wahre Psychoanalyse" anzulegen waren, ist schwer zu sagen, welcher Stellenwert seinen Idealen letztlich zukommen sollte. (Eine revisionistische Schule des psychoanalytischen Denkens hat das Bild vom Analytiker als Spiegelplatte mit der Begründung in Frage gestellt, es sei ein falsch verstandenes Ziel. Eine kühne Idee wäre, es alternativ durch ein „Fenster" zu ersetzen.) Bemerkenswert an Freuds Empfehlungen ist, daß sie in weiten Teilen negativ waren: er wies vorzugsweise darauf hin, wo Praktiker Fehler machen konnten. Dadurch wurden viele nachfolgende Generationen, was Freuds eigene Vorgehensweisen anging, arg in die Irre geführt.

Marks begann seine Analyse zunächst in Englisch, bis Freud nach einem Monat auf Deutsch umschalten wollte. Durch das eine Jahr, das er auf der High-School gewesen war, beherrschte er die Sprache ein wenig und hatte dann in Wien noch Stunden genommen. Freud hatte ihm eine Woche Zeit gegeben, um sich umzustellen. In der nächsten Analysestunde hatte Freud sodann gemeint, dann wollen wir jetzt damit anfangen, denn in einer Woche würde er auch nicht besser damit zurechtkommen. Mark hatte ihn daraufhin gefragt, ob es denn nicht seine freien Assoziationen beeinträchtigen würde, wenn er deutsch sprechen sollte. Im Gegenteil, hatte Freud ihm erwidert, es würde hilfreich sein. Kurz danach war Mark dann eine bedeutsame Fehlleistung unterlaufen, die ihm in Englisch mit Sicherheit nicht passiert wäre.

Ich konnte mir nicht erklären, welche beruflichen Pläne Mark damals eigentlich hatte, und fragte ihn, ob seine Familie etwas mit den Bowlingleuten zu tun hätte. Es wäre schön, wenn es so wäre, meinte er darauf, denn dann „wäre" er „reich." Ich kam auf diesen Fragenkomplex, weil ich mich mit der Zeit fragte, wie er während der vielen Jahre in Wien eigentlich seinen Lebensunterhalt bestritten hatte. (David hatte Freud fünfundzwanzig Dollar die Stunde für seine Analyse gezahlt und das Geld, wie er mir sagte, von seinem Vater bekommen.) Bei Mark wunderte ich mich einfach und fragte mich, wovon er in Wien eigentlich lebte, während mir diese Frage bei David hingegen nicht in den Sinn gekommen war – was aber zum Teil sicher auch daran lag, daß Mark zum einen so viel länger und zum anderen ohne irgendwelche für mich ersichtlichen beruflichen Perspektiven in Wien war.

Mir kam der Gedanke, daß er von Ruth lebte, wagte aber nicht, irgend etwas in dieser Richtung zu fragen. Letzten Endes stellte sich heraus, daß er recht wohlhabend war, was ich allerdings erst rund zehn Jahre später erfahren sollte. Sein Vermögen war im einzelnen in einer Bürgschaftserklärung aufgeführt worden, die er 1938 zusammen mit Ruth abgegeben hatte, um damit einem Wiener Buchhändler bei der Emigration in die Vereinigten Staaten zu helfen. (Er erzählte mir bei einer Gelegenheit eine Geschichte, die ganz typisch für den politischen Zynismus im alten Wien war: Nachdem die Nazis in Wien einmarschiert waren, hängte der Hausmeister des kleinen Hauses, in dem er wohnte, ein Hakenkreuz draußen ans Haus. Als er ihn nach seinen eigentümlichen politischen Neigungen fragte, nahm der Hausmeister ihn mit die Treppe hinauf, um ihm einen Schrank zu zeigen, der voller Fahnen all der vielen verschiedenen Wiener politischen Parteien – von den Kommunisten bis zu den Monarchisten – war.) Seinem Nachruf in der *New York Times* (28. Mai 1971) zufolge hatte Mark darüber hinaus auch vielen anderen geholfen: „von 1937 bis 1941 war er Vorsitzender des National Committee for Refugee Musicians und verhalf Hunderten von europäischen Kollegen hier zu Stellungen." (Das FBI hatte somit sowohl über Mark als auch über Ruth eine Akte.) In späteren Jahren, bis ich ihn kennenlernte, mochte sein Vermögen geschwunden sein, aber er kam jedenfalls aus ebenso sichtlich wohlhabenden Verhältnissen wie Ruth.

Die Brunswicks hatten in Wien über ein Haus und einen Wagen verfügt und waren als Millionäre angesehen worden. (Daß sie auch einen Chauffeur hatten, vergaß Mark zu erwähnen.) Mark meinte zwar, in Analytikerkreisen seien ihre finanziellen Verhältnisse übertrieben worden, aber vielleicht hatte auch die enge Freundschaft zwischen Ruth und Marie Bonaparte Einfluß darauf, wie Ruth wahrgenommen wurde (Meisel und Kendrick, 1985). Freud hatte Ruth zunächst einige holländische Patienten geschickt. Einer „kam nach" dem anderen, erzählte Mark, die „meisten" Fälle, die sie hatte, kamen jedenfalls aus Holland. Und die Patienten waren reich genug, um die Honorare für die Analysen bequem zahlen zu können. Mark, Ruth, William C. Bullitt (Roazen, 1989) und ein Amerikaner namens Blumenthal hatten Freuds Zeitplan „in Beschlag genommen." In den zwanziger Jahren hatte Mark ursprünglich zwanzig Dollar die Stunde an Freud gezahlt, bis er und die anderen in den dreißiger Jahren dann von sich aus beschlossen hatten, den Stundensatz freiwillig zu erhöhen und fünfundzwanzig Dollar zu zahlen. In New York City erhielten Analytiker im übrigen genausoviel. Ruth selbst bekam in Wien zwanzig Dollar die Stunde. (Mark glaubte, bis nach dem Zweiten Weltkrieg hätte in Amerika „niemand" etwas von Freud „gewußt"; das war wohl der Höhepunkt der Begeisterung der amerikanischen Medizin für die Psychoanalyse.)

Ruth und Marie Bonaparte waren 1931 einmal finanziell „eingesprungen" und hatten Freud eine neue Mundprothese bezahlt. Als ich Ruths Tochter rund zwanzig Jahre nach Marks Tod traf, meinte sie, der Betrag, der sich auf rund fünftausend Dollar belief, müßte damals größtenteils von Marie gekommen sein. (Der zuständige Arzt hatte hingegen erklärt, er sei von Ruth bezahlt worden.) Die neue Prothese war damals auf Ruths Betreiben hin von einem Experten der Harvard University, wo ihr Vater im Aufsichtsrat saß, angefertigt worden, da der Arzt, den Freud in Wien hatte, nach ihrem Dafürhalten nicht unbedingt der beste war. Die Aktion sei jedoch nicht sehr erfolgreich gewesen, meinte Mark, und Freud hätte außerdem „irgendwie etwas gegen" ihre Intervention gehabt. Zeit seines Lebens hatte Freud immer sehr empfindlich reagiert, wenn er aus finanziellen Gründen irgendwem zu Dank verpflichtet gewesen war. Und, sagte Mark, wenn er sich den Harvard-Arzt selbst hätte „leisten" können, hätte er sich wohl kaum „entschlossen", das Geld dafür auszugeben. Dennoch hatte Freud 1927 an seinen Sohn Ernst geschrieben, Ruth „gehört fast zur Familie" (Molnar, 1992, dt. 1996, S. 101), und sie sollte auch noch eine besondere Rolle in der weiteren Fürsorge um Freuds Gesundheit spielen.

Etwa sechs Monate, nachdem bei Freud zum erstenmal ein Gaumenkrebsleiden festgestellt worden war, hatte Mark seine Analyse bei ihm begonnen. Freud war damals achtundsechzig und Mark „ein schüchterner und scheuer" 22jähriger gewesen, der „in einer Hinsicht ein Wunderkind und dennoch absolut unentwickelt" war. Er erinnerte sich, wie Freud die Bemerkung gemacht hatte: „Wie kann man nur so jung sein?" Angesichts der ganzen Umstände um Davids Analyse fragte ich Mark, ob seine Behandlung durch Leonard Blumgart arrangiert worden war. Leonard war der Kanal, über den Ruth selbst zu Freud kam, sagte Mark. Leonard war, wie gesagt, Ruths Schwager, der Bruder ihres Ehemannes Herman. Sie war 1922 erstmals zu Freud gegangen. (Ruth war 1897 geboren und fünf Jahre älter als Mark.) Herman Blumgart, sagte Mark, war irgendwann zu einem kurzen Besuch nach Wien gefahren, um Freud zu treffen. Mark glaubte, daß Freud ihn gegenüber Herman als Ruths Ehemann „bevorzugt" hatte. Marks Analyse war durch Ruth selbst arrangiert worden. Ruths Ehe, erzählte Mark, habe damals bereits in ernsthaften Schwierigkeiten gesteckt, da er und Ruth zu der Zeit bereits ein Liebespaar gewesen seien; sie habe vorgehabt, ihn zu heiraten. Ihre Beziehung mit Blumgart sei „sehr neurotisch" gewesen, so daß Freud ganz sicher keine gute Ehe zerstört hatte. (Eissler hatte mir gegenüber behauptet, Ruth sei in den dreißiger Jahren durch Medikamente bereits „verfallen" gewesen, was Mark jedoch entschieden zurückwies. Eissler habe Ruth wahrscheinlich nicht einmal persönlich gekannt, meinte Mark, genau wie Eissler Freud nie zu Gesicht bekommen hatte.)

Mark hatte in Wien nur ein- oder zweimal an den Sitzungen der Psychoanalytischen Vereinigung teilgenommen und erzählte, er sei „entsetzlich schockiert" gewesen über die Worte, die dort öffentlich in Gegenwart beider Geschlechter verwendet worden waren. Man müsse sich dabei vor Augen halten, meinte er, daß das Anfang der zwanziger Jahre gewesen sei, als noch andere Maßstäbe als heute gegolten hätten. Freud hätte auch „eine ziemlich viktorianische Seite an sich" gehabt, meinte er. Und wenn er bei seiner Familie gewesen sei, wo Mark oft war und ihn sehr häufig gesehen hatte, habe er von seiner Arbeit völlig abgeschaltet.

Freud war ihm „oft" jedoch auch „recht naiv" erschienen. Er erzählte zum Beispiel, wie er und Ruth eines Abends auf dem Weg ins Theater oder in die Oper kurz bei Freud zu Hause angehalten hatten, um ihn auf einen Sprung zu besuchen. Als sie hereingekommen seien, hätte Jofi, Freuds Chow-Chow, in der Wohnung schlafend am Boden gelegen und wäre unverkennbar gerade am Träumen gewesen. Ruth hatte den Anblick so rührend gefunden, daß sie darauf hingewiesen hatte. Worauf Freud dann jedoch nur einfach bemerkt hatte: „Ich habe ihnen gesagt, sie geben ihr zuviel zu fressen!" Statt den Umstand, daß ein Tier träumte, faszinierend zu finden, hatte Freud die Gelegenheit einfach genutzt, um seine relative Hilflosigkeit als Autorität zu Hause zu verdeutlichen. Er schien „in zwei getrennten Welten" zu leben, meinte Mark. Im Kreis seiner Familie sei er „sehr nett" und „selbstbeschützerisch" gewesen. Mark hätte jedoch nie „gewagt", ihm das zu sagen, bzw. wäre es ihm eigentlich auch „nie in den Sinn" gekommen zu sagen, daß er es nicht gewagt hätte. Einmal hatte Freud den Mann seiner älteren Tochter Mathilda damit „aufgezogen", er würde so viel mit Ruth, die damals Freuds Patientin war, „flirten."

Mark zufolge schaffte Freud es, zu Hause einfach abzuschalten und zu vergessen, daß er Analytiker war. Einmal war Federn – ein Mann, den Mark „nett, aber ziemlich albern" fand und den er als jemanden betrachtete, dem „die offensichtlichsten" Fehlleistungen unterliefen, bei Freud zu Hause zu Besuch gewesen. Federn hatte bei der Gelegenheit von einer Episode erzählt, bei der ihm eine unsägliche Fehlleistung unterlaufen war. Bei einer Gedenkveranstaltung für einen verstorbenen Analytiker, Karl Abraham, hatte man Federn als Vizepräsidenten der Wiener Vereinigung in Freuds Abwesenheit mit der Leitung der Veranstaltung betraut. Bei der Ansprache, die er zu halten hatte, hatte er dann statt von dem Toten, der geehrt wurde, öffentlich von Theodor Reik gesprochen, der damals zufällig neben ihm gesessen hatte und zu der Zeit ein Liebling Freuds war. Es hieß, Freud sei so erbost über die so offenkundig von ihm erzeugten Ambivalenzen bei seinen Schülern gewesen, daß er den Vorfall zum Anlaß genommen hatte, allen weiteren Sitzungen fernzubleiben. An jenem Abend bei den Freuds hatte Federn seine Fehlleistung dann weitschweifig zu erklären versucht. Dabei hatte Freuds Frau sich jedoch nicht die Bemerkung verkneifen können, zu sagen: „Das ist ja interessant, wir hören so etwas nie." Sie war „ironisch", meinte Mark, dieser Charakterzug von ihr sei allerdings nur selten irgendwo erwähnt worden. Aber trotz dieser Begebenheit, meinte Mark, war es so, daß Freud seine Arbeit von seinem Familienleben fernhielt.

Im übrigen sei es bemerkenswert gewesen, fand Mark, wie „seltsam" die Freuds sein konnten, wenn es darum ging, was veröffentlicht werden konnte und was nicht. Es war zum Beispiel gebilligt worden, daß Freuds ältester Sohn Martin ein Buch über seinen Vater schrieb (M. Freud, 1957). Aber daß der Film, den Mark von Freud gemacht hatte, auch gezeigt wurde, hatte Eissler hingegen nicht zulassen wollen, worüber Mark mehr als empört war. Und genauso empörend fand er, daß Eissler sich dagegen sperrte, Historikern Zugang zu anderem Material zu gewähren, das sich im Freud-Archiv unter Verschluß befand. In seinem Film hatte Mark Freud so gezeigt, wie er für gewöhnlich auch war, locker und entspannt, statt ihn irgendwie künstlich für die Kamera posieren zu lassen. Mark hatte den Film dann an das Freud-Archiv verkauft, nachdem es nach dem Zweiten Weltkrieg eingerichtet worden war, um darüber auch einen Teil der Kosten für seine eigenen Analysen wieder hereinzuholen. Mark hatte allerdings nicht damit gerechnet, daß das Archiv den Film dann jedoch quasi unter Verschluß nehmen und anderen nicht gestatten würde, den Film zu sehen. Inzwischen sind jedoch Teile des Films im Freud-Museum in London mit einem Kommentar von Anna Freud öffentlich zugänglich. Viele, die ihre Unterlagen dem Archiv überlassen und gestiftet haben, teilen Marks Empörung, wie restriktiv mit diesen Dokumenten verfahren wurde und wird.

Als er mir zu verklären versuchte, wie Ruth zu Freud gekommen war, meinte er, wenn er sich recht erinnere, müßte Leonard Blumgart selbst 1919 zusammen mit einigen anderen wie Philip Lehrman, Horace W. Frink und Abram Kardiner zu Freud nach Wien in Analyse gegangen sein. (Die genannten Daten erwiesen sich als nicht ganz korrekt, mit dem allgemeinen Zeitraum lag er jedoch richtig.) Die Analytiker, sagte er, seien damals alle „recht unerfahren" und relativ „unstabil" gewesen. Wenn er sie mit Ruths Augen betrachtete, meinte er, müßte Frink wirklich brillant gewesen sein, was man von den anderen Amerikanern damals allerdings wohl weniger hätte sagen können.

Was Frink anging, meinte Mark, so hätte Freud bei ihm eine „komplette Gegenübertragung", das heißt, übertriebenes Vertrauen zu ihm gehabt, das aus seiner Sicht auch zu Frinks „Sturz beigetragen" hatte. Freud, meinte er, sei bei Frink zu unvorsichtig gewesen. Die von einem Analytiker zum Ausdruck gebrachte offene Zuneigung könne, zumal wenn dieser Analytiker „zufällig" auch noch Freud sei, ein besonderes Problem darstellen, mit dem man fertig werden müßte. Freud hatte Frink ermutigt, den Platz von A. A. Brill und damit die Führungsposition in der amerikanischen psychoanalytischen Bewegung einzunehmen; A. A. Brill sei jedoch Frinks erster Analytiker gewesen, so daß es doch „nur menschlich" gewesen sei, wenn Frink diese Mission als Belastung empfunden hatte. (Freud hatte Frinks Scheidung von seiner ersten Frau sanktioniert; er hatte sich von ihr scheiden lassen, um eine reiche Patientin zu heiraten, in die er sich verliebt hatte. Frink hatte dann jedoch einen mentalen Zusammenbruch erlitten, und auch seine zweite Ehe endete bald mit Scheidung.) Aus Marks Sicht war Frink durch die Kombination, sowohl Patient als auch Schüler zu sein, „unabsichtlich" ins „Verderben" geführt worden (siehe auch Edmunds, 1988; Roazen, 1975, dt. 1976; Warner, 1994).

Ruth war ein so wichtiges Bindeglied zwischen Freud und seiner amerikanischen Anhängerschaft, daß sie über Frink bestens informiert war. Und Mark zufolge hatte sie auch eine Mittlerrolle zwischen Frink und Brill gespielt. Sie wußte, mit welcher Aufgabe Freud Frink betraut hatte; sie war eine gute Freundin Brills, kannte allerdings auch seine „Fehler". Im Hinterkopf, glaube ich, mußte Mark eine Analogie zu Frink und dem gesehen haben, was in der Folge mit Ruth passierte. Er wollte das Verführerische an Freuds Gegenübertragungsgefühlen für Ruth jedoch herunterspielen und versuchte statt dessen, die gegenseitige Zuneigung und Intellektualität ihrer Beziehung in den Vordergrund zu stellen. Gleichwohl bedeuteten diese von Freud geförderten Emotionen – er bezeichnete diese einmaligen Bindungen als Beispiele von „Übertragungsliebe"–, daß eine Art geistiger Inzest ein unausweichlicher Bestandteil von Freuds Arbeit war.

Ruths „beste Freundin" sei Marianne Kris gewesen, erzählte Mark, die Tochter eines engen Freundes von Freud, die eine „kurze" didaktische Analyse bei Freud gemacht hatte. Sie war für ihn jedoch so „selbstverständlich", sagte er, daß sie nie wirklich eine wichtige Figur gewesen sei. Geraume Zeit nach Ruths Tod hatte Marianne Mark gegenüber einmal erwähnt, sie hätte noch immer Ruths Unterlagen, oder zumindest einige. (Als ich Marianne Kris interviewte und bei der Gelegenheit Marks Name fallenließ, hatte sich ihr Gesicht erkennbar bewölkt, als gefiel es ihr nicht und machte sie mißtrauisch, daß ich ihn gesehen hatte.) Was das Verhältnis von Marianne Kris zu Anna Freud anging, meinte Mark, sie hätte ihr nicht nur „nahe" gestanden, sondern sie „vergöttert". (Marianne starb, nebenbei bemerkt, als sie bei Anna in London zu Besuch gewesen war.) Zu Anna Freud sei jedoch angemerkt, daß Mark im Gegensatz zu seinem Bruder David kein Analytiker war und Anna somit keine besondere Faszination auf ihn ausgeübt hatte. Mark war im übrigen überzeugt, daß Ruth noch einen zweiten Artikel über eine weitere Fortsetzung ihrer Analyse mit dem Wolfsmann geschrieben hatte, der sich damals gut gemacht habe. Er hatte den Artikel jedoch nie in ihren Unterlagen finden können. (Soweit ich wußte, war er bereits in Eisslers Freud-Archiv unter Verschluß.)

Angesichts von Marks Beruf mußte ich ihn einfach auch nach Freuds Einstellung zur Musik zu fragen. Er habe „eine sehr seltsame" Einstellung dazu gehabt, meinte Mark. Freud hatte gesagt, daß er Musik nicht mochte und sie ihm nichts bedeutete. Sie habe ihn „offensichtlich nervös" gemacht, meinte Mark. Aber mit der Art und Weise, wie Jones das Thema behandelt hatte, war Mark ganz und gar nicht einverstanden. Er hatte Jones' Freud-Biographie ganz gelesen und meinte, der dritte Band sei „der schlimmste"; er fand die Abschnitte über Kunst und Musik im hinteren Teil des Buches einfach „sehr unzulänglich." Freud, sagte er, „schwärmte" für die Oper und hatte einen „sehr guten" Geschmack; er habe Richard Wagner „verschmäht", *Die Meistersinger von Nürnberg* jedoch geliebt. Freud hatte ihn bei den *Meistersingern* auf vieles aufmerksam gemacht, was ihm selbst nie aufgefallen wäre. (Mark hatte Freuds *Traumdeutung* nie gelesen und wußte somit, wie er sagte, nicht, daß darin auch von Musik die Rede war [Diaz de Chumaceiro, 1990].)

Mark blieb dabei, für ihn war es undenkbar, daß jemand die Oper liebte und angeblich keine Musik mochte; jemandem, der so unmusikalisch gewesen wäre, wie Jones ihn in seiner Biographie beschrieben hatte, wäre selbst „ein gutes (Theater-)Stück durch die Musik verleidet worden." Von allen Künsten, meinte er, käme die Musik „dem Es" am nächsten, wie Freud die unbewußte Triebhaftigkeit konzeptualisiert hatte. Ein Aspekt reiner Musik, die nicht von Worten begleitet werde, sei jedoch, daß Freud hier keine Orientierungshilfe durch den höheren Teil seines Geistes gehabt habe, so daß ihn „ein unterbewußtes Unwohlsein" beschlichen habe. Marks abstrakte Musik hatte für Freud jedoch zuviel „Es" enthalten. (Freuds älteste Tochter, Mathilda Hollitscher, hatte mir bei einer Gelegenheit erzählt, wie sie und ihr Mann Marks Musik einfach nur schockierend gefunden hatten.) Für jemanden, der 1856 geboren war, meinte Mark, hätte Freud jedoch einen ganz „normalen" Kunstgeschmack gehabt; er hätte in dem Punkt halt „bourgeoise" Neigungen gehabt, und viel mehr brauchte es nicht, um seine Präferenzen zu erklären. Aber „selbst Ernst Kris", Mariannes Mann, ein Analytiker, der als Kunsthistoriker angefangen hatte, hatte „das nicht begreifen" können. Freud, so Mark, sei nicht einfach wie durch ein Wunder ein Genie gewesen, sondern „er hatte es aus eigener Kraft zu etwas gebracht, aber nach den 1856 vorherrschenden Rahmenbedingungen."

Vor dem Hintergrund seiner eigenen Maßstäbe glaubte Mark, eine gewisse „Prüderie" bei Freud festgestellt zu haben; Freud hatte selbst schwarz auf weiß beschrieben, wie abstoßend seine „Entdeckungen" anfänglich gewesen waren. Freud sei „sehr moralistisch" gewesen, meinte Mark und erzählte, wie er einmal für vierzehn Dollar ein sehr schönes Buch über Rom gekauft und es Freud gezeigt hatte, der Rom liebte und sah, wie wunderschön das Buch war, daraufhin jedoch nur gemeint hatte: „Dann sehen Sie mal zu, daß Sie es verdienen!"

Zu Freuds siebzigstem Geburtstag, 1926, hatte Mark für ihn als Geschenk vier Bände der Cambridge-Reihe über Alte Geschichte ausgewählt. (Otto Rank hatte ihm bei diesem Anlaß eine wundervoll gebundene Ausgabe von Nietzsches Werken geschickt, über die Freud, meinte Mark, sich jedoch nicht wirklich gefreut habe, da er sie wohl als „Bestechung" aufgefaßt habe. Beim Bruch zwischen Freud und Rank hatten zum Teil auch Geldfragen eine Rolle gespielt [Roazen, 1975, dt. 1976]. Ich glaube jedoch, daß es Freud auch störte, von einem ehemaligen Schüler an einen seiner Vorläufer erinnert zu werden.) Mark und Freud hatten des öfteren auch über Archäologie gesprochen, da beide eine Vorliebe für Alte Geschichte hatten. Freud wußte das Buchgeschenk wirklich zu würdigen, sagte Mark, und so hatte er ihm dann in den Folgejahren nach dem jeweiligen Erscheinen auch die nachfolgenden Bände der Reihe geschenkt. Der letzte Band war 1938 erschienen, zu einem Zeitpunkt, als Freud jedoch bereits „enttäuscht" von Mark und Ruth gewesen war. Und so hatte Freud sich das Buch bereits selbst bestellt und nur noch nachgefragt, wer es bezahlen würde. Wäre Freud „mehr er selbst" gewesen, meinte Mark, hätte er sich nie so geäußert.

Er sei „für Freud zum Teil wie ein Schwiegersohn" gewesen, erklärte Mark und fügte hinzu: Wenn Anna Freud je geheiratet, und insbesondere wenn sie dabei jemanden aus der psychoanalytischen Bewegung gewählt hätte, wäre Freud mit einem ernsthaften menschlichen Problem konfrontiert worden, da dieser Mann noch mit einer ganz anderen Autorität hätte sprechen können, als es zum Beispiel bei Rank der Fall war, was sich schon als schwierig genug erwiesen hatte. Mark hingegen hatte als Ruths Ehemann keine derartige Bedrohung dargestellt, zumal darüber hinaus klar war, daß er bei seiner Musik bleiben würde. Im Gegensatz zu David hatte Mark Freud auch oft außerhalb des klinischen Rahmens gesehen und meinte, er hätte nur staunen können, wie „absolut unpsychologisch" Freud sich bei seiner Familie hatte verhalten können. Er hatte „seine Nase nicht immerzu in alles hinein hineingesteckt." Wobei allerdings auch die Frage bliebe, wie das Familienleben es hätte überstehen können, wenn er sich anders verhalten hätte. Einige Schüler Freuds, die königlicher als der König hatten sein wollen und sich in ihren Familien psychologisch bei allem eingemischt und aufgedrängt hatten, hatten im Ergebnis zum Beispiel entsetzliche Beziehungen zu ihren Kindern entwickelt.

Während Freud zu Hause tolerant gewesen sei, hätte er, meinte Mark, in seiner Arbeit jedoch zugleich eine erstaunlich „fixe", unabänderliche Idee gehabt: „seine große Betonung der physischen Grundlage" der Neurose bei einer aufgestauten Libido. In der Analyse hatte Freud den Begriff der *Libido* verwendet, ohne dabei Bezug auf das Ich oder Es zu nehmen. Mark hatte, wie er erzählte, unter einem Symptom „zwanghafter Masturbation" gelitten, das in den ganzen sieben Jahren, in denen er bei Freud in Analyse gewesen war, fortbestanden zu haben schien. (Ruth soll stolz auf ihre eigenen Masturbationstechniken gewesen sein [Bertin, 1982, dt. 1989].) Dabei hatte Freud ihm gleich am Anfang, im ersten oder zweiten Monat der Behandlung gesagt, er werde es in der Analyse nie „irgendwohin" bringen, wenn er nicht aufhören würde zu masturbieren. Mit diesem Standpunkt, sagte Mark, sei „die Analyse" jedoch von vornherein „vergiftet" worden, und aus seiner Sicht gab es auch keine biologische Verbindung zwischen seinen sexuellen Praktiken und der *Sublimierung*, die nach dem Freudschen Begriff das beste war, wozu wir imstande sind. Erst später wurde mir klar, daß Mark sich im Prinzip nur über eine Variante dessen beklagte, worüber sich auch sein Bruder David beklagt hatte. Freud verhielt sich „genau wie meine Eltern", sagte Mark, was „psychologisch fatal" gewesen sei; um ihn zu „heilen", wäre doch genau das Gegenteil vonnöten gewesen. Denn wenn Mark morgens aus dem Schlafzimmer heruntergekommen war, hatten seine Eltern ihn üblicherweise gefragt, ob er auch ein braver Junge gewesen sei – womit die Masturbation gemeint war. „Irgendwie schienen sie immer Bescheid zu wissen", sagte er, er müßte wohl sehr schuldig ausgesehen haben, wenn er es gemacht hatte.

Mark hatte bei Freud einen „wirklichen Moralismus" gespürt. Masturbieren war damals allgemein als körperlich schädlich angesehen worden; und Freud hatte es als verschwendete Energie angesehen, die für höhere Beschäftigungen hätte bewahrt werden sollen. Es wäre besser gewesen, sagte Mark, wenn Freud auch nur ein „Tröpfchen" von ihm akzeptiert hätte, statt sich wie ein Elternteil zu verhalten. Gleichzeitig, sagte er, konnte Freud jedoch in einem hilfreichen Sinne pragmatisch hinsichtlich Masturbationsphantasien beim Geschlechtsverkehr sein; für Freud sei alles, was zur Heterosexualität beigetragen habe, in Ordnung gewesen, was Mark als „sehr befreiend" empfunden hatte. Ich fragte ihn auch nach Homosexualität, worauf Mark (genau wie Hirst) meinte, er habe dieses Problem nie gehabt. Und was Freud anging, glaubte er, er hätte Homosexuelle wohl akzeptieren können, wenn sie im übrigen anständige Menschen, mit einem guten Charakter gewesen wären.

Nach seiner Analyse bei Freud in Wien war Mark dann später in New York noch zu Robert Bak in die Analyse gegangen, der hinsichtlich der Masturbationsfrage, wie er sagte, ein „strenger Freudianer" gewesen sei. Und die Analyse bei Bak war um „zweihundert Prozent besser" als bei Freud gelaufen. Rückblickend meinte Mark, er habe seine ganzen Aggressionen angesichts der Tatsache, daß Freud vom Tod gezeichnet war, während der Behandlung nicht herauslassen können. Er hatte einfach alles akzeptiert, was Freud gesagt hatte, und sich letztlich „wie ein Muli verhalten." Trotz der vielen Unterschiede zwischen Mark und David, gab es somit bei ihren Analysen bei Freud also auch grundlegende Parallelen.

Mark schien nicht sehr viel über Davids Analyse zu wissen, nicht einmal wie lange sie gedauert hatte; aber Davids Analyse bei Anna Freud, meinte er, sei „wirklich gut" gewesen. Freud hatte, fand ich, mit seiner offensichtlichen Vorliebe für Mark zwischen den beiden Brüdern irgendwie die richtige menschliche Wahl getroffen. Freud sei ein „sehr unstrenger Freudianer" gewesen, meinte Mark, was mir im übrigen auch andere Patienten Freuds bestätigt hatten. Er sei jedoch überhaupt „nicht gesellig" gewesen, und der ganze persönliche Kontakt, den er mit ihm gehabt hatte, hatte sich letztlich als eine „enorme Interferenz" erwiesen. Der gesellschaftliche Umgang mit Freud hätte ihm zwar auch „sehr gut" getan, meinte er, aber dieser Kontakt hätte ihn auch „ruiniert", denn dadurch wären einige seiner „pathologischen Züge" verstärkt worden. In der Analyse, sagte Mark, konnte Freud in einer geradezu „irritierenden Weise" relativ lange „schweigsam" sein und kein Wort sagen, während er nur dagesessen und mit seinen Schlüsseln „geklimpert" habe. (Angesichts von Marks Symptomatologie dürfte es einen Freudianer vielleicht nicht überraschen, daß er der einzige Patient Freuds war, dem ich begegnete, der sich daran erinnerte, was Freud mit seinen Händen gemacht hatte.) Obwohl Freud einerseits wohl „zuviel" mit ihm gesprochen hatte, konnte er gleichzeitig auch als „der schweigsamste" Mensch erscheinen; aber im Vergleich zu Bak später war Freud geradezu „geschwätzig" gewesen. Und er hätte auch im Laufe der Jahre, sagte Mark, trotz der Schmerzen im Mund nicht weniger gesprochen; er hatte sich in der Hinsicht von „der Krankheit" nicht behindern lassen. Aber wenn er etwas gesagt hatte, dann seien auch immer seine moralistischen Einstellungen durchgekommen.

Die klinischen Implikationen von Freuds Libidotheorie, die Idee, daß nicht entladene libidinöse Energie in Angst umgewandelt wird, waren Mark „nicht so dumm" erschienen, „wie es klingt." Aber den „pathogenen Charakter der Masturbation", meinte Mark, und die damit verbundenen Schuldgefühle hätte man auch ohne Rückgriff auf das Libidokonzept erklären können. Mark hatte über Freuds „buchstäblichen Glauben an die Libidotheorie" nur staunen können, zumal es nach seinen Schriften so ausgesehen hatte, als ob er seine Meinung zu den Ursprüngen der Angst geändert hätte. (Während Freud Angst einmal als eine Reaktion auf nicht entladene Sexualität gesehen hatte, war er 1926 dazu übergegangen, Angst als Signal einer drohenden Gefahr für das Ich zu erklären.) Für Mark implizierte Freuds Ansatz jedoch in jedem Fall die Notwendigkeit zur Zurückhaltung der Sexualität. Freud hatte „diese sexuellen Hemmungen", meinte Mark, und folglich auch eine Theorie, die die Verdrängung gerechtfertigt habe. (Zum gleichen Schluß wie Mark war übrigens auch Wilhelm Reich gekommen.) Freud hatte Mark erklärt, die masturbatorische Befriedigung führe dazu, daß man nicht so träume, wie man es für die Analyse sollte.

Angesichts dessen, was David mir bereits erzählt hatte, fragte ich mich, ob Mark sich durch die Einstellungen Freuds eingeschüchtert gefühlt hatte. Und wie sie „mich eingeschüchtert" haben, meinte er. Und „schlecht" für ihn seien auch Freuds klinische „Indiskretionen" gewesen. So hatte er zum Beispiel eines Tages, nachdem David eine Zeitlang bei ihm in Analyse war, zu ihm gesagt: „Was haben Sie und Ruth mir angetan! Ihr Bruder ist der langweiligste Mensch!" Statt sich durch den Vergleich mit David geschmeichelt zu fühlen, fand Mark eher, daß Freud einen Fehler gemacht hatte, da durch die Bemerkung „nur" seine „seit jeher bestehende Eifersucht auf David noch weiter genährt worden sei." David sei ein „Tugendbold" gewesen, meinte er, und solche Menschen hätte Freud „gehaßt". Freud war nicht „bis zum Punkt des Erbrechens" moralistisch, sagte er und fügte hinzu, David sei am Ende durch seine Analyse bei Anna Freud „gewaltig geholfen" worden.

Mark hielt es für „kriminell", daß Freud seine Tochter Anna selbst analysiert hatte. Freuds Motive mochten zwar die besten gewesen sein, aber es habe dort auch noch andere gute Analytiker gegeben – jedenfalls seien damit die Chancen für Anna gleich null gewesen. Inzwischen haben mir auch noch andere erzählt, daß Freud selbst Anna analysiert hatte. Im Unterschied zu Marianne Kris, die nicht wollte, daß ich das Thema öffentlich erwähnte, da sie Angst hatte, es könnte „mißbraucht" werden, war Mark nachdrücklich der Meinung, daß Freud Anna damit, daß er sie selbst analysiert hatte, tatsächlich geschadet hatte. Von allem, was Freud gemacht hatte, glich wohl nichts so genau jenen „wilden" Analysen, die er bei anderen gerne anprangerte – wobei jedoch auch erwähnt sei, daß auch andere Analytiker, wie beispielsweise Ernst Kris, ihre eigenen Kinder analysiert hatten. Trotz alledem fand Mark jedoch nicht, daß die Tatsache, daß Freud Anna selbst behandelt hatte, dem widersprach, was er an früherer Stelle gesagt hatte, nämlich, wie „unpsychologisch" Freud sich zu Hause hatte verhalten können. (Daß Freud Anna selbst analysiert hatte, ließe sich vielleicht auch damit erklären, daß er sie damit vor Dingen bewahren wollte, die ein anderer Analytiker ihr hätte antun können, und vielleicht kann diese fragwürdige Behandlung auch als ein Aspekt seiner fortgesetzten Selbstanalyse gesehen werden.)

Mark war ursprünglich wegen „ernsthafter Charakterstörungen" zu Freud gegangen. Im nachhinein meinte er jedoch, auch wenn es damals vielleicht „traumatisch" für ihn gewesen wäre, auf lange Sicht wäre es jedoch besser für ihn gewesen, wenn Freud ihn nicht in Analyse genommen hätte, schließlich sei Ruth damals bereits bei ihm in Analyse und er bereits mit ihr liiert gewesen. Beide Brüder waren sich am Ende also unabhängig voneinander darin einig, daß Freud sie nicht hätte behandeln dürfen.

Nachdem Mark dreieinhalb Jahre bei Freud gewesen war, wurde die Analyse beendet, da Freud ihn für „geheilt erklärt" hatte. Dem war in Wirklichkeit nicht so, erzählte Mark, aber Ruth hätte ihn heiraten wollen; und was das anging, meinte er, sei Freud natürlich nicht so „dumm" gewesen, ihn als genügend geheilt zu betrachten, um für Ruth ein tauglicher Ehemann zu sein. Sie hatten dann 1928 geheiratet, und der Vater von Marianne Kris und Freud waren ihre Trauzeugen gewesen. Mark hatte jedoch nicht geahnt, was für ein „historisches" Ereignis es für Freud war, bei einer Trauungszeremonie dabei zu sein, bis er bei Jones darüber gelesen hatte. (Daß Freud nicht an den Hochzeiten seiner eigenen Kinder teilgenommen hatte, mochte vielleicht ein Weg gewesen sein, ihre Unabhängigkeit nicht anerkennen zu wollen.) Anläßlich der Geburt ihrer Tochter waren Mark und Ruth wieder in die Vereinigten Staaten zurückgekehrt, wo sie ein Jahr blieben, bis sie 1929 dann nach Europa zurückgegangen waren.

Mark wußte nicht mehr genau, ob es 1934 oder schon Ende 1933 gewesen war, als er Freud bei einer gemeinsamen Taxifahrt erzählt hatte, daß sich an seinen Symptomen noch nichts geändert hätte und es ihm in einem gewissen Sinne jetzt sogar schlechter ginge als vorher, da er sich bemühte, „ein Erwachsener" zu sein. Die einzige Veränderung, die er an sich feststellen konnte, war, daß er seinem Vater jetzt positivere Gefühle entgegenbringen konnte. Da Mark Freud inzwischen „verehrte", wie er sagte, konnte es durchaus sein, daß sich seine negativen Gefühle danach auch auf Freud bezogen. Was Blumgart anging, blieb Mark dabei, Freud habe ihn gegenüber Blumgart sehr bevorzugt, obwohl Blumgart auf dem besten Weg gewesen sei, in der Bostoner Medizin eine höchst erfolgreiche Karriere zu machen. Mark meinte, er sei ursprünglich als jemand zu Freud gekommen, der in eine verheiratete Frau verliebt war, und Freud habe dann versucht, ihn so „zusammenzuflicken", daß er und Ruth heiraten konnten. Das Ziel war im Prinzip immer noch das gleiche, als er dann eine zweite Analyse bei Freud machte.

Freud sei irritiert und „sehr bestürzt" gewesen, als er hörte, daß Mark nicht von „einem einzigen Symptom" geheilt und „bestens dran" war, und hätte ihn „sofort wieder" in Analyse genommen. Bei seiner ersten Analyse von 1924 bis 1928, sagte Mark, hätten Freud und Ruth sich „in allen Einzelheiten" über seinen Fall unterhalten. (Wir wissen heute, daß Freud auch, während Jones bei

Sandor Ferenczi in Analyse war, regelmäßig von Ferenczi Berichte über Jones erhielt. Und daß Jones auch engen Kontakt mit Freud wegen der Analyse von Loe Kann hatte. Und Freud hatte zudem Ferenczi wie auch seine künftige Stieftochter Elma Palos analysiert, die sich sowohl vor als auch nach ihrer Analyse bei Freud von Ferenczi analysieren ließ.) Mark war jedoch der einzige, dem ich begegnete, der so eng in Freuds klinische Indiskretionen verstrickt worden war. Freud, sagte er, habe mit Ruth gesprochen, als ob sie seine „Mutter" gewesen sei.

Als Mark seine zweite Analyse bei Freud begann, hatte er Freud gleich gesagt, diesmal dürfe Ruth aber nicht wieder genauso über seine Analyse informiert werden, worauf Freud eingeräumt hatte, „einen schweren Fehler" gemacht zu haben. Mark hatte sich jedoch für zu inkompetent gehalten, um Freud auch selbst zu sagen, daß er einen Fehler gemacht hatte; Ruth und Freud war es, als seinen Ersatzeltern, offenbar jedoch selbstverständlich erschienen, so miteinander zu kommunizieren. Freud sei hinsichtlich des Fehlers, den er gemacht hatte, jedoch „natürlich und offen" gewesen, sagte Mark. (Was im Gegensatz dazu stand, was David mir zu Freuds Verhalten in seiner Analyse erzählt hatte.) Mark hatte sich dann schnell in „ein Mädchen" verliebt, das ihm „sehr wichtig" gewesen war. Und er hatte Freud gefragt, ob es in Ordnung sei, einen Ehebund zu zerstören, was Freud „bejaht" hatte. Mark meinte, er hätte bei seiner zweiten Analyse bis 1938 „beachtliche Fortschritte" gemacht. (Er habe, erzählte er, nur einmal schlimm auf Barbiturate reagiert, was Freud jedoch „fälschlicherweise" für einen psychotischen Anfall „gehalten" habe.) Gegen Ende der dreißiger Jahre war keiner von Marks Musikerfreunden mehr in Wien. Und auch Mark reiste im Oktober 1937 ab, um im Dezember kurzweilig wieder zurückzukehren und der Stadt Ende Januar 1938 dann endgültig den Rücken zuzukehren.

Freuds posthum veröffentlichter Aufsatz von 1938 „Die Ichspaltung im Abwehrvorgang", den er nie zu Ende schrieb, enthält eine Darstellung von Marks Fall. Freud begann diese Arbeit etwa in der Zeit, als Mark Wien endgültig verließ. Jones war zwar der Meinung, bei dem beschriebenen Fall ginge es nicht um Mark – Ruth und Mark waren jedoch anderer Ansicht. Der Zehen-„Fetisch", wonach er es nicht hatte ertragen können, wenn seine kleinen Zehen berührt wurden, wie auch andere Einzelheiten der Fallgeschichte ließen für Mark und Ruth keinen Zweifel daran, daß Freud hier über Mark geschrieben hatte. Für alle, die je daran gezweifelt haben, daß Freud seine Fallgeschichten durchaus auch für seine speziellen Belange „zurechtschneidern" konnte, dürfte dies ein aufschlußreiches Beispiel sein, denn man kann sich schwerlich einen größeren Gegensatz als zwischen dem Mann, den ich kennenlernte, und den Problemen, die ihm zu schaffen machten, und dem vorstellen, worüber Freud dann schrieb. Natürlich hatte Freud Marks Anonymität gewahrt, aber andere klinische Beispiele, die Freud nutzte, zeigen, wie er Schlüsselaspekte des Materials verschleiern konnte. (In den Schriften Freuds, die nach seinem Tod erschienen, wurde die Verschleierung erst von den jeweiligen Herausgebern vorgenommen. Dr. Ernst Falzeder machte mich zum Beispiel auf bestimmte Zeilen aufmerksam, die aus dem Freudschen Manuskript (1921) „Psychoanalyse und Telepathie" gestrichen worden waren (siehe auch Grubrich-Simitis, 1993).

Ich fragte Mark, ob Freud zur Zeit seiner zweiten Analyse bereits von Ruth enttäuscht gewesen sei. Daß Freud von ihr desillusioniert war, sei erst „ganz am Schluß", etwa 1937, zutage getreten – die Enttäuschung „kam heraus", sagte er, nachdem sich Freuds Krankheit verschlimmert hatte. Nach nochmaliger Überlegung glaubte er dann jedoch, daß sich Freuds Einstellung zu Ruth vielleicht auch schon früher als 1937 geändert hatte, nämlich nachdem Ruth „sehr fordernd geworden" sei. Mark und Ruth waren 1937 geschieden worden, sechs Monate später jedoch wieder zusammen. Freud hatte keinen Hehl daraus gemacht, daß es ihm mißfiel und er sich darüber ärgerte, und rückblickend, meinte Mark, könne er nur sagen, daß Freud zurecht über ihre Wiederheirat verärgert war.

Die „Abkühlung" von Freuds Seite gegenüber Ruth war möglicherweise erst 1935 oder 1936 zutage getreten. (Wobei Freud jedoch schon 1933 in einem Brief geschrieben hatte, Ruth sei „eine sehr unregelmäßige Patientin und durch organische Komplikationen schwer faßbar" [Molnar, 1992, dt. 1996, S. 246]. Sie sei „ewig krank" [S. 265], hustete und hätte Fieber.¹) Freud analysierte sie jedoch noch einmal, beendete dann die Analyse und nahm sie schließlich nochmals in Analyse. Freud hätte sie jedoch zu „jemand anderem schicken müssen", meinte Mark, und „sie wäre auch gegangen." Nach ihrer Rückkehr in die Vereinigten Staaten war sie dann später „noch etwas" zu dem Analytiker Hermann Nunberg gegangen. (Ruths Tochter war später ebenfalls der Meinung, Nunberg, der misanthropisch [Menaker, 1989], wenn auch untadelig orthodox war, sei „eine furchtbare Wahl" gewesen.²) Möglicherweise war Ruth sogar bis zuletzt, bis zu ihrem Tod bei Nunberg. Er war im übrigen der einzige, der in einer analytischen Zeitschrift einen Nachruf auf sie veröffentlichte (Nunberg, 1942; siehe auch die Nachrufnotiz in *Shakespeare Fellowship Quarterly 7* (4), S. 54).

---

¹ Bei Ruth fällt einem wohl zwangläufig ein, was Freud über Loe Kann geschrieben hatte: „Die Ungewißheit über die wahre Natur ihrer Schmerzen war ein großes Hindernis für eine konsequente Behandlung. Nach Untersuchung ihrer letzten Reaktionen neige ich stark zu der Lösung, daß der weitaus größere Teil davon in der Tat hysterisch ist" (Paskauskas, 1993, S. 290 [Freud faßte den Originalbrief in Englisch ab, so daß es sich hier um eine Übersetzung des Zitates handelt – d.Ü.]).
² Nunberg war notorisch sauertöpfisch. Statt zu sagen, der Patient sei nicht erfolgreich behandelt worden, erklärte er einmal: „Der Patient wurde erfolgreich schlecht behandelt."

Was bei Ruth der Medikamentenkonsum war, der auch Barbiturate miteinschloß, war bei Mark der zunehmende Rückgriff auf Alkohol (ehe er nach Wien kam, hatte er jedoch noch nie getrunken). Aber für einen Amerikaner, meinte er, hätte er dennoch nicht viel getrunken. Bis auf die letzten zwei Jahre hatte Ruth sich jedoch so energisch gegen sein Trinken gewandt, daß er sich genötigt gesehen hatte, es heimlich zu tun. Freud ging in seiner Fallgeschichte nie auf das ein, was wir heute als Co-Abhängigkeit zwischen Ruth und Mark sehen würden. Denn sie schüchterte ihn so wegen seines Alkoholkonsums ein, daß er sie nie wegen ihres Medikamentenkonsums angriff. Intime Bereiche ihres Lebens werden wohl immer ein Geheimnis bleiben, aber aus einer historischen Perspektive kann man gleichwohl sehr viel erfahren.

Freud selbst hatte einen ausnehmend naiven Ansatz gegenüber Alkohol. Als er einmal in England gewesen sei, so hatte er Mark erzählt, habe er etwas Whiskey getrunken und ihn gemocht. Er habe es generell jedoch „gehaßt", in irgendeiner Form benommen zu sein; ein Aspirin zu nehmen, hieß für ihn, sich in der Medikation zu „verlieren". Er habe es so sehr verabscheut, sagte Mark, seine Betriebsamkeit und Aktivitäten aufzugeben, daß er sich nicht hätte entspannen können. Aber vielleicht, meinte Mark, hing seine Intoleranz zum Teil auch mit einem bestimmten Männlichkeitsbegriff zusammen, einer bestimmten Vorstellung, was richtig männlich war. Aber dann, sagte Mark, konnte Freud auch wiederum „tief" sein, so wie er Mark zum Beispiel als Kompliment gesagt hatte, er sei so feminin, daß er seine Kreativität nicht herauslassen könne.

Ruth war im Sommer 1938 von New York nach England gefahren, um sich nochmals von Freud analysieren zu lassen. Sie war „begeistert" von der Analyse und was sie daraus bezogen hatte, sagte Mark. Dann sei jedoch allmählich Freuds Enttäuschung über sie zutage getreten. Im Januar 1939 habe er so gelitten und sei so „entsetzlich krank" gewesen, daß er „nicht mehr er selbst", sondern nur noch „sehr seltsam" gewesen sei. Selbst seine Frau hatte gesagt, er sei „nicht mehr derselbe". Zu bestimmten Dingen aus der Vergangenheit habe er eine geradezu „pathologische" Beziehung gehabt, meinte Mark. So habe er sich zum Beispiel nicht mehr an Ruths Tochter erinnern können, die er einmal „verehrt" hatte – und lediglich bemerkt: „Ich glaube, von ihr gehört zu haben." Durch die Schmerzen seiner Krankheit und das Bewußtsein vom nahenden Tod, meinte Mark, seien Bereiche seiner Persönlichkeit eingeschränkt gewesen. Und was Ruth anging, fügte er hinzu, sei er am Ende „ganz" ernüchtert und desillusioniert gewesen, wobei seine Reizbarkeit jedoch extrem durch seinen Gesundheitszustand verstärkt worden sei.

Ich fragte Mark, warum Ruth nicht zu denen in Freuds Gefolge gehört hatte, die der Einladung, mit ihm nach London zu gehen, gefolgt und auch nach England gegangen waren. Als Freud 1938 nach England emigrierte, sei es für Ruth einfach unmöglich gewesen, mitzugehen, erklärte er mir. Ihr Vater sei damals sehr krank gewesen und hätte dabei einen Teil seiner Sehkraft und seines Erinnerungsvermögens eingebüßt. Solange Freud noch in Wien gewesen war, hatte sie nicht von ihm weggehen wollen. Mark, dessen Mutter damals bei Ruth und seiner Tochter in Wien gewesen war, hatte sie von den Vereinigten Staaten aus immer wieder angerufen und gedrängt, sie „müßte" einfach nach Hause zurückkommen. Denn zum einen waren die Nazis dabei, in Österreich die Macht zu ergreifen, und zum anderen, sagte er, habe ihr Vater einfach sein einziges Kind gebraucht. Freud „habe" ja schließlich noch „Marie" Bonaparte gehabt, die ihn hätte beschützen können. Ruth, sagte er, sei letztendlich „sehr widerwillig" nach Amerika zurückgekehrt.

Aber zu dem Zeitpunkt, sagte Mark, sei es auch schon spürbar gewesen, daß Freud von Ruth „desillusioniert" worden sei. Sie konnte tyrannisch und in der Tat „aggressiv" sein, sagte er, und sie sei auch „eifersüchtig" auf die besondere Rolle gewesen, die Anna Freud bei der Fürsorge um ihren Vater hatte. Dazu sei gesagt, daß Ruth nicht nur Freuds Arzt, Max Schur, wie auch dessen Frau analysiert, sondern jahrelang auch immer einmal wieder als Freuds persönliche Ärztin fungiert hatte. In seinem posthum veröffentlichten Buch über Freud, das sehr viel Aufmerksamkeit erhielt, wußte Schur jedoch Ruths Stellung und ihren Einfluß darauf, daß er letztlich Freuds Arzt wurde, erfolgreich zu verschleiern (Roazen, 1990a). (Schur war übrigens auch David Brunswicks Internist in Wien gewesen.) Was die Entwicklung im Verhältnis zwischen Ruth und Freud anging, erinnerte Mark sich noch an eine Begebenheit, bei der sich Ruth im Gespräch mit Freud in der Eingangshalle ihres Hauses ihm gegenüber „als Autorität aufgespielt" hatte. Mark hatte nicht hören können, was gesprochen wurde, sondern nur gesehen, was sich abspielte, und hatte den Eindruck, daß Freuds Gesicht vor Wut ganz „erstarrt" sei. Aber ganz allgemein glaubte Mark auch, daß Freud aufgrund der Schmerzen im Mund, den er viel bewegte, meistenteils deprimiert und niedergeschlagen gewesen sei.

Oberflächlich betrachtet, sei zwischen Ruth und Freud weiterhin alles in Ordnung gewesen, aber in Wirklichkeit, sagte Mark, hatten sich die Dinge in ihrer Beziehung verändert. Zur endgültigen „Entfremdung" zwischen ihnen sei es jedoch „erst kurz vor seinem Tod" gekommen. Von den Frauen um Freud seien nicht nur Ruth und Anna eifersüchtig aufeinander gewesen, erzählte er, eine entferntere Rivalin sei auch Helene Deutsch gewesen, die aus seiner Sicht „sehr sonderbar und hysterisch", eine eigenwillige und leicht erregbare Primadonna war. In den Jahren, die er miterlebt hatte, meinte Mark, hätte sie jedoch kein sonderlich intimes Verhältnis zu Freud gehabt. „Von all den Frauen" habe Ruth „ihm am nächsten" gestanden. Und von den anderen Schülern, meinte er, habe Freud vor allem Heinz Hartmann und Ernst Kris wie auch Marianne sehr gemocht, wobei, wie er hinzufügte, Marianne in jenen Tagen allerdings noch „sehr jung" gewesen sei.

Ruths „Arbeitsblockade" sei evident geworden, als es dem Ende zuging, sagte Mark, und es sei ihr nie gelungen, so viel zu veröffentlichen wie Freud, obwohl sie diesen Anspruch an sich gehabt hätte. (Ihre mangelnde Produktivität ist sicher auch eine Erklärung dafür, warum Ruth heute nicht besser bekannt ist.) Einmal hätte Freud ihr eine Idee „geschenkt", erzählte Mark: Für die Entwicklung des ästhetischen Gespürs käme, so glaubte Freud, der Beziehung des Kindes zur Mutterbrust eine herausragende Bedeutung zu. (Ich bin mir nicht sicher, ob Freud wußte, daß Melanie Klein an einer solchen Erkenntnis bestimmt interessiert gewesen wäre.) Statt ihre Arbeitshemmung zu überwinden, sagte Mark, sei Ruth aus Eifersucht Freud gegenüber jedoch immer fordernder geworden. Vielleicht, meinte Mark, habe Freud im Umgang mit ihr zuviel Nähe zugelassen und dann versucht, wieder mehr Distanz in ihre Beziehung zu bringen, und zwar mehr, als er realistischerweise hätte erwarten können. Auf meine Frage, ob Freuds Tochter Mathilda, eine enge Freundin Ruths, das genauso gesehen hätte, meinte Mark, eine solche Erkenntnis wäre für sie einfach „zu subtil" gewesen.

Mark monierte, daß Jones in seinen Büchern Marks und Ruths Tochter „Tilly unterschlagen" hatte. Von allen Kindern sei sie in jenen letzten Jahren, sagte er, schließlich lange Zeit das wichtigste Kind, eines von Freuds „Lieblingen" gewesen. Anna sei etwas „eifersüchtig" auf diese Wertstellung und neidisch auf Ruth gewesen, da sie unverheiratet blieb und Freud nie so ein Kind schenken konnte, und sie sei auch eifersüchtig auf „Tilly" gewesen. Diese Eifersucht, glaubte Mark, sei bei Anna „sehr tief" gegangen und unbewußt gewesen. Und Mark sagte, als er Anna nach etwa fünfzehn Jahren das letzte Mal wiedergesehen hätte, hätte sie nicht einmal mehr nach „Til" gefragt. Aber die „Frau Professor", Freuds Frau, sagte er, hätte Ruths Kind, genau wie Freud selbst, immer besonders gern gehabt.

Ruths Zustand hatte sich am Ende ihres Aufenthaltes in Wien jedoch leider verschlechtert, meinte Mark. Ihre psychischen Probleme hatten sich in physische Symptome verkehrt, und sie neigte zu Hypochondrie. Sie hatte sich einer Gallenblasenoperation unterzogen, aber selbst danach waren die Ärzte sich nicht sicher, ob sie tatsächlich ein Gallenblasenleiden gehabt hatte. Über dem Ganzen hing einfach eine „Wolke", sagte Mark. Sie hatte bereits in den zwanziger Jahren mit Medikamenten „herumgespielt", erzählte er, als sie unter entsetzlichen Schmerzen gelitten hatte, die vermeintlich von Gallenblasenattacken herrührten, und Morphium zur Betäubung der Schmerzen genommen. Die Abhängigkeit sei ein sehr langsamer Prozeß gewesen, meinte er, der sich dann wirklich erst „voll entfaltet" habe, als sie Wien verließ. (Nach Meinung ihrer Tochter war sie jedoch in Wien bereits eine Zeitlang zur Suchtbekämpfung im Sanatorium gewesen.) Als sie unter starken Augenschmerzen gelitten habe, erzählte Mark, habe sie sich ihre Medikation selbst verordnet und sei dann auf dem betreffenden Auge blind geworden. Neben ihrer Beziehung zu Freud hatte sich unterdessen auch ihre eigene Familie zusehens aufgelöst: zuerst war ihre Mutter, dann ihr Vater gestorben, und dann hatten Mark und sie sich schließlich getrennt.

In Wien war damals bei Ruth eine Arsenbelastung festgestellt worden; wenigstens hatte ein „renommierter" Arzt gesagt, sie hätte zuviel Arsen im Blut. „War die Köchin dafür verantwortlich, wie sie einmal annahmen?" Mark konnte irgendwie noch immer nicht sagen, ob sie „vergiftet" worden war oder nicht. Er hatte sie am Abend vor ihrem Tod 1946 gesehen. Und sechs Stunden später war sie tot, sagte er; es sei „ein großer Schock" für ihn gewesen. Sie sei sehr krank und „nahe an einer Lungenentzündung", unterdessen jedoch schon wieder auf dem Wege der Genesung gewesen, auch wenn sie noch nicht zu einer Party für Marie Bonaparte hatte gehen können, die aus Paris zu Besuch gekommen war. (Marie hatte in Wien bei ihnen gewohnt, und sie hatten sie in Paris besucht; in den Sommerferien hatten sie sich regelmäßig zusammen ein Ferienhaus genommen.) An jenem letzten Abend, sagte Mark, sei Ruth ausgesprochen nett mit ihm umgegangen.

Im Nachdenken über die Todesumstände erinnerte Mark sich, daß sie oft unter starkem Durchfall gelitten und dann Morphium dagegen genommen hatte und danach oft einfach auf dem Boden im Bad eingeschlafen war. Mark hatte sie dann dort für gewöhnlich gefunden und ins Bett getragen. Nachdem die bundesstaatliche Behörde für Rausch- und Betäubungsmittel in New York ihr die Befugnis zur Selbstverordnung ihrer Medikationen entzogen hatte, war sie dazu übergegangen, schmerzstillende Mittel zu trinken, wie man zum Beispiel Whiskey trinkt. Am letzten Abend mußte sie zuviel von etwas genommen haben, vielleicht Barbiturate. Mark sagte, sie sei infolge eines Sturzes im Badezimmer gestorben, bei dem sie sich einen Schädelbruch zugezogen habe, es sei aber kein Selbstmord gewesen. Das Tragische für sie war, meinte Mark, daß sie einfach nicht so viel und produziert habe, wie sie sich eigentlich vorgenommen hatte, und durch ihre physische Krankheit sei sie dann anfällig für Drogen geworden. Sie habe sich an das geklammert, woran sie hing, sagte er. Aber durch all die Verluste in ihrem Leben, wozu auch der Verlust Freuds gehörte, sei ihre Abhängigkeit verstärkt worden. Alles, woran sie hing, sagte er, zerfiel, und so sei auch sie zerfallen. Die Todesursache wurde mit „Herzinfarkt" angegeben (Nachruf, *New York Times*, 26. Januar 1946), was jedoch „erfunden" gewesen sei. Sie sei durch eine Überdosis Barbiturate und den Sturz gestorben. Bei einer Autopsie, sagte Mark, sei bei ihr ein hoher Gehalt an Opiaten im Blut festgestellt worden (im Unterschied dazu siehe auch Young-Bruehl, 1988, dt. 1995).

Angesichts von Freuds allgemeinem Haß auf Amerika war Ruths Stellung in Freuds Welt in gewisser Weise sicher verblüffend, da sie eine große Ausnahme darstellte, auch wenn Freud gerne kundgetan hatte, daß „einige seiner besten Freunde" Amerikaner seien. Mark selbst hatte eine „ambivalente" Haltung zu Amerika. Was Freud anging, so hatte er zunächst vor allem zwei Dinge wirklich entsetzlich an den Vereinigten Staaten gefunden: zum einen das Essen, da er in Bahnhofsrestaurants gegessen zu haben schien, als er 1909 in den Staaten war, um an der Clark University seine Ehrendoktorwürde entgegenzunehmen, und zum anderen die fehlenden öffentlichen Toiletten in New York, die auch Hirst erwähnt hatte. Als Mark in den zwanziger Jahren zu Freud kam, waren längst andere Dinge in den Vordergrund gerückt: Es war allgemein bekannt, daß Freud unterdessen eine besondere Antipathie gegen Präsident Woodrow Wilson hegte; es sei einfach „axiomatisch" gewesen, daß Freud ihn haßte. Freud hatte damals mit Bullitt an einem Buch über Wilson gearbeitet, das in jenen Tagen noch nicht erschienen war (und heute vergriffen ist). Und Mark hatte damals vorhergesagt, das Buch würde sicher „entsetzlich" sein. Es habe immer wie „ein Damoklesschwert" über ihren Köpfen gehangen, sagte er (Roazen, 1968, dt. 1971).

Bullitt und Freud, meinte Mark, hätten sich sicher angesichts ihres beiderseitigen Hasses auf Wilson „auf den ersten Blick ineinander verliebt." Mark brachte Wilson zwar keine besondere Loyalität entgegen, aber zu Bullitt meinte er, er sei einfach nur „ein pathologischer Lügner", charmant und unstabil gewesen, der seinen Teil dazu beitragen hätte, eine „verrückte" Studie über Wilson herauszubringen. (Ruth war von Freud auch in diesem Fall besonders bevorzugt behandelt worden, indem er ihr einige Seiten des Wilson-Manuskriptes zugeschickt hatte.) Wilson mochte für Freud eines seiner „bevorzugten" Haßobjekte gewesen sein, aber für Bullitt sei er eindeutig das „große" Haßobjekt schlechthin gewesen. Natürlich, meinte Mark, hätten Österreicher wie Freud einen besonderen Grund für ihre Abneigung gegen Wilson gehabt, da durch seine Politik letztlich das alte Kaiserreich zerschlagen worden war. Aber bei Freud, sagte er, sei es nicht einfach um Patriotismus gegangen (wobei Hirst in Abrede gestellt hatte, daß es ihn überhaupt geben konnte), sondern darum, daß Wien durch den Ersten Weltkrieg wirtschaftlich völlig ruiniert worden war. Freud sei der Meinung gewesen, daß der Krieg mit einem Patt hätte enden müssen und auch die Deutschen ihn nicht hätten gewinnen dürfen – er habe die Deutschen „gehaßt", sagte Mark. Als Mark einmal einen Mangel an Barbaren beklagt hatte, die Frische in eine niedergehende Zivilisation hätten bringen können, hatte Freud nur gemeint: „Wir haben unsere, die Preußen."

Während seiner ganzen Analysen bei Freud hatte Mark auch Umgang mit anderen gehabt, die regelmäßig bei Freud in Analysen waren, wie beispielsweise Bullitt. Einmal, erzählte Mark, hatte in einer Runde jemand das Konzept der „phallischen Frau" erwähnt, worüber Bullitt sich dann maßlos aufgeregt hätte. „Freud muß am nächsten Tag mit ihm was erlebt haben!" meinte Mark.

Er erzählte mir auch von Blumenthal – wobei es merkwürdig ist, daß in der Literatur fast alle anderen aus Freuds Kreis erwähnt werden, über den Amerikaner namens Blumenthal soweit jedoch nichts bekannt ist. Blumenthal war so reich, erzählte Mark, daß er in einem großen Wiener Hotel gleich „drei" Etagen für sich in Beschlag genommen hatte. Gewohnt habe er jedoch nur in der mittleren, während die anderen beiden leergestanden hätten. Freud hatte Mark dazu erklärt, daß Blumenthal eine Phobie vor Krankheiten habe, seit sein Bruder die Masern gehabt habe. (Was wieder nach jener Traumatheorie klang, von der auch Hirst gesprochen hatte.) Die Zahl der Handtücher, die Blumenthal verbraucht hätte, sagte Mark, sei schlicht „astronomisch" gewesen.

Mark war für mich natürlich auch eine besondere Informationsquelle bezüglich Freuds letzter Tage, da Ruth ihn, wie einige andere Erwählte, noch einen Monat vor seinem Tod besucht hatte. Er war gestorben, nachdem er seine Praxis hatte aufgeben müssen, und er hatte entsetzlich gelitten. Schur war der Arzt, der ihm die Medikamente verabreichte, um die Freud gebeten hatte, um sich weitere Qualen zu ersparen. Anna und Schur hatten die Krankheit sich zuletzt zu lange hinziehen lassen. Freuds Wiener Spezialist habe „rauhe Methoden" gehabt, meinte Mark, und beim kleinsten Anzeichen eines Problems operiert. Später in London sei Freud dann jedoch als eine solche Persönlichkeit angesehen worden, daß seine Ärzte regelrecht Angst vor ihm gehabt hätten. (Vielleicht war auch Freuds medizinischer Zustand eine Erklärung, warum er so lange wartete, bis er Wien schließlich verließ.) In London hatte man zugelassen, daß seine Wange von außen durchstochen wurde, worauf sich ein so entsetzlicher Geruch entwickelte, daß selbst Freuds Lieblingshund danach nicht mehr in seiner Nähe sein wollte. Über seinem Bett hatte man ein Moskitonetz spannen müssen, um die Fliegen von der Wunde fernzuhalten. Aber Schur und Anna hatten gewartet, bis Freud ausdrücklich selbst um sein Ende gebeten hatte.

Daß Ruth Schur und dessen Frau analysiert hatte, war in Marks Augen eine Fortsetzung dessen, wie Freud sie, Ruth und Mark, analysiert hatte. (Sie hatte des weiteren auch Muriel Gardiner, Karl Menninger, Robert Fliess, Walter Federn und die Schauspielerin Myrna Loy behandelt.) Ruth, meinte Mark, sei innerhalb orthodoxer Grenzen durchaus eine aktivistische Analytikerin gewesen, wobei er es nur verwunderlich fand, daß sie nicht noch aktivistischer gewesen war, nachdem sie Freud als Analytiker gehabt hatte. Sie habe „ein herrlich intuitives Gespür" gehabt und sei eine so enthusiastische Frau gewesen, sagte er, und ein Verfall ihrer analytischen Fähigkeit sei fast bis zuletzt nicht feststellbar gewesen. Zudem sei sie auch „gefühlvoll" und „empfänglich" für Literatur und Gedichte gewesen.

Es müsse schmerzlich für sie gewesen sein, meinte Mark, mit den Vorwürfen zu leben, die Freud ihr in seinen letzten Lebensmonaten gemacht hatte. Er hatte ihr das „ewig weibliche" Bedürfnis vorgehalten, ihren Vater sterben sehen zu wollen. Zuviel Sorge und Anteilnahme waren für Freud jedoch nur ein Deckmantel für gegenteilige Bedürfnisse, sagte Mark, und hinzukam, daß seine „Verbitterung" durch die Krankheit noch verschärft worden war. Die Welt sei dann immer mehr von ihm zurückgewichen, nachdem er sich an Anna und Schur geklammert hatte. Ruth, meinte Mark, müsse sich ausgeschlossen gefühlt haben, Freud sei für sie der denkbar größte Mensch gewesen – sowohl wissenschaftlicher Mentor als auch Vaterersatz. Zu Richter Mack habe sie „ein sehr ambivalentes Verhältnis" gehabt und ihn jahrelang wegen Freud vernachlässigt. Freud sei für sie einfach „die große Lösung" gewesen. Und bis zuletzt, meinte er, hätte sie eine „sehr schöne" Beziehung zu Freud gehabt.

Für frühe Spannungen zwischen Mark und Ruth hatte unter anderem offenbar auch die sich verdüsternde politische Landschaft gesorgt. Sie seien beide, sagte Mark, 1934 nach den Unruhen in Wien, bei denen die Sozialisten gewaltsam ausgeschaltet worden waren, zutiefst enttäuscht von Freud gewesen; sie hatten damals beide geholfen, Dinge aus Österreich herauszuschmuggeln. (Ruth taucht in Muriel Gardiners Buch *Deckname ‚Mary'. Erinnerungen einer Amerikanerin im österreichischen Untergrund* [1983, dt. 1989] auf.) Freud hatte sich „völlig gedreht", sagte Mark, und habe damals Engelbert Dollfuß, den österreichischen Bundeskanzler, unterstützt, der in ihren Augen jedoch ein Faschist war. Freuds Sohn Martin sei sogar soweit gegangen, im psychoanalytischen Pressebüro ein Bild von Dollfuß an die Wand zu hängen, obwohl das Büro doch von Freuds amerikanischen Unterstützern finanziert worden sei. Aber vielleicht, meinte Mark einlenkend, müsse man auch einfach sehen, daß Freud ein sterbender Mann war und gern in Wien bleiben wollte. Ruth und Mark hatten ihn immer wieder gedrängt, Wien zu verlassen, aber mit dem Gedanken hätte er sich einfach nicht anfreunden können. Da sie ihm immer wieder Dinge sagten, die er nicht hören wollte, waren sie am Ende für ihn zu Überbringern schlechter Nachrichten geworden. Und als die Nazis dann schließlich kamen, sei es die „Hölle" für alle gewesen. Viele Mitglieder der analytischen Gemeinde konnten Wien einfach nicht verlassen, erzählte er, ehe Freud nicht selbst gegangen war, da es ansonsten so ausgesehen hätte, als würden sie „ein sinkendes Schiff" verlassen.

Im Februar 1934 waren Freud und Mark dann erst einmal übereingekommen, sich eine Weile zu trennen und Marks zweite Analyse zu unterbrechen, da er so „verbittert" darüber gewesen sei, daß Freud Dollfuß unterstützte. Es war „eine anti-intellektuelle Regierung", sagte er, die „alles" repräsentierte, was Freud all die Jahre „untengehalten" hatte. „Und die Sozialisten waren seine Freunde!" sagte er. Aber mit dieser politischen Frage, meinte Mark, hätte Freud bei seiner Analyse nicht „umgehen" können, und er glaubte, daß Freuds technisches Unvermögen auf sein schlechtes Gewissen zurückzuführen war.

Mark hatte all die Jahre in Wien, und wenn es nur wegen Ruth war, die verschiedenen Machtkämpfe innerhalb der psychoanalytischen Bewegung sehr bewußt verfolgt. So war er zum Beispiel über die „großen Explosionen" informiert, die es wegen Sandor Rado und Franz Alexander in Zusammenhang mit ihrem Umzug von Europa in die Vereinigten Staaten gegeben hatte. Ebenso hatte er etwas von den Schwierigkeiten gehört, die Freud mit Otto Rank und Sandor Ferenczi gehabt hatte. Daß Ferenczi „verdorben" worden war, wußte Mark mit einer treffenden Analogie zu erklären, die ihm, wie er sagte, etwa 1937 in den Sinn gekommen war: mit der Analogie von der frühen Anwendung der Röntgenstrahlen, als Patienten zu hohen Strahlendosen ausgesetzt worden waren, da man sich der Gefahren noch nicht bewußt war. Freud hatte diese Erklärung so „brillant" gefunden, wie Mark etwas ungläubig feststellte, daß er diese Röntgenanalogie 1937 auch in seinem Aufsatz „Die endliche und die unendliche Analyse" verwendet hatte.

Auch wenn Mark sich als ambivalent in seiner Haltung gegenüber Freud beschrieben hatte, vertraute ich manchen seiner Beobachtungen, da ich den Eindruck hatte, daß sie einfach lebensecht und unstereotyp waren. Es hörte sich zum Beispiel authentisch an, wenn er sagte, Freuds Witze seien immer sowohl jüdisch als auch köstlich gewesen. Er hatte an Freud dessen Warmherzigkeit und Menschlichkeit geschätzt und meinte, seine „Sünden" wären im Bereich seiner „Mitteilsamkeit" zu suchen gewesen. Anna war in vieler Hinsicht wie Freud, sagte er, nur daß sie zu egozentrisch und völlig absorbiert von ihrer Arbeit gewesen sei. Freud habe fraglos „zehnmal härter" als die meisten gearbeitet, aber dennoch sei davon nie etwas zu spüren gewesen. Freud sei „an allem interessiert" gewesen, vielleicht sogar zu sehr; jedenfalls hatte er bei ihm nie einen Mangel an menschlicher Sorge und mitmenschlichem Interesse erlebt. Bei unserem Gespräch merkte ich, wie schmerzlich für Mark jedesmal die Erinnerung war, wenn wir auf die schlimmsten Schwierigkeiten zwischen Ruth und Freud zu sprechen kamen.

Die einzige Eigenschaft, die ihm an Freud nicht gefallen habe, sagte Mark, war, wie er Erfolg bewundert habe. (Bei seiner Theorie geht es nach meinem Verständnis demgegenüber um die ernsthafte Behandlung von Versagen bzw. Neurosen; Freud konzentrierte sich bei seiner Arbeit auf die Probleme von solchen Außenseitern wie Neurotikern.) Bei ihm persönlich hatte Freud sicher „sein Bestes" getan, gleichwohl fand Mark, er sei zu sehr davon durchdrungen gewesen, weltlichen Erfolg als etwas Wunderbares zu sehen. So hatte Kris zum Beispiel bereits zu Marks Zeit eine akademische Anstellung erhalten und dafür Freuds Anerkennung gefunden, da Freud, wie Mark sagte, „nie" darüber weggekommen sei, daß er selbst an der Wiener Universität nie als reguläres Fakultätsmitglied aufgenommen worden war. Aber bei allem äußerem Druck, meinte Mark, sei es Freud gelungen, seine Integrität zu wahren. Auf der anderen Seite, sagte Mark, habe er jedoch auch etwas von einem „Snob" an sich gehabt – was für Mark eine Erklärung sowohl für das Interesse war, das Freud an Bullitt mit seinen glänzenden Beziehungen in den Vereinigten Staaten gezeigt hatte, als auch für die Anziehungskraft, die Marie Bonaparte für ihn besaß. Sie war eine beeindruckende Persönlichkeit, meinte Mark, „deren Fehler ebenso ergötzlich wie ihre Tugenden" gewesen seien. Er hielt es jedoch für möglich, daß das Geld ihrer Familie nicht ganz sauber war, da ein Großvater etwas mit Monte Carlo und der Gründung des Spielkasinos zu tun hatte. Aber sie sei in der Pariser Gesellschaft sehr bekannt gewesen, hatte in die angesehenste königliche Familie Europas eingeheiratet, und „man wußte nie", sagte er, welcher „König oder Herzog" eventuell bei ihr zu Hause aufkreuzen würde.

Maries Leben als Prinzessin sei ganz darin aufgegangen, meinte Mark, daß sie Analytikerin war. Demgegenüber habe Ruth bei Freud erst angefangen und sei vor der Psychoanalyse „nichts" gewesen. Sie war, sagte er, in Freuds Welt eine „Tabula rasa." (Was auch für jemanden wie Otto Rank galt.)

Die Bedingungen, unter denen Freud analysierte, meinte Mark, seien einfach einmalig gewesen. Er sei kein eitler Mensch, sondern nur stolz auf seine Lehren gewesen, die er energisch verteidigt habe. Freud war wie Bismarck, meinte Mark: nachdem er nicht mehr da war, mußte seine ganze Vorgehensweise, wie er die Dinge managte, geändert werden. (Heinz Hartmann griff übrigens auf die gleiche Analogie zurück.) Freud hatte eine höchst spezielle Art, sagte er, wie er seine Analysen durchführte. Er hatte nie auch nur im „entferntesten" etwas Kleinliches an Freud gefunden, auch wenn er nicht behutsam genug mit seiner eigenen Schöpfung umgegangen war. Alles, was er machte, entsprang gutem Willen, meinte Mark, auch das Bedürfnis, sich selbst zu schützen. Als Mark ihm einmal einen Traum erzählt hatte, meinte Freud: „Jetzt wird es Ihnen bald gutgehen." Es hatte ihm geholfen, daß Freud ihm so enorme Hoffnungen gemacht hatte. Da die Psychoanalyse seine Entdeckung war, meinte Mark, sei es im Grunde nicht verwunderlich gewesen, daß er „besondere Schwierigkeiten" hatte, sie anzuwenden. Mark war noch immer beeindruckt von der, wie er sagte, völligen Übereinstimmung zwischen dem, was Freud sagte, und dem, was er glaubte. Und was Mark ihm besonders zugute hielt, war, daß er das ernst genommen hatte, was andere ignoriert hatten. Wenn man bei Freud war, sagte Mark, und ihm in seine tief durchdringenden braunen Augen sah, die „fast melodramatisch" waren, konnte man den Begründer der Psychoanalyse entdecken.

Aber alles in allem, meinte Mark, hätte Freud auch erstaunlich leichtgläubig und vertrauensselig sein können, was Jones etwas „kompliziert" mit seinen Fähigkeiten als Genie in Verbindung gebracht hatte. So habe Freud zum Beispiel all die Geschichten geglaubt, die über Hitlers vermeintliche sexuelle

Perversitäten im Umlauf gewesen seien – wonach er zum Beispiel Befriedigung gefunden habe, wenn eine Prostituierte ihm in den Mund urinierte. Aber Mark wußte auch zu würdigen, wie Freud bei aller persönlichen Fehlbarkeit eine einmalige Behandlungssituation geschaffen hatte, in der der Patient eine ideale Chance erhielt, sich selbst kennenzulernen. Ich finde es beeindruckend, daß Mark, trotz des tragischen Untergangs von Ruth, Freuds Beitrag so zu würdigen wußte.

Kapitel 4

Verbotener Sex:
Dr. Edith Jackson

Als ich im Sommer 1966 Edith Jackson traf, war ich mit meinen Interviews bereits soweit gediehen, daß ich inzwischen eine lange Liste von Fragen hatte, auf die ich notfalls immer zurückgreifen konnte, falls wir bei dem Interview irgendwie ins Stocken gerieten. Während ich mich bei Mark Brunswick völlig unbefangen gefühlt hatte, hatte ich bei Edith Jackson das Gefühl, vorsichtig und behutsam vorgehen zu müssen. Sie war einmal praktizierende Analytikerin gewesen und hatte sich bei unserem ersten Treffen gleich laut gefragt, ob Anna Freud mein Vorhaben wohl billigen würde. Glücklicherweise war ich vorher bereits bei „Miss Freud" gewesen, wie sie in jenen Tagen genannt wurde, und daß ich sie in London besucht hatte, schien für Edith Jackson ebenso eine Beruhigung wie eine Bestätigung zu sein, daß meine Arbeit offenbar akzeptiert wurde (Roazen, 1993a). Dr. Jackson, die von ihren alten Freunden „Edie" genannt wurde, schien Anna quasi-religiöse Gefühle entgegenzubringen oder ihr zumindest in einer besonderen politischen Loyalität und Anhänglichkeit verbunden zu sein. Als sie 1977 starb, hinterließ sie ein kleines Vermögen, das sie Anna direkt vermacht hatte und vermutlich zur Förderung von Annas Kinderklinik verwendet werden sollte. Und Anna hatte ihrerseits persönlich einen Nachruf auf Edith Jackson verfaßt (A. Freud, 1978).

Auch wenn Edith Jackson in den Vereinigten Staaten lebte und somit nicht direkt mit Anna Freud über meine Arbeit sprechen konnte, hatte ich das Gefühl, daß ich mich vorsehen mußte, wie ich mit ihr redete. Ich empfand es schon als hilfreich, daß ich sie im Hause ihrer Schwägerin auf Cape Cod, also in einer entspannten Umgebung treffen konnte. Ich hatte ein Tonband mitgenommen, sie erlaubte jedoch nicht, daß ich es verwendete. Sie hatte Eissler 1954 hingegen einmal ein Tonbandinterview gegeben, von dem ich kürzlich, dank der Hilfe von Professor Sara Lee Silberman, eine Abschrift gesehen habe. Eissler hatte doppelzüngig behauptet, er bräuchte „die Maschine" nur wegen seines angeblich schlechten Gedächtnisses, was jedoch implizierte, daß er das Material für seine eigenen Forschungen nutzte, statt es für spätere Prüfungen unter Verschluß zu nehmen. Aber Eissler hatte dann sowieso, wie wir noch sehen werden, bei Dr. Jackson den Wald vor lauter Bäumen nicht mehr gesehen.

Edith Jackson fragte mich gleich, ob ich das, was ich schrieb, vor der Veröffentlichung Anna vorlegen würde. Sie wollte es selbst gar nicht sehen, legte offenbar aber Wert darauf, die Beurteilung Annas Autorität zu überlassen. Als ich so freundlich wie möglich darauf hinwies, daß ich bei allem gebührenden Respekt für Annas Position meine eigenen Wege ging, meinte sie von sich aus, sie habe es seinerzeit seltsam gefunden, daß Anna solche Einwände gegen den Film über Freud mit Montgomery Clift in der Hauptrolle gehabt habe, den sie selbst gar nicht so schlecht fand.

Um einen neutralen Ausgangspunkt zu finden, fragte ich sie zunächst, wann sie bei Freud in Analyse war, wie sie arrangiert worden war und welche anderen Personen sie dort kennengelernt hatte. Sie sei von 1930 bis 1936 bei Freud in Analyse gewesen, sagte sie. Sie war fünfunddreißig, als sie die Analyse begann. Vorher hatte sie 1916 am Vassar College und 1921 an der Johns Hopkins Medical School ihren Abschluß gemacht; anschließend hatte sie ihr ärztliches Praktikum absolviert und sodann auch ihre erste Stelle angetreten. Nachdem sie ursprünglich Kinderärztin hatte werden wollen und an einem Rachitis-Präventionsprojekt an der Yale University gearbeitet hatte, besann sie sich dann eines anderen und wollte in die Psychiatrie gehen. Danach hatte sie dann ein Jahr eine Stelle im St. Elizabeth's Hospital in Washington, D.C. Zu meiner zweiten Frage, wie sie zu Freud gekommen war, meinte sie, ein Freund, Dr. Smiley Blanton, den sie von ihrem Medizinstudium her kannte, habe ihr damals erzählt, daß er vorhatte, nach Wien zu gehen, um sich von Freud analysieren zu lassen. Und er hatte ihr nahegelegt, dasselbe zu tun. (Blantons Tagebuch über seinen Kontakt mit Freud wurde später, 1971, veröffentlicht.)

Als Blanton nach Europa ging, erzählte sie, habe er wegen ihr mit dem „Professor" gesprochen, und sie habe danach gleich die nächste frei werdende „Nische" bekommen. Sowohl Blanton als auch seine Frau, die zu Ruth Brunswick in die Analyse gegangen war, seien „sehr überschwengliche und überschäumende" Menschen gewesen. (Daß Jones Ruth Brunswick so übergangen hatte, war ihres Erachtens damit zu erklären, meinte sie, daß „er wahrscheinlich eifersüchtig auf sie war.") Blantons Frau hätte zwar nie eine formale höhere Bildung genossen, verfüge aber über eine „gute Allgemeinbildung" und sei „gut informiert und unterhaltsam." Zu Blanton meinte sie, er sähe zwar entsetzlich „gesetzt" aus, sei aber dennoch ein „sehr geistreicher" Mensch. Als ich aufgrund meines eigenen Kontaktes mit ihm erwähnte, er habe nicht viel von einem Wissenschaftler an sich, räumte sie von sich aus ein, daß er wirklich nicht in psychoanalytischen Kategorien denke. Aber da ich ihn selbst kennengelernt hatte, fiel es mir schwer zu glauben, wie ernst sie ihn offenbar weiterhin nahm. Nach einer Weile hatte sie dann einen Brief bekommen, aus dem hervorging, wann sie nach Europa kommen sollte, und sie glaubte sich zu erinnern, sowohl von Blanton als auch von Freud selbst benachrichtigt worden zu sein. Sie kam 1929 in der Weihnachtszeit in Wien an und stieg zunächst in einer Pension ab, in der auch die Blantons wohnten.

Sie war in Wien nicht „gleich" zu den Sitzungen der Psychoanalytischen Vereinigung gegangen, da das nicht „zulässig" war, wie sie sagte. Da aber Ausländer im Zweifel nicht allzu lange hätten in Europa bleiben können, seien sie früher als andere zu den psychoanalytischen Sitzungen zugelassen worden. Aus Gewissenhaftigkeit glaubte sie mich jedoch darauf aufmerksam machen zu müssen, daß sie ein „schlechtes" Gedächtnis und „keine Notizen" habe, auf die sie zurückgreifen könnte. Als sie nach Wien kam, hätte sie wohl Deutsch lesen können, aber Schwierigkeiten gehabt, gesprochenes Deutsch zu verstehen, so daß sie wohl auch kaum davon profitiert hätte, wenn sie gleich von Anfang an zu den Sitzungen gegangen wäre. Insgesamt dürften wohl acht oder neun Monate verstrichen sein, ehe sie zum erstenmal daran teilgenommen hatte, was nach den Sommerferien 1930 gewesen sein müßte. Jedenfalls war sie bis dahin in ihrer Analyse schon richtig „drin", meinte sie.

Im Herbst 1930 habe sie dann angefangen, Freuds Werke in Deutsch zu lesen, nachdem klar gewesen sei, daß sie sich am Lehrinstitut der Wiener Psychoanalytischen Vereinigung einschreiben würde. Das Institut war 1924 mit Helene Deutsch als Leiterin eingerichtet worden und hatte schließlich ein umfassendes Kursangebot vorzuweisen, als Dr. Jackson sich als Kandidatin einschrieb – wozu sie Freuds Zustimmung gehabt haben mußte, da er sie analysierte. Freud habe es für eine gute Idee gehalten, sagte sie, daß sie sich mit seinen Schriften befaßte; wobei sie nicht mehr ganz sicher war, ob sie vor oder parallel zu ihrer Teilnahme an den Sitzungen angefangen hatte, sich damit zu befassen. Aber unabhängig davon war sie mit dem Wunsch nach Wien gekommen, sowohl „besser" Deutsch zu lernen als auch die psychoanalytische Literatur zu studieren, so daß ihre Freud-Lektüre in jedem Fall beide Zwecke erfüllte.

Was die Wahl der Sprache in der Analyse anging, meinte sie, Freud habe problemlos zuhören können, egal, ob ein Analysand Englisch, Französisch oder Deutsch gesprochen habe. Einmal sei er jedoch der Meinung gewesen, sie benutze Englisch als „Widerstand", so daß sie dann dazu übergegangen waren, in Deutsch zu arbeiten. Da er ihr Deutsch aber letztlich dann doch „nicht ausstehen" konnte, sagte sie, seien sie dann wieder auf Englisch zurückgekommen, und er habe keinerlei Schwierigkeiten gehabt, da sie langsam gesprochen habe.

Sie erinnerte sich, wie sie ihm einmal in der Analyse einen Roman, den Bestseller *Romana* (1884) von Helen Hunt Jackson, der inzwischen verstorbenen ersten Frau ihres Vaters, gegeben hatte. Freud hatte ihn noch am „selben Abend" gelesen und am nächsten Tag bereits über alles aus dem Roman reden können. Dr. Jackson war ein Kind aus der zweiten Ehe ihres Vaters, wobei ihre Mutter, eine Nichte seiner ersten Frau gewesen war. (Sie hatte weder mir noch

Eissler gegenüber erwähnt, daß ihre Mutter Selbstmord begangen hatte, als sie selbst noch nicht einmal ganz fünf Jahre alt war [Silberman, 1994].) Auch nach dem Tod von Helen Hunt Jackson hatte die Familie weiter im selben Haus gewohnt, aber keines der Kinder hatte sie gekannt. *Romana* handelte von einem spanischen Mädchen, das einen Indianer heiratete. Helen Hunt Jackson hatte die Geschichte geschrieben, um zu veranschaulichen, wie schlecht die Indianer behandelt wurden. Sie hatte vorher bereits ein Buch mit dem Titel *The Century of Dishonor* (1881) veröffentlicht, mit dem ihr jedoch kein Durchbruch im Sinne irgendeiner Einflußnahme auf den Kongreß gelungen war, und so hatte sie dann *Romana* geschrieben. Dr. Jackson dachte, der Roman würde Freud interessieren. Da Freud bekanntlich mit Vorliebe Antiquitäten sammelte, hatte sie ihm aus den Ferien etwas aus dem amerikanischen Südwesten mitgebracht. Aber egal, was sie gefunden habe, meinte sie, sie habe dabei immer das Gefühl gehabt, es sei nicht antik genug für ihn gewesen.

Dr. Jackson kam aus einer prominenten amerikanischen Familie und war unter Freuds Schülern bekannt dafür gewesen, daß sie Geld hatte. (Vermutlich fiel sie durch Dorothy Burlingham, die eine Tiffany war, für andere schon in eine besondere Kategorie; für ihre Erben war am Ende jedenfalls nicht viel übriggeblieben.) Sie wuchs in derselben Stadt in Colorado wie der soziologische Harvard-Theoretiker Talcott Parsons auf, von dem ich ihren Namen hatte. Sie schien jedoch etwas verletzt zu sein, als sie hörte, daß er sie nur als mögliche Quelle genannt hatte, ohne etwas von der alten persönlichen Bindung zu erwähnen. Ediths Bruder, Gardner Jackson, war ein bekannter Anwalt; er hatte in den zwanziger Jahren bei der Verteidigung von Sacco und Vanzetti eine führende Rolle gespielt und war während der ganzen New Deal-Ära eine wichtige und angesehene Figur. Folglich fragte ich sie auch, ob Freud zum Beispiel in Zusammenhang mit dem Fall Leopold und Loeb, dem Scopes-Prozeß oder der Prohibition je mit ihr über die amerikanische Politik gesprochen habe. Über solche Themen, meinte sie jedoch, sei „nie" gesprochen worden. „Wahrscheinlich" habe er jedoch mit Bullitt über solche Dinge gesprochen, der in der Zeit, als sie in Wien war, eine Stunde bei Freud hatte. Sie sei sich „nie ganz sicher" gewesen, meinte sie, ob seine Zeit bei Freud auf das Konto einer persönlichen Analyse oder des Buches gegangen sei, an dem er zusammen mit dem „Professor" gearbeitet hatte. Aber Bullitts Anwesenheit in Freuds Kreis war ihr jedenfalls prägnant in Erinnerung geblieben.

Bei meinem Interview mit Dr. Jackson hatte ich eine besondere Agenda, da mir zu Ohren gekommen war, daß sie mit Freuds ältestem Sohn Martin eine romantische Liaison gehabt hatte. (Eissler hatte die Zeit, die Dr. Jackson ihm zur Verfügung gestanden hatte, damit verbracht, eine Handvoll Briefe, die Freud ihr geschrieben hatte, in allen Einzelheiten durchzugehen, und dieses höchst sensible Thema ignoriert.) Aus Jones' Freud-Biographie war mir bekannt, daß sie dem psychoanalytischen Verlag, dem Martin damals eng verbunden war, im Sommer 1932 eine finanzielle Unterstützung von rund zweitausend Dollar hatte zukommen lassen. (Dr. Jackson hatte Jones' Biographie nie ganz gelesen, war aber der Meinung, daß sie „gut gemacht" war.) Aber Edith Jackson kam mir so erstaunlich prüde und altjüngferlich vor. Mark Brunswick war hingegen nicht entgeistert gewesen, als er hörte, sie könnte eine Liebesaffäre mit Martin Freud gehabt haben, der ihm als „ein wirklicher Don Juan" bekannt war. (Ein Familienmitglied hatte Martin mir gegenüber als „einen Fall von arretierter Entwicklung" dargestellt.) Wohlwissend, welchen puritanischen Eindruck Dr. Jackson machte, hatte Mark es sogar für denkbar gehalten, daß Freud vielleicht versucht gewesen sei, ihr eine Affäre mit einem sexuell erfahrenen Mann anzuraten – aber das hörte sich für mich mehr nach Mark an als nach etwas, was ich mir bei Freud hätte vorstellen können. Ich hätte bei meinen Gesprächen mit Mark übrigens nie die Frage einer möglichen Liaison zwischen Martin und Edith angesprochen, wenn ich Dr. Jackson nicht vorher persönlich begegnet wäre. Aber sie hatte auf mich einen so ausgesprochen altjüngferlichen Eindruck gemacht (sie hatte nie geheiratet), daß mir eine Liaison mit Martin Freud, der verheiratet war und eine ganze Reihe von Affären gehabt hatte (Roazen, 1993a), um so unwahrscheinlicher erschienen war.

Um das Gespräch bei ihr auf Martin Freud zu lenken, mußte ich zunächst die allgemeinere Frage ansprechen, was sie über Freuds Familie wußte. So fragte ich sie nach Freuds Mutter, die bis zum Herbst 1930 gelebt hatte und über die in der wissenschaftlichen Literatur nach wie vor kaum etwas zu finden ist. Dr. Jackson sagte jedoch, sie sei ihr nie begegnet. Sie erinnerte sich, daß Freud sich einmal wegen einer ausgefallenen analytischen Stunde aufgrund des Todes einer Verwandten entschuldigt hatte, sie glaubte jedoch nicht, daß es dabei um seine Mutter gegangen war. (Freud hatte es vorgezogen, nicht an der Beerdigung in Wien teilzunehmen, jedoch einige Briefe zu ihrem Tod geschrieben; ich weiß nicht, ob er an jenem Tag seine regulären analytischen Stunden wahrnahm, aber denkbar ist es.)

Dr. Jackson erzählte mir, daß sie „nur" Freuds unmittelbare Familie kennengelernt hatte. Sie hatte Freuds Schwägerin Minna als einen „sehr aufgeschlossenen, herzlichen, großzügigen und offenherzigen" Menschen empfunden. Minna war zusammen mit ihrer Schwester Martha, Freuds Frau, sehr darauf bedacht gewesen, daß die amerikanischen Damen in Wien gut untergebracht wurden. Edith war schließlich im Haus der Witwe eines Neurologen untergekommen, die sowohl mit „Tante" Minna als auch mit Martha Freud gut befreundet gewesen war.

Dr. Jackson hatte Ruth Brunswick, ehe sie nach Wien kam, nicht gekannt. Aber es war einfach so, sagte sie, daß man aufeinander achtete, und auch Ruth habe sich nach den Amerikanern umgesehen, die in der Stadt waren. Ruth, sagte sie, sei zu der Zeit eine „sehr wichtige" Figur gewesen, und Edith erinnerte sich, wie eifersüchtig sie auf Ruth war, weil sie bei Freud einen solchen „Stein im Brett" gehabt habe, es sei halt ganz anders als bei den anderen Patienten Freuds gewesen. Im Sommer sei Ruth mit ihm im Garten spazierengegangen. Sie hatten alle das Gefühl gehabt, sagte sie, daß Ruth eine „besonders bevorzugte" Schülerin sei, die nicht nur über ihre Fälle, sondern auch über das, was sie schrieb, mit ihm hatte sprechen können. Freud, meinte sie, habe Ruth als Bindeglied zur ganzen übrigen Gruppe der amerikanischen Analytiker betrachtet. Dr. Jackson war bescheiden, was ihre eigenen intellektuellen Fähigkeiten und Errungenschaften anging, obwohl sie ein Phi Beta Kappa, also Mitglied der studentischen Vereinigung hervorragender Akademiker war; sie wies verschiedentlich darauf hin, daß Freud mit anderen mehr als mit ihr über abstrakte und theoretische Fragen gesprochen haben mußte. Das heißt, wenn sie mir erklärte, wie „intelligent" und „klug" Ruth war, dann wollte sie mir damit zum Teil auch klarmachen, wie es um ihre eigenen begrenzteren Talente bestellt war.

Dr. Jackson glaubte, daß der besondere Zeitpunkt, zu dem Ruth zu Freud gekommen war, vielleicht ausschlaggebend für die Sonderstellung gewesen sei, welche diese bei Freud eingenommen hatte. Ruth hätte Freud auch deshalb so viel bedeutet, weil er bei ihr das Gefühl haben konnte, daß sein Werk dem amerikanischen Kreis seiner Anhängerschaft durch sie korrekt interpretiert wurde. Er habe sich, sagte sie, nach seinem persönlichen Besuch in den Vereinigten Staaten 1909 ziemlich „verletzt" gefühlt. Sie wußte von den Magen-Darm-Problemen, die er damals gehabt hatte, und daß in Amerika alles so anders im Vergleich zu dem war, woran er gewohnt war. Er hatte in Ediths Analyse über seine Erfahrungen in Amerika gesprochen. Mit einer so andersartigen Umwelt, meinte sie, wo er nicht einfach „rausrennen" konnte, um sich Schreibpapier oder Zigarren zu besorgen, hätte er einfach nichts anfangen können.

Sie glaubte, daß Freud den Harvard-Professor der Medizin James Jackson Putnam „ungeheuer" bewunderte, auch wenn es in seinem Ferienhaus in den Bershire Mountains im Westen Massachusetts war, wo Freud sich so unwohl gefühlt hatte. Aber das Leben, das ihn dort erwartet habe, sagte sie, sei halt „beschwerlich" und „einfach" gewesen, während er in Wien ja ständig „umsorgt" worden sei. (Alan Gregg hatte ihn in Putnams Ferienhaus getroffen, und danach hatte alles schon etwas anders ausgesehen, da Gregg so eine „große Vision" hatte. Gregg konnte später dafür sorgen, daß Gelder der Rockefeller Foundation in die Unterstützung von Analytikern flossen, die von Europa nach Amerika emigrierten [Brown, 1987].) Freud zufolge wäre die Geschichte der Psychoanalyse in Amerika eine andere gewesen, wenn Putnam länger gelebt hätte – er war 1918 gestorben. Freud, meinte sie, habe Putnam sowohl aufgrund der Würde, die er ausstrahlte, als auch aufgrund der Position „verehrt", die er innehatte, und das Verhältnis zwischen Freud und Putnam sei durch eine „beiderseitige Bewunderung" geprägt gewesen. (Dr. Jackson mochte über die Frink-Episode informiert gewesen sein oder auch nicht, jedenfalls kam sie zwischen uns nicht zur Sprache.)

Soweit sie mit Freud über Dinge gesprochen hatte, die mit der Geschichte der Psychoanalyse in Amerika zusammenhingen, so waren solche Themen nur während ihrer Analyse zur Sprache gekommen, da sie außerhalb der analytischen Sitzungen praktisch keinen Kontakt mit ihm gehabt hatte. Bei den Wiener Analytikern war es üblich gewesen, Analysanden wie sie, die aus dem Ausland kamen, gelegentlich samstags abends zu Zusammenkünften einzuladen. Aber Freud, sagte sie, hatte abgesehen von den Brunswicks mit niemandem gesellschaftlich verkehrt. Und zu Ediths Zeit hatte Freud es „relativ genau" mit den außeranalytischen Kontakten zu seinen Patienten genommen.

Aber wie zurückhaltend Freud bei Dr. Jackson scheinbar auch gewesen sein mochte, sie war sich dennoch „ziemlich sicher", daß er die „Divergenzen" mit Adler, Jung und Rank erwähnt hatte. (Was er bei David Brunswick hingegen nicht getan hatte.) Freud sei „nicht abgeneigt" gewesen, meinte sie, bestimmte Dinge zu sagen, auch wenn das Thema nicht von ihm aufgebracht worden sei, und dann ausführlich darüber zu diskutieren. Und manchmal hatte er auch irgendeine kontroverse Frage aufgegriffen, weil er „gelangweilt" war oder irgend etwas in der Analyse hatte „beschleunigen" wollen.

Dr. Jackson wußte, daß Anna in Wien ein Auto zur Verfügung hatte, und glaubte (richtigerweise), daß es wohl Annas Freundin, Dorothy Burlingham, gehört habe. Die einzigen Male, wo sie Freud hin und wieder einmal außerhalb einer analytischen Stunde gesehen hatte, war, wenn er in dieses Auto ein- oder ausgestiegen war. Anna und Dorothy hatten zusammen einen kleinen Bauernhof auf dem Land gehabt, wohin sie sich gelegentlich zurückgezogen hatten.

Dr. Jackson erinnerte sich, daß Freud seinen Freund Dr. Oskar Rie in der Analyse erwähnt hatte, den sie für einen der Ärzte Freuds gehalten hatte. (Mark Brunswick fand, Rie sei ein „reizender" Mann gewesen; er war auch der Arzt von Marks Tochter Til.) In den Augen des „Professors", meinte sie, sei Ries Tochter, Marianne Kris, „eine Heilige" und eine der Frauen gewesen, die Freud sehr bewundert habe. In der Analyse, sagte sie, sei es im Grunde vor allem darum gegangen, den Neid und die Eifersüchteleien zu überwinden, die in Verbindung mit Freuds Zuneigung zu solchen Personen aufkommen konnten. Marianne Kris, erzählte sie, habe zwei Kinder gehabt, die damals noch „sehr jung" gewesen seien. Sowohl Marianne als auch ihr Ehemann Ernst seien ausnehmend „nett" zu den amerikanischen Besuchern gewesen. Aber auch andere Paare in Freuds Kreis – die Wälders, die Deutschs, die Hitschmanns, die Bibrings und die Sterbas – hatten, wie sie sagte, ausländische Analyseschüler zu sich nach Hause eingeladen.

Dr. Jackson hatte Freud fünfundzwanzig Dollar in der Stunde bezahlt, was in jenen Tagen, wie sie einräumte, „eine Menge Geld" gewesen sei. Sie mußte lernen, sagte sie, die „Gefühle", die sie „insgeheim" in Zusammenhang mit Geld hatte, zu überwinden, sie sei schließlich die Tochter eines Bankiers. (Zur Einkommensfrage meinte Dr. Jackson, daß jemand, der so herausragend wie Helene Deutsch gewesen sei, lediglich hätte erwarten können, etwa zehn Dollar in der Stunde zu bekommen. Das widersprach dem, was Mark Brunswick mir dazu gesagt hatte, was Ruth seines Erachtens in Wien hätte verdienen können.) Dr. Jackson bestätigte mir, daß Martin Freud in jenen Tagen Freuds Verlag „geleitet" hatte. Als ich sie nach Geldern fragte, mit denen sie den Verlag hatte subventionieren helfen, meinte sie, das sei „gut möglich" gewesen. Im Winter 1932 hatte Freud festgehalten, daß Edith neben den zweitausend Dollar zusätzlich noch eintausend Dollar gespendet hatte. (In einer Mittagspause, die wir bei dem Interview einlegten, meinte Dr. Jacksons Schwägerin spontan, die Geldfrage sei ein Beispiel für genau die Sorte von Fragen, die nur ein gefühlloser, hinreichend unverschämter Interviewer aufwerfen könnte, worauf Dr. Jackson und ich nur einen kurzen Blick wechselten. Ein Historiker schätzte, daß Ediths finanzielle Investitionen für analytische Sitzungen sich auf insgesamt 33.000 Dollar belaufen haben dürften [Silberman, 1994].)

Dr. Jackson war kontinuierlich über fünf Jahre bei Freud in Analyse gewesen, mit jeweils kurzen Pausen von einem Monat oder mehr in den Sommermonaten. In zwei Sommern war sie in die Vereinigten Staaten zurückgefahren. Gelegentlich hatte sie auch einmal auf eine Stunde verzichtet, wenn jemand nur vorübergehend in der Stadt gewesen war und die Stunde bei Freud brauchte. Zudem erinnerte sie sich auch an Unterbrechungen wie kurze Weihnachts- oder Osterferien. Als sie später in die Vereinigten Staaten zurückgekehrt war, hatte sie in New Haven, Connecticut, eine Weile selbst praktiziert und Psychoanalysen durchgeführt, bis sie 1947 mit dem Analysieren ganz aufgehört hatte, da sie sich von der Doppelbelastung, ihrer klinischen Arbeit einerseits und ihrer Arbeit als Psychoanalytikerin andererseits, überfordert fühlte. Sie hatte sich auf Kinderpsychiatrie spezialisiert und eine Stelle in einer Abteilung für Pädiatrie angenommen (Wessel, 1978). Sie „schämte" sich etwas, daß sie als Analytikerin aufgehört und es nicht weiter gebracht hatte. Aber weder sie selbst noch Freud schienen davon ausgegangen zu sein, daß sie nach ihrer Rückkehr in Amerika als Analytikerin praktizieren würde. Der „Professor nahm es mir nicht übel", sagte sie, was sie mit ihrer beruflichen Laufbahn machte. Nachdem sie mit ihrer Arbeit an der Yale University begonnen hatte, hatte sie ihn auch wiedergesehen. Er hatte ihr zu verstehen gegeben, daß er das alles „in Ordnung" fand. Ihre Mitgliedschaft in einer örtlichen psychoanalytischen Gruppe hatte sie jedoch, wie sie mir versicherte, „immer" beibehalten.

Im Unterschied zu anderen war Dr. Jackson nach ihrer Analyse in Wien nicht mit einem speziellen Auftrag von Freud in die Vereinigten Staaten zurückgekehrt, den sie hier für ihn zu erledigen gehabt hätte. Sie minimierte ihre eigene Rolle im Vergleich zu anderen immer wieder. Als sie in Wien angekommen war, hatte sie nach dem, was sie mitbekam, nicht den Eindruck gehabt, daß Ruth Brunswick „sehr viel" bei Freud in Analyse war, Ruth hatte jedoch so eng mit ihm verkehrt, daß sie immer mit ihm über ihre Probleme hatte sprechen können. Marianne Kris, sagte sie, hatte Freud immer „jeweils einige Wochen" in Analyse genommen, genau wie Marie Bonaparte, wenn sie wieder in Wien war. Und was Anna Freud anging, meinte sie, so habe ihre Macht sich in jenen Tagen nicht nur auf Freuds Gesundheit, sondern in manchen Teilen auch auf seine klinische Praxis erstreckt; sie sei ein wichtiger Faktor bei seinen Entscheidungen über die Annahme bestimmter Fälle gewesen.

Dr. Irmarita Putnam war, unabhängig von Annas Einfluß, etwa zur gleichen Zeit wie Dr. Jackson bei Freud in Analyse gewesen. Dr. Putnam und Dr. Jackson, waren beide ehemalige Kommilitoninnen und hatten zusammen an der Johns Hopkins Medical School studiert. Freud wußte, sagte Edith Jackson, daß sie beide ausführlich über ihre „Analysen miteinander sprachen", damit habe er jedoch „umgehen können." Dr. Putnam, meinte sie, sei im Vergleich zu ihr ein weitaus „intellektuellerer Typ" und Freud demnach auch eher geneigt gewesen, mit ihr auch über wirkliche theoretische Fragen zu sprechen. Im übrigen war Freud ihrer Meinung nach „fast zu allem fähig" gewesen – eine Bemerkung, bei der sie nochmals nachsetzte und hinzufügte: „Wenn er seine eigene Tochter analysieren konnte ..." Daß Freud Anna analysiert hatte, war ihrer Ansicht nach durchaus aus dem Rahmen des Üblichen gefallen, aber sie zeigte sich deswegen weder bestürzt noch schockiert, noch kritisierte sie Freud deswegen, wie Mark Brunswick es getan hatte. Während Marianne Kris das Thema am liebsten unter dem Teppich halten wollte, bekannte Dr. Jackson sich zu dem Fehler und akzeptierte Annas Analyse einfach als Teil von Freuds außergewöhnlichen Fähigkeiten. Daß Anna von ihrem Vater analysiert worden war, hatte sie, wie sie sagte, „schon bald" nach ihrer Ankunft in Wien erfahren – und „vielleicht" sogar durch Freud direkt davon gehört.

Relativ früh in ihrer Analyse hatte Freud sie gebeten, einen Artikel von ihm, „Zur Gewinnung des Feuers", für die neue amerikanische Zeitschrift *Psychoanalytic Quarterly* zu übersetzen. Diese Arbeit hatte ihr „sehr viel" Spaß gemacht, und der übersetzte Artikel war 1932 erschienen. Sie wußte, daß Jones sehr wütend darüber war, daß Freud sie mit dieser Arbeit betraut hatte, da auch Joan Riviere in London gebeten worden war, denselben Artikel ins Englische zu übersetzen. Aber Jones, erzählte sie, sei nicht nur darüber verärgert gewesen, daß Freud gleichzeitig zwei Leute mit der Übersetzung ein und desselben Artikels betraut hatte, wenn doch nur eine englische Fassung übernommen werden konnte, er sei vor allem auch darüber entsetzt gewesen, daß Freud mit der Veröffentlichung seines Aufsatzes in der *Psychoanalytic Quarterly* eine neue Zeitschrift sanktionierte. Dadurch sah Jones die bis dahin maßgebende Funktion seiner eigenen Zeitschrift, das International *Journal of Psycho-Analysis,* durch Freud in Frage gestellt. (Rivieres Übersetzung erschien ebenfalls 1932 und wurde dann später von James Strachey nochmals für seine *Standard Edition* überarbeitet.)

Da wir uns über Publikationsfragen unterhielten, schien mir der Zeitpunkt günstig zu sein, um mich versuchsweise an das sensible Thema Martin Freud heranzutasten. Martin sei „nicht wie" sein Vater gewesen, meinte sie und fügte hinzu, nach ihrem Gefühl sei Freud ein „hingebungsvoller Vater" gewesen. Als ich in den Raum stellte, er sei von seinen Söhnen wohl enttäuscht gewesen, meinte sie, ihr gegenüber habe er nie solche Gefühle „erkennbar werden lassen." Sie habe nur immer den Eindruck gehabt, sie seien „eine so eng verbundene Familie" gewesen. Martin, meinte sie, habe seinen eigenen besonderen Platz im psychoanalytischen Verlag gehabt, aber wie „gut" er seine Aufgaben dort erfüllt habe und seinen Verantwortlichkeiten nachgekommen sei, wußte sie nicht zu sagen. Sie habe nur gewußt, daß die Familie sich mit Martin, der Anwalt war, bei den verschiedensten rechtlichen Angelegenheiten beraten hatte.

Auch wenn sie mit Freud außerhalb ihrer analytischen Sitzungen faktisch keinen Kontakt gehabt hatte, hatte sie dennoch beiläufig eine Menge über ihn mitbekommen. (Da sie im Ausland, abgeschnitten von ihren gewohnten Quellen emotionaler Unterstützung lebte, hatte sie zwangsläufig jeden Strohhalm ergriffen, den sie zu fassen bekam. Sonst wäre ihr Leben unmenschlich isoliert gewesen.) Wenn sie zum Beispiel in die Oper gegangen war, etwa in Mozarts *Don Giovanni,* hatte Freud ihr danach zu verstehen gegeben, wie sehr er diese Oper liebte, und dann, obwohl er „nicht musikalisch" war, angefangen, einige der ersten Takte zu summen. Sie wußte auch, wie sehr er Marie Bonaparte gemocht hatte, und er hatte sich auch positiv über die Sängerin Yvette Guilbert geäußert. Aber wenn er solche Dinge erwähnt habe, sagte sie, so habe das nicht „sehr viel Zeit" in Anspruch genommen, er habe sich jedoch die Freiheit genommen, auf etwas einzugehen, was ihm gefiel. „Freud kannte seine eigenen Regeln", meinte sie, und die freie Assoziation seitens des Patienten sei „eine absolute Regel" gewesen. Und von entscheidender Bedeutung sei auch das lauschende Ohr des Analytikers für ihn gewesen. Aber Freud, sagte sie, habe auch keine Angst gehabt, „ein wenig er selbst" zu sein. Sie habe zwar sein „Privatleben" nicht gekannt, er habe aber dennoch keine Angst gehabt zu zeigen, daß er „ein Mensch" war.

Dr. Jackson bestätigte, daß Freud seinen Patienten vor und nach jeder analytischen Sitzung die Hand geschüttelt hatte. Er habe einen festen, bestimmten, fast „brüsken" Händedruck gehabt. Diese Gepflogenheit hatte

„Eindruck" auf sie gemacht, und sie sagte, sie habe sich das Händeschütteln selbst zu eigen gemacht und pflege es noch immer sehr viel. Einmal hatte sie am Ende einer Stunde etwas auf der Couch liegengelassen, daraufhin hatte er beim Händeschütteln einfach ihre Hand festgehalten hatte, während er zurückschaute, um zu sehen, was sie vergessen hatte. Im Unterschied zu einer ähnlichen Geschichte, die Helene Deutsch mir erzählte, sagte sie jedoch, sie sei nicht „erfahren genug" gewesen, um das Gefühl gehabt zu haben, Freud sei ihr gegenüber in irgendeiner Hinsicht „verführerisch" gewesen. Er hatte zwar einmal eine Bemerkung zu einem Kleid gemacht, das sie getragen hatte, erzählte sie, er habe die analytische Distanz jedoch so sehr respektiert, daß alles, was darüber hinausging, schon bemerkenswert gewesen sei. Sie hatte einmal ein schwarzes Seidenkleid an, sagte sie, und dazu habe Freud bemerkt, daß es ihm gefiel. Er war „ein absolut disziplinierter Mensch", aber zugleich auch ein „warmherziger" Mann, was man gemerkt habe, wenn er auf dem Flur seinen Kindern begegnet sei. (Es ist nicht leicht zu vermitteln, was für ein Mensch Dr. Jackson war oder wie sie war, und ich fürchte, daß sie hier vielleicht zu kalt und eindimensional erscheint; es bräuchte einen Schriftsteller wie Hawthorne, der sich, wenn ich recht weiß, auf Personen wie Edith spezialisiert hatte, um ein wirklich lebendiges Bild von ihr zu zeichnen.)

Ein wenig wußte sie auch von den anderen Fällen, die Freud in jenen Jahren hatte. Neben Marianne Kris, Irmarita Putnam und „der Prinzessin" (Marie Bonaparte) hatte er damals auch Dorothy Burlingham behandelt. Während Putnam genau wie Edith Jacksan dauerhaft eine bestimmte Zeit in Wien war, waren andere wie Marianne Kris, Marie Bonaparte und Dorothy Burlingham jeweils nur für „kurze Zeit" zur Analyse „vorbeigekommen". Suzanne Cassirer (die später Bernfeld heiratete) war ebenfalls längere Zeit bei Freud gewesen, und Dr. Jackson erinnerte sich, wie „eifersüchtig" sie auf sie gewesen war. Von diesen anderen Patienten hatte sie zum Teil auch nur erfahren, wenn sie ihn im Sommer wegen ihrer analytischen Stunden in seinem Urlaub besucht hatte. Freud „wollte sein Einkommen gerne halten", sagte sie, und habe sich somit immer nur einen relativ kurzen Urlaub zugestanden. Nach dem, was sie von Freuds klinischer Praxis mitbekommen hatte, meinte sie, er hätte nur fünf reguläre analytische Patienten angenommen und den Rest dann irgendwie „dazwischen verteilt".

Während ihrer analytischen Ausbildung in Wien hatte Dr. Jackson auch selbst einige Analysen unter Supervision durchgeführt. Da Analytiker damals nicht die Supervision bei ihren eigenen Analysanden übernehmen sollten, hatte sie sich (jenseits von Freud) zwei andere suchen müssen, die ihr halfen. Die Regel war, daß jeder Kandidat unter Supervision zwei erwachsene Patienten zu analysieren hatte, und sofern man Kinderanalytiker werden wollte, zusätzlich zwei Kinder. Sie hatte nie Zweifel an Freuds positiver Einstellung zur Kinderanalyse, die damals bereits Anna Freuds Spezialgebiet war. Über Annas Hauptrivalin auf dem Gebiet, Melanie Klein, hatte Freud sich, wie sie sagte, ihr gegenüber kaum geäußert. Für Edith war Anna die führende Figur in der Kinderanalyse. Sie war einfach „hervorragend", sagte sie, und damit hatte „es sich".

Dr. Jackson hatte unter anderem einen kommunistischen Patienten gehabt, den sie unter Supervision analysieren sollte. Sie erinnerte sich noch, wie sie sich einfach nicht hatte vorstellen können, wie man einen solchen Parteigänger wirklich hätte analysieren können, da derartige ideologische Verhaftungen aus ihrer Sicht mit einer wirklich freien Assoziation nicht vereinbar waren. Sie hatte diese Analysen unter der offiziellen Schirmherrschaft des Lehrinstituts der Wiener Psychoanalytischen Vereinigung durchgeführt. Obwohl sie persönlich bei Freud in Analyse war, sagte sie, sei sie in dieser späten Phase von Freuds Karriere an die Regularien des Instituts gebunden gewesen. Im Unterschied dazu war David Brunswick nur wenige Jahre vorher von dieser ganzen Verfahrensweise noch nicht berührt worden. Den Entschluß, Analytiker zu werden, hatte er damals – trotz Freuds Erwartungen – in Wien noch nicht gefaßt, und hat so, abgesehen von seinen vielen persönlichen Analysen, vermutlich nie irgendeine formale psychoanalytische Ausbildung gemacht.

Dr. Jackson war damals formal eine Schülerin in der Ausbildung gewesen, und zwar als die neuen bürokratischen Verfahrensweisen bereits in Kraft waren, sie hatte aber dennoch so viel Zeit mit Freud verbracht, daß sie beiläufig auch einiges von seinen Präferenzen mitbekommen hatte. Soweit sie wußte, hatte Freud das besondere Interesse bewundert, das jemand wie Ruth Brunswick an der praktischen Anwendung der Psychoanalyse bei Psychosen hatte, und sie glaubte auch, daß Freud die Arbeit von Federn gefallen habe, der seinen eigenen Ansatz bei Psychotikern hatte. (Während Freuds mangelnde psychiatrische Ausbildung nur evident für jemanden war, der medizinisch so erfahren wie Dr. Jackson war, hatte Mark Brunswick als Laie nichts davon gemerkt.) Aber andere, meinte Dr. Jackson, wären im Zweifel besser über seine Vorlieben informiert gewesen, da sie ihr in dem Sinne damals nicht bewußt gewesen seien. Natürlich, sagte sie, hätte Freud auch „gegen" Leute das Wort ergreifen können und sei auch nicht abgeneigt gewesen, seine Antipathien zu äußern. Er habe zum Beispiel auch freimütig gesagt, daß er Amerika einfach nicht mochte, wobei er stets die Unbequemlichkeiten seiner Reise in die Vereinigten Staaten vor Augen gehabt habe.

Dr. Jackson betonte, sie habe Freud nicht wirklich persönlich gekannt und auch von der psychoanalytischen Theorie nicht allzu viel mitbekommen. (Freud hatte sich durch Federns Ich-Psychologie jedenfalls weitaus mehr befremdet gefühlt, als sie begriffen zu haben schien.) Ich fragte sie, ob sie bei Freud nach etwaigen Anzeichen einer persönlichen Neurose gesucht habe.

„Nein", sagte sie, sie habe Freud gegenüber einfach eine unmittelbare und positive „Vaterübertragung" gehabt, die sogar schon in Amerika, also vor ihrer Analyse, begonnen hatte, nachdem sie einfach ein Bild von ihm betrachtet hatte, und zwar möglicherweise, als sie ihn in dem Film sah, den Mark Brunswick gemacht hatte. Ihr Vater habe auch einen Bart und graue Haare gehabt, sagte sie, und ihre Übertragung gegenüber Freud habe den Gefühlen eines kleinen Mädchens gegenüber einem alten Vater entsprochen. Sie hatte vor ihrer Analyse kaum etwas über die Psychoanalyse gelesen, sagte sie, und ihre einzige Vorbereitung für Wien habe darin bestanden, ihren Job aufzugeben. Die Einführung in die Psychoanalyse sei etwas so völlig Neues für sie gewesen, meinte sie, daß ihr nie der Gedanke gekommen wäre, bei Freud nach irgendwelchen Neurosen zu suchen. Zudem hatte sie bis dahin mit Neurosen auch kaum etwas zu tun gehabt, da sie bei ihrer Ausbildung im St. Elizabeth's Hospital nur psychotischen Männern begegnet war. Die Arbeit in der amerikanischen Psychiatrie sei in jenen Tagen darauf beschränkt gewesen, routinemäßige Notizen zu machen, so daß eine Analyse für sie tatsächlich etwas recht Neues war. Ich erlaubte ihr, mir hier Sand in die Augen streuen, da sie, wie sich herausstellte, von Lucille Dooley in Washington, D.C., analysiert worden war (Silberman, 1994).

Nach der Beschreibung, die Dr. Jackson von Freuds therapeutischer Technik gab, wollte er Patienten eine Orientierung geben und dafür sorgen, daß sie sich entspannt und wohl fühlten. Sein Ansatz von der „leeren Leinwand" (der Spiegelplatte) paßte zu ihrer eigenen Übertragungshaltung gegenüber einer älteren Vaterfigur. Es hatte, sagte sie, nie einen Anlaß gegeben, Freuds Aufmerksamkeit und Achtsamkeit in Frage zu stellen, sie habe diese immer gespürt. Sie hatte Freud selbst zwar nie wirklich wütend erlebt, bezweifelte aber nicht, daß er feindselig werden konnte. Bei jemandem wie Irmarita Putnam, meinte sie, wäre aufgrund ihrer vorhandenen analytischen Erfahrung das Geben und Nehmen in der Beziehung mit Freud sicher freier als bei ihr gewesen.

Ich fragte Dr. Jackson, ob Freud es tatsächlich fertiggebracht hatte, mit der Hand auf die Couch zu klopfen. „Oh, ja", sagte sie. (Bei David Brunswick hatte er es nicht gemacht.) Freud, erzählte sie, habe wie in einer Ecke gesessen, fast so, als ließe er seinen Arm auf dem Kopfende der Couch ruhen. (Durch eine frühe Operation am Gaumen war sein Gehör auf einem Ohr beeinträchtigt.) Wenn er nicht hören konnte, was sie sagte, oder sie auf irgendeine Erkenntnis hatte aufmerksam machen wollen, die ihm plötzlich gekommen war, hatte er kurz auf die Couch geklopft, es sei aber ein „leichtes" Klopfen gewesen, sagte sie.

Ich sprach sodann den Punkt an, daß Freud nicht mehr zu den regelmäßigen Mittwochabendsitzungen der Psychoanalytischen Vereinigung gegangen war, und fragte sie nach ihrer Meinung. Sie hatte den Eindruck, daß dieser Wochentag für die älteren Analytiker um Freud wohl immer eine besondere emotionale Bedeutung behalten würde. Daß er nicht mehr an den Sitzungen teilgenommen hatte, führte sie auf sein Alter und seine Gebrechlichkeit zurück, und daß er auch andere habe ermuntern wollen, ohne ihn weiterzumachen. Seine alten Freunde hatte er jedoch weiterhin beim Kartenspielen am Samstagabend gesehen. Er war vierundsiebzig, als sie das erstemal als seine Patientin zu ihm gekommen war, sagte sie, und er sei bereit gewesen, sich zurückzuziehen und anderen vor Ort die Führung und die aktive Lehre am Institut zu überlassen.

In Wien hatte es zu jener Zeit ein reichhaltiges psychoanalytisches Lehrangebot gegeben. Dr. Jackson hatte im Einzelunterricht besonders Robert Wälder gemocht, der seine Lehrtätigkeit geliebt und den Stoff denkbar systematisch präsentiert hatte; er habe einem klar und langsam dargelegt, worauf er hinauswollte, sich erklärt und dann zusammengefaßt, was er erreicht hatte. (In den sechziger Jahren fand ich Wälder entsetzlich blasiert und selbstgefällig, mitnichten ein beeindruckendes Modell psychologischen Verständnisses.) Sie erwähnte auch Richard Sterba, Eisslers Analytiker, der aus ihrer Sicht ebenfalls ein hervorragender Lehrer war. Sterbas Frau, sagte sie, sei eher aufbrausend gewesen, und beide Sterbas hätten kein Blatt vor den Mund genommen, was sie von den Vereinigten Staaten hielten, obwohl sie von dem Land keine Ahnung gehabt hätten – was Edith abstoßend fand. (Nach meinem Empfinden war Sterba ein scharfsinniger und künstlerischer Mensch.) Zu Nunberg meinte sie, er sei nicht leicht zu verstehen gewesen, da er nicht klar und deutlich gesprochen habe. Sie hatte sich auch „schwergetan", Helene Deutsch zu folgen. (Beide, Nunberg und Deutsch, waren Polen.) Gleichwohl seien Deutschs Seminare glänzend gewesen, in ihnen sei der Funke übergesprungen, da es ihr einfach zu gelingen schien, das Beste aus den Leuten herauszuholen. Für Ediths Begriffe war sie nur bei manchen Dingen zu schnell vorgegangen, so daß sie Schwierigkeiten gehabt hatte, ihr zu folgen. Sie meinte, sie sei gewiß keine sehr gute Schülerin gewesen.

Für eine Schülerin, die in der Ausbildung war, hatte es jenseits von den offiziellen monatlichen Mittwochsitzungen noch andere Abendveranstaltungen gegeben. Sowohl Edward als auch Grete Bibring waren für Edith Jackson schwerer als Robert und Jenny Wälder zu verstehen gewesen. Sie hatte auch für gesonderte Konsultationen bei August Aichhorn gezahlt. Felix Deutsch hatte sie „unheimlich nett und angenehm" gefunden, ihn aber relativ wenig zu Gesicht bekommen. Grete Bibring war ihr besonders in Erinnerung geblieben, da sie immer wieder versucht hatte, besänftigend zu wirken und die Gemüter zu beruhigen, wenn Edward Hitschmann die „Ungeduld" der anderen erregt hatte. In Ediths Augen hatte die ganze Gruppe merklich gereizt auf Hitschmann reagiert, einen der frühen Wiener Anhänger Freuds, während Grete jedoch der Meinung gewesen war, daß jemand, der so alt war, „geschätzt und gebührend respektiert" werden sollte. Edith hatte Hitschmanns „langsame Ausführungen" jedenfalls auch immer als ziemlich nervend empfunden. Sie war nie zu einem der privaten Treffen in Freuds Haus eingeladen worden, sagte sie, da sie „noch in Analyse gewesen" war. (Ungeachtet dessen waren Marie Bonaparte, wenn sie in der Stadt war, oder Ruth Brunswick hingegen sehr wohl eingeladen worden, obwohl beide in der fraglichen Zeit auch Patientinnen Freuds waren.)

Bei einer Gelegenheit hatte Freud ihr ein Foto von sich gegeben, und soweit sie sich erinnerte, ohne daß sie ihn danach gefragt hatte. Als sie ihn bat, es auf der Rückseite zu signieren, hatte er scherzend gemeint, damit wäre es dann wohl „tausend Dollar wert." Das war es, sagte sie, was er von den Amerikanern dachte: daß sie hinter Geld her waren; und wenn er „sticheln" wollte, hatte er gerne darauf angespielt, wie geldorientiert sie waren. (Freud war damals in seiner Praxis fast völlig von den Amerikanern abhängig.) Das Foto, das er ihr gegeben hatte, war nicht das berühmte, das sein Schwiegersohn in Berlin gemacht hatte, auf dem er eine Zigarre in der Hand hält – und das sie, wie sie meinte, irgendwie auch nicht mochte. Er hatte ihr vielmehr eine richtige Porträtaufnahme gegeben, die ihn vom Kopf bis zu den Schultern zeigte und die vor ihrer Wiener Zeit gemacht worden war.

Ich fragte sie, ob Freud in ihren Sitzungen jemals eingeschlafen sei, worauf sie meinte, soweit sie wüßte, nicht. Obwohl die Konversation für ihn sicher manchmal absolut langweilig gewesen sei, sagte sie, habe sie nie das Gefühl gehabt, daß er nicht aufmerksam zuhörte. Aber vielleicht, meinte sie, habe sein Zigarrenrauchen ihm ja auch geholfen, wach und munter zu bleiben. Sie habe sich bei den Sitzungen kaum einmal umgedreht, um ihn anzuschauen, sie sei von Natur aus einfach ein „vertrauensvoller" und „gehorsamer" Mensch. Wenn einer von ihnen einmal eingenickt sein sollte, so hielt sie es eher für möglich, daß ihr selbst das einmal passiert war, als daß er eingenickt sein könnte. Es gab Phasen, sagte sie, in denen er einfach „geschwiegen" hatte. Sie hätte aber verstehen können, wenn er schon einmal eingeschlafen wäre. Ihr selbst, sagte sie, sei es bei den Analysen, die sie selbst durchführte, jedenfalls sehr schwergefallen, immer wachzubleiben.

Als sie noch einmal über die Geschichte mit dem Foto nachdachte, die sie mir gerade erzählt hatte, meinte sie, es sei auch möglich, daß sie das Foto beim psychoanalytischen Verlag bekommen und es dann wegen eines Autogramms mit zu Freud genommen habe. Der wichtige Punkt für sie dabei war zu verdeutlichen, daß Freud nicht abgeneigt war „zu geben". Sie hatte für ihn, sagte sie, „keinerlei Bedrohung dargestellt." Er habe damals „allen" seinen Patientinnen einen Ring oder einen Stein gegeben, und er hatte auch ihr einen antiken Stein geschenkt, für den sie sich eine Fassung hatte machen lassen. (Früher in Freuds Karriere waren solche Ringgeschenke seinen wichtigsten Schülern in der psychoanalytischen Bewegung vorbehalten gewesen, aber die Bedeutung dieser Geschenke sollte später jedoch verwässert werden. Was die Mythologie auch immer besagen mag, fest steht, daß Freud stets die reale Macht in der psychoanalytischen Bewegung behielt.) Mit solchen Ringgeschenken, sagte sie, seien im übrigen auch Suzanne Bernfeld, Dorothy Burlingham, die Prinzessin Marie und Ruth Brunswick bedacht worden. Irmarita Putnam habe Wien zu dem Zeitpunkt bereits verlassen, so daß sie keinen Ring bekommen habe. (Auch wenn Dr. Jackson es nicht erwähnte, aber es waren noch mehr Frauen, die Ringe von Freud bekommen hatten: auch Katherine Jones, Anna Freud, Lou Andreas-Salomé, Gisela Ferenczi, Jeanne Lampl-de Groot, Henny Freud und Eva Rosenfeld erhielten dieses Geschenk.)

Sie habe Freud nie als „indiskret" empfunden, meinte Dr. Jackson, und er habe mit Sicherheit nie zu Indiskretionen ermutigt. Sie sei zwar nicht sonderlich neugierig gewesen, was andere anging, habe aber nie auch nur einen Augenblick an Freuds Diskretion gezweifelt. Es hatte sich allerdings herausgestellt, daß Freud über irgendwelche Intimkenntnisse über ihre Familie verfügte, die er jedoch „rechtmäßig" nur von ihr selbst hätte erfahren dürfen. (Dabei ging es möglicherweise um die Todesumstände ihrer Mutter.) Er hatte etwas in dem Sinne gesagt wie: „Sie wissen, daß wir Dinge herausfinden." Edith war „entsetzt" gewesen, daß er diese Dinge wußte, und glaubte, Smiley Blanton sei im Zweifel seine Informationsquelle gewesen.

Ich fragte sie, inwieweit Freud ihr durch die Analyse geholfen hatte. Das ließe sich „unmöglich sagen", meinte sie. Als sie ursprünglich in die Analyse gegangen war, hatte sie weder eine Ahnung gehabt, was sie beruflich weiter machen wollte, noch was sie machen konnte – und sie sei deswegen „deprimiert" gewesen. Sie war in die Psychiatrie gegangen, nachdem ihr schließlich klargeworden war, daß sie doch keine Kinderärztin hatte werden wollen. Nach der Analyse hatte sie dann jedoch das Angebot von Dr. Marian („Molly") Putnam annehmen können, die ihr in den Staaten eine Stelle angeboten hatte. (Molly war die Tochter von James Jackson Putnam und eine ehemalige Kommilitonin Ediths an der Johns Hopkins Medical School gewesen; sie war in Wien von Helene Deutsch analysiert worden.) Die Analyse hatte ihr also „ganz gewiß" geholfen, sagte sie; sie hatte ihr die Sicherheit gegeben, über Psychoanalyse informiert zu sein, und damit war dann auch ihre Niedergeschlagenheit wegen ihrer vermeintlichen Unfähigkeit gewichen. Aus Freuds Sicht, sagte sie, sei die Arbeit und die damit verbundene Freude das Wichtigste gewesen. (Ich frage mich, ob sie es nicht insgeheim bedenklich fand, daß sie auch nach der Analyse noch unfähig war zu heiraten.) Freud hatte gemeint, die Analyse sei hilfreich gewesen. Im übrigen, sagte sie, sei sie danach nicht mehr ganz so „zurückhaltend" wie vorher gewesen; es war „ein ziemlicher Unterschied", meinte sie. Aber vor allem hatte sich dann die Tatsache, daß sie in Wien gewesen und von Freud analysiert worden war, im nachhinein als ein Plus erwiesen, obwohl sie die Analyse bestimmt nicht gemacht hatte, um diesen Sonderstatus zu bekommen. Aber sie hatte mit den Jahren einfach festgestellt, daß es als etwas Besonderes angesehen wurde, von Freud analysiert worden zu sein.

Sie war im Frühjahr 1936 wieder in die Vereinigten Staaten zurückgekehrt und im Sommer 1937, nachdem sie ein Jahr in Amerika gearbeitet hatte, wieder nach Wien gegangen. Freud hatte ihr damals, nachdem sie das eine Jahr in Amerika gearbeitet hatte, das Gefühl gegeben, daß er absolut zufrieden damit war, was sie machte, und er hatte auch keinen Anstoß daran genommen, daß sie nicht die ganze Zeit Analysen machte. Sie hatte nur eine Handvoll Briefe von ihm bekommen, im Grunde „freundliche Botschaften" – aus ihrer Sicht hatte er „einfach nur seine Korrespondenz beantwortet." (Nichtsdestotrotz hatte Eissler, wie gesagt, seine ganze Interviewzeit investiert, um darauf einzugehen. Wenn ich beherzt genug gewesen wäre, hätte ich gerne gewußt, was für ein Modell Freud für andere in puncto Heterosexualität oder Familienleben hochhielt, und ob sie enttäuscht war, was die Analyse ihr letztlich gebracht hatte.)

Da es ein Thema war, das mich interessierte, fragte ich Dr. Jackson auch nach Freuds Judentum. Daß er Jude war, meinte sie, sei „erkennbar", aber „überhaupt nicht störend" für sie gewesen. Sie wiederholte immer wieder, daß er graue Haare und einen Bart hatte, was genügte, um für sie „Vater" zu bedeuten. Von ihrem eigenen Hintergrund her war sie so aristokratisch weiß-angelsächsisch-protestantisch, wie es eine Amerikanerin nur sein konnte. Sie meinte, Freud hätte nur sichergestellt wissen wollen, daß sie keine antisemitischen Vorurteile hatte. Aber vielleicht, sagte sie, hatte er auch einfach akzeptiert, daß sie nicht bigott und intolerant war, er hatte die Frage aber nicht übermäßig strapaziert.

Was andere Patienten Freuds anging, so wußte sie, daß Blanton und Bullitt sowie Dr. Roy Grinker, der in ihren Augen ein „energischer und wichtigtuerischer" Mensch war, damals auch in Analyse gewesen waren. Diese Männer seien jedoch Ausnahmen gewesen, meinte sie, da Freuds Patienten damals scheinbar vor allem Frauen gewesen seien. Sie konnte sich persönlich nicht daran erinnern, daß Dr. Joseph Wortis damals bei Freud gewesen sei. Nach Wortis' Buch (1963, dt. 1994) zu urteilen, meinte sie, hätte er wohl einmal miterlebt, wie Freud wütend geworden sei. Freud konnte „intolerant" sein, meinte sie, auch wenn sie persönlich diese Erfahrung im Umgang mit ihm nie gemacht hatte. Allerdings, gab sie zu, hätte er mit „Humor" schon einmal eingeräumt, daß er hart zu den Amerikanern sei. Ein anderer Punkt war, daß er sicher intolerant in seiner Vorstellung von Amerika war, sagte sie, seine ganze Einstellung zu Amerika sei in Intoleranz „verpackt" gewesen. Aber dann fragte sie sich auch, ob denn nicht jeder, der zum erstenmal in ein Land reist, irgendwie so reagiert. Im übrigen, meinte sie, sei Putnams vorzeitiger Tod verhängnisvoll für die weitere Entwicklung der Analyse in den Vereinigten Staaten gewesen.

Auch wenn ich bei dem Interview im wesentlichen dabei blieb, was Dr. Jackson mir von sich aus von ihren allgemeinen Erinnerungen erzählte, versuchte ich mein Bestes, irgendwie auch auf das Thema ihrer besagten Beziehung mit Martin Freud zu kommen. Mir war bekannt, daß Martin Frauen sammelte wie sein Vater Antiquitäten. Seine Liebschaft mit Edith war für mich ein heikles Thema, da ich das Interview insgesamt nicht scheitern lassen wollte. Vermutlich ahnte sie schließlich, worauf ich hinauswollte, da sie an einem Punkt innehielt und mich unverblümt fragte, auf was ich anspielen wollte. Da ich jedoch nicht durch die Preisgabe meiner Quellen in irgendwelche Schwierigkeiten mit Anna Freud geraten und mir damit die Möglichkeit zu weiteren Interviews nicht verbauen wollte, sah ich mich genötigt, einen Rückzieher zu machen, und wich aus.

Dr. Jackson löste dann das Dilemma, wieviel sie mir preisgeben wollte, indem sie mir erzählte, Freud hätte seinen Patientinnen nicht erlaubt, während der Analyse sexuelle Beziehungen zu haben. Das war seine „Regel", sagte sie. „Sie werden das für unfair halten", hatte er gesagt, und sie fand auch im nachhinein noch immer, daß es „ungerecht" war. Sie meinte, sie dürfte eine der wenigen unverheirateten Patientinnen gewesen sein, die er gehabt hatte. Freuds Position sei irgendwie theoretisch begründet gewesen; soweit sie sich erinnerte, ging es dabei um das Material, das seines Erachtens im Laufe einer Analyse unbedingt zutage gefördert werden sollte. Jedenfalls hatte er bei ihr die Regel der Enthaltsamkeit zur Voraussetzung für den Beginn einer Analyse gemacht, und sie sollte „eine bestimmte Zeit" eingehalten werden.

Ich hatte noch nie gehört, daß Freud einem anderen Patienten eine ähnliche Vorbedingung für eine Analyse gestellt hatte. Wenn der Mann, an den Dr. Jackson dabei dachte, Freuds ältester Sohn war – und es scheint sicher, daß sie eine enge emotionale Beziehung zueinander hatten –, wäre es aus klinischer Sicht allerdings in gewisser Weise einleuchtend gewesen, wenn Freud sein Bestes versuchte, um hier Einhalt zu gebieten. Aber, was dieses ganze Thema der Enthaltsamkeit anging, die Freud von ihr erwartete, meinte Dr. Jackson dann etwas steif, hätte sie ja auch über meine Fragen einfach „hinweggehen" können.

Vorher hatte sie mir bereits erzählt, es sei gelegentlich vorgekommen, daß ein Analytiker jemandem verboten habe, mit einem Freund oder einer Freundin zusammen in Urlaub zu fahren – das hatte der „Professor" bei ihr jedoch nie getan. Sie lächelte an dem Punkt, fand es aber absolut nicht amüsant, als ich versuchte, mehr über sie und Martin herauszubekommen. Sie hatte erwähnt, daß sie einige Male zum Skilaufen gefahren war und wie verschiedene Mitglieder der analytischen Gemeinde ihr geholfen hatten, sich die entsprechende Ausrüstung zu beschaffen. Martin war als der Sportler in der Familie bekannt gewesen, und seine Frau hatte dunkel Martin mit Edith Jackson und Skilaufen assoziiert.

Die sexuelle Zurückhaltung, die Freud offenbar von Edith Jackson verlangt hatte, würde durchaus zu der Einstellung passen, die er in Zusammenhang mit Mark Brunswicks Masturbation hatte erkennbar werden lassen. Sie sagte, Freud sei überzeugt gewesen, daß sexuelle Selbstkontrolle wichtig sei, um analytisches Material herauszubringen. Sie sah auch einen Zusammenhang zwischen dieser allgemeinen Zurückhaltung und dem Opfer, das finanziell zu erbringen war, um die Analyse bezahlen zu können; diese monetäre Belastung habe Freud als einen Anreiz gesehen, ohne den ein Patient sich nie veranlaßt sähe, sich überhaupt um eine Besserung zu bemühen. (Wie wir noch sehen werden, konnte Freud diese Regel bei anderen Patienten, die er kostenlos behandelte, jedoch durchaus brechen.) Es hätte indes zu seiner allgemeinen Einstellung gepaßt, von Menschen zu erwarten, daß sie auf bestimmte Vergnügungen verzichteten, um bestimmte Phantasien freizusetzen. Sie hielt es jedoch auch für möglich, wiederholte sie, daß er diese Regel der sexuellen Abstinenz vielleicht nur bei unverheirateten Personen angewendet hatte – jedenfalls hatte er diese „Zurückhaltung" zumindest von ihr erwartet.

Meine Informationen über die Affäre zwischen Martin Freud und Edith Jackson hatte ich aus einer verläßlichen Quelle; Dr. Helen Ross, eine enge Freundin Ediths, hatte Helene Deutsch davon erzählt. Ungeachtet dessen, wie wenig Edith mir von sich aus darüber sagen wollte, veröffentlichte ich 1969 (dt. 1973) folgendes dazu in einem Buch:

> Trotz seiner puritanischen Gesinnung konnte Freud bei gewissen Gelegenheiten seine Augen vor Missetaten verschließen. Einer seiner Söhne wurde zu einem vollendeten Don Juan und hatte einmal eine Affäre mit einer Patientin seines Vaters, als sie noch in der Analyse war; die Bedingungen der analytischen Behandlung müssen dafür gesorgt haben, daß Freud von der Affäre und sehr wahrscheinlich auch von ihren Einzelheiten wußte. Freud war insgesamt ein verständnisvoller Vater, doch war er für seine Söhne nur selten erreichbar, und vielleicht hat er sie auch ein wenig vernachlässigt. Mit allen dreien war er schon früh unzufrieden, weil keiner die Gabe besaß, sein Werk fortzuführen; vielleicht erklärt dies auch, warum Freud aus seinen Schülern Ersatzsöhne machen mußte. Denn wenn der eigene Sohn seinen alternden Vater über seine sexuellen Erlebnisse auf dem laufenden hält, kann leicht eine Art Rachegefühl entstehen [S. 53].

Zehn Jahre später baute D. M. Thomas in seinem Bestseller-Roman *Das weiße Hotel* seine Erzählung auf der Beziehung eines Freud-Sohnes und einer Patientin auf. Mein Buch, in dem der vorgenannte Passus erschien, wurde einer denkbar strengen Überprüfung durch Anna Freud unterzogen. Ich hatte es bewußt veröffentlicht, als sie noch am Leben und damit in der Lage war, irgendwelchen Punkten zu widersprechen, bei denen ich vielleicht falsch lag (Roazen, 1993a). Den Namen von Edith Jackson hatte ich 1969 nicht erwähnt, da sie damals noch lebte. Obwohl Anna Freud bei einer ganzen Reihe von Punkten in meinem Buch, bei denen sie insgesamt anderer Meinung war, die detailliertesten Einwände auflistete, ging sie über diesen Abschnitt ohne jeden wie auch immer gearteten Kommentar hinweg. In diesem Buch hatte ich zum auch erstenmal erwähnt, daß Anna von ihrem Vater analysiert worden war. Auch hier nutzte sie die Chance nicht zu widersprechen und ging darüber hinweg.

Es wird anderen in der Zukunft überlassen bleiben müssen, darüber zu befinden, wieviel Gewicht Anna Freuds Schweigen beizumessen ist. Ich habe mich bei meinem Interview mit Edith Jackson bemüht, mit dieser oder jener Anspielung zu dem Thema ihrer Liaison mit Martin Freud vorzustoßen. Danach wurden noch weitere Belege dieser Liaison untersucht; Martin hatte nicht oft Affären, die rein platonisch gewesen wären, und es gibt keinen Zweifel, daß er und Edith sehr viel zusammen waren. Und ich glaube auch, daß ihre romantische enge Beziehung mit ihm kaum in Frage zu stellen ist. Diese enge Verbindung zu Martin genügt vielleicht auch, um zu erklären, daß Freud zu der außergewöhnlichen Vorsichtsmaßnahme griff und ihr zumindest zu Beginn der Analyse sexuelle Beziehungen verbot.

Es war wohl keine falsche Bescheidenheit, wenn Dr. Jackson meinte, sie hätte nur eine sehr begrenzte Rolle in Freuds Wertschätzung gespielt. Als ich in unserem Gespräch Hilda Doolittle, die als H. D. bekannte Dichterin, erwähnte, bestätigte sie zum Beispiel, daß H. D. „kurze Zeit" bei Freud in Analyse gewesen sei, und daß Freud diese besondere Art der „Begabung" geschätzt hatte. Sie hatte sich nie in der ersten Reihe von Freuds Schülern gesehen, sagte sie und erwähnte verschiedentlich andere Schüler und Schülerinnen, mit denen er eher über intellektuelle Fragen gesprochen hatte.

Sie unterstellte, daß Freud, was seine Ideen anging, „besitzergreifend" war. Aber mit ihr, meinte sie, hätte er wohl kaum darüber gesprochen, wenn ihm die Konzepte anderer „unverständlich" erschienen wären; anderen gegenüber hatte er durchaus Arbeiten gebrandmarkt, die er „befremdlich" fand, durchaus entsprechend brandmarken können. Edith meinte, sie sei einfach nicht qualifiziert genug gewesen, als daß Freud sich ihr gegenüber in der Hinsicht geäußert hätte. Sie sei halt wie „ein kleines Mädchen" in der Analyse gewesen, meinte sie nochmals. (Dabei war sie damals Mitte Dreißig – aber wohl mädchenhaft unkritisch geblieben, da sie sowohl die Tatsache, daß Freud Anna analysierte, als auch die von ihm verlangte sexuelle Abstinenz, ohne mit der Wimper zu zucken, einfach akzeptiert hatte.) Edith hatte nicht unbedingt vor, beruflich in Freuds Fußstapfen zu treten. Sie wußte, daß die Analyse therapeutisch genutzt werden konnte und hatte ja auch eine Zeitlang selbst praktiziert. Im übrigen hätte Freud gewußt, meinte sie, daß sie vorhatte, nach ihrer Rückkehr in die Vereinigten Staaten ihre medizinische Arbeit fortzusetzen.

Dr. Jackson war so bescheiden, daß sie mit keinem Wort erwähnt hatte, daß sie – was ich damals nicht wußte – seinerzeit in Wien das Geld für die Einrichtung eines Kinderheims bereitgestellt hatte, das im Rahmen eines Modellversuchs für Kinder zwischen ein und zwei Jahren eingerichtet worden war. Dieses Kinderheim sollte eine Informationsquelle über die Psychologie der frühen Kindheit werden, und für Anna Freud war es ein Vorläufer der späteren Hampstead War Nurseries, der Kriegskinderheime, die sie während des Zweiten Weltkrieges zusammen mit Dorothy Burlingham in London einrichtete. Bemerkenswert und hervorzuheben ist Dr. Jackson nicht nur, weil sie eine Patientin Freuds gewesen war, sondern auch wegen der Pionierleistungen, die sie mit ihrem Einsatz und Engagement für die Einrichtung von Entbindungsstationen erbracht hatte, auf denen Säuglinge ab dem frühest möglichen Zeitpunkt bei ihren Müttern bleiben konnten (Silberman, 1990). Zudem hatte sie auch viele Jahre in der Redaktion der jährlich erscheinenden Publikation *Psychoanalytic Study of the Child* gearbeitet, die ein Forum der amtlichen Orthodoxie war. Die vier Herausgeber waren damals Ruth Eissler, Anna Freud, Heinz Hartmann und Marianne Kris. Von Freuds persönlicher pädiatrischer Ausbildung und ihrem entsprechenden Einfluß auf die Ursprünge der Psychoanalyse haben wir erst unlängst erfahren (Bonomi, 1994, dt. 1996); es wäre spannend gewesen, über dieses ganze bis dato unbekannte Thema auch mit Dr. Jackson zu sprechen.

Kapitel 5

Vertreter der Wiener Psychoanalytischen Vereinigung: Dr. Robert Jokl

Edith Jackson vermittelte mir als Außenstehende einen Eindruck von der Wiener Psychoanalytischen Vereinigung, Robert Jokl jedoch war ein Insider. Als ich ihn traf, praktizierte er als Analytiker in Los Angeles und war Mitglied derselben „konservativen" Gruppe wie David Brunswick. Anders als Brunswick hatte Jokl jedoch die europäische Tradition beibehalten und hatte seine Praxis in seinem Haus. Als ich erstmals mit Jokl Kontakt aufnahm, wußte ich buchstäblich nichts über ihn, außer daß er in den Jahren zwischen den Kriegen Mitglied der Wiener Psychoanalytischen Vereinigung gewesen war. Dann erzählte er mir jedoch, daß er im Frühjahr 1919 auch zweieinhalb Monate von Freud analysiert worden war. Freud hatte ihn nur „kurze Zeit" behalten; er hatte ihm schon von vornherein gesagt, daß er ihn an jemand anderen „weitergeben" würde, sobald er genügend Klarheit gewonnen hätte, um zu entscheiden, wer in seinem Fall am besten geeignet war. Als er ihn dann schließlich an einen anderen Analytiker verwiesen hatte, hatte er ihn nochmals daran erinnert, daß er ihm ja von Anfang an gesagt hatte, daß seine Zeit so sehr von Ausländern in Anspruch genommen wurde, daß er Einheimische nur kurze Zeit behalten konnte. Da Jokl von vornherein wußte, daß Freud ihn zu einem anderen Analytiker schicken würde, sobald er seine Situation einschätzen konnte, hatte er sich auch nicht brüskiert gefühlt, als er weggeschickt wurde. Er war sodann von Edward Hitschmann und später von Siegfried Bernfeld analysiert worden.

Jokl war im Herbst 1919 Gastmitglied der Wiener Psychoanalytischen Vereinigung geworden und 1922 schließlich als Vollmitglied aufgenommen worden. Er war bis 1938, bis zum Einmarsch der Nazis in Wien, bei Freud und der analytischen Gruppe geblieben und nach dem „Anschluß", der Vereinigung Österreichs mit dem Deutschen Reich, zunächst an die Menninger Clinic in Topeka in Kansas gegangen, bis er sich schließlich in Los Angeles niederließ. Es waren die Wiener Jahre, die mich am meisten interessierten. Er war von 1924 bis 1930 Sekretär der Wiener Psychoanalytischen Vereinigung und von 1930 bis 1931 Vizepräsident der Vereinigung gewesen; er war der einzige amtliche Vertreter oder Amtsträger, den ich interviewte. Er unterrichtete mich gleich zu Beginn unseres Gesprächs über die Einzelheiten seiner offiziellen Position, womit dann auch die grundlegenden Parameter seiner Stellung in der Geschichte der Psychoanalyse abgesteckt waren.

Ich begann mein Interview, indem ich ihn zunächst nach Freud und dem Judentum fragte, da Jones meiner Meinung nach diesen wichtigen Aspekt von Freuds Hintergrund und Charakter in seiner Freud-Studie vernachlässigt hatte. Dies erwies sich jedoch als schlechter Einstieg bei Jokl, da er nicht geneigt war, über die jüdische Seite von Freuds Leben zu sprechen. Er erklärte mir, daß diese Frage aus seiner Sicht wenig mit „der Wissenschaft" der Psychoanalyse zu tun hätte, wobei er jedoch einräumte, daß Freuds Judentum zu seiner Unabhängigkeit beigetragen habe. Soviel hatte Freud auch selbst schwarz auf weiß gesagt, aber in Zusammenhang mit Freuds Judentum gibt es eine lange Geschichte von Empfindlichkeiten, die auch heute noch nicht abgeschlossen ist (Gay, 1987, dt. 1988; Roazen, 1990a). Über die kulturellen Quellen von Freuds Werk zu diskutieren, scheint für manche gleichbedeutend mit einer Kompromittierung der Objektivität seiner Leistungen und Errungenschaften zu sein.

Ich versuchte dann einen neuen Vorstoß in eine andere Richtung und fragte ihn, wer damals, als er zur Wiener Vereinigung kam, Freuds persönlicher Liebling gewesen sei; nach einigem Zögern meinte er: „Bernfeld". (Auch andere hatten mir bestätigt, welchen besonderen Status Bernfeld einmal gehabt hatte; Bernfeld war, wie ein alter Analytiker es ausdrückte, ein „Genie", das dann irgendwann aufgehört hatte, eines zu sein.) Aber die eigentliche Frage, die Jokl von sich aus ansprach, war nicht, wer am höchsten in Freuds Wertschätzung gestanden hatte, sondern wen er nicht gemocht hatte. Und hier ließ Jokl sich dann ausführlich über Herbert Silberer aus, den er persönlich als einen „guten Freund" betrachtete. Freud hatte ihn angeblich „nie gemocht", obgleich „niemand wußte, warum." Silberer hatte 1923 Selbstmord begangen. Jokl erklärte, wie sehr Silberer sich von Freud verletzt und abgelehnt gefühlt hatte, und wie niedergeschlagen er wegen Freuds Verhalten gewesen war. Freud sei nie freundlich zu ihm gewesen und hätte auch nie das Gefühl aufkommen lassen, ihn zu akzeptieren „und so weiter." Aus Jokls Sicht „war es sehr schwierig" gewesen.

Silberer war Freud „ergeben" und hatte neben anderen Arbeiten eine Studie über das Phänomen von „Schlafbildern" beim Einschlafen durchgeführt, die Bilder, die man sieht, wenn man besonders müde ist und die kurz vor dem Einschlafen auftreten – ein Phänomen, das in jener Zeit sehr wichtig genommen wurde. Silberer war kein Psychiater, sondern hatte seinen Doktorgrad möglicherweise in Psychologie erworben; er war lange vor Jokl zur Wiener

Gruppe gestoßen. Dennoch habe Freud ihn nicht gemocht, meinte Jokl. Freud habe entweder jemanden geschätzt oder nicht, aber „die Motivationen", die dahinter standen, seien „nicht immer ganz klar" gewesen. Mitunter hatte er einige besonders gern, die keineswegs hart arbeiteten, während er anderen, die sich ständig abplagten, um sein Werk voranzubringen, nicht einmal Achtung entgegenbracht hatte (Roazen, 1975, dt. 1976).

Ich kannte die Geschichte von Freuds Schwierigkeiten mit Viktor Tausk bereits, und was Jokl mir über Silberer erzählte, erinnerte mich an das, was anderen als „das Tausk-Problem" erschien (Roazen, 1969, dt. 1973; 1990a). Als ich Jokl begegnete, hatte ich noch nichts über Tausk veröffentlicht, aber Jokl schien bereits vertraut mit den besonderen Problemen zu sein, die Tausk mit Freud hatte. Er meinte jedoch, daß der Konflikt mit Silberer „nicht der gleiche" wie bei Tausk war, da Freud Tausk angeblich „gemocht" hatte. Tausk, meinte Jokl, hätte sich zurecht „verletzt, aber nicht abgelehnt" fühlen können. Freud, sagte Jokl, habe Tausk sehr „bevorzugt" behandelt und in höchsten Tönen von „Tausks Artikel über den Beeinflussungsapparat" gesprochen (Tausk, 1983). Es stimmte zwar, daß Freud es abgelehnt hatte, Tausk persönlich in Analyse zu nehmen, aber Jokl wußte auch, daß Freud ihn statt dessen zu jemand anderem in Analyse geschickt hatte. Als ich daraufhin meinte, das sei ja noch schlimmer gewesen, da Freud das Problem mit Tausk damit, daß er ihn zu Helene Deutsch geschickt hatte, die damals selbst bei Freud in Analyse war, ja noch verschärft habe, pflichtete er mir voll und ganz bei.

Jokl zufolge hatte Tausk eine „paranoische" Anlage und war sehr empfindlich. (Reich hatte 1926 einmal an Federn geschrieben: „Meine Aktivität – die, wie alle positiven Dinge, auch ihre negativen Aspekte hat – hat mir den Ruf eingebracht, aggressiv zu sein. Dieses Schicksal teile ich mit Tausk" (Higgins und Raphael, 1967, S. 150; [Dieser Passus wurde aus dem Englischen rückübersetzt, da er in der deutschen Ausgabe des 1969 in Berlin erschienenen Werkes: Wilhelm Reich über Sigmund Freud, *Von der Psychoanalyse zur Ergonomie. Über Marxismus und Psychoanalyse. Gespräche und Materialien 1933-1954*, nicht enthalten ist].) Otto Fenichel hatte einmal gesagt, Tausk hätte seinen berühmten Artikel über den Beeinflussungsapparat nie, wenn nicht auf der Grundlage der Selbstbeobachtung schreiben können, und dieser Ansicht war auch Jokl. Jokl hatte selbst einmal einen Patienten mit ebenjenen klinischen Symptomen gehabt, wie Tausk sie in seinem Aufsatz über den Beeinflussungsapparat beschrieben hatte, und Freud, sagte Jokl, habe Tausks Konzept für „richtig" befunden.

Jokl meinte, er selbst habe nie irgendwelche Schwierigkeiten im Umgang mit Freud gehabt. Er erzählte, wie er 1927 einen Vortrag über Widerstände gegenüber der Analyse gehalten und dabei die Analytiker angegriffen hatte wegen ihrer manchmal anmaßenden und erdrückenden Art, mit der sie zum

Aufbau von Widerständen beitrugen; und sein Ansatz hatte damals die Zustimmung Freuds gefunden. Von anderen erfuhr ich hingegen, daß Jokl damals in Wien von Analytikern einmal erwartet hatte, einen prozentualen Anteil von den Honoraren der Patienten an ihn abzuführen, die er an sie verwiesen hatte. Nach einer zermürbenden Diskussion über die moralischen Schwierigkeiten, die durch Jokls Position aufgeworfen wurden, war klargestellt worden, daß Freud eine derartige Praxis ablehnte. Diese Begebenheit war möglicherweise identisch mit der Geschichte, nach der Freud bei einer Diskussion, nachdem der Bruch ethischer Prinzipien durch einen Analytiker auf psychologische Ursachen zurückgeführt worden war, die Angelegenheit kurzerhand damit beendete, daß er sagte, dies könne ja alles sehr gut so sein, aber ein Vergehen werde moralisch nicht entschuldbarer, wenn es eine psychologische Grundlage habe. Später, während seiner Tätigkeit an der Menninger Clinic, hatte Jokl einen Streik emigrierter Lehranalytiker angeführt, die mehr Geld gefordert hatten (Friedman, 1990).

Über jeden Patienten, den Freud ihm geschickt hatte, sagte Jokl, hatte er später auch mit Freud gesprochen. Jokl war noch zu einer Zeit Analytiker geworden, als es in Wien noch kein Lehrinstitut gab, also vor der Zeit, als Edith Jackson dort war. In jenen Tagen war Freud noch voll und ganz allein für die Ausbildung und Supervision der angehenden Analytiker vor Ort zuständig gewesen. Er hatte dabei den denkbar formlosesten Ansatz bevorzugt, der nach einem zuverlässig klingenden Bericht, den Bernfeld (1962) später gab, so ausgesehen hatte:

> 1922 sprach ich mit Freud über meine Absicht, mich in Wien als praktizierender Analytiker niederzulassen. Mir war gesagt worden, daß unsere Berliner Gruppe Psychoanalytiker, insbesondere Anfänger, dazu anhielt, eine didaktische Analyse zu machen, ehe sie mit ihrer Praxis anfingen, und ich fragte Freud, ob er diese Vorbereitung bei mir für erstrebenswert hielt. Seine Antwort war: „Unsinn. Fangen Sie direkt an. Sie werden sicherlich Probleme haben. Aber wenn Sie in Schwierigkeiten geraten, werden wir sehen, was wir daran tun können." Nur eine Woche später schickte er mir schon meinen ersten didaktischen Fall ... [S. 463].

Bernfeld war kein Arzt, sondern hatte sich 1913 zunächst der Wiener Psychoanalytischen Vereinigung angeschlossen. Den Vorschlag, daß alle angehenden Analytiker sich zunächst selbst analysieren lassen sollten, hatte Jung erstmals vor dem Ersten Weltkrieg gemacht – und war vermutlich zum Teil auch als Kritik an Freud gedacht gewesen, als jemandem, der selbst an nicht analysierten unbewußten Konflikten litt. Als Nunberg 1918 dann öffentlich den Vorschlag machte, Jungs Idee in die Tat umzusetzen – ohne dabei jedoch auf Jung einzugehen und ihn zu erwähnen -, stieß sein Vorstoß auf Ablehnung, weil „Rank und Tausk energisch dagegen opponierten" (Roazen 1969; dt. 1973, S. 75). Die Regelung, daß alle neuen Analytiker sich selbst analysieren lassen mußten, war formal dann erst nach Freuds Krebserkrankung eingeführt worden. (In Frankreich versuchen heute eine Handvoll der angesehensten Analytiker offen, die Fortsetzung dieser Praxis wegen der Möglichkeit der Indoktrination, die durch die Erfordernis einer didaktischen Analyse gegeben ist, in Frage zu stellen. In England machte Edward Glover sich bereits während des Zweiten Weltkrieges Gedanken darüber, wie die Kleinianer, indem sie vermeintlich die Lehranalysen für politische Zwecke mißbrauchten, in Großbritannien Einfluß und Macht gewannen [Roazen, 1992a].

Nach den Auskünften, die Jokl mir auf meine Fragen nach Freuds klinischen Fertigkeiten gab, konnte dieser zwanghafte Fälle, die klassischen Neurosen, und Borderline-Probleme behandeln. Um eine etwaige Idealisierung Freuds durch Jokl zu durchschauen, sprach ich das Zerwürfnis zwischen Freud und Otto Rank an, da es sich zwischen ihnen in den Jahren vollzogen hatte, in denen Jokl in der Vereinigung war. Aus Jokls Sicht hatte Rank zunehmend theoretische Behauptungen aufgestellt, die Freuds Thesen widersprachen, und versucht, diese durch eigene Formulierungen zu ersetzen. Freud, sagte Jokl, habe die Probleme, die er mit Rank hatte, in den kleinen Sitzungen der Vereinigung öffentlich diskutiert. Rank sei dann wütend geworden, worauf Freud ihn gebeten habe, „das zurückzunehmen" – Rank habe sich jedoch geweigert, das zu tun. Früher seien Rank und seine Frau sehr oft zu Freud zum Abendessen gekommen, aber damit war es dann vorbei. Freud habe zu Rank gesagt: „Sie machen die ganze Frage komplizierter und oberflächlicher", worauf Rank dann wütend abgetreten sei.

Jokls Darstellung von Freuds Schwierigkeiten mit Rank wird zwar einer genauen Geschichtsschreibung nicht gerecht, da sich der Bruch zwischen ihnen über einen Zeitraum von mehreren Jahren vollzog und voller schmerzlicher Ambivalenzen sowohl von Freuds als auch von Ranks Seite war, er hatte jedoch sehr genau einige der emotionalen Schlüsselprobleme aufgezeigt, die bei dem Versuch und Bemühen im Spiel waren, in Freuds Schule zu bestehen. Rank war ein solcher persönlicher Liebling Freuds, daß es für die anderen verlockend war, aus ihrer Eifersucht heraus den Bruch noch weiter zu vertiefen, nachdem die ersten Risse erst einmal aufgetreten waren (Roazen, 1975, dt. 1976).

Während Ranks Situation mit Freud nach meinem Dafürhalten als einmalig betrachtet werden sollte, hatte Rank aus Jokls Sicht „das gleiche Problem", dem Wilhelm Stekel und Alfred Adler schon früher begegnet waren, das in dem Versuch bestand, „seine eigene Theorien aufzustellen und nicht abhängig von Freud zu sein." Tausks Situation, meinte er, sei damit jedoch nicht „identisch" gewesen, da er „immer" von Freud „akzeptiert" worden sei. Tausks Selbstmord war für Jokl „sehr überraschend" gekommen, obwohl man, wie er sagte, nach seinem Artikel über den Beeinflussungsapparat eigentlich hätte damit rechnen müssen. Tausk, meinte er, habe eine „schizoide Persönlichkeit" gehabt, bei der vielleicht noch etwas Pathologischeres „darunter" gewesen sei. Demgegenüber war Silberers Selbstmord „keine Überraschung", meinte er. Silberer war aus Jokls Sicht „eine sehr normale Persönlichkeit" und extrem niedergeschlagen wegen des Dilemmas, mit dem er sich bei Freud konfrontiert sah. Gleichwohl hatte Silberer selbst nie zugegeben, wie Freud zu ihm stand. (Jokl gab Freud keine Schuld an Silberers Schicksal.)

Obwohl Jokl von sich aus die Schwierigkeiten zwischen Freud und Silberer angesprochen hatte, versuchte ich, meine Fragen noch in eine andere Richtung zu lenken, um möglichst von Jokl direkt noch etwas über Freuds klinische Praktiken in Erfahrung zu bringen. Ich fragte ihn, ob Freud auf eine Rekonstruktion seiner frühen Kindheitsgeschichte wert gelegt hatte. Mein Interesse an diesem Thema machte Jokl ebenso neugierig wie stutzig. In jenen Tagen nach dem Ersten Weltkrieg war der Begriff der „Urszene" noch nicht bekannt, aber wonach ich aus Jokls Sicht fragte, war jene Art von traumatischem Material, das bei einem Kind zu finden ist, das Zeuge elterlicher sexueller Aktivitäten wird. Freud hatte tatsächlich in einer sehr frühen Phase der Analyse einige solche „frühen Zustände" in Jokls Kindheit erwähnt.

Jokl war darauf bedacht, sich neben seinen Zeitgenossen in der Analyse einzuordnen. Reich und Fenichel hatten zur selben Gruppe wie er gehört – und ebenso Helene Deutsch, obwohl sie sieben Jahre älter als Jokl war. Freud hatte Isidor Sadger, wie Jokl sagte, der zu seinen frühen Anhängern zählte und für Jokl nur ein „Sexologe" war, nicht viel Respekt entgegengebracht. Demgegenüber habe Federn zu den Schülern gezählt, von denen Freud eine gute Meinung hatte. Als ich einwandte, daß Freud Federn nie einen Ring gegeben habe, ging Jokl rasch über diesen Punkt hinweg und meinte nur, dafür habe es „andere Gründe" gegeben.

Aber warum, fragte ich ihn dann, hatte denn jemand wie Hanns Sachs, auch einer der heimischen Wiener, einen Ring von Freud bekommen, und Federn nicht. Freud habe Sachs „sehr viel" Respekt entgegenbracht, meinte Jokl daraufhin, und er habe ihn vermißt, als er als Lehranalytiker nach Berlin gegangen sei. Sachs war ein „Apostel" Freuds, meinte er, aber trotz dieser öffentlichen Rolle sei er ein „liebenswürdiger" Mensch gewesen. Sachs sei in seinem Verhalten Theodor Reik sehr ähnlich gewesen, meinte er; Reden und Schreiben seien für Sachs (wie für Reik) Dinge gewesen, die ihm ausgesprochen Spaß gemacht und die er genossen hätte; für Jokl war Sachs jedoch der „ernsthaftere" von beiden. Federn war aus seiner Sicht demgegenüber „kein Apostel" gewesen. „Einen Bart zu haben, genügt nicht, um dafür tauglich zu sein!" Freud, meinte er, hätte nicht immer gebilligt, was Federn mit seinen Patienten machte. Nach meinem Empfinden gab es in Wirklichkeit erhebliche Unterschiede zwischen den klinischen Ansätzen Freuds und Federns (Roazen, 1969, dt. 1973). Jokl wußte auch, daß es Schwierigkeiten zwischen Federn und seiner Frau gegeben hatte, die möglicherweise mit einer Scheidung hätten enden können; aber Freud hatte sich dabei „sehr hilfreich" erwiesen und mit verhindert, daß die Ehe in die Brüche ging.

Jokl sprach dann über seine eigene Einstellung zu Freud. Freud, meinte er, hätte „Frauen nie ganz verstehen können" und sei bei der Frage der Weiblichkeit „fast blind" gewesen. (Das Interview mit Jokl wurde einige Jahre vor dem Popularitätsschub geführt, den Personen wie Germaine Greer und Kate Millett durch ihre Kritik an Freud erfahren durften; innerhalb der Psychoanalyse hatte Karen Horney seit Ende der zwanziger Jahre Freud offen bei der Frage der weiblichen Psychologie herausgefordert.) Jokl meinte, Freud sei zwar von Männern, aber nie von Frauen beeinflußt worden. Freud habe an „einer Scheu" gelitten, meinte er, „sich ihnen wirklich, bis auf den Grund zu nähern."

Ich sprach daraufhin das Beispiel von Ruth Brunswick wie auch von Helene Deutsch an, die beide zu Freuds Kreis gehörten und ihm intellektuell wichtig gewesen waren. Was Freud an Brunswick bewunderte, meinte Jokl, habe er, abgesehen davon, daß sie eine „fleißige" und „gläubige" Schülerin gewesen sei, nicht verstanden. Und was Deutsch anging, so glaubte er, daß Freud sie „fast ebensosehr" wie Brunswick geschätzt habe. Jokl bestritt, daß es je irgendeine Eifersucht zwischen Deutsch und Brunswick gab. (Nach meinem Kontakt mit Deutsch wußte ich jedoch, daß das nicht stimmte.) Brunswick war „eine gute Psychologin", meinte Jokl wohl, wobei er jedoch nicht soweit gehen wollte zu sagen, sie sei „genauso klug" wie Deutsch gewesen. Deutsch war aus seiner Sicht mehr „die therapeutische Beobachterin", während Brunswick mehr „die psychologische Beobachterin" war. Eine Unterscheidung, die ich so verstand, daß es Deutsch mehr um klinische Verbesserungen ging. (Nach den Erinnerungen von Richard Sterba (1982, dt. 1985) war Jokl Mitte der zwanziger Jahre als Analytiker klinisch relativ ungeschlacht und unerfahren gewesen.) Freud, meinte Jokl, habe sich immer um Verständnis bemüht, und es sei ihm vor allem wichtig gewesen, daß seine eigenen Konzepte verstanden wurden. Und Brunswick habe die Fähigkeit gehabt, Freuds Ideen weiter zu entwickeln und anzupassen.

Jokl kam dann speziell auf Karen Horney zu sprechen, die eine weitere prominente Frau in der Bewegung war zu der Zeit, als Jokl hinzukam. Er verglich seine eigene Kritik an Freud jedoch nie mit der Kritik, die Horney an ihm geübt hatte. Horney sei ursprünglich „sehr Freudianisch" gewesen, meinte er. Und damals sei noch nicht abzusehen gewesen, daß sie am Ende „ihren eigenen Weg gehen" und eine eigene unabhängige Schule in New York City begründen würde. (Erst unlängst wurde eine Karen Horney Society gegründet; merkwürdigerweise wird Horney heute gerne beifällig von orthodoxen Analytikern zitiert, während ihr alter Verbündeter Erich Fromm noch immer auf der Tabuliste der psychoanalytischen Klassiker steht [Roazen, 1995].) Aus Jokls Sicht war Horney „sehr Bohemien", was immer das auch heißen mochte. Erst 1994 sollte ich erkennen, wie weitsichtig Jokl gewesen war (Paris, 1994). Horney hatte aus seiner Sicht auch in „einer gewissen Konkurrenz" zu Helene Deutsch gestanden, oder jedenfalls mehr als zu irgendeiner anderen Frau in der Bewegung.

Eine weitere frühe Analytikerin war Hermine von Hug-Hellmuth. Jokl glaubte nicht, daß sie jemals selbst analysiert worden war. Er wußte, daß es ihr Neffe war, der für die Ermordung Hug-Hellmuths verantwortlich war (MacLean und Rappen, 1991; Roazen, 1975, dt. 1976, S. 427). (Die Geschichte war international in der Presse behandelt worden.) Ein weiterer „Schlag" in Verbindung mit ihr, meinte er, sei die schließlich bekannt gewordene Tatsache gewesen, daß das von ihr als Tagebuch eines jungen heranwachsenden Mädchens herausgegebene Werk nicht „authentisch", sondern in Wirklichkeit Hug-Hellmuths Feder und ihren eigenen Ideen entsprungen war. Freud hatte getan, was er konnte, um sie zu schützen, meinte Jokl; sie hätte mit dem Buch im eigentlichen Sinne keine „Fälschung" vorlegen wollen, sondern nur über ihre eigenen Erfahrungen mit Kindern geschrieben. Das Buch, meinte er, sei für die damalige Zeit nicht schlecht gewesen, sie hätte es jedoch nicht als ein authentisches Tagebuch ausgeben dürfen. (In Großbritannien war es vor der Drucklegung wieder zurückgezogen worden.) Nach dem Skandal dauerte es lange, meinte Jokl, bis die anderen Mitglieder wieder mit ihr „versöhnt" gewesen seien. Sie war ein „recht naiver Mensch", meinte er, habe aber eine gute Beziehung zu kleinen Kindern gehabt. Ihr Ansatz sei jedoch „zu simpel" und nicht wirklich psychologisch fundiert gewesen, meinte er, da sie mehr nach ihren Gefühlen als auf der Grundlage irgendeiner wohldurchdachten Position gearbeitet hätte.

Von den prominenten Analytikern jener Zeit erwähnte Jokl auch Theodor Reik. In Wien hatte er ihn geschätzt, später in Amerika dann jedoch nicht mehr. Was er schrieb, war aus Jokls Sicht „Phantasie statt Psychologie" und letzten Endes eher belletristisch als wissenschaftlich. Er sei schließlich sogar „aggressiv" gegenüber der Psychoanalyse geworden, meinte Jokl, zumindest hatte er Reiks Buch Hören mit dem dritten Ohr so verstanden. (Reik hatte sehr viele Schwierigkeiten mit den New Yorker Analytikern; er war zum einen Nichtmediziner und zum anderen hatte im übrigen auch sein früheres intimes Verhältnis zu Freud für erhebliche Eifersüchteleien gesorgt.) Freud hatte Reik in seiner Wiener Zeit gemocht, und er „verdiente" es aus Jokls Sicht, einer von Freuds Favoriten zu sein. Und ein besonderer Favorit sei auch Rank gewesen, fügte er hinzu, ebenso wie Federn.

Ich erwähnte Ranks erste Frau, da ich sie getroffen hatte und der Meinung war, daß ihr Platz in der Geschichte der Psychoanalyse ungewöhnlich obskur war. (Obwohl sie, genau wie etwa der berühmte Bruno Bettelheim, keine formale Ausbildung hatte, hatten beide sich auf dem Gebiet der Kinderanalyse einen Namen gemacht [Roazen, 1990b, 1992b]. Für Frau Rank, sagte ich zu Jokl, müßte die Situation doch „sehr schwierig" gewesen sein, nachdem es zwischen ihrem Mann, Otto Rank, und Freud zum Bruch gekommen war. Sie war aus seiner Sicht nicht vom psychoanalytischen Standpunkt „abgewichen". Und er lächelte etwas schief darüber, wie „ausgesprochen clever" sie war und „nie wirklich" mit Freud „gebrochen" hatte. Sie habe auch eine „gute Beziehung" zu Anna Freud gehabt, die sich als wichtige Quelle der Hilfe erwiesen habe. Im Gespräch über Frau Rank gab Jokl mir zu verstehen, daß er über ihre Geschichte recht gut Bescheid wußte.

Nebenbei erklärte mir Jokl auch, wie ungern er sich mit Personen traf, die an der Geschichte der Psychoanalyse interessiert waren. (Bei seiner Bereitschaft, mich zu empfangen, hatte er eine Ausnahme gemacht. Ich denke, daß die Tatsache, daß ich damals Fakultätsmitglied an der Harvard University war und ihm auf dem offiziellen Briefpapier der Universität geschrieben hatte, mir half, den Fuß in die Tür zu bekommen. Meine akademische Stellung gab mir zumindest den Mut, etwas zu versuchen, was ich ansonsten möglicherweise nicht versucht hätte; schließlich war ich durch Autoritäten, zum Beispiel durch Eissler, gewarnt, daß ich nicht damit rechnen konnte, daß jemand bereit wäre, über seinen Kontakt mit Freud zu sprechen.) Es sei in diesem Bereich, meinte Jokl, so unvergleichlich schwierig, zu wissen, was tatsächlich „Fakten" seien, da so viele die Geschichte völlig anders sahen. Alles, was man sich dabei erhoffen könnte, sei, die gegensätzlichen Eindrücke verschiedener Personen zu gewinnen. Er fand es jedoch legitim zu recherchieren, um zu rekonstruieren, wie die Zeitzeugen jene frühe Ära erlebt und empfunden haben.

In der Wiener Psychoanalytischen Vereinigung liefen die wissenschaftliche Arbeit und das Privatleben nicht nur parallel, sondern waren eng miteinander verknüpft, meinte Jokl und verschränkte gestreich die Hände ineinander, um zu verdeutlichen, wie unmöglich es damals war, berufliche und persönliche Dinge voneinander zu trennen. Die Analyse war in jenen Tagen „sehr isoliert", sagte er, und sie war es aus seiner Sicht auch geblieben. Anerkennung auf einer breiteren Ebene, meinte er, hatte sie erst allmählich nach dem Ersten Weltkrieg gefunden.

Ich fragte Jokl, wie er zum erstenmal von Freud gehört hatte. Er erzählte mir, daß er an der Burghölzli Klinik in Zürich studiert hatte, als diese noch von Eugen Bleuler geleitet wurde, der damals jedoch schon keine Verbindung mehr mit Freud gehabt hatte. (Bleuler verabschiedete sich vor dem Bruch zwischen Jung und Freud von der Psychoanalyse; Jung war einst ein prominenter Schüler der Burghölzi Klinik gewesen. Während Jung die Burghölzi Klinik dann jedoch verließ, um sich Freud anzuschließen, war Bleuler auf seinem leitenden Posten geblieben.) Jokl hatte eine Ausbildung als Internist und vor dem Ersten Weltkrieg an einer Klinik in Prag studiert. Der Leiter der Prager Klinik hatte vor, eine neurologische Abteilung einzurichten; in jener Zeit gehörte die Neurologie noch zur Inneren Medizin und war getrennt von der Psychiatrie. So wurde Jokl dann im Rahmen eines Austausches zu Bleuler in die Schweiz geschickt. Er hatte zu diesem Zeitpunkt seinen Abschluß noch nicht gemacht, obwohl er alle formalen Voraussetzungen erfüllt hatte. Und in der Schweiz hatte er dann unter dem Einfluß Bleulers ein Interesse an der Psychiatrie entwickelt.

1914 oder Anfang 1915 war Jokl nach Prag zurückgekehrt, um seinen formalen Abschluß zu machen. Danach war er wieder zu Bleuler gegangen. Wenig später, erzählte er, sei er als Arzt zur Armee „eingeladen" (einberufen) worden. Und Bleuler hatte ihm mit auf den Weg gegeben, wenn er nach Wien käme, sollte er nicht vergessen, Freud aufzusuchen. 1918 war er in Italien in Gefangenschaft geraten, wo er einem Sohn Stekels begegnete, der ebenfalls österreichischer Offizier war. Jokl wußte damals kaum etwas über Freud. Als er schließlich nach Wien kam, hatte er Stekel aufgesucht, allerdings ohne etwas von dem inzwischen erfolgten Bruch zwischen Stekel und Freud zu wissen. (Es erschien mir typisch, daß, egal wie bedeutsam und folgenschwer die Kontroversen vor dem Ersten Weltkrieg, wie die zwischen Freud und Stekel, innerhalb des verzauberten Kreises der Psychoanalyse erschienen sein mochten, es Jahre dauerte, bis der Außenwelt der volle Umfang des Bruches bewußt war.)

Jokl hatte Stekel seinerzeit von einem Brief erzählt, den Bleuler ihm als Empfehlungsschreiben an Freud mitgegeben hatte. Und Stekel hatte ihm daraufhin zugeredet, seinen Besuch bei Freud nicht lange hinauszuzögern. Stekel hatte sich, sagte Jokl, selbst noch bei seiner Emigration nach London, 1938, allerdings erfolglos, um eine Aussöhnung mit Freud bemüht. (Später, meinte Jokl, sei er jedoch dahintergekommen, daß Stekel „ein Scharlatan" war, denn viele seiner vermeintlichen Fälle seien nur „erfunden" gewesen. Stekels Ideen waren gar nicht so schlecht, meinte er, aber seine Fälle seien halt „nicht wahr" gewesen, so daß er für ihn „ein Märchenerzähler", ein „Schwindler" war. Leider versäumte ich es, umgehend Stekels Witwe aufzusuchen, um sie zu interviewen, als sie 1969 brieflich mit mir Kontakt aufnahm, da sie dann binnen weniger Tage starb.) Dank Stekels Ermunterung war Jokl zu Freud gegangen, und das der Anfang ihrer Beziehung gewesen. Unter Wagner-Jauregg und Otto Pötzl hatte er dann seine psychiatrische Assistenzzeit an der Wiener Universität absolviert; Wagner-Jauregg, meinte er, sei als der Professor der Psychiatrie in Wien, zwar kritisch gegenüber Freud geblieben, aber Pötzl, der schließlich Wagner-Jaureggs Nachfolger wurde, sei Mitglied der Wiener Psychoanalytischen Vereinigung geworden.

Ich fragte, ob Freuds Kreis wie ein königlicher Hof gewesen sei, worauf Jokl zunächst nachfragte, was ich denn damit meinte, und dann ruhig einräumte, das Bild sei durchaus richtig. Er glaubte, daß er auch schon einmal so beschrieben worden sei, und zwar möglicherweise von Adler. Persönlich mochte er dieses royalistische Bild jedoch nur geringschätzig und ohne jede Ehrfurcht akzeptieren, die Frage sei ja doch, meinte er, welche Emotionen überhaupt mit einem solchen Hof verbunden würden – „Respekt", etwas mehr als „Wertschätzung" oder sogar „Angst?" Nicht jeder, meinte er, habe Freud für „einen Halbgott" gehalten, auch wenn es bei einigen vielleicht so gewesen sei.

Jokl beharrte darauf, daß sie es nie versäumt hatten, Freud zu sagen, wenn sie anderer Meinung gewesen waren. Freud hatte bei Jokl in Zusammenhang mit der Frage der weiblichen Genitalität offenbar sogar „einmal nachgegeben." Jokl hatte nicht an die Form von Ödipuskomplex glauben können, die Freud bei Frauen unterstellt hatte. Und er hatte auch die Idee abgelehnt, daß die Kastrationsangst bei Männern einem Penisneid bei Frauen gleichzusetzen sei. Er sei nicht von Freuds ursprünglicher Formulierung der Unterschiede zwischen den Psychologien der Geschlechter überzeugt gewesen, sagte er und meinte, Freud hätte sich später dann selbst auch „korrigiert". Seiner Meinung nach war der grundlegende psychologische Konflikt bei Männern und Frauen der gleiche und nicht abhängig von anatomischen Unterschieden. Freud, korrigierte er sich dann, habe genaugenommen nicht „nachgegeben", sondern seine Position langsam geändert und die Allgemeingültigkeit des Ödipuskomplexes akzeptiert.

Dies war für Jokl ein zentrales Thema, das auch relevant für die Frage der Kreativität war. Eine Frau, sagte er, habe eine natürliche Neigung, kreativ zu sein, was bei einem Mann hingegen nicht so sei; bei Männern gebe es demgegenüber einen „Konkurrenzkomplex", ein Gefühl, unvollkommen zu sein, was mit der Unfähigkeit, Kinder zu gebären, zusammenhinge. Aus Jokls Sicht war es immer schwierig gewesen, mit Freud über diese Frage zu sprechen, da er immer „die Kreativität des Mannes" und nicht die der Frau verteidigt hatte – und das sogar angesichts der Tatsache, daß es für einen Mann unmöglich war, Kinder zu gebären. Männer hatten aus seiner Sicht also einen guten Grund, „neidisch" zu sein. Jokl zufolge hatte Freud sich dann Jahre später „angepaßt" und Jokls Position nicht länger widersprochen.

Es gab nichts, worüber er nicht mit Freud hatte sprechen können; Freud hatte ihn nie getadelt und ihm nie widersprochen, sagte er. Nur wenn es unmöglich gewesen war, zwei Meinungen zusammenzubringen, hatte Freud für eine Position Partei ergriffen und darauf beharrt. Jokl pflichtete mir jedoch bei, daß Freud auch „sehr ablehnend" sein konnte; wenn man eine originelle Idee hatte, mußte man sie auch beweisen können. Im allgemeinen, meinte Jokl, hätte es in der psychoanalytischen Welt, die er kannte, jedoch nur sehr wenig Streit gegeben. (Die Abwesenheit von Konflikten hatte möglicherweise einen entsetzlichen Preis, da die Analytiker, wie ich denke, einerseits dazu neigten, unverhältnismäßig eingeschüchtert zu verhalten, und andererseits, wenn es dann zu Differenzen kam, sich Hals über Kopf in schwerwiegende ideologische Spaltungen stürzten.)

Angesichts von Jokls merkwürdig erscheinender Behauptung, es habe praktisch keine Streitsucht gegeben, fragte ich, ob Freud wohl je über seine Schwierigkeiten mit Adler und Jung gesprochen hatte. Diese frühen Häretiker, meinte Jokl, seien extrem „selten" erwähnt worden. Als ich das Wort *bitter* wählte, um Freuds Gefühle zu Adler und Jung zu beschreiben, fand Jokl es durchaus treffend. Gegenüber Bleuler hatte Freud hingegen offenkundig keinerlei derartigen Gefühle gehegt, aber Bleuler, meinte Jokl, hatte Freud in dem Sinne ja auch „nie wirklich verlassen.". Bleuler hatte Freud immer respektiert, und das galt auch für seinen Sohn Manfred, der ebenfalls Psychiater war. Als ich Jokl interviewte, hatte er übrigens auf seinem Schreibtisch einen neuen Artikel von Manfred Bleuler liegen, den er gerade las.

Mir kam der Gedanke, wie bedrohlich es vielleicht auch für jemanden war, von Freud abhängig zu sein. Einige hätten tatsächlich deswegen Schwierigkeiten gehabt, räumte Jokl ein, zum Beispiel Rank. Aber Freud hatte es auch nicht gemocht, meinte er, wenn jemand „zu abhängig" war. Federn hatte vielleicht dazu geneigt, andererseits aber auch wiederum eigenständige Ideen gehabt. Rank sei derjenige gewesen, meinte er, der sich in dieser Hinsicht „bedroht" gefühlt habe. Heinz Hartmann und Paul Schilder hatten hingegen keine derartigen Probleme gehabt. Hartmann hatte Freud bewundert – „das war seine Art der Abhängigkeit." Hartmann war in Wien jedoch nicht so wichtig gewesen, da er seine Ideen erst in Amerika entwickelte. Prominenter als Hartmann sei wohl Ernst Kris in Wien gewesen, meinte Jokl; seine Vorstellungen über die Kunst seien in Europa als interessant und wertvoll aufgenommen worden, obwohl es wahrscheinlich niemanden gab, der sie wirklich verstanden habe. (Nach Kardiners Meinung hatten Hartmann und Kris in Amerika eine Interessengemeinschaft gebildet und bewußt vor dem Hintergrund politischer Zwecke und Absichten zusammen publiziert; der Dritte im Bunde dieses Publikationstriumvirats war Rudolf Loewenstein, der in den Vereinigten Staaten intellektuell jedoch nie wichtig genommen wurde, während er in Frankreich – wo er Jacques Lacans Analytiker war – fälschlicherweise als einer der Begründer der Ich-Psychologie gehandelt wurde [Roazen, 1991b]. Hartmann, der 1970 starb, hatte es schließlich, neben Anna Freud als der herrschenden Monarchin, zum Premierminister der Psychoanalyse gebracht.)

Jokl meinte, er habe ein distanziertes Verhältnis zu Anna Freud gehabt. Er behauptete, sie nie sonderlich bewundert zu haben und fand ihr Buch *Wege und Irrwege in der Kinderentwicklung* (1968) beispielsweise „sehr flach." Dazu muß man wissen, daß das Wort Tiefe in der psychoanalytischen Terminologie seit jeher ein Wort des Lobes und Flachheit eine der ärgsten Verrißformen war.

Jokl war der Überzeugung, daß Freuds Buch *Jenseits des Lustprinzips* (1920) „sehr" stark durch Freuds „Verfassung" geprägt worden war, was implizierte, daß Freuds Krebskrankheit, die 1923 diagnostiziert wurde, auch eine Erklärung dafür war, daß er seine These von der Existenz eines Todestriebes hatte aufstellen können. Jokl lag hier zwar historisch eindeutig daneben und war auch etwas durcheinander, was die Datierung von Freuds Krankheit anging, was er jedoch sagen wollte, war, daß Freuds Hypothese über die Existenz eines Todestriebes auch durch etwas „Persönliches" oder Subjektives beeinflußt worden war. Bezüglich der Frage des Todestriebes habe es immer „zwei Gruppen" gegeben, meinte er, Freud habe von seinen Anhänger jedoch „nie verlangt", an diese spezielle Theorie zu glauben. Aus Jokls Sicht hatte Freud dieses Konzept als Kompensation seines eigenen medizinischen „Traumas" benutzt, was in seinen Augen ein „gutes" Mittel war, um mit seinem Problem umzugehen und fertig zu werden.

Während Edith Jackson sich nicht hatte vorstellen können, wie Freuds Theorien durch seine Persönlichkeit beeinflußt worden waren, meinte Jokl im Anschluß an das Gespräch über den Todestrieb, daß der Teil der psychoanalytischen Psychologie, der nachweislich auf Freuds Charakter zurückzuführen und folglich nicht objektiv sei, seine Einstellung zu Frauen gewesen sei. In dem Punkt, fand Jokl, sei er „voreingenommen" gewesen. Aber Jokl hatte es auch nicht „gewagt", sagte er, darüber nachzudenken, welche Art von „unbewußter homosexueller Idee" hinter Freuds Vorstellungen von Frauen gestanden haben könnte. Er distanzierte sich jedenfalls davon, wie Freud in seinen Theorien „Männer verteidigt" hatte. Frauen konnten doch nicht als „Menschen zweiter Klasse", als etwas Geringeres als Männer gesehen werden, meinte er. Für Freud sei der Mann die „dominante" Figur und die Frau die abhängige gewesen. Sicher sei Freud auch mit Frauen befreundet gewesen. Aber wenn eine Frau mehr als eine Freundin und sexuell abhängig von ihm geworden war, dann hatte er, meinte Jokl, seinen Respekt vor ihr verloren. Jokl stieß sich auch daran, daß Freuds Frau Martha „die ganze Arbeit für ihn gemacht" hatte, während er jedoch nicht viel für sie getan habe. (Ich hinterfragte nicht, ob seine Meinung zu Freuds Familienleben nicht etwas anachronistisch war, da es um eine Familie ging, die im späten neunzehnten Jahrhundert gegründet wurde. Und ich versuchte auch nicht, über die unbewußten Ängste zu sprechen, die viele vielleicht vor einem Streit mit Freud hatten; Silberers Selbstmord schien wie der von Tausk zu symbolisieren, was geschehen konnte, wenn man Freuds Gunst verlor.)

Ich fragte ihn jedoch noch nach Freuds Söhnen. Jokl tat Martin Freud als jemanden ab, der unfähig zu „tiefem Denken" war, und Freud hatte ihn angeblich auch nicht sehr gemocht. Jokl benutzte sogar das Wort Verachtung, um Freuds Einstellung zu Martin zu beschreiben, wobei er dann aber doch die

Sorge hatte, ob der Ausdruck nicht vielleicht doch etwas zu stark sein könnte. Seinen Sohn Oliver habe Freud vielleicht „gemocht", meinte er, während er seinem jüngsten Sohn Ernst gegenüber „gleichgültig" gewesen sei. Zu Freuds Haltung gegenüber Martin meinte Jokl, sie sei damit zu erklären gewesen, daß Martin nicht „durchgeistigt genug" gewesen sei. Martin, meinte er, sei weder hochintelligent gewesen, noch habe er Interesse an psychologischen Problemen gehabt; Martin sei „ein netter" Mensch, aber „oberflächlich" gewesen. (Ich konnte mich des Eindrucks nicht erwehren, daß alle Schüler Freuds, einschließlich Jokl, das Ausmaß von Freuds Engagement und Bindung gegenüber seiner biologischen Familie gerne unterschätzten.)

Neben dem streng gehüteten Geheimnis, daß Freud seine Tochter Anna analysiert hatte, war mir in Los Angeles auch schon einmal zu Ohren gekommen, er hätte möglicherweise auch seine Söhne analysiert. Jokl glaubte ebenfalls, daß Freud versucht hatte, auch seine Söhne zu analysieren. Die „Regeln" einer späteren Generation, meinte er, seien damals noch nicht „gültig" gewesen. Nicht einmal in der berühmten Fallgeschichte vom Kleinen Hans, die noch weiter zurücklag, sei eine „klassische" Analyse zu finden gewesen. Freud, sagte er, sei „erst später" bewußt geworden, daß man Verwandte, Eltern und Kinder oder verheiratete Paare nicht analysieren sollte. (Daß Freud Hirst und die Brunswicks behandelte, zu denen er bis zuletzt eine persönliche Beziehung hatte, unterstützt nicht gerade Jokls Versuch, die Vergangenheit zu mythifizieren.) Jokl glaubte, daß Freuds Sohn Ernst zunächst von Freud analysiert und dann später von Alexander behandelt wurde, und daß Martin von Hitschmann analysiert worden war. Ich bin bisher allerdings noch auf keine Belege gestoßen, die diese Behauptung erhärten würden.

Da Jokl darüber sprach, daß Freud seinen Sohn Ernst analysiert hatte, was im übrigen aus Jokls Sicht nicht gut gelaufen war, erzählte ich ihm von einigen Belegen, die ich über Freuds Analyse von Anna zusammengetragen hatte. Was ich ihm erzählte, war neu für ihn und kam zugleich dennoch nicht unerwartet. Er war nur verblüfft, wie energisch sie ihm gegenüber abgestritten hatte, von ihrem Vater analysiert worden zu sein. Es dürfte etwa um das Jahr 1930 gewesen sein, erzählte er, als er ihr einmal bei einem Spaziergang abends begegnet sei. Anna sei „niedergeschlagen" gewesen, und er hatte stichelnd zu ihr gesagt: „Sie brauchen mehr Analyse!" – worauf sie tatsächlich geantwortet hatte: „Oh, davon habe ich genug gehabt." Jokl hatte sie daraufhin offen gefragt, ob sie bei ihrem Vater in Analyse gewesen sei. Sie hatte das jedoch abgestritten und behauptet, bei einer Frau gewesen zu sein, ohne jedoch zu sagen, bei wem. Jokl hatte damals schon Zweifel, ob sie ihm die Wahrheit gesagt hatte.

Aus Jokls Sicht war Freud bei Anna therapeutisch nicht sonderlich erfolgreich gewesen. Es war „nicht normal", meinte er, daß sie letztlich nie geheiratet hatte und so an Freud gebunden blieb. Jokl sagte, er habe gewußt, daß sie, genau wie Freud, Lou Andreas-Salomé sehr nahegestanden hatte. Und er hatte auch gehört, daß sie ebenfalls von ihrer engen Freundin Dorothy Burlingham analysiert worden war. Aus seiner Sicht war sie viel „zu abhängig" von ihrem Vater geblieben. Das war paradox, da Freud ihm zufolge doch in der Regel Personen nicht mochte, die ein allzu starkes Anlehnungsbedürfnis hatten. Jokl ging in der Tat soweit zu sagen, daß Freud Personen, die zu abhängig von ihm waren, mit „einer gewissen Verachtung" begegnet sei. Diese Verallgemeinerung, meinte er, hätte jedoch nicht für Anna gegolten, da Freud sie für seine Arbeit „brauchte."

Da Jokl jemand war, der aus der Medizin zu Freud kam und über die in jener Zeit in Mitteleuropa geltenden fachlichen_Unterschiede zwischen den Gebieten der Neurologie und Psychiatrie informiert war, fragte ich ihn, ob Freud angesichts seiner streng neurologischen Ausbildung Schwierigkeiten hatte, Psychosen zu diagnostizieren. Jokl meinte, das Problem hätten sie „alle" gehabt, da über Psychosen „damals" einfach weniger „bekannt" gewesen sei. Somit war es aus seiner Sicht „nicht gerechtfertigt", Freud daraus (der Unterscheidung zwischen Neurose und Psychose) einen „Vorwurf" zu machen. Jokl zufolge konnte Freud sich auch Patienten „widmen", die er als Personen nicht mochte. (Vielleicht fiel David Brunswick in diese Kategorie.) So hatte Freud zum Beispiel A. A. Brill analysiert, obwohl er ihm nicht „vertraute" – zu Recht nicht, wie Jokl meinte. (Brills Nachlaß ist noch unter Verschluß, aber ich denke, sobald die Unterlagen freigegeben werden, wird sich herausstellen, daß er ein außergewöhnlich attraktiver Mensch war, bei dem unterschätzt wurde, welche Rolle er gespielt hat, um Freuds Sache voranzubringen.)

Da es eine so starke berufliche Rivalität zwischen Brill und Jones als Führer in der internationalen psychoanalytischen Bewegung gab, war es kein Problem, nachdem Brills Name gefallen war, das Gespräch nun auch auf Jones zu lenken. Ich entdeckte im übrigen, daß es eine familiäre Beziehung zwischen Jones und Jokl gab – Jokl war ein Cousin von Jones' zweiter Frau. Zur Beziehung zwischen Freud und Jones meinte Jokl, sie hätten einander gemocht und wären beeindruckt von den Talenten des jeweils anderen gewesen. Jones „versucht", in seiner Freud-Biographie „objektiv" zu sein, meinte er, die er im übrigen ausgezeichnet fand und für ihn „mit Abstand die beste" Studie über Freud war. Da Jokl den Respekt betonte, den Jones und Freud einander entgegengebracht hatten, fragte ich ihn gezielt, warum seiner Ansicht nach Jones von seinem früheren Analytiker, Ferenczi, behauptet hatte, er hätte gegen Ende seines Lebens einen psychotischen Zusammenbruch erlitten, mit dem er dann auch noch begründet hatte, warum Ferenczi gegen Ende seines Lebens von Freud abgefallen war. Jokl wußte, daß Jones bezüglich Ferenczis angeblichem geistigen Verfall nicht glaubwürdig war, und meinte, Jones' Motivation sei möglicherweise als „Rache" an seinem einstigen Analytiker zu sehen (Jones war bei Ferenczi in Analyse gewesen).

Je länger unser Gespräch dauerte, desto mehr schien Jokl sich genötigt zu fühlen, zwischen Freud als Mensch und Freud als Wissenschaftler unterscheiden zu müssen. Jokl bemühte sich, eine klare Trennlinie zwischen Freuds Persönlichkeit und seinen Beiträgen zur Psychologie zu ziehen, da Freud als Individuum „nicht so wichtig" gewesen sei und jeder Beobachter ihn zwangsläufig nur hätte „subjektiv" sehen können. Die Psychoanalyse als Wissenschaft sei demgegenüber etwas völlig anderes, da sie neutral und unabhängig von subjektiven Perspektiven betrachtet werden konnte. Ich frage mich jedoch, ob Jokl hier nicht einem gewissen Wunschdenken unterlag, denn je mehr er über Freud als Mensch sprach, desto mehr veranschaulichte er den Beitrag, den Freud geleistet hatte. Das soll nicht heißen, daß irgend etwas von dem, was Jokl mir über Freuds Charakter erzählte, dazu angetan gewesen wäre, die eigenständige Validität der Freudschen Ideen zu diskreditieren, sondern daß es im Prinzip unmöglich ist, die Bedeutung Freuds zu verstehen, wenn seine Ideen nicht im Kontext seiner idiosynkratischen Charakteristika wie auch seiner kulturellen Ära gesehen werden. (Jokl war besser, wenn es um Freuds individuelle Psychologie, als wenn es um die Besonderheiten der Gesellschaft ging, aus der Freud kam, worüber Hirst so ausführlich gesprochen hatte.)

Als angesehener Analytiker war Jokl schon von Berufs wegen verpflichtet, Diskretion zu wahren. Als ich ihn fragte, ob es in den zwanziger und dreißiger Jahren in Wien in den Analytikerkreisen üblich gewesen sei, die eigenen Kinder analysieren zu lassen, antwortete er denn auch, er möchte nicht indiskret sein. „Üblich" sei es nicht gewesen, meinte er dann, aber viele seiner Kollegen hätten ihre Kinder in Analyse geschickt. Freud, sagte er, hätte das „sicher" nicht mißbilligt, er würde jedoch bezweifeln, ob Freud es „in den meisten Fällen" gutgeheißen hätte, Kinder zu analysieren, wenn man ihn konkret danach gefragt hätte.

Jokl konnte nicht viel dazu sagen, wie Freud ihn als Patienten behandelt hatte – abgesehen von der Erläuterung der Gründe, aus denen Freud es für ratsam gehalten hatte, ihn nur kurze Zeit in Analyse zu behalten. Das Beispiel stand jedoch in scharfem Kontrast sowohl zu Edith Jacksons Erfahrung als auch zu der der Brunswicks, wo man sich durchaus fragen könnte, warum Freud sie weiter behandelt hatte. Dennoch war Jokl für mich eine wertvolle Quelle bezüglich der Wiener Psychoanalytischen Vereinigung. Ich fragte ihn, wie Freud – etwa im Vergleich zu seinen Anhängern in Berlin und Budapest – zu der Wiener Gruppe gestanden hatte. Jokl erschien mir bemerkenswert ehrlich, als darauf er meinte, Freud habe im Unterschied zu seinen sonstigen Schülern bezüglich seiner Wiener Schüler „einige Zweifel" gehabt.

Er war jedoch nicht bereit, soweit zu gehen, daß er eingeräumt hätte, daß es zwischen Freud und seinen Wiener Anhängern eine große Distanz gab. Er erzählte vielmehr, wie oft sie sich zwanglos in Freuds Sprechzimmer getroffen hatten; er sagte zwar, „jede Woche", ich weiß jedoch, daß es korrekter gewesen wäre zu sagen, sie hätten sich etwa einmal im Monat getroffen. Federn war die Aufgabe übertragen worden, auszuwählen, wer daran teilnahm. Bei diesen Treffen hatten die Wiener Analytiker Gelegenheit, über „viele Dinge" miteinander zu diskutieren, nicht nur über Psychoanalyse, sondern auch über Politik. Die zehn bis zwölf Personen, die regelmäßig bei Freud zu Hause zusammenkamen, hatten, wie er sagte, ein „recht intimes Verhältnis zueinander" – eine Formulierung, die aus der historischen Distanz als ein Understatement gewertet werden kann. Denn man kann sich schwerlich Personen vorstellen, die Intimeres voneinander wußten, als diese frühen Analytiker, selbst wenn sie dabei zwangsläufig häufiger auf eine psychopathologische Terminologie zurückgriffen, als dies üblicherweise in gewöhnlichen Kreisen, unter Laien der Fall gewesen wäre.

Da Jokl erzählt hatte, daß sie auch über politische Fragen diskutiert hatten, fragte ich ihn, wie Freud in den dreißiger Jahren zu den Entwicklungen in Deutschland gestanden habe. Freud, erzählte er, hatte über die Veränderungen gesprochen, die mit der Machtergreifung der Nazis einhergingen. Er habe „eine gewisse Sorge" gezeigt, aber nicht „ganz" an die Realität dessen geglaubt, was dann tatsächlich geschehen sei. Aber Freud hätte wohl kaum allein damit gestanden, daß er die ganze Tragweite von Hitlers Einfluß nicht vollends erkannt hatte. Jokl meinte, Freud habe „wenig Achtung" vor Dollfuß gehabt – was allerdings dem widerspricht, was Mark Brunswick dazu sagte. Jokl siedelte Freud in seinen politischen Überzeugungen „näher" bei den verschiedenen sozialistischen Parteien an. Auf meine weitere Frage, ob Freud auch etwas zu Roosevelts New Deal gesagt habe, meinte Jokl indessen nur, in Wien habe man in jenen Tagen wenig über die Entwicklungen in Amerika gewußt.

Da wir schon beim Thema waren, wollte ich natürlich auch Freuds merkwürdiger negativer Einstellung zu Amerika noch etwas weiter auf den Grund gehen. Für Jokl waren Freuds anti-amerikanische Vorurteile nicht so absurd, wie sie wohl jemandem erscheinen mußten, der wie ich in Amerika aufgewachsen war. Als ich Jokls leichtes Lächeln sah, während er über meine Frage nach Freuds Reaktion auf Amerika nachdachte, konnte ich mich des Eindrucks nicht erwehren, daß er Freuds Überzeugungen zur Neuen Welt in gewisser Weise teilte. Die „freie Liebe", sagte er dann, sollte nicht als die Essenz der Psychoanalyse verstanden werden; das war für ihn jedoch genau der Punkt, wie Freuds Werk diesseits des Atlantiks, in Amerika, bezeichnenderweise mißverstanden wurde. Sich scheiden zu lassen oder sich einen neuen Sexualpartner zu suchen, sei wohl kaum der Kern dessen gewesen, wofür Freud gestanden habe. Freud „haßte" es, sagte er, wie sein Werk in Amerika oft vulgarisiert wurde, und er habe die vielfältige „kommerzielle" Nutzung psychoanalytischen Gedankenguts verabscheut, die in der amerikanischen Kultur gang und gäbe sei.

Ich sprach mit Jokl auch über einige der weniger bekannten Mitglieder der Wiener Psychoanalytischen Vereinigung – nicht zuletzt auch, um durch möglichst viele Informationen besser für die Interviews gerüstet zu sein, die ich im weiteren noch mit frühen Wiener Analytikern führen wollte, wobei jedoch klinische Fragen im Vordergrund standen. Ich fragte ihn, warum Freud seines Erachtens nie über das Problem der Gegenübertragung geschrieben habe, obwohl er die Existenz eines solchen Konzeptes doch erwähnt habe. Freud, meinte Jokl indes, habe sehr wohl über die Gegenübertragung gesprochen, und zwar indem er darauf eingegangen sei, wie ein Analytiker durch das bei einer Analyse zutage geförderte „gefährliche Material infiziert" werden konnte. Hierzu paßte die von Mark Brunswick angesprochene Analogie mit den Röntgenstrahlen. Freud hatte das Thema der Gegenübertragung jedoch nie ausführlicher untersucht.

Ferenczi war jemand, der weitaus geneigter als Freud war, die Beziehung zwischen Patient und Analytiker im Sinne einer Wechselseitigkeit zu sehen; er ging schließlich sogar soweit, daß er von der „gegenseitigen" Analyse zwischen Klient und Therapeut sprach. Ich fragte Jokl, ob Freuds erklärte und lange während Vorliebe für Ferenczi nicht vielleicht sein Weg gewesen sei, mit seiner Weiblichkeit umzugehen. Und er meinte, das sei tatsächlich so gewesen, seine Freundinnen seien für ihn von gleichem „Nutzen" wie seine männlichen Anhänger gewesen. Diese Frauen hätten ihm jedoch als Frauen nichts bedeutet, betonte er und wiederholte nachdrücklich, Freud hätte Frauen im allgemeinen nicht „akzeptiert" oder zumindest Schwierigkeiten gehabt, sie zu tolerieren.

Das brachte mich zu der Frage, ob er es für möglich hielt, einen Zusammenhang zwischen Freuds Problemen mit der Weiblichkeit und seiner Abneigung gegenüber Musik herzustellen. Hier gebot Jokl mir doch Einhalt und meinte, die Antwort auf meine Frage sei ganz klar „nein". Jokl zufolge hatte Freud gerne den Humoristen Wilhelm Busch zitiert, der gesagt hatte: „Musik wird oft nicht schön gefunden, weil sie stets mit Geräusch verbunden." (Eine Zeitlang hatte Freud auch einige Bücher von Busch in seinem Wartezimmer liegen.) Abgesehen von Mozarts *Don Giovanni*, meinte Jokl, habe Freud einfach keine Musik gehört. Er beharrte jedoch darauf, daß Freuds mangelnde Musikalität keine „Abwehr" gewesen sei, er habe nur einfach keine Beziehung dazu gehabt und sie somit auch nicht vermißt. (Mark Brunswicks Meinung über Freud und dessen Verhältnis zur Musik wäre für Jokl sicher ein Punkt zur Auseinandersetzung gewesen.) Wenn Freud etwas nachsummen wollte, meinte er, sei es ihm nie gelungen, den richtigen Ton zu treffen, was jedoch nur „eine Schwäche" und keine „nervliche Frage" gewesen sei. Freuds mangelndes Interesse an Musik konnte aus seiner Sicht nicht als „neurotische Hemmung" gesehen werden. Über Freuds Persönlichkeit, meinte er im übrigen, sollte jedoch nur „spekuliert" werden, wenn es auch entsprechende Belege für solche Spekulationen gab.

Ich versuchte noch einmal, die Frage von Freuds Charakter in Zusammenhang mit seiner klinischen Praxis aufs Tapet zu bringen, und fragte, ob Freuds Problem mit der Weiblichkeit, das Jokl so betont hatte, in Verbindung mit seinen klinischen Fällen offenbar geworden sei. Freud, meinte er, hätte bei der Behandlung von Frauen „mehr Schwierigkeiten" als bei Männern gehabt. Er sei von „einer Blindheit gegenüber bestimmten typischen weiblichen Einstellungen" geschlagen gewesen. Jokl fand es bemerkenswert, daß Freud nach der Beendigung seiner Zusammenarbeit mit Josef Breuer mehr Männer als Frauen behandelte, während er seine ganzen vorherigen Studien über Hysterie mit Frauen durchgeführt hatte. (Edith Jackson hätte Jokl bezüglich der Zusammensetzung von Freuds Klientel sicher widersprochen.)

Jokl pflichtete mir bei, daß Freud in seiner klinischen Praxis nicht gerne mit Sucht und Alkoholismus zu tun haben wollte und beides als für die Psychoanalyse „nicht zugänglich" betrachtet hatte. Aber „wie wir heute wissen", meinte er, habe das „in Wirklichkeit ja nicht" gestimmt. Freud, erzählte er, hatte auch eine Reihe von Patienten an ihn überwiesen – bemerkenswert erschien ihm, daß er auffällig mehr Frauen als Männer zu ihm geschickt hatte. Es sei Freud wahrscheinlich leichter gefallen, meinte er dazu, eine Frau als einen Mann zur Behandlung abzulehnen. „Selbst in seinen privaten Beziehungen" sei Freud „Frauen gegenüber schüchterner und zurückhaltender als Männern gegenüber" gewesen.

Und dennoch, sagte ich, sei Freud am Ende seines Lebens effektiv von Frauen umgeben gewesen, worauf Jokl mir lächelnd beipflichtete und meinte, es hätte schon eine gewisse Ironie, wie sich die Dinge letztlich entwickelt hätten. Aber daß Freud in seinen letzten Jahren von so vielen Frauen umgeben gewesen sei, meinte er, könnte auch als „das Werk" Anna Freuds betrachtet werden. Sie war aus seiner Sicht weitestgehend verantwortlich dafür, daß Freud zuletzt so viele Frauen um sich herum hatte. (Bemerkenswert ist, daß Jung, der eine ganz andere Einstellung zu Frauen hatte, schließlich ebenso viele Frauen zum engsten Kreis seiner Schüler zählen konnte.)

Ich fragte mich, wie Ruth Brunswick in Freuds Welt überhaupt eine so wichtige Stellung hatte einnehmen können, wenn Jokl bezüglich Freuds Einstellung zu Frauen recht gehabt hätte. Freud habe sie wegen „ihres Wissens" respektiert, meinte Jokl, und nicht als Frau. Damals sei von ihrer suchtartigen Medikamenteneinnahme noch nichts bekannt gewesen, davon hatte er erst später gehört. Und für Freud, räumte er ein, sei Drogenkonsum in der Tat ein besonders katastrophales Symptom gewesen.

Jokl führte Ruth Brunswicks Probleme indes auf die gleichen „tragischen Umstände" zurück, die auch bei Silberer eine Rolle gespielt hatten. Ruth habe das Gefühl gehabt, daß Freud sie nicht gemocht und nicht verstanden habe. Und das „hatte möglicherweise" etwas damit zu tun, meinte er, daß sie später Medikamente nahm. Wenn der „Professor" von ihr gesprochen habe, dann immer mit „viel Wertschätzung", sie selbst sei davon aber nicht überzeugt gewesen. Ich warf ein, daß Ruths Dilemma mich hingegen eher an das von Tausk erinnerte; ja, meinte Jokl, es habe „eine gewisse Ähnlichkeit" gegeben. Auch Tausk habe „sich abgelehnt gefühlt, was aber nicht gestimmt" habe. Im Unterschied dazu sei Silberer tatsächlich abgelehnt worden, „was offen zu sehen war." Silberer sei in seinem Verhalten „etwas feminin" und „etwas zu abhängig" gewesen. Vielleicht, meinte er, habe Freud ja auch etwas gegen „allzuviel Unterwürfigkeit" gehabt. Jokl wußte zumindest, daß Freud es nicht mochte, wenn ein Schüler „zu unabhängig" war. (Stekel hatte 1912 an Jones geschrieben: „Du wirst früher oder später mitbekommen, daß Freud von Zeit zu Zeit einen Freund opfern muß. Er hat nur Verwendung für Leute, die ihn bestätigen. Pagoden, die Ja sagen" [Paskauskas, 1985, S. 337].

Jokl zufolge hatten viele um Freud es geschafft, „höchst unabhängig" zu sein, und dennoch ein gutes Verhältnis zu ihrem „Führer" zu wahren. Dabei erwähnte er Hartmann, Wälder und sogar sich selbst. (Jokl veröffentlichte jedoch relativ wenig und war nicht so bekannt wie die anderen.) Er habe nie das Gefühl gehabt, meinte er, „unterwürfig" gewesen zu sein. Bei Personen, die „weibliche Eigenschaften" hatten, sei Freud jedoch argwöhnisch gewesen, genau wie bei Frauen „im allgemeinen." Jokl betonte wiederholt, welche Bedeutung Konflikten in Zusammenhang mit Abhängigkeit und Unabhängigkeit in Freuds Welt beigemessen worden sei.

Und dieses Problem, sagte er, habe auch noch lange über Freuds Tod hinaus fortbestanden. Er hatte in Los Angeles zum Beispiel mitbekommen, wie jemand einen psychoanalytischen Artikel über Freud geschrieben hatte, den die Zeitschrift zur Absegnung jedoch zunächst an Anna Freud geschickt hatte. Da sie ihn ablehnte, war er einfach nicht veröffentlicht worden. Und der betreffende Autor, meinte Jokl, sei „sehr beleidigt gewesen." Als ich erzählte, daß Felix Deutsch mit einem Aufsatz, den er über Freuds Krankheit geschrieben hatte, etwas ähnliches widerfahren war, schien Jokl die Geschichte bereits zu kennen. (Im Falle Deutschs hatte es diesen jedoch nicht persönlich getroffen, sondern statt dessen seine Frau Helene.) Was Erik H. Erikson anging, der zu Annas Mißfallen einiges über Freud veröffentlicht hatte, meinte Jokl, er sei nicht so verwundbar wie andere gewesen; Erikson habe einen so „breiten Horizont" gehabt, daß er mit Annas Ablehnung habe leben können. Zudem habe Erikson auch nie versucht, sein „Identitätskonzept" (Roazen, 1976) als ein psychoanalytisches Konzept auszugeben, sondern es als ein gesellschaftliches Konzept verstanden wissen wollen; somit sei Erikson vielleicht abgesicherter als andere Analytiker gewesen.

Jokl hatte eine erhebliche Abneigung gegen Anna Freud, die ich im übrigen auch bei anderen feststellte, die, unabhängig von ihr, eine direkte Verbindung zu ihrem Vater gehabt hatten. Als ich ihm erzählte, wie selektiv Anna das Material für die erste veröffentlichte Ausgabe von Freuds Briefen an Wilhelm Fließ zusammengestellt hatte, meinte er, das sei doch „eine Fälschung." Als ich nachschob, es sei „unanalytisch", die Wahrheit so zurechtzuschustern, ging Jokl sogar noch einen Schritt weiter und meinte, sie habe sich „anti-analytisch" verhalten. Für frühe Analytiker war der Begriff anti-analytisch die denkbar schärfste Form der Verurteilung, schlicht der Gipfel der Verurteilung.

Ich fragte Jokl, ob er irgendeinen von Freuds berühmten Fällen persönlich gekannt habe. Er habe nur den Kleinen Hans gekannt, sagte er, als er 1922 als junger Mann zu Freud zurückgekommen sei. Wie der Kleine Hans sich entwickelt habe, sei „ein sehr großer Triumph" für Freud gewesen. Der Kleine Hans, sei damals eine „äußerst gesunde Persönlichkeit" gewesen.

Ich fragte ihn auch, ob er mit Freud je über irgendwelche Romane gesprochen hatte. Er erwähnte nur Wilhelm Jensens *Gradiva,* worüber Freud auch geschrieben hatte. Jokl selbst hielt nicht allzuviel von dem Roman und war der Meinung, Freud habe „das daraus gemacht, was ihm dann an Bedeutung beigemessen wurde." Freuds Studie über *Gradiva,* meinte er, sei im Vergleich zu „einem wissenschaftlichen Aufsatz" eher „ein gutes Gedicht" gewesen.

Als ich Jokl fragte, welches sein Lieblingsbuch von Freud sei, nannte er sowohl *Jenseits des Lustprinzips* als auch *Das Unbehagen in der Kultur,* wobei er indes der Meinung war, Freud habe sich so intensiv mit dem Problem des Todes beschäftigt, weil er durch seine körperliche Verfassung vom Tod bedroht gewesen sei. Freud habe angefangen, von der Existenz eines inneren psychologischen Todeskonzeptes zu sprechen, um seine eigene Todesangst zu „kompensieren." In Jokls Augen hatte Freud sich jedoch bereits in *Jenseits des Lustprinzips* selbst „widersprochen", da er eine Qualität des Lebens genommen und einen Trieb daraus gemacht habe. So sei das Sterben nach Freuds Beschreibung zu einem Trieb geworden, was „hilfreich" für seine eigenen Todesängste gewesen sei. (Die Unausweichlichkeit der entweder nach außen oder nach innen gerichteten Aggressivität war ein Kernstück von Freuds These in *Das Unbehagen in der Kultur.*)

Obwohl Jokl, wie gesagt, mit der Datierung von Freuds Krebserkrankung möglicherweise etwas falsch lag, hat seine feste Überzeugung, daß Freud „eine neurotische Todesangst" hatte, durchaus etwas Glaubwürdiges. Und diese Angst Freuds führte Jokl auf „Schuldgefühle" zurück. Die Ängste Freuds vor dem Tod waren in seinem Werk bereits lange vor seiner These über den Todestrieb aufgetaucht und konnten mit seinen wohlbekannten Ängsten vor dem Reisen in Verbindung gebracht werden. Jokl vermutete, daß hinter solchen Emotionen bei Freud unbewußte Schuldgefühle steckten.

Ich versuchte, Jokl dazu zu bewegen, psychoanalytisch über Freuds Eltern nachzudenken, da er bereit zu sein schien, auch andere Merkmale in Zusammenhang mit Freuds Neurose zu deuten. Er fand, daß Freud „sehr abhängig" von seiner Mutter gewesen sei und vieles von seiner Neigung zu Ängsten auf das innere Vertrauen, mit dem er auf seine Mutter gebaut habe, zurückzuführen sei. Freuds Mutter sei „sehr klein, nett und dominierend" gewesen, meinte er, und habe einen ganzen Familien-„Hofstaat" um sich herum gehabt. Jokls erste Frau hatte eine enge Beziehung zu ihr gehabt, und Jokl meinte, Freud sei der „Augapfel" seiner Mutter gewesen. Nachdem er wiederholte, sie sei dominierend gewesen, fragte ich ihn, ob sie sich in der Familie ähnlich wie Freud gegenüber seinem „Kreis" verhalten habe, meinte er, „ja", diese Verbindung hätte er vorher jedoch noch nicht gesehen. Sie sei in der Familie „fast genauso" behandelt worden, „wie er in seinem eigenen Kreis", meinte er. Trotz seines Zeitmangels, fügte er hinzu, habe Freud sie „fast täglich" besucht. Als ich mich etwas skeptisch über die angebliche Häufigkeit der Besuche äußerte, da nichts, was ich je gehört hatte, diese Aussage untermauert hätte, beharrte Jokl jedoch darauf, die Gesundheit seiner Mutter habe Freud „die ganze Zeit" beschäftigt.

Freud sei „sehr abhängig" von seiner Mutter gewesen und habe „einen ziemlich übertriebenen Respekt" vor seinem Vater gehabt, der in Jokls Augen indes „ein etwas primitiver Mensch" war. Die hier erkennbar werdenden regressiven Elemente konnten aus seiner Sicht mit Freuds Neigung zu Ängsten in Verbindung gebracht werden, was für ihn der Kern von Freuds „ödipalem Konflikt" war. Da er Frauen allgemein mit seiner Mutter identifiziert habe, seien sie in die Kategorie des „Verbotenen" gefallen, und das, meinte Jokl, habe ihn veranlaßt, sich von ihnen zu distanzieren. Freuds Überzeugung, daß Frauen „minderwertig" seien, war aus Jokls Sicht als eine Abwehr zu verstehen, die erklärte, warum Freud insgesamt „schüchtern und scheu" gewesen sei.

Während Freud genau wie seine Mutter in seinem Kreis dominierend gewesen sei, sei er als Mann zu Hause eher nachlässig gewesen. Seine Frau habe „alles" für ihn gemacht, wiederholte Jokl, während er „wenig" Kontakt mit ihr gehabt habe. Er habe mehr mit der Schwester seiner Frau, Minna, zu tun gehabt. Ich fragte ihn, ob er es für möglich hielt, daß Freuds Liebesleben „gespalten" gewesen sei, da es so aussah, als hätte er zwischen einem sexuellen Liebesobjekt, seiner Frau, und jemandem wie Minna getrennt, mit der er eine enge menschliche Beziehung hatte. Er sei sich, meinte Jokl vorsichtig, bezüglich einer solchen „Spaltung", über die Freud ja auch psychoanalytisch geschrieben hatte, „nicht ganz sicher." Minna sei „hilfreich" für Freuds Arbeit gewesen, genau wie später seine Tochter Anna. Diese Rolle hätte seine Frau Martha hingegen nicht übernehmen können, meinte er, da sie „zu einfach" gewesen sei.

Obwohl Jokl nur so kurze Zeit bei Freud in Analyse war, hatte diese seinen weiteren beruflichen Werdegang entscheidend beeinflußt. Jokls Erfahrung zeigt im übrigen, daß Freud es selbst noch in einer so relativ späten Phase seiner Praxis für lohnenswert hielt, einen Patienten nur so kurze Zeit zu sehen. Für einen orthodoxen Analytiker war Jokl recht wenig in Freuds Bann geschlagen und somit relativ aufgeschlossen. Vielleicht trug bei ihm auch die rein geographische Distanz zu Europa dazu bei, daß er so freidenkerisch sein konnte; verglichen damit, wie sektiererisch andere seiner Generation waren, schien Jokl jedenfalls bemerkenswert unabhängig in seinen Ansichten zu sein.

Kapitel 6

Kult: Kata Levy

Budapest mochte einst nur einen kurzen Abstecher vom alten Wien entfernt gewesen sein, aber bei meinem Interview mit Kata Levy, einer ursprünglich aus Ungarn kommenden Analytikerin, tauchten eine Reihe von Namen und Verbindungen auf, die weder in meinen Gesprächen mit Jokl noch mit einem anderen nicht-ungarischen Patienten Freuds gefallen waren. Ich interviewte sie im Sommer 1965 in London, wohin sie 1954 emigriert war. Sie hatte ihre Wohnung neben dem Haus von Anna Freud, in 20 Maresfield Gardens in Hampstead; Anna hatte im rückwärtigen Teil von Levys Garten sogar ein paar Stufen anlegen lassen, so daß Levy einfach durch den Garten, der hinter Annas Haus lag, gehen konnte, um zu den Sitzungen in Annas Kinderklinik zu gelangen.

Eine der ersten freundlichen Fragen, die Levy mir stellte, war, wie ich es geschafft hatte, sie zu finden. Die Antwort war einfach: Ich war auf einen Brief an sie und ihren verstorbenen Mann gestoßen, der in einer allgemeinen, von Freuds Sohn Ernst herausgegebenen Sammlung von Freud-Briefen veröffentlicht worden war, und der redaktionelle Vermerk, daß Levy als Psychoanalytikerin in London lebte, war alles, was ich brauchte, um sie ausfindig zu machen. Levy erinnerte sich an diesen speziellen Brief von Freud, den sie als „sehr rührend" bezeichnete, und konnte damit auch nachvollziehen, wie es mir gelungen war, sie aufzuspüren.

Ich fand, daß Kata Levy eine liebenswürdige, charmante alte Dame war, war dann aber doch überrascht, als ich sie in einem unlängst erschienenen Buch als eine einmal „bildhübsche" Frau beschrieben fand (Appignanesi und Forrester, 1992, dt. 1994, S. 523), da Ferenczi sie im Gegensatz dazu in einem Brief an Freud 1909 als „ein sehr reiches, häßliches Mädchen" dargestellt hatte (Brabant u.a., 1993, dt. 1993, S. 182). Sie starb 1969 im Alter von sechsundachtzig Jahren. Mein Besuch bei ihr war mit ganz anderen Überlegungen als bei den anderen, bisher geschilderten Interviews verbunden. Es war nicht nur ihre räumliche Nähe zu „Miss Freud", wie Anna damals genannt wurde, die ein besonderes Problem darstellte. In Wahrheit erschien es mir wie eine Gratwanderung zu versuchen, unabhängig und freidenkerisch aufzutreten, ohne dabei zugleich taktlos offensiv zu sein. Jokl sollte ich erst knapp sechs Monate später begegnen und mich bis dahin auch mehr dahingehend emanzipiert haben, was ich nach meinem Gefühl fragen konnte. Die zeitliche Reihenfolge war dennoch glücklich gewählt, denn während Jokl sich kritisch über einige Schlüsselkonzepte Freuds äußern konnte und eine beachtliche Distanz zu Anna persönlich wahrte, lebte Levy damals im Zentrum dessen, was am besten als Kult zu beschreiben wäre. Anna hatte mich, als ich in London war, bereits eingeladen, einen Sommer lang an den wöchentlichen Sitzungen in ihrer Klinik teilzunehmen. Bei diesen Sitzungen sah ich auch Levy, die ebenfalls daran teilnahm und völlig eingefangen in die Welt um Freuds jüngste Tochter zu sein schien. (Wenn Lord Acton sagte: „Macht hat die Tendenz zu korrumpieren, und absolute Macht korrumpiert absolut", so könnte die Psychoanalyse diese Maxime mit den Verlockungen, sich infantilisieren zu lassen, übersetzen. Der Chicagoer Analytiker Heinz Kohut wurde noch bis in die siebziger Jahre von den Umtrieben Annas in Beschlag genommen [Cocks, 1994].

Die Räume, die ich in Levys Haus sah, schienen voll von Freud-Andenken zu sein. Sie hatte eine Sammlung von Freud-Fotographien und mehrere Büsten vom Gründer der Psychoanalyse; sie hatte es auch geschafft, Budapest mit einer Reihe von Büchern zu verlassen, die sich auf die frühe Geschichte der Psychoanalyse in Ungarn bezogen. Aber völlig abgesehen von diesen äußeren Zeichen ihrer Verbundenheit mit den Anfängen der Freudschen Bewegung war nicht zu übersehen, wie sehr Levy noch immer emotional in Freuds Gefühlswelt gefangen war. Als wir zum Beispiel über Freuds Trauer und Schmerz anläßlich des Todes eines seiner Enkelsöhne im Jahr 1923 sprachen, der auch in jenem veröffentlichten Brief an Levy und ihren Mann zum Ausdruck gekommen war, hatte sie Tränen in den Augen, als sie an die tragischen Ereignisse von damals zurückdachte. Und was ihre eigenen Werke anging, von denen sie mir jeweils ein Exemplar gab, fiel mir auf, daß Anna Freud zu einem eine kurze Einleitung geschrieben hatte, so wie ihr Vater früher für seine Lieblingsschüler Vorworte geschrieben und damit ihre Arbeiten abgesegnet hatte (Levy, 1960; s.a. Levy, 1949).

Ihr Mann, Lajos Levy (1875-1961), war Internist und außergewöhnlich belesen in der europäischen medizinischen Literatur gewesen, und darüber war er auch erstmals auf Freuds Namen gestoßen. Er war Leiter eines bekannten jüdischen Krankenhauses in Budapest. Kata zufolge war Lajos nie analysiert worden. Diese kleine Information strafte alle die unzähligen Male Lügen, wo in der Literatur immer wieder behauptet wurde, Lajos Levy sei von Ferenczi analysiert worden (Molnar, 1992, dt. 1996; Young-Brühl, 1988, dt. 1995). Dieser Mythos war vielleicht sogar einfach dadurch entstanden, daß Lajos Ungar und Ferenczi der bedeutendste Analytiker in Budapest war. (Es ist durchaus möglich, daß Lajos Levy Ferenczi gelegentlich wegen seiner Probleme konsultierte, fest steht jedoch, daß Ferenczi ihn als „Freund" betrachtete.)

Kata zufolge war ihr Mann derjenige, dem es zuzuschreiben war, daß Ferenczi schließlich Zugang zur Psychoanalyse gefunden hatte. Ihr Mann habe Ferenczi ein Exemplar von Freuds *Traumdeutung* gegeben, und das sei der Anfang von allem weiteren gewesen. Nachweislich war Lajos 1913 eines der fünf Gründungsmitglieder der Ungarischen Psychoanalytischen Vereinigung. Und er hatte ursprünglich auch Melanie Klein zu Ferenczi geschickt, nachdem er zu dem Schluß gekommen war, ihre medizinischen Beschwerden seien neurotisch. Es wäre jedoch anachronistisch zu glauben, wie kürzlich behauptet wurde, Lajos Levy sei jemals „Psychoanalytiker" gewesen (Gay, 1988, dt. (1989), 1995, S. 442). Historiker sollten sich nicht zu der Annahme verleiten lassen, daß die Mitgliedschaft in einer frühen psychoanalytischen Vereinigung automatisch gleichbedeutend damit gewesen wäre, daß der Betreffende auch selbst praktizierender Analytiker war. Während dies für die heutigen Mitglieder sicher zutrifft, war dies am Anfang der Freudschen Bewegung völlig anders; solche nichtpraktizierenden Mitglieder sollten der fragilen Gruppe der Pionieranalytiker zusätzliches Gewicht geben. Ein Bild von Lajos tauchte im übrigen im Zusammenhang mit einem psychoanalytischen Kongreß 1924 in einem berühmten Karikaturenbuch auf. Kata ließ jedoch keinen Zweifel daran, daß Lajos „nie" Psychoanalyse praktiziert hatte. Ein ausnehmend gut informierter alter ungarischer Analytiker, Sandor Rado, bezeichnete Lajos mir gegenüber als einen „Internisten", wie er zudem auch von Kata (und in seinem offiziellen Nachruf) tituliert wurde.

Freud soll Lajos Levy wichtig genommen haben, da er ein so außergewöhnlich brillanter Kopf war. Michael Balint, ein ungarischer Analytiker, der damals in London lebte, sagte von ihm, er habe „wirklich einen herausragenden Verstand" gehabt und „wundervolle" Artikel für eine medizinische Zeitschrift geschrieben. Lajos verstand sich offensichtlich auf Patienten, die eine bestimmte Form der Beruhigung brauchten. Obwohl er, wenn es um das diagnostische Verständnis eines Falles ging, nicht hätte besser sein können, war Balint gleichwohl der Meinung, daß er einen „schrecklichen" Therapeuten abgegeben hätte. Freud verließ sich, neben anderen, auf Lajos' medizinischen Rat, und Lajos wurde auch Ferenczis Arzt. Balint spekulierte, daß Lajos auch die mutmaßliche Quelle von Jones für die bösartige Geschichte über Ferenczis letzte Tage war; fest steht jedoch, daß Lajos an verschiedene Personen Briefe schickte, worin er bestritt, daß die Jones'sche Darstellung auch nur im geringsten der Wahrheit entsprach. (Kata Levy hatte nur den ersten Band von Jones' Biographie und den Rest nur auszugsweise gelesen; für sie war Martin Freuds Buch das beste über den „Professor", und sie hatte es, gleich nachdem es erschienen war, anderen als Geschenk geschickt.)

Es wäre im Gespräch mit jemandem, der mit den Anfängen der Psychoanalyse in Ungarn zu tun hatte, wohl undenkbar gewesen, daß Ferenczis Name nicht allüberragend über allem geschwebt hätte. Ferenczi war und blieb bis zu seinem Tod 1933 die herausragende Figur in der ungarischen Psychoanalyse; und unlängst wurde er durch eine in Budapest gegründete Gesellschaft geehrt, die seinen Namen trägt. Am bemerkenswertesten ist jedoch, wie die Verfechter der Orthodoxie jeden von ihnen mißbilligten Ansatz damit stigmatisieren, daß sie ihn mit jener Arbeit identifizieren, die Ferenczi repräsentierte (z.B. Malcolm, 1992). Erst 1992 hat man angefangen, die gesamte Korrespondenz zwischen Freud und Ferenczi zu publizieren, die am Ende drei große Bände umfassen und die ganze Intimität der Freundschaft zwischen diesen beiden Männern zeigen wird. Es ist bemerkenswert, wie locker und entspannt Freud in jenen Briefen war, in denen er sich über viele Jahre hinweg oft mehrmals in der Woche Ferenczi anvertraute.

Kata Levy akzeptierte die Feststellung, daß Ferenczi gegen Ende seines Lebens „angefangen hatte, wie Rank und Jung zu werden" und sich, wie sie es taktvoll ausdrückte, von seinen wahren „Überzeugungen entfernte." Die bekanntesten Dissidenten in der Geschichte der Psychoanalyse haben eine revolutionäre Tradition geschaffen, die für jeden eine Verlockung war, der Meinungsverschiedenheiten zu Freud entwickelte. Denn die Art und Weise, wie Freud Adler vor dem Ersten Weltkrieg gebrandmarkt und verurteilt hatte, führte, abgesehen von der Vertreibung Adlers aus der Freudschen Bewegung, im Ergebnis dazu, daß er eine Berühmtheit wurde, so daß Freud es letztlich bedauerte, wie er den Adlerschen Thesen damit zu einer bis dahin nicht dagewesenen Publizität verholfen hatte. (Durch die Jagd auf Häretiker werden unweigerlich Märtyrer geschaffen.) Die Tradition, in der Psychoanalyse nach Verrätern zu suchen, führte im Endeffekt dazu, daß es nach Ferenczis Tod über sechzig Jahre dauerte, bis einige seiner Ideen schließlich die ihnen gebührende objektive Bewertung erhielten. Bis dato war es allzu einfach, Ferenczi schlicht als einen weiteren psychoanalytischen Rebell abzutun. Und dank Jones' Version von Ferenczis Tod waren einige prominente Autoritäten der Meinung, Ferenczi sei geisteskrank gestorben (Roazen, 1975, dt. 1976).

Kata Levy war informiert genug, um zu wissen, daß es Ferenczi gegen Ende seines Lebens nicht gutgegangen war. Sie glaubte jedoch, daß er an einer perniziösen Anämie gelitten habe, wobei sie mich allerdings daran erinnerte, daß sie keine Ärztin sei. Als ich ihr erzählte, daß Freud in seinem Nachruf auf Ferenczi geschrieben hatte, er hätte sich eine perniziöse Anämie zugezogen, war die Sache für sie erledigt, damit gab es für sie keinen Grund mehr, noch weiter darüber zu „spekulieren". Für Levy war Freud – gelinde gesagt – eine unstrittig zuverlässige Quelle. Heute frage ich mich allerdings, was sie wohl gesagt hätte, wenn ihr bekannt gewesen wäre, was Freud privat an Jones zu Ferenczis „Paranoia" geschrieben hatte: „Man übersieht jetzt leichter den langsamen Destruktionsprozeß ... Sein organischer Ausdruck ... war eine perniziöse Anämie." Aber Ferenczis „traurigen Ausgang", meinte Freud, „wollen wir als Geheimnis" bewahren (Paskauskas, 1993, S. 721, Bd. II, S. 89).

Ferenczi war Levy zufolge ein „sehr netter" und „sehr sentimentaler" Mensch. Er habe viele Jahre ein Liebesverhältnis mit einer älteren verheirateten Frau gehabt, erzählte sie, die zwei Töchter hatte und viel zu „weich" und „sentimental" gewesen sei. Die beiden, sie und Ferenczi, seien sich sehr „gleich" gewesen. Der Freud-Ferenczi-Briefwechsel wird, wenn er am Ende vollständig ist, auch die ganzen Einzelheiten dieser langen Liebschaft zwischen Ferenczi und seiner zukünftigen Frau offenlegen. Sie ließ sich schließlich von ihrem Mann scheiden, sagte Levy, der sich dann jedoch, als sie wiederheiratete, selbst umgebracht habe. Nach dem Ersten Weltkrieg konnte Ferenczi für sich reklamieren, kurze Zeit der erste Professor der Psychoanalyse gewesen zu sein. In Ungarn hatte es nach dem Krieg zwei Revolutionen gegeben, eine bürgerliche und eine zweite kommunistische. Während des ersten Aufstandes war Ferenczi in diese Position berufen worden, die er allerdings nur in der kurzen Zeit wahrnahm, in der die Kommunisten an der Macht und der Psychoanalyse wohlgesinnt waren. Levy fand es „erstaunlich", daß Ferenczi danach nicht umgebracht worden war und auch nicht emigrieren mußte; es habe jedoch einige berufliche Probleme gegeben, meinte sie, mit denen er in Ungarn permanent konfrontiert gewesen sei.

Levy wußte, daß Ferenczis Reputation selbst damals, als ich sie aufsuchte, noch immer überschattet war, was größtenteils auf die gefärbte Darstellung zurückzuführen war, die Jones von den Schwierigkeiten zwischen Freud und Ferenci geliefert hatte. Nach der veröffentlichten Jones'schen Version waren diese Schwierigkeiten dadurch entstanden, daß Ferenczi gegen Ende seines Lebens geistig instabil, wenn nicht psychotisch geworden war. (Ich hatte erfahren, daß Ferenczi auch mit einer der Töchter seiner zukünftigen Frau ein Liebesverhältnis hatte und sie zu Freud in die Analyse gegangen war; Jones' Kenntnis von dieser Komplikation war eine Insider-Information, so daß Balint in seinen Möglichkeiten, Ferenczi öffentlich zu verteidigen, meines Erachtens eingeschränkt war.) Als ich Levy fragte, warum Jones Ferenczi das angetan habe, meinte sie spontan, das habe etwas mit „Brudereifersucht" zu tun gehabt, die mit Jones' Neid auf Ferenczis Sonderstellung bei Freud zusammengehangen habe. Aber Jones' Eifersucht, fügte sie hinzu, hätte sich möglicherweise auch auf Freud selbst erstreckt.

Wie so viele andere, die Jones kannten, sagte auch Levy, sie habe ihn nicht gemocht. Sie hatte ihn zusammen mit ihrem Mann gerade in der Zeit, als Jones an seiner Freud-Biographie schrieb, einmal auf dem Land besucht. Und anläßlich der Gedenkfeierlichkeiten zu Freuds 100. Geburtstag, bei denen in 20 Maresfield Gardens, dem Haus, in dem Freud starb, eine Gedenktafel enthüllt wurde, hatte es im Garten eine Zusammenkunft gegeben, bei der Jones sich zu einem langen Gespräch mit Lajos Levy zusammengesetzt hatte. Sie wußte, daß der „Professor" eine gute Meinung von Jones hatte, und daß Anna nicht „vergessen" konnte, wie Jones es Freud samt seiner Familie ermöglicht hatte, sicher und wohlbehalten nach England zu kommen. Kata Levy stand Jones jedoch reserviert bis ablehnend gegenüber, der, selbst wenn er als Mensch liebenswerter gewesen wäre, bei denen Ressentiments geweckt hätte, die sich in Zusammenhang mit Freud auf ihre persönlichen Erinnerungen (statt auf seine Bücher) stützen konnten. Angesichts der Masse von Originaldokumenten, über die Jones verfügen konnte, war es für ihn um so leichter, die Erinnerungen anderer als minder zuverlässig abzutun. So hatte er zum Beispiel auch einfach die Idee abgetan, Lajos Levy sei derjenige gewesen, der Ferenczi zuerst *Die Traumdeutung* und damit den Anstoß zu dessen Interesse an der Psychoanalyse gegeben hatte.

Kata Levy glaubte aus gutem Grund, sich auf ihre persönliche Beurteilung Freuds verlassen zu können. Ihr Bruder, erzählte sie, Anton von Freund, der allgemein Toni genannt wurde, habe ein Sarkom und große Angst vor dem Wiederauftreten einer bösartigen Geschwulst gehabt. Darüber hinaus hatte er, wie Kata es nannte, auch noch einige weitere „Schwierigkeiten" gehabt. (Andere erzählten mir, Toni, der bereits Kinder aus zwei Ehen hatte, habe ein neues außereheliches Verhältnis mit einer Frau, einer Analytikerin, gehabt.) Lajos, sagte sie, habe Toni daraufhin den Vorschlag gemacht, zu Freud zu gehen, was er 1916 dann erstmals getan habe. Freud habe versprochen, ihm die Wahrheit zu sagen, wenn der Krebs tatsächlich wiederauftreten sollte.

Ihr Vater, erzählte Kata, habe eine große Brauerei besessen, bei der Toni aber nur „halb" engagiert gewesen sei. Er habe für sich schließlich einen Kompromiß gefunden, indem er Chemiker geworden sei und überdies einen Doktorgrad in Philosophie erworben habe. Als sich herausstellte, daß ihm die Bierbrauerei eine Menge Geld einbrachte, habe er es zunächst nicht haben wollen. Aber dann hatten andere ihm gesagt, warum er das Geld nicht einfach nehme, um damit zu machen, was ihm gefiel. Toni, erzählte sie, sei sodann dem Vorbild der Kopenhagener Brauerei gefolgt, wo er gelernt habe, was man mit den Profiten aus diesem Geschäft machen konnte. So hatte er dann das Geld dafür verwendet, um in Wien den Internationalen Psychoanalytischen Verlag zu gründen und in Budapest eine psychoanalytische Klinik einzurichten. Und er war auch zum Sekretär der Internationalen Psychoanalytischen Vereinigung gewählt worden.

Als im September 1918 der Internationale Psychoanalytische Kongreß in Budapest stattfand, hatte Freud bei Katas Familie in Ungarn Quartier bezogen. Der Empfang, der den Kongreßteilnehmern seitens der Stadt Budapest bereitet wurde, geriet zum Wendepunkt in der Geschichte der Psychoanalyse. (Kata erinnerte sich, daß Simmel in seiner Militäruniform erschienen war, wie auch

Tausk; Tausk war krank geworden und hatte sich übergeben – „was einen ziemlichen Aufruhr ausgelöst hatte.") Toni, sagte sie, sei damals bei Freud in Analyse gewesen, und habe zu Freud gesagt, er wisse, daß es nicht richtig und schicklich für Freud sei, im Haus eines Patienten zu wohnen – und so habe er sich dann selbst ausquartiert, während sie und Lajos im Haus geblieben seien. Freud sei mit seiner ganzen Familie eingeladen gewesen, dann seien aber doch nur Anna und der „Professor" gekommen. Und hier hatte dann auch Katas Freundschaft mit Anna begonnen.

Wie Kata Levy sich später erinnerte, war sie anfänglich ein Vorbild für Anna gewesen. In einem Brief hatte Kata ihr geschrieben:

> Ich war ja anfangs viel älter. Ich bin Dir die „liebe alte Kata", Du fragst dann einmal bei der Unterschrift, ob eigentlich als Tochter oder als Schwester. Eine Zeit lang bemühst Du Dich um das Erwachsenwerden, das ich – scheinbar – habe. Dann sind wir eine Zeit lang wie Schwestern mit der dazu gehörigen Eifersucht. Ich bin ein „grader Michl" und sicher nicht genug taktvoll und Du scheinst zu einer Zeit so gefühlt zu haben wie das reiche Mädchen, das fürchtet um ihres [sic] Geldes willen geliebt resp. geheiratet zu werden. D.h., dass mein Interesse für Dich über Papa geht ... Dann aber gehst Du mit Siebenmeilenstiefeln vorwärts. Du bist im Verein, Du arbeitest für den Verlag, Du bist erwachsen geworden, hast vieles gelernt, auch wissenschaftliches Denken, auch von der Lou A. S. [Andreas-Salomé]. Bei unseren sommerlichen Besuchen habe ich immer mehr das Gefühl von überflüssig sein. Und wir merken's gar nicht, wie es kam: Du bist die ältere Schwester geworden. Ich komme über den Umweg von social work und Bildhauerei endlich zu meinem Beruf, in dem ich viel von Dir zu lernen habe [Young-Bruehl, 1988, dt. 1995, S. 284f].

Da ich Levy begegnete, als sie in einer so abhängigen Beziehung zu Anna Freud stand, war es etwas schwer, sich vorzustellen, wie sie für Anna je „eine mütterliche Freundin" (Young-Bruehl, 1988, dt. 1995, S. 113) gewesen sein sollte.

Damals, als die Beziehung zwischen Levy und Anna anläßlich des Budapester Kongresses 1918 begann, war Freud wahrscheinlich bereits im Juli in Budapest angekommen – Levy erinnerte sich, wie er dort an einigen Fahnenkorrekturen gearbeitet hatte. Das Haus, in dem sie damals wohnten, lag in einem Fabrikviertel; alle örtlichen Brauereien waren in einem Stadtteil angesiedelt. Sie hatten Freud, erzählte Levy, ein Pferd samt Wagen zur Verfügung gestellt. In Wien waren gegen Kriegsende die Lebensmittel knapp, während es in Levys Garten in Budapest jede Menge frisches Obst und Gemüse gab; und Kata erinnerte sich, wie sie zusammen mit Anna in der Zeit einige Vorräte eingekocht hatte.

Freuds Frau war dann ebenfalls kurz zum Budapester Kongreß gekommen, und sie hatten in der Zeit vorübergehend auch im Haus von Katas Schwester gewohnt. Ich fragte Kata, ob Freuds Frau zuließ, daß er bei der Erziehung ihrer sechs Kinder die Analyse nutzte. Kata schwieg lange, ehe sie schließlich antwortete: „Hauptsächlich die Jüngeren." Weiter wollte sie jedoch nichts dazu sagen, meinte sie.

In einem anderen Zusammenhang erfuhr ich jedoch möglicherweise etwas davon, woran Levy hier dachte. Denn etwas später erzählte sie mir, Freud sei in jenem Sommer einen Monat bei ihnen in Budapest geblieben. Sie erinnerte noch sich an das Interesse, das er an wilden Erdbeeren und Pilzesammeln gezeigt hatte. Er hatte sie damals irgendwann auch gefragt, ob sie nicht vielleicht Lust hätte, eine Analyse bei ihm anzufangen. (Schließlich war sie, wie sie sagte, Tonis „Lieblingsschwester".) Und sie hatte ihm geantwortet: „Sicher, Professor, aber Sie sind im Urlaub", und hinzugefügt, da möchte er doch sicher keine Patienten haben – eine Antwort, die mir ganz zu Levys Bescheidenheit zu passen schien. Aber Freud wollte tatsächlich, daß sie eine Analyse machte. Denn er erzählte ihr dann, daß er gerade anfinge, Anna zu analysieren, und daß er gerne mehr als nur einen Patienten in Analyse hätte. Anna mußte damals, erzählte Kata, vor dem Professor abreisen, da sie an einer Schule unterrichtete. Levy erinnerte sich auch, daß zwei von Freuds Söhnen, Ernst und Martin, ihn gegen Ende des Ersten Weltkrieges in der Tatra besucht hatten; dabei war Martin bei einem der Kriegsspiele der Kinder kreidebleich geworden, als ein vorgetäuschter Überfall aus dem Hinterhalt für ihn der Wirklichkeit zu nahe gekommen war.

Es war jedenfalls bei der Gelegenheit, als Levy laut darüber nachdachte, wie es dazu gekommen war, daß sie bei Freud eine Analyse angefangen hatte, daß ich zum erstenmal konkret und in einer Form, die keinen Zweifel zuließ, erfuhr, daß Freud tatsächlich seine eigene Tochter, Anna, analysiert hatte. Ob Levy das auch vor Augen hatte, als sie sagte, seine Frau hätte ihm erlaubt, die Analyse hauptsächlich bei den jüngeren Kindern zu nutzen, weiß ich natürlich nicht genau. Levy schien jedoch nicht der Gedanke zu kommen, daß sie mit dieser Information, daß Anna von Freud analysiert worden war, die Katze aus dem Sack gelassen hatte. Denn in der Literatur gab es bis dahin noch keinen Hinweis darüber, und es sollte für einiges Aufsehen und für Bestürzung sorgen, als ich die Neuigkeit schließlich veröffentlichte (Roazen, 1993a).

Später, als Toni nur noch Monate zu leben hatte, erzählte Levy, sei sie dann die letzten Monate auch nach Wien gegangen; er starb am 20. Januar 1920. Er habe anfänglich, sagte sie, in einer Pension gewohnt und sei später in ein Sanatorium gekommen, wo der Professor ihn jeden Tag besucht und „dafür seinen kurzen Mittagsschlaf geopfert" habe. Lajos Levy hatte Toni erzählt, daß er in Wien bessere, tiefere Bestrahlungen als in Budapest bekommen könnte. Von anderen hatte ich gehört, wie außergewöhnlich charmant und beliebt Toni allseits gewesen sei. Für die Reise nach Wien hatte Kata den Schiffsweg auf der Donau gewählt, da dies der beste Weg gewesen sei, um nach Wien zu kommen. Freud war „natürlich" auch zur Beerdigung gegangen und hatte einen Nachruf geschrieben, der seltsamerweise jedoch verheimlichte, welche Art von „industriellen Unternehmungen" Tonis Vater nun genau hatte (Freud, 1920,

Ges. W., Bd. 13, S. 435f). Daß es nach Tonis Tod einen Skandal gegeben hatte, erwähnte Kata mir gegenüber jedoch mit keinem Wort; er hatte seiner nichtjüdischen Geliebten, Dr. Margit Dubovitz, Geld hinterlassen, und die Familie glaubte, sie dann gerichtlich verfolgen und gegen sie kämpfen zu müssen.
Wenige Tage nach Tonis Tod war dann plötzlich Freuds mittlere Tochter Sophie durch eine Grippe mitten aus dem Leben gerissen worden. Kata hatte den Professor kurz darauf aufgesucht. Bei dem Besuch, sagte sie, sei sie wegen Tonis Tod noch „sehr durcheinander" gewesen. Der Professor sei für Toni wirklich ein Vater gewesen und er habe damals zu ihr gesagt: „Ich weiß nicht, um wen ich jetzt trauere, um Toni oder unsere Sophie." Kata meinte, zwischen den beiden Todesfällen habe nur „ein Tag" gelegen, in Wirklichkeit waren es jedoch fünf. Freud hatte sodann den Wunsch geäußert, den Sohn von Martin Freud nach Toni zu benennen; damit, erzählte Kata, sei Freuds Schwiegertochter jedoch nicht einverstanden gewesen, so daß sein Enkelkind lediglich als mittleren Namen den Beinamen Anton erhielt; der Sohn von Kris war ebenfalls nach Anton benannt worden. Einige Monate nach Tonis Tod, sagte Kata, habe sie dann auch ihre Analyse bei Freud fortgesetzt. Bei ihrer Behandlung, bemerkte sie nebenbei, habe es einige „Unterbrechungen" gegeben.
Katas Familie war einmal sehr reich und ihr Bruder einer der wichtigsten frühen Wohltäter der Freudschen Bewegung gewesen. Es war Tonis Idee, erzählte Kata, psychoanalytische Lehrinstitute mit angeschlossenen Kliniken einzurichten, um Behandlungen für die Öffentlichkeit zugänglicher zu machen. Und er hatte eine Summe von damals umgerechnet über dreihunderttausend Dollar gestiftet, um eine derartige Einrichtung in Budapest zu gründen; unmittelbar nach Tonis Tod hatte dann auch das Berliner Psychoanalytische Lehrinstitut seine Tore geöffnet. Einen „entsprechend kleineren Betrag" hatte er auch Freud „zur Gründung eines Internationalen Psychoanalytischen Verlags" gegeben (Freud, 1920, Ges. W., Bd. 13, S. 436). Aufgrund der veränderten politischen Lage in Budapest konnte am Ende jedoch nur der Verlag in Wien ins Leben gerufen werden.
Als ich Kata Levy kennenlernte, lebte sie in bescheidenen Londoner Mittelschichtverhältnissen. Sie erklärte mir jedoch, ihre ganze Familie sei nach dem Zweiten Weltkrieg infolge der Machtergreifung durch die Kommunisten verarmt. Die Kommunisten hatten sie zu „Armen", „Räuber" hatten „Bettler" aus ihnen gemacht. Daß Anna Freud dann ihr möglichstes tat, um Levy zu helfen, nachdem sich ihre finanzielle Situation so drastisch verändert hatte, paßte durchaus zu ihrer Loyalität gegenüber Levy als Angehörige einer Familie, die von frühauf die Sache der Psychoanalyse unterstützt hatte. Wie sich herausstellte, hatte Freud Levy auch kostenlos analysiert, obgleich diese Praxis seinen ausdrücklichen schriftlichen Empfehlungen für andere Analytiker widersprach. (Daß Levys Analyse kostenlos war, stellte sich erst am Ende unse-

res Interviews heraus. Als sie mich um eine Abschrift meiner Aufzeichnungen bat, nutzte ich die Gelegenheit, sie nach Freuds Honorar zu fragen, worauf sie neben einigen kleineren Korrekturen, die sie an meinen Aufzeichnungen vornahm, nebenbei auch vermerkte, es habe kein Honorar gegeben.)

Levy erinnerte sich aus der Zeit, als sie bei Freud in Analyse war, an eine Begebenheit mit Ludwig Jekels. Jekels, der Pole war, sei ein außergewöhnlich netter Mensch gewesen, meinte sie. Nur bei einer Gelegenheit hatte er, obwohl er wußte, daß sie bei Freud in Analyse war, in ihrer Gegenwart etwas Kritisches über Freud gesagt, ihr dann aber, um sie nicht in Konflikte zu stürzen, ausdrücklich erlaubt, mit Freud darüber zu sprechen. Freud, sagte sie, habe gelacht, als er zu hören bekam, was Jekels gemacht hatte. Sie fand es nett von Jekels, daß er es ihr so leicht gemacht und ihr den Konflikt erspart hatte, in dem sie sich wähnte, nachdem er so offen in ihrer Gegenwart über Freud gesprochen hatte.

Levy hatte in jenem Sommer in der Tatra mit Freud auch Karten gespielt. Da sie glaubte, selbst „ein Anti-Talent" zum Kartenspielen zu haben, konnte sie sich nicht vorstellen, daß Freud die Spiele mit ihr genossen hatte. Sie war jedoch absolut nicht bereit, sich dazu zu äußern, was für ein Kartenspieler er gewesen war; heraushören konnte ich nur, daß er sich beim Kartenspiel offenbar entspannt hatte. 1917 in der Tatra, erzählte sie, habe sie sich wegen der Erziehung ihres Sohnes „sehr früh" ratsuchend an Freud gewandt. Für sie gab es einen Konflikt zwischen der „Erziehung" eines Kindes und der „Analyse". Lajos Levy sei wegen Kata „ein unglücklicher Mann" gewesen, hatte Balint von ihrem Mann berichtet. Sie ließ mir gegenüber, was etwaige Meinungsverschiedenheiten anging, jedoch nur durchblicken, daß es aus ihrer Sicht gelegentlich auch Gründe gab oder geben sollte, gegenüber einem Kind auch einmal „nein" zu sagen, ihr Mann habe jedoch einfach immer nur „ja" sagen wollen. Aus ihrer Sicht waren unterstützende Kontrollen notwendig; wenn man einem Kind nicht half, meinte sie, die Maßstäbe zu internalisieren, mit denen Grenzen gesetzt werden, würde es nur große Ängste vor seinen eigenen Trieben entwickeln. Und Freud, sagte sie, sei hier mit ihr einer Meinung gewesen.

Kata räumte ein, daß sie und Lajos Schwierigkeiten mit ihrem kleinen Sohn hatten. Und es muß eine weitere Quelle der Spannungen in ihrer Ehe gewesen sein, daß Kata diejenige war, die das Geld hatte. Ich frage mich, ob sie nicht einen Beweggrund für ihre Identifikation mit Annas Lage preisgab, als sie an Anna schrieb, sie habe sich „wie das reiche Mädchen" gefühlt, „das fürchtet um ihres [sic] Geldes willen geliebt resp. geheiratet zu werden." Katas immenser Reichtum muß eine Rolle in ihrer Beziehung zu Freud gespielt haben; schließlich haben Kritiker innerhalb der psychoanalytischen Bewegung (einschließlich Mark Brunswick) Freud verschiedentlich eine übertriebene Bewunderung für Geld vorgehalten – nicht für Geld um des Geldes willen, sondern mit Blick darauf, was man damit zur Förderung seiner, Freuds, Sache tun konnte.

Kata fand, daß Lajos ihren Sohn zu sehr verwöhnt hatte, sie hatten ihn aber dennoch nicht auf eine Internatsschule schicken wollen. Kata hatte sich wegen der Probleme jedoch ratsuchend an Anna Freud gewandt, die ihr daraufhin geraten hatte, ihn zu August Aichhorn zu schicken. Aichhorn konnte das Problem zwar nicht lösen, sagte sie, er habe sich mit dem Jungen jedoch so gut verstanden, daß er schließlich bei den Aichhorns geblieben und so das dritte Kind in der Familie Aichhorns geworden sei. Levys Problem wurde im Endeffekt also in der Form gelöst, daß der Sohn wegging und nicht mehr zu Hause lebte. Aichhorn, erzählte sie, habe den Jungen dann ermuntert, Bildhauer statt Arzt zu werden. Vilmos, wie der Junge hieß, wurde später als Peter Lambda bekannt und lebte ab 1938 in England. Als Freud gegen Ende seines Lebens, als er bereits „im Ruhestand lebte", wie Kata es ausdrückte, (vielleicht, nachdem er keine Patienten mehr annahm), hatte er Peter erlaubt, eine Büste von ihm anzufertigen. Freud hatte den Jungen immer gemocht, schon seit er in der Tatra die Natürlichkeit des Kleinen schätzen gelernt hatte, und zeigte ihm 1939 dann seine Anerkennung dadurch, daß er ihm für die Büste Modell saß.

Katas Schwägerin Rozsi, Tonis zweite Frau, hatte in den sechziger Jahren in London bei Kata gelebt. Rozsi war auch von Freud analysiert worden. Sie war nach Tonis Tod „zusammengebrochen", und sie hatten eine Lösung finden müssen, was mit ihr werden sollte. Sie hatte zwei Kinder mit ihm, und es gab außerdem noch ein weiteres Kind aus seiner ersten Ehe. Obwohl Kata mich eines Abends, anläßlich eines Filmvortrags in der Klinik Anna Freuds, zu sich nach Hause zum Abendessen einlud, bin ich Rozsi nie begegnet. Ich war zugegebenermaßen etwas frustriert, daß Kata nicht zulassen wollte, daß ich Rozsi interviewte.

An einem Punkt, als ich Levy fragte, ob Freud in ihrer Analyse vielleicht einige Namen von Schriftstellern erwähnt habe, wollte ihr partout der Name eines Kurzgeschichtenautors aus der Schweiz nicht einfallen, und so verließ sie kurz das Zimmer, um ihre Schwägerin zu fragen, die ich aber auch bei der Gelegenheit nicht zu Gesicht bekam. Es stellte sich heraus, daß es um Conrad Ferdinand Meyer ging, den Freud als Autor sehr gemocht hatte. Levy hatte Meyers Geschichten gelesen, wohlwissend, daß Freud sie schätzte.

Auf meine Frage, ob Freud auch irgendwelche Romanautoren oder Philosophen namentlich erwähnt habe, fiel ihr ein, daß sie damals Dostojewskijs Buch *Die Brüder Karamasow* gelesen hatte. Freud hatte sie daraufhin gefragt: „Ist Ihnen irgend etwas aufgefallen?" – das heißt, er wollte wissen, ob sie in dem Roman irgendwelche Ähnlichkeiten zu ihm gefunden hatte – so als wollte er versuchen, Elemente von Übertragungsgefühlen aus ihr herauszuholen. Levy fand, daß der alte Mönch, der klüger als alle anderen in dem Buch war, sie an Freud erinnert hatte. (Der Staretz Sossima war übrigens auch Ludwig Wittgensteins „Ideal der psychologischen Einsicht" [Monk, 1990, dt. 1992, S. 581].

Freud hatte daraufhin rasch die Möglichkeiten ihrer Ambivalenz eruiert und neckisch gemeint, der Priester sei, nachdem er gestorben war, „derjenige gewesen, der stinkt!" Ein kleiner neckischer Scherz, mit dem er ihr hatte bedeuten wollen, daß sie ihn zwar vielleicht noch nicht negativ sah, es aber später unter Umständen tun könnte. Für Freud, sagte sie, sei Dostojewski ein meisterlicher Schriftsteller und das Buch das schönste der ganzen Weltliteratur gewesen. (Und sie erzählte auch, wie gerne Freud sich von der *diseuse*, der Vortragskünstlerin Yvette Guilbert unterhalten ließ – dabei wäre doch eigentlich anzunehmen gewesen, daß der Gesang einer Frau ihn irritiert und genervt hätte.)

Freud hatte Levy während ihrer Analyse auch einmal ein Buch über archäologische Ausgrabungen in Kreta geliehen, bei denen es um die minoische Kultur ging, die in der griechischen Geschichte eine tiefere Schicht darstellte. Levy wußte, daß Freud in einer seiner späteren Schriften darauf hingewiesen hatte, daß die minoische Kultur wie eine grundlegendere Ebene der Seele sei. (1931 schrieb Freud in seinem Aufsatz „Über die weibliche Sexualität": „Die Einsicht in die präödipale Vorzeit des Mädchens wirkt als Überraschung, ähnlich wie auf anderem Gebiet die Aufdeckung der minoisch-mykenischen Kultur hinter der griechischen" [S. 519]. Ebenso hatte Ferenczi 1908 in einem Brief an Freud Gerhart Hauptmanns Schilderung seiner Reise nach Griechenland und „die Schichten ... über den mykenäischen ... Fundstellen alter Kulturreste" erwähnt [Brabant u. a., 1993, dt. 1993, S. 59]). Als Freud ihr das Buch geliehen habe, sagte sie, habe er sie angeschaut, als wollte er sagen: „Jedes Buch ist so kostbar." Sie hatte ihm daraufhin versichert, daß sie es ihm ganz bestimmt zurückgeben werde.

Bücher auszuleihen, war mit Sicherheit kein integraler Bestandteil der regulären orthodoxen psychoanalytischen Technik,[1] für Levy war jedoch klar, daß Freud von „strengen Regeln" ausgenommen war. In einem Brief an Freud schrieb Ferenczi 1910, daß Freuds „neuestes Prinzip ... daß die Technik sich nach der Eigenart des Krankheitsfalles richten muß", ihm immer mehr einleuchtete [Brabant u. a., 1993, dt. 1993, S. 244]. Wenn dem so wäre, bliebe die Frage, auf was Freuds vielgerühmte Technik wirklich hinauslaufen sollte. Levy war während ihrer Behandlung aber auch noch einigen weiteren „Zugeständnissen" begegnet, die Freud sich gewährt hatte. Darüber hinaus erzählte sie, habe sie damals unter großem Druck gestanden. Er hatte ihr gesagt, er

---

[1] Während New Yorker Analytiker es in späteren Jahren vielfach aus Prinzip ablehnten, ein Buchgeschenk von einem Patienten anzunehmen, um die für einen Analytiker gebührende Neutralität zu wahren, ist bekannt, daß Theodor Reik Freud in Wien einmal auf der Straße begegnete, der ihm erzählte, ein Patient hätte ihm ein Buch gegeben und so müsse er jetzt seinerseits ein Buch suchen, das er dem Patienten geben könne – was ihm ausgesprochen unangenehm und lästig war. Man konnte also, mit anderen Worten, ein kleines Geschenk annehmen und dem Patienten dafür danken und dann auch seine Assoziationen dazu bekommen (Freeman, 1971).

müßte insofern streng sein, als sie bei ihm nicht so unbegrenzt Zeit wie die Amerikaner hätte. Diese Bemerkung, meinte sie, sei jedoch keineswegs als Verunglimpfung seiner amerikanischen Patienten zu verstehen gewesen. Sie kannte jedoch meine Nationalität und wußte, daß ich Amerikaner war – und nachdem sie dann noch erfuhr, daß mein Vater aus einer russischen jüdischen Familie kam, sprach sie sehr wohlwollend über Yehudi Menuhin und ließ sich darüber aus, wie kultiviert russische Juden sein konnten. Ich wußte ihr Taktgefühl zwar zu schätzen, nahm ihre Version von Freuds Einstellung zu Amerika im übrigen jedoch nicht ernst. Er hatte zu sagen versucht, daß sie im Unterschied zu den Amerikanern, die mitunter Jahre in Analyse blieben, besondere Probleme in Kauf nehmen mußte, da sie sich das nicht leisten konnte, weil sie zu ihrer Familie zurück mußte.

Levy war lange genug in Wien, um die amerikanischen Patienten kennenzulernen, die damals bei Freud waren. Sie erwähnte insbesondere Edith Jackson und erzählte, wie Freud gemeint hatte, solche „Amerikaner können sich den Luxus leisten, fünf Jahre zu bleiben", während Levy nur ein halbes Jahr und später noch mal ein weiteres halbes Jahr hatte kommen können. Ich denke jedoch, daß Levy aller Wahrscheinlichkeit nach reicher als Edith Jackson war, zumindest als Freud ihr zum erstenmal begegnete – und vielleicht war es auch so, daß der Weg von Budapest nach Wien einfach kürzer als von Vereinigten Staaten war und Levy somit hin- und herreisen konnte. Das hatte sie übrigens gemeint, als sie von „Unterbrechungen" bei ihrer Analyse sprach, die sich insgesamt über den Zeitraum einiger Jahre erstreckte.

Nichtsdestotrotz hatte Levy an den offiziellen Sitzungen der Psychoanalytischen Vereinigung teilnehmen können und später auch alle möglichen Seminare des Lehrinstituts besucht. Ich fragte sie, ob sie mit anderen Patienten Freuds über die Analyse gesprochen habe, wie Edith Jackson es beispielsweise getan hatte. Sie verneinte das jedoch und meinte, Freud habe gewußt, wer das analytische Setting, in dem er sie sah, nicht „mißbraucht" habe. Er hatte ihr ausdrücklich erklärt, daß sie in der Zeit, in der sie bei ihm in analytischer Behandlung war, auf den sonstigen Kontakt mit seiner Familie verzichten mußte.

Ich fragte sie auch nach Freuds Einstellung zu Frauen – eine Frage, an der Levy allerdings leichten Anstoß nahm. Als ich Jokl später begegnete, war er im Gegensatz dazu derjenige, der von sich aus bei dem Interview so viel Zeit auf diese Frage verwendete und lange und ausführlich darauf einging. Vielleicht hatte Levy meine Frage jedoch einfach falsch verstanden, denn sie reagierte darauf, als hätte ich Freud irgendwelche sexuellen Techtelmechtel unterstellen wollen. „Niemand", sagte sie zu Freuds Verhältnis zu Frauen, „hat Freud jemals in Frage gestellt, und es gab keinen Grund, sein Verhältnis zu Frauen in Frage zu stellen." Als sie dann über Freuds Gewohnheit, auch mit seiner

Schwägerin zusammen in Urlaub zu fahren, nachdachte, meinte sie, Freud habe halt die hohen Berge geliebt, während der Frau Professor die Höhen jedoch „nicht bekommen" seien. So sei er halt mit ihrer Schwester Minna verreist, die im übrigen nicht so „weich" wie Freuds Frau gewesen sei. Freud, gab sie mir klipp und klar zu verstehen, sei, solange sie ihn gekannt habe, „ein sehr ehrbarer alter Gentleman" gewesen. Er liebte „Ordentlichkeit", meinte sie, und in seiner unmittelbaren Familie habe es niemanden gegeben, der ein „Bohemien" gewesen sei.

Levy gehörte auch 1965 noch zu der kleinen Gruppe, die mehrmals jährlich zu verschiedenen Anlässen zum Krematorium pilgerte, wo Freuds Asche ruht – zum Beispiel an Freuds Geburtstag (6. Mai) und am Jahrestag seines Todes (23. September). Und zwar ging Levy für gewöhnlich zusammen mit dem Wiener Analytiker Willi Hoffer, Dorothy Burlingham, Annas Haushälterin Paula Fichtl, Freuds Enkel Ernst und natürlich Anna Freud dorthin. In der Familiengrabstätte der Freuds ruhten auch Lajos' sterbliche Reste, und da das Urnengrab von Frau Hoffer auch nicht weit, nur um die Ecke war, war ein Besuch im Krematorium im Gedenken Freuds zugleich auch immer eine innerfamiliäre Angelegenheit für die anderen.

Zu ihrem persönlichen Werdegang erzählte Levy, daß sie in Ungarn unter den Kommunisten Analyse hatte praktizieren können, ohne allerdings Werbung dafür machen zu dürfen. Sie erinnerte sich, daß Freud nach dem Ersten Weltkrieg ihr gegenüber gemeint hatte, die Kommunisten seien ebenso schlimm wie die Faschisten. Die Nazis waren lange in Wien, meinte Kata, ehe sie dann auch in Budapest die Macht ergriffen hatten; in Ungarn, sagte sie, sei sie bis zum Ersten Weltkrieg keinem Antisemitismus begegnet, was in Wien jedoch anders gewesen sei. Nach dem Zweiten Weltkrieg waren einige ihrer alten Patienten zu ihr zurückgekommen, und sie habe auch einige neue dazubekommen. Sie hatte sich 1928 erstmals offiziell der Ungarischen Psychoanalytischen Vereinigung angeschlossen, und wir brüteten ziemlich lange über den alten Mitgliederlisten der Vereinigung; ich hoffte, die Listen würden ihr Gedächtnis anregen, denn es interessierte mich, wie die Gruppe damals war. Levy hatte zudem eine Ausbildung als Sonderschullehrerin für geistig behinderte Kinder, und Pädagogik blieb zeit ihres Lebens ihr zentrales Interessengebiet. Von 1935 bis 1936 war sie als Erziehungsberaterin an einer Mädchenschule tätig gewesen.

Die meisten Mitglieder der alten Ungarischen Psychoanalytischen Vereinigung seien Juden gewesen, erzählte sie; daneben habe es eine Handvoll Nichtjuden gegeben, von denen dann einer Präsident der Vereinigung geworden sei, nachdem es unmöglich geworden war, daß ein Jude den Vorsitz innehatte. Die ungarischen Nazis hatten die psychoanalytische Gruppe dann aufgelöst, und in dieser Zeit hatten sich denn auch die Ärzte in Ungarn von der Psychoanalyse abgewandt. In der alten Vereinigung hatten damals etwa zwanzig Personen regelmäßig an den Sitzungen teilgenommen. Innerhalb der Vereinigung, erzählte sie, hatte es in jener Zeit zwei Lager bezüglich der Frage der „weiblichen Kastrationsängste" gegeben. Mir war zunächst nicht klar, daß sie sich dabei auf Freuds Hypothese vom Penisneid bezog, bis sie mir dann jedoch erklärte, daß sie damals „die Freudsche Position" bezogen hatte, während andere (und nicht nur Frauen) den entgegengesetzten Standpunkt vertreten hatten. (Jokl gehörte bei dieser Frage in Wien offensichtlich dem Gegenlager an.)

In Budapest hatte ein Redner einmal von der Existenz einer „Kata-Levy-Gruppe" und einer „Wilma-Kovacs-Gruppe" gesprochen; Wilma Kovacs, die Mutter von Alice Balint, Michaels erster Frau, war von Ferenczi analysiert worden. Kovacs war, wie Levy, keine Ärztin, sondern „Ethnologin". Rückblickend fand Levy die Vorstellung, daß es in der Vereinigung zwei solche Gruppen gegeben hatte, durchaus einleuchtend, obwohl sie die Idee damals, als erstmals davon gesprochen wurde, weit von sich gewiesen hatte. Sie selbst, meinte sie, habe zu einer weitestgehend aus Frauen bestehenden Gruppe von Laienanalytikern gehört, die der Analyse treu ergeben – und meistenteils Kinderanalytikerinnen waren.

Ich konnte nicht widerstehen zu fragen, welche Meinung Freud von den Ungarn gehabt hatte. „Keine schlechte", antwortete sie sehr schnell, aber so schnell im Gegensatz dazu, wie zögerlich sie ansonsten manche meiner Fragen beantwortete, daß mir der Verdacht kam, ob sie nicht doch innerlich gewisse Zweifel an Freuds angeblicher Einstellung zu Ungarn hatte. (Ich wußte, daß er beispielsweise die Italiener herablassend behandelt hatte.) Der Hauptunterschied zwischen der Psychoanalyse in Ungarn und Österreich habe darin bestanden, meinte sie, daß es in Budapest „keinen Professor" gab. Die ungarische Vereinigung sei insgesamt „kleiner" gewesen, und in Wien hätte man begabtere Leute wie Hartmann und Kris gehabt. Obwohl die „zweite Generation" wie Nunberg bereits analysiert gewesen sei, sagte sie, habe es in Wien auch noch eine ältere Gruppe gegeben, die nicht analysiert worden war und zu der Federn, Jekels und Sadger gehörten. In Budapest, sagte sie, habe Ferenczi die Pioniergeneration repräsentiert.

In Wien hatte Levy sich bei einer kleinen Sitzung, die im Haus der Professors stattfand, einmal einige Notizen gemacht, die eigentlich nur für sie persönlich gedacht waren, aber 1965 bereits bei Eissler im Freud-Archiv gelandet waren (Levy-Freud, 1990). Bei der Sitzung, an der sie teilgenommen hatte, hatte Paul Schilder einen Vortrag über den „Charakter" gehalten. An der Sitzung hatten auch Anna Freud und Marie Bonaparte teilgenommen, die im übrigen den Termin der Sitzung auch hatte datieren können.

Mit meiner Frage, ob bei den Ungarn im Vergleich zu anderen Nationalitäten vielleicht kulturell bedingte Unterschiede in den neurotischen Symptomen zu beobachten waren, kam ich bei Levy nicht sehr weit. Es wäre natürlich auch nicht im Einklang mit der Freudschen Lehre gewesen, die Bedeutung nationaler Prägungen bei Neurosen eingestehen zu wollen. Levy gab mir jedoch zu verstehen, daß es sich bei den psychoanalytischen Patienten in Ungarn hauptsächlich um Juden gehandelt habe. Während die Ungarn eine „unbeschwerte Lebensart" hatten, meinte sie, gerne tranken und das Leben genossen, habe der Alkoholkonsum dem jüdischen Charakter hingegen nicht entsprochen.

In Levys Erinnerungen an die prominenten Mitglieder der ungarischen Vereinigung spielte Reza Roheim eine herausragende Rolle. Er interessierte sich für „Primitive", wie Freud die des Lesens und Schreibens unkundigen Völker bezeichnete, und unternahm die erste psychoanalytische anthropologische Feldarbeit. Marie Bonaparte, erzählte Levy, habe es ihm finanziell ermöglicht, zusammen mit seiner Frau eine Expedition in die „Wüsten" Australiens zu unternehmen. Roheim habe ein immenses Faktenwissen gehabt, er habe den Hörern diese ganzen Daten und Fakten bei seinen Vorträgen jedoch nur „hingeworfen" und sie einfach mit „zu viel" Informationen überschüttet. (Ich fand, daß er auch genauso schrieb.)

Roheim hatte von seiner äußeren Erscheinung und seinem Verhalten her etwas von einem „Stammesangehörigen", meinte Kata und fügte hinzu, er sei in einer großen Villa aufgewachsen und einmal reich gewesen, allerdings ehe es zu den ganzen Umwälzungen kam, mit denen solch ein Reichtum „vor die Hunde ging." Seine Frau, eine Nichtjüdin (er selbst war Jude) sei nett, charmant und ihm sehr ergeben gewesen. Da er aus einer so wohlhabenden Familie kam, habe er „jede Chance" gehabt zu studieren und zu lernen, und er habe sie genutzt.

Levy wußte nicht genau, wer Roheim analysiert hatte, vermutete jedoch, daß es Ferenczi gewesen sein könnte; sicher war sie hingegen, daß er nicht von Freud analysiert worden war. Es brauchte nicht eigens erwähnt zu werden, daß man als Patient Freuds in eine besondere Kategorie fiel, woran Levy auch keinen Zweifel aufkommen ließ. (Es stellte sich schließlich heraus, daß Roheim zunächst von Ferenczi und später von Wilma Kovacs analysiert worden war.) Roheim war dem Professor erstmals beim Budapester Kongreß aufgefallen. Levy hatte jedoch den Eindruck, daß die Leute, einschließlich Freud, von den anthropologischen Ergebnissen, mit denen Roheim aus Australien zurückgekommen war, vielleicht „etwas enttäuscht" gewesen seien.

Levy ging ausführlich auf einen Patienten ein, den Roheim ihr vererbt hatte, als er nach Australien ging. Ein Beispiel, das aufschlußreich zu zeigen schien, wie sehr sie sich auf jemanden einstellen konnte. Bei dem Patienten handelte es sich um einen Psychotiker, der unter Brücken schlief. Sein Leben, meinte sie, sei ein einziges „Chaos" gewesen. Er hatte sogar einmal seine ganzen Papiere in die Donau geworfen, außer seinem Paß, den er, wie sie später herausfand, gerettet hatte. Sie hatte sich damals wegen einer „Kontrolle" (Supervision) an Edward Bibring gewandt, da sie glaubte, für die Behandlung von Psychotikern nicht ausgebildet zu sein. (Ich wollte nicht hinterfragen, warum sie sich wegen eines solchen Falles an Bibring gewandt hatte, der auch kein Arzt war.) Später, erzählte sie, sei der Patient für neun Monate in London aufgetaucht, wo er „ständig hinter" ihr „her gewesen sei." Sie sorgte dafür, daß er wegen einer Lungenkrankheit und psychologischer Probleme eine finanzielle Entschädigung erhielt, da er in einem Konzentrationslager gewesen war. Das Problem war jedoch, meinte sie, daß er „nicht zulassen konnte, daß er es schaffte und erfolgreich war", und später sei er dann in ein anderes Land gezogen.

Es wäre naheliegender gewesen, wenn Levy sich wegen ihres Patienten hilfesuchend an Federn statt an Bibring gewandt hätte. Federn war wegen seiner äußeren Ähnlichkeit mit dem äthiopischen Kaiser Haile Selassie als der „König von Abessinien" bekannt. Genau wie andere hob Levy Federn als „netten" Menschen hervor, und sie erwähnte von sich aus, daß er unter anderem Aichhorn analysiert hatte. Federn war „der Vorläufer" der Ich-Psychologie, sagte sie, ihr sei es allerdings „schwergefallen", seine Ideen zu verstehen. Es war neu für sie, daß auch Freud es schwierig gefunden hatte, einigen seiner Ideen zu folgen (Roazen, 1975, dt. 1976). Wegen ihres Sohnes hatte Levy natürlich ein besonderes Interesse an Aichhorn. Sie hatte ihn beobachtet, wie er jugendliche Straffällige interviewte, und war „sehr beeindruckt" gewesen. Ihr Sohn fertigte eine Büste von Aichhorn an, und zwar unmittelbar nachdem er ohne eine entsprechende Ausbildung angefangen hatte, als Bildhauer zu arbeiten. Aichhorn hatte mit Freud sowie mit einigen seiner „vor-analytischen" Freunde, wie etwa Professor Rie, Karten gespielt. Aichhorn, bemerkte sie nebenbei, habe sich „anders" als jeder andere gekleidet. Eissler sei ein Schüler von ihm gewesen, Levy war sich allerdings nicht sicher, ob er auch von ihm analysiert worden war. (Für Levy wie auch für andere jener Ära war es so selbstverständlich, einen Analytiker zu haben, wie man auch Eltern hatte; es war Sterba, der mir erzählt hatte, er sei Eisslers Analytiker gewesen; allerdings wäre es bei Eissler auch nicht außergewöhnlich gewesen, wenn er mehr als nur einen gehabt hätte.) Aichhorn hatte neben den Freuds noch „in einem anderen Kreis" verkehrt, in dem auch die Levys verkehren mußten, wenn sie in Wien waren.

Da Melanie Klein am Anfang ihrer Karriere in Budapest mit einem Bankdirektor verheiratet gewesen war, war Levy seit jeher bestens über die Entwicklung ihrer Arbeit informiert. Der Disput zwischen Klein und Anna Freud ging auf den Kongreß von 1924 zurück, bei dem beide einen Vortrag über ihre jeweiligen Ansätze bei der Behandlung von Kindern gehalten hatten. Levy war natürlich eine Anhängerin Anna Freuds, und so war es nicht erstaunlich, daß sie der Meinung war, der Einfluß der Kleinschen Ideen (die sie als „lebhafte

Phantasien" bezeichnete) hätte verhindert, daß die Analyse in England „ein angemessenes Niveau erreicht" hätte. Sowohl Jones als auch Abraham, meinte sie, seien von Klein „fasziniert" gewesen, und sie wußte, daß beide geholfen hatten, ihr den Weg zu ebnen. Levy war nicht erstaunt, von mir zu hören, daß Klein einige Kinder von Jones analysiert hatte. Welchen Platz Levy in Anna Freuds Welt einnahm, war allein schon an der ungewöhnlichen Photographie ablesbar, die sie von Anna bei sich zu Hause hatte. Genau wie ihr Vater mochte Anna es offensichtlich nicht, wenn ohne vorherige Erlaubnis Photos von ihr gemacht wurden. Levy hatte in ihrem Arbeitszimmer ein Exemplar von Anna Freuds letztem Buch, das jedoch keine persönliche Widmung trug. Levy zufolge publizierte Anna nicht so viel, sondern hatte vielmehr von anderen ermutigt und bestärkt werden müssen, ihre Ideen zusammenzutragen.

Da Levy so regelmäßig in Anna Freuds Klinik war und ich beiden dort begegnete, fragte ich Levy, ob sie sich vorstellen könnte, daß der Professor in einem solchen Setting gearbeitet hätte. Sie lächelte spontan, der Gedanke schien sie offenbar im stillen zu amüsieren. Dann meinte sie, ja, denn Freud hätte Analytiker unterstützt, die mit Kindern arbeiteten, und hätte Anna zur Fortsetzung ihrer Arbeit ermutigt. Das Personal in Annas Klinik, erzählte sie, werde nicht mehr oder weniger wahllos, sondern nach einem sorgfältigen Auswahlverfahren eingestellt – und das gleiche galt für die Schüler und Studenten, die ebenso „sorgfältig selektiert" wurden. Dennoch lächelte Levy über der Vorstellung, Freud hätte in einer solchen Klinik arbeiten sollen. Innerlich war sie offenbar bereits darauf vorbereitet, die „gängige falsche Vorstellung" von der Hand zu weisen, man hätte mit Freud nur schwer zurechtkommen können. Ihre sichtliche Belustigung über den Gedanken, er hätte wie Anna Freud arbeiten können, war insgesamt wohl das Ergebnis von zwei Dingen: einerseits der Vorstellung, er hätte die für die Behandlung kleiner Kinder notwendige Geduld haben können, und andererseits dem einmaligen Platz, den Freud in ihrer Gedankenwelt nach wie vor einnahm. Und ich bezweifele nicht, daß Freud auch bei Anna Freud in eine separate Kategorie fiel. Dennoch war es für jemanden wie Michael Balint verblüffend, daß es Freud bei einer Frau wie Kata Levy so erfolgreich gelungen war, sie in einer abhängigen Beziehung zu sich zu halten.

Kapitel 7

„Eine feine Sache für normale Menschen":
Dr. Irmarita Putnam

Dr. Irmarita Putnam nimmt in meiner Erinnerung eine herausragende Stellung ein: sie war für mich die klassische Repräsentantin amerikanischer Oberschichtmanieren und Diskretion. Sie war eine elegante und kontrollierte Frau, gleichwohl offen und freimütig, und ihre evidenten guten Eigenschaften, wozu auch Gewissenhaftigkeit gehörte, hatten in der Gesamtheit dafür gesorgt, daß Freud von ihr begeistert war. Nach ihrer Analyse war Freud in Briefen, die er an andere Analytiker in Boston schrieb, voll des Lobes über sie, auch wenn es einigen rätselhaft war, welche Veränderungen er glaubte, bei ihr herbeigeführt zu haben. Und umgekehrt kann man sich schwerlich einen Patienten (oder eine Patientin) Freuds vorstellen, der ihn als Therapeuten mit höherem Lob bedacht hätte.

Im Gegensatz zu Kata Levy, die dem engsten Kreis um Anna Freud und aktiv einer Gruppe angehörte, die wie eine quasi-religiöse Sekte erschien, begegnete ich in Dr. Putnam einer Frau, die für mich von allen ehemaligen Patienten und Patientinnen Freuds, denen ich je begegnet war, zu den eigenständigsten und gescheitesten Köpfen gehörte. Was Edith Jackson mir über sie erzählt hatte, implizierte so vieles – allein schon die Aussage, über was Freud mit Dr. Putnam und worüber er im Unterschied dazu mit ihr gesprochen hatte. Dr. Putnam hatte als Analytikerin in Boston praktiziert; als ich sie traf, war sie einundsiebzig und lebte inzwischen in einem ruhigen eleganten Apartment in New York City. Im Unterschied zu Levys altmodischer und vollgestopft wirkender Wohnung waren bei Dr. Putnam absolut keine Freud-Memorabilien zu sehen. Sie hatte sich vorzeitig aus ihrer Praxis zurückgezogen, aber nicht aus Altersgründen, wie sie sagte, sondern aufgrund persönlicher Präferenzen. Ich fand – und glaube, daß wohl auch Freud der Meinung war -, daß sie eine der intelligentesten Kommentatoren seines klinischen Ansatzes war.

Sie war einmal mit Dr. Tracey Putnam verheiratet gewesen, einem Arzt, der ein Neffe von Freuds früherem Harvard-Unterstützer, James Jackson Putnam, war. Es mag seltsam anmuten, daß die Psychoanalyse gerade für Neuengländer mit ihrem puritanischen Erbe eine besondere Anziehungskraft gehabt haben sollte. Der Stammbaum der Putnams ging in Massachusetts bis ins siebzehnte

Jahrhundert zurück. Aber sittenstrenge Puritaner waren auch zutiefst introspektive Personen, die ihre Seele zu erforschen suchten und in ihrem Gottesverständnis eine Handhabe hatten, die es ihnen ermöglichte, mit dem Unvorhersehbaren und dem, was jenseits der menschlichen Erkenntnis lag, zu Rande zu kommen und es zu akzeptieren. Sie kamen ohne das Konzept vom Unbewußten zurecht, da sie religiöse Systeme hatten, um das gleiche Phänomen zu erklären. Die Transzendentalisten des neunzehnten Jahrhunderts wandelten die alten puritanischen Überzeugungen hinsichtlich der übernatürlichen Welt in ein sehr spezielles Naturverständnis um (Roazen, 1968, dt. 1971, S.61). So mag es denn auch nicht überraschend gewesen sein, daß Freud ein solches Maß an Unterstützung von jemandem mit so tadellosen korrekten gesellschaftlichen Referenzen wie James Jackson Putnam erhielt. Und Freud, der darauf bedacht war, daß seine Bewegung nicht ausschließlich auf Juden beschränkt blieb, hatte sich alle Mühe gegeben, die Beziehung zu Putnam zu pflegen.

Als junge Frau hatte Irmarita Putnam (die Irma genannt wurde) sich mit James Jackson Putnams Tochter Marian (oder „Molly") „dick angefreundet", der wir bereits als eine gute Bekannte Edith Jacksons begegnet sind. Irma und Molly waren zusammen an der Johns Hopkins Medical School gewesen. Nach ihrem gemeinsamen ersten Jahr an der Hopkins Medical School war Irma im Sommer 1917 und dann nochmals 1918 zur Harvard Medical School gegangen. Und beide Male hatte sie bei den Putnams in ihrem großen Haus in Cambridge, Massachusetts, gewohnt. Mollys Vater, erzählte sie, hatte damals an den Vorlesungen gearbeitet, die er später an der Smith School für Social Work hielt. Er habe seinerzeit nicht mit ihr über Freud gesprochen, sagte sie und fügte hinzu, weder sie noch Molly hätten sich damals sonderlich für die Psychoanalyse interessiert. Mollys Vater, meinte sie, sei im übrigen auch ein guter Freund von William James gewesen. Molly hatte später als Kinderärztin in Yale angefangen und dann auch mit dafür gesorgt, daß Edith Jackson ebenfalls dort unterkam; später hatte sie dann als Kinderanalytikerin in Boston praktiziert. (Ich fand, daß Irma Putnam ihrer Freundin Molly intellektuell haushoch überlegen war.)

An der Hopkins Medical School hatte Irma Putnam an der Phipps Clinic bei Dr. Adolf Meyer studiert, einem Schweizer, der damals der prominenteste Psychiater in Nordamerika war (Roazen, in Vorbereitung – b). Aber die Psychiatrie hatte sie damals absolut nicht interessiert. Was sie interessierte, war die Gehirnanatomie. Niemand, erzählte sie, hatte bis dahin versucht, das große Laboratorium zu nutzen, das die Phipps Clinic Meyer zur Verfügung gestellt hatte, „um ihn überhaupt nach Baltimore zu bekommen." Meyer, meinte sie, sei „so auffallend europäisch" gewesen und in einem Cutaway im Hörsaal erschienen. Er war in ganz Europa sehr berühmt und dürfte der wohl einflußreichste Psychiatrielehrer in der amerikanischen Geschichte des zwanzigsten Jahrhunderts sein. Erst durch den Kontakt mit Meyer hatte Irma Putnam sich veranlaßt und schließlich verpflichtet gefühlt, sich mit dem Thema zu beschäftigen und bei ihm einen Kurs in Psychiatrie zu belegen. Meyers Förmlichkeit, meinte sie, habe auf die Studenten zwar eher abstoßend gewirkt, aber bei ihr war ihr Interesse an der Psychiatrie durch den Kontakt mit ihm erst wirklich geweckt worden.

Gleichwohl entschied sie sich, ihr Praktikum nicht in Psychiatrie zu machen, einem Gebiet, das damals auf einer rein deskriptiven Ebene gehandhabt wurde. Es schien in jenen Tagen, wie sie sagte, „keinen gangbaren Weg" zu geben, dem Patienten „zu helfen." Lawrence S. Kubie, der später ein berühmter psychoanalytischer Psychiater wurde und mit dem Dr. Putnam persönlich befreundet war („Larry"), war übrigens auch nicht gleich in die Psychiatrie gegangen, sondern hatte dieses Interesse genau wie sie erst später entdeckt. (Kubie wurde später in England von Edward Glover analysiert. Er war zwar eine Zeitlang eine der führenden Figuren der orthodoxen New Yorker Analytiker, wurde dann aber entmachtet, nachdem die Emigranten aus Europa gekommen waren, für die er sich organisatorisch mit verwendet und eingesetzt hatte. In späteren Jahren war er in seinen beruflichen Ansichten bemerkenswert unabhängig und freidenkerisch.)

Irma Putnam war von 1921 bis 1923 zusammen mit ihrem Mann Tracey Putnam, einem Neurologen und Hirnchirurgen, nach China gegangen, um dort auf ihrem Interessengebiet, der Gehirnanatomie, zu arbeiten. Nach dieser Zeit, erzählte sie, seien sie dann nach Amsterdam gezogen, um hier von 1923 bis 1924 weiter auf dem Gebiet der Gehirnanatomie zu arbeiten. Ein Freund Traceys, Dr. William („Bill") Herman aus Boston sei damals ebenfalls in Amsterdam gewesen, und er habe einen Kollegen namens Ariens Kappers gebeten, ihm bei der Suche nach einem Psychoanalytiker behilflich zu sein. Kappers habe ihm dann vorgeschlagen, zu J. H. van der Hoop zu gehen, der in der Zeit vor Jungs Bruch mit Freud ein Schüler Jungs gewesen sei. Irma Putnam hatte damals ebenfalls eine Analyse bei van der Hoop angefangen, und zusammen mit Bill Herman hatte sie dann auch ihren Mann, Tracey Putnam, überredet, ebenfalls eine Analyse zu machen.

Ihre Analyse bei van der Hoop, sagte sie, habe sechs oder acht Monate gedauert. Sie war rückblickend zwar der Meinung, daß er als Analytiker „wenig anregend" war, fand aber dennoch, daß er „ihnen allen etwas gegeben" hatte. Keiner von ihnen bedauerte, zu ihm in die Analyse gegangen zu sein, und sie hatten die größte Achtung vor ihm. „Heute", meinte sie, würde sie jedoch nicht mehr sagen, er sei „ein großer Mann" gewesen.

Van der Hoop hatte ihr gegenüber bei einer Gelegenheit erwähnt, daß in London in einem Zelt eine Veranstaltung mit Jung stattfinden würde, woraufhin sie sodann kurzerhand beschlossen hatte, nach London zu fahren, um ihn sich selbst anzusehen. Wie es der Zufall wollte, erzählte sie, habe sie in der ersten Reihe Platz gefunden, wo sie Jung aufgefallen sei, der sich erkundigte, wer denn diese Chinesin sei, die dort vorne säße. Daß er an ihrer Haltung oder ihrem Aussehen etwas Chinesisches entdeckte, meinte sie, habe zu dem geheimnisvollen Nimbus seiner intuitiven Fähigkeiten gepaßt. Er war dann sehr zufrieden mit sich selbst, sagte sie, daß er richtig getippt hatte, und durch diese Begegnung seien sie dann schließlich „Freunde" geworden.

Dr. Putnam fühlte sich in New York City, wo ich sie besuchte, inzwischen zwar wie zu Hause, zuvor hatte sie jedoch jahrelang in Boston gelebt und kannte dort auch alle frühen Analytiker. 1932 war sie Mitglied eines dreiköpfigen konstitutiven Ausschusses des Bostoner Psychoanalytischen Institutes und von 1932 bis 1933, als die Ausbildungseinrichtungen geschaffen wurden, die erste Vorsitzende des Erziehungs- und Bildungsausschusses der Organisation gewesen; sie gehörte also zu den Pionieren der Bostoner Analyse. (Dieser Erziehungs- und Bildungsausschuß war jahrelang das wichtigste Einzelgremium des Institutes.) Dr. Putnam war so gewissenhaft und redlich, daß sie sich vor dem Interview mit mir die Mühe gemacht hatte (worüber sie im nachhinein jedoch lachte), eigens noch einmal ein Buch über die Entstehung des Bostoner Psychoanalytischen Institutes zu lesen, das 1958 anläßlich des fünfundzwanzigjährigen Bestehens der Organisation herausgegeben worden war (Hendrick, 1961).

Nachdem sie zusammen mit ihrem Mann in den zwanziger Jahren von Amsterdam nach Boston zurückgekehrt war, hatten beide zunächst im berühmten Laboratorium Dr. Harvey Cushings gearbeitet. Damals, erzählte sie, sei dann völlig unverhofft eine junge Frau mit der Bitte zu ihr gekommen, sie zu analysieren. Abgesehen von Dr. Isadore H. Coriat, der aus Dr. Putnams Sicht der Freudsche Nachfolger von James Jackson Putnam in Boston war, war sie offenbar bereits bei allen anderen Analytikern in Boston gewesen. Diese Patientin, erzählte sie, wollte unbedingt von ihr analysiert werden und ließ sich nicht abweisen, obwohl sie „ein gesunder Mensch" zu sein schien. Zu ihrer beider „Amüsement", meinte sie, habe sie dann ihr Bestes versucht, indem sie weitestgehend „natürlich" einfach nur „nachgemacht" hatte, wie van der Hoop sie analysiert hatte. Daraufhin, erzählte sie, sei dann der Ehemann dieser jungen Frau an sie herangetreten, um ebenfalls von ihr analysiert zu werden. Er war zuvor bei einer Analytikerin in New York City, sagte sie, bei einer der beiden Frauen, die Freuds Werke übersetzt hatten. Beide seien als Analytikerinnen „berühmt" gewesen, und „jeder" habe sie gekannt. Seine Analytikerin war dann gestorben und hatte den Patienten noch auf ihrem Totenbett der anderen vermacht, die dann jedoch nach Boston umgezogen war. Aber der junge Mann sei nicht so gut mit ihr zurechtgekommen, sagte sie, und habe sich somit an sie gewandt.

„Es erscheint so lächerlich", meinte sie, aber so viele seien auf diese Weise einfach „hineingezogen" worden – und schließlich Analytiker geworden. Es ergab sich praktisch von selbst. Als sie zum Beispiel einmal eine Frau in einer Klinik besucht hatte, die gerade ein Kind bekommen hatte, war die Krankenschwester auf sie zugekommen und hatte zu ihr gesagt: „Sie müssen sich unbedingt um So-und-so kümmern, die ein Wochenbettproblem hat." Dr. Putnam hatte sich insgesamt jedoch des Gefühls nicht erwehren können, daß sie in Wirklichkeit keine Ahnung von dem Gebiet hatte, auf dem sie sich hier betätigte, und so setzte sich bei ihr der Entschluß durch, daß sie noch einmal zu Jung gehen mußte, um sich ausbilden zu lassen. Zunächst hatte sie sich dann erst einmal ratsuchend an Dr. Macfie Campbell gewandt, einen Schotten, der damals am Bostoner Psychopathischen Hospital arbeitete, ehemals ein Assistent Meyers gewesen war und der Psychoanalyse wohlwollend gegenüberstand. Sie hatte sich aber insbesondere auch noch aus einem anderen Grund an Campbell gewandt: wegen ihrer Unsicherheit bei der Behandlung einer sehr gestörten Frau mit Wochenbettproblemen. Campbell hatte ihr schließlich dazu geraten, die Patientin mit zu Jung zu nehmen. Alles, was Jung dann allerdings dazu gesagt hatte, war, wie glücklich die junge Frau sich schätzen könnte, sie als Therapeutin zu haben; er weigerte sich, wie sie sagte, eine Diagnose zu stellen. 1925 war Dr. Putnam dann fast ein Jahr bei Jung in Analyse gewesen. Bei der Patientin, die sie zunächst mit zu ihm genommen hatte, sei im übrigen nie eine Besserung eingetreten, und sie hätte am Ende stationär im McLean Hospital in Belmont, Massachusetts, untergebracht werden müssen.

Als Dr. Putnam über ihren Kontakt mit Jung und Freud nachdachte, meinte sie, „man hätte sich keine zwei unterschiedlicheren Menschen vorstellen können." Sie sagte das mit großem Nachdruck, mit Überzeugung und Verve. (Es setzt meines Erachtens historische Distanz voraus, um aufzeigen zu können, wie viel Jung und Freud gemeinsam hatten; denn alle Heiltechniken müssen im Rahmen der damaligen Überzeugungssysteme begriffen und rationalisiert werden. Über Jungs eigene klinische Praxis ist nur sehr wenig bekannt im Vergleich zu der Literatur, die uns über Freuds Praxis zur Verfügung steht; Irma Putnam wird in der Literatur im übrigen nur ein einziges Mal erwähnt und zwar in der jüngst erschienenen Biographie einer Jung-Patientin, Christiana Morgan [Douglas, 1993]. Nach Dr. Putnams wohlüberlegter Meinung war Freud und nicht Jung der „große Mann" auf dem Gebiet.

Als sie nach ihrer Behandlung bei Jung nach Boston zurückkehrte, hatte sie mit Dr. Ives Hendrick gesprochen, einem Bostoner Analytiker, der selbst in Berlin ausgebildet worden war. (Obwohl ihr selbst bei meinem Besuch noch nicht bekannt war, daß Hendrick Epileptiker war und auch bei analytischen Sitzungen Anfälle bekommen konnte, hielt sie ihn für „sehr neurotisch".) Hendrick habe ihr klargemacht, meinte sie, daß sie vieles überhaupt noch nicht mitbekommen und begriffen hatte. Was sie bis dahin von Freud gelesen hatte, hatte sie „überhaupt nie berührt", und sie konnte sich auch nicht vorstellen, daß das irgend etwas mit ihr zu tun haben könnte. Hendrick hatte ihr Dinge klargemacht, die Jung bei ihrer Analyse nicht „herausgebracht" hatte. Hendrick, der im übrigen ein produktiver Autor war, hatte indes „nie erfahren", wie überzeugend er mit allem war, was er ihr gesagt hatte. Dennoch hatte sich danach bei ihr der Entschluß durchgesetzt, daß sie zu Freud gehen mußte.

Kubie, „ein lebenslänglicher Freund" und Kommilitone während des Medizinstudiums, hatte ihr vor ihrer Reise nach Wien geraten, Kontakt mit dem Erziehungs- und Bildungsausschuß der New Yorker Psychoanalytischen Vereinigung aufzunehmen, damit sie vor ihrer Abreise noch als offizielle Kandidatin im Ausland registriert wurde. Abram Kardiner, der selbst von Freud nach dem Ersten Weltkrieg analysiert worden war, hatte ihr damals erzählt, es gäbe das Gerücht, daß Freud „senil" sei und das große Zentrum für die Ausbildung inzwischen Berlin und nicht Wien sei. (Als ich Kardiner kennenlernte, warf er dem Berliner Psychoanalytischen Institut vor, die Bedeutung der Libidotheorie „über"-zuentwickeln.)

Ich fragte sie, ob sie Freud von der Bemerkung Kardiners erzählte, als sie bei ihm in Analyse war, was „etwa" 1930 gewesen sein dürfte, wie sie sagte. Sie hatte Freud in der Tat von Kardiners Bemerkung erzählt und meinte, „jeder" hätte das Gerücht „gekannt." Es sei in Wien ein „stehender Witz" gewesen. Edith Jackson, ihre „dicke Freundin", die damals bei Freud in Analyse war, hatte ihr indes versichert, sie würde bestimmt nicht bei ihm bleiben, wenn er senil wäre, er sei im Gegenteil der „scharfsinnigste" Mann, dem sie je begegnet wäre. (In puncto Kardiner, einem fraglos originellen Denker, war Dr. Putnam im übrigen mit mir einer Meinung, daß er mitunter ausgesprochen scharfzüngig sein konnte. Er war der einzige von Freuds Patienten, der je erwähnte, daß Freud in seiner Praxis einen Spucknapf hatte, den er benutzte. Um jedoch fair gegenüber Kardiner zu sein, sei gesagt, daß er nicht nur einige bemerkenswerte Bücher schrieb, sondern auch half, das Psychoanalytische Institut am Columbia University's College of Physicians and Surgeons zu gründen.)

Dr. Putnam hatte gehört, daß Freud nicht gerne Personen in Analyse nahm, die schon einmal von Jung behandelt worden waren. Deshalb hatte Edith Jackson zunächst einmal die Lage für sie bei Freud „eruiert". (Als ich Edith Jackson danach fragte, konnte sie sich jedoch nicht mehr daran erinnern, Dr. Putnam diesen Dienst erwiesen zu haben.) Wie es sich ergab, sollte Marie Bonaparte „am nächsten Tag" nach Paris abreisen – sie war es gewohnt, bei ihren Analysen in Wien ständig hin- und herzureisen. Und so hatte Irma Putnam dann Maries Zeit bei Freud bekommen können. Rückblickend konnte Irma jedoch nicht mehr mit Sicherheit sagen, ob es für Freud überhaupt von Belang gewesen war, daß sie zuvor bei Jung in Analyse war.

Sie glaubte an diesem Punkt, etwas über die „Psychodynamiken" der Persönlichkeit, die Erklärung der Motivation, lernen zu können. Sie hatte den Eindruck, daß Freud sehr aufmerksam war, als sei sie seine „erste Patientin" gewesen. Jung hatte, als sie bei ihm in Behandlung war, hauptsächlich darüber reden wollen, was ihn interessierte, und sie habe sich oft gefragt, wo sie selbst überhaupt in seine ganzen Ideen hineinpaßte. (Auch andere bestätigten daß Jung im Gegensatz zu Freud klinisch selbstbezogen sein konnte.) Freud sei „anders" gewesen, meinte sie, er habe über „alles" gesprochen, „was es unter der Sonne" gab – sie aber „auch analysiert." Er sei mit ihr so gut vorangekommen, daß er sogar einmal in der dritten Person über sich selbst gescherzt und gemeint hatte: „Jeder erzählt Ihnen Sachen, sogar Freud."

Freud hatte auch über seinen Umgang und seine Beziehung mit Ferenczi gesprochen. Die Analyse war ein Geben und Nehmen, sagte sie (ganz entgegen der Darstellung, die David Brunswick mir von seiner Analyse gab.) Die Analyse wurde zwar nie aus den Augen verloren, sie hatten aber auch über sehr viel anderes gesprochen – zum Beispiel über den Kommunismus und die Oper. Ich war überrascht, daß sie Freud und die Oper erwähnte, und setzte hier angesichts dessen nach, was Mark Brunswick mir dazu erzählt hatte. Sie meinte, es sei nicht so sehr die musikalische Seite der Oper gewesen, die Freud interessierte, als vielmehr der revolutionäre Aspekt etwa von Mozarts *Hochzeit des Figaro*. Und er hatte auch Interesse am Symbolismus der Handlung einer anderen Oper gezeigt, in die sie gegangen war. Als ich sie nach den *Meistersingern* fragte, meinte sie, darüber habe Freud nie mit ihr gesprochen. Aber soweit sie sich erinnerte, sei Wagner in jener Saison in Wien auch nicht aufgeführt worden.

Ich mußte ihr gegenüber auch David Brunswick erwähnt haben, denn sie sagte, sie habe ihn „sehr gut" gekannt. Er hatte bei ihr das Interesse für das Thema der Gestaltpsychologie geweckt. Sie wußte jedoch nicht, daß er bei dem Professor in Analyse gewesen war, und erinnerte mich daran, daß es zu Freuds Sprechzimmer einen separaten Ein- und Ausgang gab. (Es erscheint einleuchtend, daß David Brunswick sich, was seine komplizierte Situation mit Freud anging, bedeckt hielt.)

In Zusammenhang mit den Personen, denen sie in Freuds Welt begegnet war, erwähnte sie, daß Franz Alexander einmal auf dem Weg nach Boston, wo er Lehranalytiker werden sollte, einen Tag in Wien einen Zwischenstopp eingelegt hatte. Freud, sagte sie, habe sich „sehr besorgt" gezeigt, Alexander könnte in Boston nicht herzlich genug empfangen und aufgenommen werden. So hatte sie sich hingesetzt und wegen Alexander viele Briefe nach Hause geschrieben, obwohl sie persönlich dazu eigentlich überhaupt keine „Notwendigkeit" sah. (Es scheint, daß Alexander und die örtliche analytische Gemeinde sich spontan zugetan waren.)

Als sie über klinische Fragen nachdachte, die während ihrer Zeit in Wien aufgekommen waren, erwähnte sie, wie Frank Fremont-Smith, ein weiterer guter Freund von ihr, damals eine epileptische Patientin mit neurotischen Begleiterscheinungen hatte, die in Wien einen Analytiker suchte. Freud hatte sich „furchtbar" über die Aussicht „aufgeregt", jemand könnte sie in Behandlung nehmen, da er fürchtete, die Öffentlichkeit könnte denken, die Psychoanalyse versuche, therapeutisch mit Epilepsie umzugehen. Er habe ihr dann nahegelegt, sich wegen der Patientin mit Helene Deutsch zu beraten. Sie hätten dann untereinander alle lang und breit darüber diskutiert, ohne sich jedoch je zu dritt zusammengesetzt zu haben. Die Patientin sei dann schließlich nach Wien gekommen. Denn nach ihrem Verständnis war es die Neurose, die behandelt werden mußte und als Begleiterscheinung der Epilepsie auftrat. Sie sei „sehr dankbar" gewesen, daß sie am Ende zu Deutsch geschickt wurde, und hatte Dr. Putnam später eigens noch einmal aufgesucht, um sich bei ihr zu bedanken.

Dr. Putnam fand Deutsch einfach „fabelhaft". Als ich Federn erwähnte, meinte sie spontan nur: „Sie können nach Federn fragen, aber sie [Deutsch] war einfach Spitze! Meine Güte!" Deutsch war für die Amerikaner, die in Wien waren, „mit Sicherheit" die hochrangigste Analytikerin. Wenn man nicht zu Freud selbst gehen konnte, sagte sie, versuchte man, sie zu bekommen. Deutschs Seminare fanden einmal wöchentlich abends statt, und sie hatte auch Kontrollanalysen durchgeführt. Irma Putnam erinnerte sich, wie bemerkenswert es Deutsch in öffentlichen Sitzungen immer wieder gelungen war, die verschiedenen „Fäden" eines Falles aufzugreifen und sich an alle Einzelheiten zu erinnern, die der Analytiker von dem Patienten berichtet hatte. (Deutsch behielt ihre geistigen Fähigkeiten bis weit in ihre achtziger und neunziger Jahre, als ich sie kennenlernte.) Deutsch, meinte sie, habe einfach „erstaunliche Vorstellungen" geboten.

Als ich in den Raum stellte, Deutsch hätte sich vielleicht mit Freud „identifiziert", meinte sie, sie sähe das nicht so – Deutsch sei immer sie selbst geblieben. Bei dem Epilepsiefall sei Freud zum Beispiel „ängstlich" gewesen, Deutsch hingegen überhaupt nicht. Sie hätte die Analyse nicht gemacht, ohne sich alles angehört zu haben, was er zu dem Fall zu sagen hatte, letztlich aber habe sie selbst entschieden, was sie tat oder nicht tat, und hatte den Fall übernommen. Zu Helene Deutschs Mann, Felix, meinte sie, er sei „sehr angesehen" gewesen, habe aber auf der Ebene der Psychoanalyse selbst nicht viel gemacht, außer daß er natürlich zu allen Sitzungen gekommen sei.

Für Dr. Putnam war Freuds Unorthodoxie in der Technik etwas Selbstverständliches – während Kata Levy von „Zugeständnissen" gesprochen hatte. Die Botschaft, die Irma Putnam für sich aus Freuds Einstellung ablas, war: Warum sollte sie nicht all den Problemen begegnen, die zwangsläufig aufkamen, wenn man Analytiker war? Denn inzwischen war für sie klar, daß sie nach ihrer Rückkehr nach Boston selbst Analyse praktizieren wollte. Der Entschluß, meinte sie, habe sich ganz „natürlich ergeben." Freud hatte in der Analyse nie versucht, seine Vorgehensweise zu rechtfertigen. Die Analyse sei nicht isoliert vom Leben durchgeführt worden, was aus ihrer Sicht ein Gefahrenpunkt war, wenn man sich zu streng an Freuds schriftliche Empfehlungen hielt. Gleichwohl, sagte sie, sei die Analyse „denkbar streng" durchgeführt worden; es hatte dabei nichts „Geselliges" gegeben, und nur was relevant war, war hineingebracht worden.

Es hatte sie am Ende jedoch verblüfft, daß Freud ihr bei ihrer Rückkehr nach Boston verschiedene Aufträge mit auf den Weg gegeben hatte, die sie dort für ihn erledigen sollte. Er hatte zum Beispiel sichergestellt wissen wollen, daß ein gewisser Prozentsatz der Beiträge der Bostoner Psychoanalytischen Vereinigung an den psychoanalytischen Verlag abgeführt wurde, was eine Zeitlang dann auch so gehandhabt worden sei. Des weiteren sollte sie auch Familien von Patienten aufsuchen, um ihnen Dinge zu erzählen, die er schriftlich nicht hatte festhalten wollen. Freud hatte offensichtlich ein besonderes Vertrauen zu ihr, da er nie jemanden wie Edith Jackson mit solchen Missionen betraut hatte; sie freute sich sicher über dieses besondere Vertrauen, das Freud in sie setzte. Und ich denke, daß Freud es auch als befriedigend empfand, wenn er auf diese Weise jemandem wie ihr erlauben konnte, ihm ergeben zu sein – sie wurde zurecht für würdig befunden, sein verlängerter Arm zu sein. Freud hatte den besonderen Stolz eines Einzelgängers, der nur widerwillig von sich selbst gibt und äußerst darauf bedacht ist, sich seine Freiheit zu bewahren – und dennoch konnte er es sich erlauben, andere zu bitten, seine Emissäre zu sein (oder mit einer weniger freundlichen Sicht seiner Person: seine Diener zu sein).

Dr. Putnam wußte, daß Freud von seinen frühen Analysen desillusioniert war, die ursprünglich so erfolgreich ausgesehen und sich dann doch als nicht so glücklich erwiesen hatten. Er hatte ihr gegenüber davon gesprochen, wie skeptisch er insbesondere hinsichtlich des therapeutischen Wertes der Psychoanalyse geworden sei; ein solcher Glaubensverlust an die Wirksamkeit der Psychoanalyse auf seiten Freuds hätte ihres Erachtens durchaus zur selbsterfüllenden Prophezeiung werden können. Wenn in ihrer Analyse etwas eingetreten sei, was „klassisch" war, hatte er für gewöhnlich gemeint: „Habe ich Ihnen nicht gesagt, daß die Psychoanalyse eine feine Sache für normale Menschen ist?" – und dabei gelacht. Privat, in vertraulichem Rahmen, sagte sie, konnte er sich ironisch über Dinge auslassen, die er geleistet und erreicht hatte. (Anna Freud reagierte in späteren Jahren hingegen oft defensiv, wenn jemand darauf hinwies oder andeutete, daß ein Patient, der die Anforderungen einer Analyse voll erfüllen konnte und gesund genug war, um den Erwartungen gerecht zu werden, diese Form der Behandlung gar nicht erst brauchte. Freud selbst hatte demgegenüber, zumindest bei jemandem, mit dem er so gut zurechtkam wie mit Dr. Putnam, kaum Schwierigkeiten zu akzeptieren, daß nur ausgesprochen gesunde Personen für die Psychoanalyse tauglich waren.)

Ein Punkt, der Dr. Putnam damals beschäftigte, war, daß ein Analytiker, um eine Therapie erfolgreich durchführen zu können, in einen Komplex von Emotionen „einbrechen" mußte, die er letztlich nicht einmal hoffen konnte, je voll und ganz zu verstehen. Und trotz dieser unumgänglichen Beschränkung und inhärenten Unzulänglichkeit mußte er weitermachen. Mit solchen Komplexitäten, glaubte sie, sei in späteren Jahren indes sehr viel besser umgegangen worden – eine optimistische Überzeugung, zu der sie jedoch gelangt war, ohne die gängige Literatur verfolgt zu haben.

Es gab einen Punkt, meinte sie, in dem Jung Freud klinisch „voraus" gewesen sei, jedenfalls in der Zeit, als sie mit beiden Kontakt hatte. Freud dachte, er müßte nur die Probleme eines Patienten durch rationale Erkenntnisse analysieren, die Konflikte aufbrechen und es dann dem Patienten überlassen, sie zu lösen. In einem ernsten Fall könne ein Patient die Erwartungen, die Freud an ihn stellte, jedoch von sich aus nicht erfüllen. (Dr. Putnam sprach nie von der stillschweigenden suggestiven Wirkung, die Freud haben konnte, aber vielleicht auch, weil sie bei ihr weniger als bei anderen zum Tragen kam.) Wenn es einem Patienten wirklich schlechtging, meinte sie, dann sei es mit einer Analyse nicht getan, und darum habe Jung die Hilfe betont, die der Analytiker dem Patienten geben muß, indem er ihm eine Hand reicht, die ihm hilft, die Dinge zusammenzufügen und miteinander zu verbinden. (In den nachfolgenden Jahren versuchte die als Ich-Psychologie bekannte Schule [Roazen, 1976], diese spezielle Erkenntnis zu inkorporieren, ohne sich dabei allerdings auch immer auf Jung zu berufen.)

Bei ihrer eigenen Analyse, sagte sie, habe sie das Gefühl gehabt, daß alles in ihrer eigenen Verantwortung lag, und kein Problem mit den Erwartungen gehabt, die Freud an sie gestellt hatte. Ehe sie bei Freud war, meinte sie, wäre es ihr nie in den Sinn gekommen, nicht „wie andere Menschen zu projizieren" und bei anderen ihre eigenen Schwachpunkte zu sehen. Sie nahm aus ihrer Psychoanalyse bei Freud die Lektion mit, daß es nicht darum ging, Fehler bei anderen zu finden, sondern sich vor allem damit zu beschäftigen, was man selbst tat und ließ. Selbst wenn der andere im Unrecht ist, sagte sie, zählt nur, daß man selbst in der Lage ist, mit der Situation fertig zu werden. Sie hatte die gesunde Überzeugung, daß „alles etwas besser oder schlechter gemacht werden kann."

Diese Einstellung hielt sie im Umgang mit Kindern jedoch für unangebracht. In Anna Freuds Seminar über Kinderanalyse, sagte sie, sei damals der für Erwachsene angemessene Ansatz genauso auch für Kinder übernommen worden. Im Unterschied dazu hatte Jung damals betont, daß die Verantwortung für das Wohlergehen eines Kindes bei den Eltern lag. Sie glaubte jedoch, daß sich die Ideen Anna Freuds über die Behandlung von Kindern seit den dreißiger Jahren geändert hätten. Aber selbst damals hatte es schon jemand fertiggebracht zu sagen: „Aber das Kind hat eine sadistische Mutter!" Dieser Punkt, meinte sie, sei zu ihrer Zeit in Wien noch gerne ignoriert worden. Auch die äußere Realität, und nicht nur das Phantasieleben des Kindes, muß berücksichtigt werden, meinte sie.

Damit, daß Jung den Eltern die Verantwortung für das Kind gab, war die Bedeutung der Umwelt des Patienten aus ihrer Sicht in die richtige Perspektive gerückt worden. Freuds essentieller Beitrag, meinte sie, habe anderswo gelegen: selbst wenn ein anderer einen Fehler gemacht hatte oder im Unrecht war, konzentrierte Freud sich darauf, wie man selbst damit umging, und nicht darauf, wie man dafür sorgen konnte, daß der andere sich damit auseinandersetzte. Freud habe gelehrt, sagte sie, daß der Patient so mit einer Situation konfrontiert werden sollte, daß er lernen konnte, wie er die Situation verbessern konnte, worum es auch immer dabei ging.

(Als Dr. Putnam über Kinder und eine angemessene Behandlung von Kindern sprach, wußte ich noch nichts von der entsetzlichen Tragödie, die sich in ihrem Leben ereignet hatte. Erst später erfuhr ich, daß sich ihr einziges Kind, eine Tochter, in ihrer Jugend umgebracht hatte, und zwar in der Zeit, als die Ehe der Putnams in die Brüche gegangen war. Ich weiß nicht, welche Selbstvorwürfe Dr. Putnam dabei empfunden haben mochte oder welche Folgen dieses Ereignis für alles übrige hatte, was sie mir erzählte.)

Als sie in Wien war, sagte sie, habe „niemand" damals daran gedacht, die Psychoanalyse bei Psychotikern anzuwenden. Als ich nach Jung fragte, und ob seine psychiatrische Krankenhauserfahrung nicht relevant für die Therapie von Psychosen gewesen sei, meinte sie, Jung habe seine Laufbahn ja überhaupt damit „begonnen", daß er zunächst Psychotiker behandelte, aber nicht nach psychoanalytischen Methoden. Später, als er seine eigene Schule leitete, habe er hingegen keine Psychotiker mehr in Behandlung genommen; seine Patienten seien meist selbst Ärzte gewesen. Aber Jungs Konzept vom kollektiven Unbewußten sei ein Weg gewesen, die Umwelt zum Verständnis des Lebens der Patienten miteinzuschließen, die in Freuds Ansatz jedoch ausgespart wurde.

Erich Fromm, meinte Dr. Putnam, habe erfolgreich die Bedeutung umweltspezifischer Faktoren hervorgehoben, die für sie eine absolut vitale Rolle zu spielen schienen. Diese Dinge seien ihr damals, als sie bei Freud in Behandlung war, jedoch noch nicht so bewußt gewesen; damals habe für sie erst einmal die Auseinandersetzung mit den für sie neuen Freudschen Betrachtungsweisen im Vordergrund gestanden. Fromm kam aus ihrer Sicht jedenfalls das volle Verdienst zu, die soziologische Betonung thematisiert und festgeschrieben zu haben. (Sie hatte Fromms Name ins Gespräch gebracht; sein wahres Format und seine Größe in der Geistesgeschichte waren mir bekannt

[Roazen, 1990c]. Innerhalb der orthodoxen Analyse wurde Fromm jedoch als ein solcher Außenseiter gesehen, fast so geschmäht wie Jung, daß es für Dr. Putnams Unabhängigkeit sprach, daß sie Fromms Beiträge so bereitwillig anerkannte, die selbst heute noch unterschätzt werden. Es paßte jedoch ganz zum psychoanalytischen Sektierertum, daß Fromm dann leider auch selbst eine harsche Position zu Jung einnahm.)

Intellektuelle Fragen und nicht Persönlichkeiten beherrschten das Gespräch mit Dr. Putnam, und sie konnte dabei problemlos vom Reden über Jung zur Beantwortung von Fragen übergehen, die sich darum drehten, inwieweit sich die Behandlung von Psychosen von der Behandlung von Neurosen unterschied. Als ich dieses Thema ansprach, räumte sie ein, Federn sei möglicherweise an der Therapie von Psychotikern interessiert gewesen, Freud jedoch „nie, nie." Er sei der Meinung gewesen, daß es reichlich und genügend Dinge gab, die man bei der Behandlung von Neurotikern machen konnte. Als ich jedoch nachsetzte, wie breit denn tatsächlich das Neurosenkonzept gewesen sei, mit dem Freud arbeitete, räumte sie ein, daß unter dem Begriff *Neurose* damals weitaus mehr Dinge als heute subsumiert wurden. Der Begriff, meinte sie, sei ein regelrechter „Abfallkorb" gewesen, und die Probleme hätten zu leicht dieser einen Kategorie zugeordnet werden können. (Ich bedaure, hier nicht die Frage angeschnitten zu haben, was es für die Diagnose bedeutete, arm zu sein. Denn ich glaube, je reicher man ist, desto größer ist die Wahrscheinlichkeit, daß eine Diagnose auf Neurose gestellt wird, die vielversprechender ist.) In jüngerer Zeit ist nun der Begriff der *Störung* in Mode gekommen, wobei der implizierten Richtigkeit der Metapher der Stabilität jedoch nicht allzuviel Beachtung geschenkt wird; und dank der psychopharmakologischen Fortschritte wird die *Depression* heute nur allzu leicht bemüht.

Freud hatte die analytische Behandlung von Dr. Putnam in Englisch durchgeführt. Er hatte sie gefragt, welche Sprache sie bevorzuge, Deutsch oder Englisch; sie hatte in der Schule vor langer Zeit zwar etwas Deutsch gelernt, zog Englisch hierbei jedoch vor. Als ich erwähnte, wie Freud sich in diesem Punkt bei den Brunswicks verhalten hatte, meinte sie, Mark habe schließlich in Wien gelebt, so daß es vielleicht gerechtfertigt gewesen wäre, daß Freud darauf beharrte, in den Stunden Deutsch zu sprechen. Ich denke jedoch, daß er einfach gerne mit ihr arbeitete und dies auch eine Erklärung war, daß er ihr die Wahl der Sprache überließ. Aber vielleicht, meinte sie, hatte Freud bis dahin ja auch einfach etwas aus seinen früheren Erfahrungen gelernt und seine Haltung in diesem Punkt geändert. (Bei Dr. Putnams Analyse hatte Freud im übrigen nicht wie bei Edith Jackson und einigen anderen auf die Couch geklopft.)

Freuds Englisch war „erstklassig", meinte sie, er habe „den ganzen Slang" beherrscht, und bei seiner Aussprache hätte man denken können, er habe lange in England gelebt. (Nach dem Ersten Weltkrieg, als er von vielen englischsprachigen Patienten in Beschlag genommen wurde, hatte er einige Englischstunden genommen, um seine Sprachkenntnisse zu verbessern; wenn er Englisch schrieb, blieb es jedoch lückenhaft.) Man hätte jedoch nicht sagen können, meinte sie, daß er ein ausgesprochen britisches Englisch gesprochen habe, da er damals, als sie bei ihm war, schon so viele amerikanische Patienten gehabt habe. Seine Sprache habe genau wie sein Verstand „alles abgedeckt", ihm habe nie ein Wort gefehlt, um etwas auszudrücken. Dennoch, meinte sie, habe er nicht so gesprochen, wie er schrieb, er habe nicht so formvollendet gesprochen, wie man es von den Formulierungen in seinen Schriften gewohnt sei.

Dr. Putnam sprach voller Bewunderung von seinem geistigen Horizont und der Fülle seiner Einsichten und war auch beeindruckt, wie selbstkritisch er sein konnte. Einmal hatte er sie in der Behandlung gefragt, was ihres Erachtens in der Psychoanalyse wohl „überdauern" werde. Er sei selbst „sein bester Kritiker" geblieben, meinte sie und fand zudem, daß er auch ein Mann mit „großem Mitgefühl" war.

Als ich die ganzen denkwürdigen Kontroversen in der Geschichte der Psychoanalyse erwähnte, wie die mit Adler, Jung und Rank, pflichtete sie mir bei, daß Freud in der Tat hatte „grausam" sein können. Man hätte diesen Aspekt, meinte sie, bei ihm einfach auch sehen müssen. Er sei allerdings nicht leicht in Rage zu bringen gewesen. (Von Jung berichteten andere demgegenüber, wie schnell er explodieren konnte, zugleich aber auch schneller als Freud über den Ärger hinwegkommen und seine Wut vergessen konnte.) Freud konnte „wütend" werden, sagte sie, wenn er das Gefühl hatte, daß seine Arbeit aus unrealistischen Motiven heraus kritisiert wurde. Er habe jedoch nie verärgert reagiert, wenn er den Eindruck hatte, daß eine Kritik aufrichtig und ehrlich gemeint war.

Einmal hatte Freud sie in der Tat getadelt und gesagt: „Schauen Sie, genau hier verlieren Sie jetzt Ihre Kritikfähigkeit." Das heißt, daß er nach seinen Theorien zwar die Vorzüge der Regression als ebenso unausweichlichen wie wünschenswerten Bestandteil des psychotherapeutischen Prozesses propagierte, in der Praxis jedoch, zumindest bei Dr. Putnam, offenbar argwöhnisch auf Anzeichen regressiver Leichtgläubigkeit reagierte. Sie fand jedoch, daß er damals, als er ihr vorgeworfen hatte, ihre Objektivität verloren zu haben, recht hatte; es „stimmte, genau in dem Moment" habe sie auch zum erstenmal das Gefühl gehabt, ihren kritischen Ansatz tatsächlich fallengelassen zu haben. (Ich habe bei ihr übrigens nie feststellen können, daß sie irgendwie darauf aus gewesen wäre, mit Freud um des Diskutierens willen diskutieren zu wollen.)

Dr. Putnam war außergewöhnlich intelligent, und ich wertete es als ein Zeichen von Freuds gutem Geschmack, daß er sie so ernst nahm. Sie hatte nie das Gefühl, sagte sie, daß er sich gelangweilt oder ihr nicht zugehört oder sich in einer analytischen Stunde „entspannt" hatte. (Ich schätze, daß er ihre Fähigkeiten beseelend und anregend fand.) Er schien immer an ihr interessiert zu sein, meinte sie, wobei sie die Aussage dann jedoch etwas abschwächen wollte, indem sie bescheiden hinzufügte, das hätte allerdings nichts mit ihr persönlich zu tun gehabt. Sie hatte aber genug „Köpfchen", um drei und drei zusammenzählen und einschätzen zu können, inwieweit ihre künftige Rolle wohl mit dazu beitrug, wie er ihr begegnete und auf sie reagierte. Sie konnte etwas für seine Sache tun, sobald sie wieder in den Vereinigten Staaten war, und darüber hinaus gab es auch noch die Verbindung zu Putnam, die Freud wichtig war. Wie bei Kata Levy und den von Freunds und selbst bei Hirst mit seiner Verbindung zu den Ecksteins baute Freud seine Bewegung durch die Pflege alter gewachsener Beziehungen und Bindungen auf.

Freud wußte damals von den anderen Personen in der Bostoner psychoanalytischen Gemeinde. Er war Ives Hendrick jedoch nie begegnet und kannte auch keinen der anderen frühen Bostoner Analytiker persönlich, so daß er zu ihnen auch keine Meinung geäußert hatte. Die Aufträge, die er Dr. Putnam bei ihrer Rückkehr in die Vereinigten Staaten mit auf den Weg gab, hatten nichts mit der Bostoner Analyse zu tun und müssen Patienten andernorts, höchstwahrscheinlich in New York City, betroffen haben.

Dr. Putnam hatte ihm fünfundzwanzig Dollar die Stunde bezahlt, was in jenen Tagen sehr viel Geld war und das höchste Honorar, das ein Analytiker in jener Zeit bekam. Darüber hinaus ließ sie ihm später eine gewisse finanzielle Unterstützung für den Verlag zukommen, der eine seiner größten Hoffnungen für die Zukunft war.

Freud war an allem interessiert, was sie ihm von den jüngeren Leuten erzählte, denen sie bei psychoanalytischen Veranstaltungen begegnete. Grete Bibring war für sie eine „herausragende" Figur, und ihr Ehemann Edward, bei dem sie ein Seminar belegt hatte, war in ihren Augen auch ein „sehr cleverer Bursche." Sie kannte auch Jenny und Robert Wälder – meinte insgesamt jedoch, welche Positionen all diese Leute damals innegehabt hätten, wäre wohl am besten an ihrem Ansehen und Stand bei internationalen Versammlungen ablesbar.

Auf meine Frage, wer Freuds „größter Liebling" in jenen Tagen gewesen sei, meinte sie ohne jedes Zögern: Ruth Brunswick. „Das war ziemlich offensichtlich", sagte Dr. Putnam, sie habe „Zugang" zu Freud gehabt und im Grunde zur Familie Freuds mit dazu gehört. Ruth Brunswick habe einen „mutigen" Geist gehabt und sich in einem gewissen Sinne die Freiheit genommen zu denken, was sie wollte. Sie sei nicht so „beschränkt" wie die meisten anderen gewesen. Sie habe es gewagt, „sich aus dem Fenster zu lehnen" und „den Kopf hinzuhalten" – aber „nicht aus Jux und Tollerei." Sie konnte morgen ihre Meinung ändern, heute aber erst einmal das vertreten, was sie dachte, sagte Irma. Sie habe den Mut gehabt, sich so bei Freud zu verhalten, da sie darauf vertrauen konnte, daß er nichts von dem, was sie sagte, als endgültig nahm. Nur wenige, meinte Dr. Putnam, seien ihm mit dieser „Freiheit" gegenübergetreten. Ruth habe erkannt und anerkannt, wie großartig er war, jedoch nicht versucht, sich mit ihm zu identifizieren oder ihr eigenes Ego dadurch herauszustellen, daß sie bei ihm war. Es sei „für beide Seiten ein reines Vergnügen" gewesen, meinte sie. (Was Irma Putnam erzählte, lief im wesentlichen auf das gleiche hinaus, was auch David Brunswick erzählt hatte, sie gab dem Ganzen jedoch noch einen etwas anderen Anstrich.) Es war nicht etwa so, sagte sie, daß Ruth nicht stolz auf ihre Beziehung zu Freud gewesen sei, das sei jedoch nicht das Wesentliche dabei gewesen. Sie sei mit Ruth „gut befreundet" und ihr sehr zugetan gewesen, erzählte sie, sie habe jedoch nie eines der Seminare besucht, die Ruth damals in Wien durchgeführt habe. Van der Hoop sei damals bei Ruth in Analyse gewesen – und als sie zum erstenmal nach Wien gekommen sei, habe sie gedacht, sie müßte vielleicht nochmals zu ihm in Analyse gehen, ein Gedanke, der ihr jedoch überhaupt nicht „gefiel." Edith Jackson hatte ihm dann jedoch erklärt, daß es für seine eigene Analyse nicht gut sei, wenn Irma nochmals zu ihm käme. Schön, hatte er daraufhin gesagt, dann können wir jetzt ja zusammen „spielen" – und sie seien dann tatsächlich zusammen in die Oper und so weiter gegangen.

Als ich die Frage anschnitt, ob Helene Deutsch und Ruth Brunswick jemals Rivalinnen gewesen seien, meinte sie, davon habe sie nie etwas mitbekommen. Aber nachdem ich diese Möglichkeit einmal in den Raum gestellt hatte, meinte sie nach einer Weile schließlich, sie seien vielleicht eifersüchtig aufeinander gewesen. (Irma Putnam hatte Deutsch nach ihrer Emigration in die Staaten 1935 geholfen, sich in Boston niederzulassen und ihr beispielsweise einen Wagen zur Verfügung gestellt.) Sie wußte, daß Ruth besonders an Psychosen interessiert gewesen war, Freud jedoch der Meinung war, daß dieses Gebiet nicht in den „Anwendungsbereich" der Psychoanalyse fiel. Ruth sei ihr nie „pathologisch" erschienen, meinte sie, vielleicht sei sie etwas „zu frei" gewesen, aber selbst dieser Gedanke sei ihr damals nie gekommen. Persönlich war sie Ruth nur damals in Wien begegnet, sagte sie, wo sie in einem prächtigen Haus gelebt habe. Sie hatte zwar von Ruths Familie in Amerika gehört, diese jedoch nie persönlich kennengelernt. Zu Ruths zweiter Ehe mit Mark Brunswick meinte sie, es sei so eine „außergewöhnliche" Ehe gewesen. Mark war bereits bei ihrer ersten Trauung dabei, erklärte sie, und hätte damals schon gesagt, er werde sie eines Tages heiraten. „Und das machte er!" (Ich bedauerte im nachhinein, nicht weiter auf Ruths Interesse an Psychosen und den ungewöhnlichen Zuspruch eingegangen zu sein, den Freud ihr bei diesem Thema offensichtlich gegeben hatte.)

Auf meine Frage, ob Freud je mit ihr über die frühe Geschichte der Psychoanalyse gesprochen habe, meinte sie, Freud habe sich damals nicht um Jung geschert, während Jung jedoch „eine Menge" Zeit darauf verwendet habe,

Freud zu kritisieren. Freuds Gefühle gegenüber Jung seien damals zwar sicher noch nicht „abgestorben", für Freud aber bestimmt keine sehr wichtige Frage mehr gewesen. Freud habe einmal gesagt, daß es vielleicht besser gewesen wäre, wenn man mit dem Konzept der Sexualität nicht so vieles abgedeckt hätte, das Thema als solches habe jedoch die ganze fragwürdige Publizität gebraucht, die es bekam, um die „Entdeckungen" als solche zu sichern. Er hatte jedoch nie über Telepathie oder Gedankenübertragung mit ihr gesprochen, woran Jung so interessiert gewesen sei. Nebenbei bemerkte sie, würden die Bücher, die Jones über ihn geschrieben hatte, den Mann jedenfalls nicht so ins Bild rücken, wie sie ihn gekannt habe.

Abgesehen von einigen wenigen Bemerkungen war Freud ihr gegenüber jedoch nicht besonders auf diese historischen Themen eingegangen. Einmal habe er noch gesagt, er sei früher der Meinung gewesen, daß Frauen die gleichen sexuellen Freiheiten wie Männer haben sollten, in diesem Punkt habe er seine Meinung später dann jedoch geändert. Er hielt es für notwendig, sagte sie, sich vor Eventualitäten wie einer möglichen Schwangerschaft zu schützen, wobei die Empfängnisverhütung in jenen Tagen natürlich ungleich schwieriger als heutzutage gewesen sei.

Was Adler anging, meinte sie, sei Freud der Auffassung gewesen, daß Adler einen Aspekt der Psychoanalyse, das Konzept der Minderwertigkeit, hochgespielt und das Problem allzusehr vereinfacht hatte. Adler habe einfach ein Stück von Freuds Werk genommen und es sei nicht auszuschließen gewesen, daß andere Schüler Freuds es genauso machen könnten wie er. (Freud hatte zwar nie mit ihr über Rank gesprochen, sie meinte jedoch, es müßte „ein großer Schlag" für ihn gewesen sein, einen so begabten Mann zu verlieren.) Sie erinnerte sich, daß Helene Deutsch der Meinung gewesen war, daß die Adlersche Schule, trotz der gegensätzlichen grundlegenden Konzeptionen, für Kinder immer noch für die beste in Wien sei. Freud habe „nie vergessen", sagte sie, daß das, was er vorgelegt hatte, Theorien waren. Und Deutsch hatte den jungen Analytikern immer wieder vor Augen gehalten, daß Freud gesagt hatte, es dürfe nicht ignoriert werden, daß „der Mann mit der Spritze" oder das, was schließlich die moderne Psychopharmakologie sein sollte, in der Psychoanalyse „direkt hinter ihnen" stand und sie sich beeilen müßten.

Als Ärztin hatte sich Irma Putnam insbesondere für die rätselhaften Fragen der Interaktion zwischen Geist und Körper interessiert, und sie erwähnte in diesem Zusammenhang eine interessante Geschichte von Kardiner. Dieser habe einmal einen Patienten gehabt, der immer wieder gesagt hatte, mit ihm sei organisch etwas nicht in Ordnung. Daraufhin hatte Kardiner ihn zu einem Neurologen geschickt, der jedoch kein Anzeichen von einem Tumor hatte finden können. Der Neurologe hatte jedoch nicht gesagt, daß kein Tumor vorhanden sei. Später, nachdem der Patient mit seiner Klage nicht aufgehört hatte, hatte

Kardiner ihn dann nochmals zu dem Neurologen geschickt, und dieses Mal hatte man den Tumor gefunden. (Das Thema wurde zwar nicht angesprochen, aber Dr. Putnam kannte sicher auch die Geschichte, wie Gregory Zilboorg die Tatsache entgangen war, daß George Gershwin bei seiner Analyse ein organisches Hirnleiden hatte.) Kardiner, meinte sie, sei zwar unbestritten brillant gewesen, aber was Freud anging, zumindest für die Zeit, in der sie ihn kannte, keine zuverlässige Quelle.

Sie hatte im übrigen nie irgendwelche symptomatologischen Anzeichen bei Freud feststellen können, wie sie sagte, obwohl sie nach Anzeichen einer Neurose gesucht hatte, wie man es bei einer Analyse ganz „natürlich" machte. (Bei jemandem wie Kata Levy hätte ich es nie gewagt, ein Thema in dieser Richtung anzuschneiden.) Ich vermute, daß Freud über eine sehr gute Abwehr verfügte, und daß einige seiner Konflikte in seiner Korrespondenz besser als im täglichen Leben zutage traten.

Da sie Amerikanerin war, fragte ich sie, ob Freud sich irgendwie negativ über die Vereinigten Staaten geäußert und entsprechend irgendwelche Seitenhiebe ausgeteilt hatte. „Oh, ja", sagte sie, es seien aber nicht unbedingt „Seitenhiebe" gewesen. Er habe die Bemerkung fallenlassen, daß der Werdegang der Psychoanalyse in Amerika vielleicht besser gewesen wäre, wenn sie, Dr. Putnam, jünger wäre oder es schaffen würde, länger zu leben. (Dies entsprach exakt der Aussage, die auch Edith Jackson gemacht hatte.) Und er hatte „pauschal" gemeint, amerikanische Analytiker würden seine Arbeit „nicht anerkennen" und sie „ablehnen". Er habe absolut kein Vertrauen zu ihnen gehabt, sich aber gleichwohl nach Kräften bemüht, ihre, Irma Putnams, Hilfe zu gewinnen, um zu verhindern, daß die Analyse in Amerika auf Abwege geriet.

Aus ihrer Sicht fiel Freuds Einstellung zu Amerika in die Kategorie seines „Mißtrauens" – und es gab Gründe für einen solchen Argwohn. Amerika war ein so riesiges Land, daß er zurecht befürchten durfte, daß dort nie eine Organisation in der Lage sein würde, den „Fanatismus" einiger weniger zu kontrollieren, und daß jeder sich beliebig ein Schild an die Tür hängen konnte, das ihn als Psychoanalytiker auswies. Es sei für ihn beunruhigend gewesen, daß die Psychoanalyse in Amerika nicht so leicht zu kontrollieren gewesen sei. In Boston, sagte sie, habe es jedoch kein wirkliches Problem mit „wilder Analyse" gegeben, hier hätten die fraglichen Analytiker entweder schließlich ihre Praxis aufgegeben oder wären gekommen, um sich weiter ausbilden zu lassen.

Dr. Putnam hatte das Gefühl, daß es bei Freud ein grundlegendes Mißtrauen gegenüber Amerika gab, und zwar nicht nur wegen der Schwierigkeit, die Psychoanalyse dort organisatorisch in den Griff zu bekommen. Die amerikanischen Intellektuellen, meinte sie, hätten sich sehr von den europäischen unterschieden. Und es hatte sie beeindruckt, wie die vor dem Zweiten Weltkrieg in die Vereinigten Staaten emigrierten Europäer nach ihrer Ankunft das intellektuelle Leben in Amerika „befruchtet" hatten. Sie dachte dabei zum Beispiel an Einrichtungen wie die New School for Social Research in New York City, und wie die von der drohenden Gefahr Hitlers angespornte Welle von Einwanderern dazu beigetragen hatte, sie zu einem illustren Ort zu machen.

Da Dr. Putnam politisch nicht naiv war, fragte ich sie nach Freuds Einstellung zum Kommunismus. Freud war der Meinung, sagte sie, daß es eine „wesentliche" Mißgunst und Eifersucht zwischen den Menschen gab, die zwangsläufig eine Situation des Gleichseins oder der Gleichmachung ausschloß. Er war Skeptiker genug, meinte sie, um überzeugt zu sein, daß ein Brotmangel nicht durch ein gemeinsames Teilen der Knappheit lösbar war.

Ich fragte Dr. Putnam, ob ihre Therapie bei Freud ihrer Meinung nach geholfen hatte, und ihre Antwort war unmißverständlich: „Ganz bestimmt." Er habe sie als „normal" betrachtet, aber wie jeder habe natürlich auch sie ihre „Probleme" gehabt. Dennoch habe er nicht von ihr erwartet, daß sie fünf Jahre oder so bei ihm blieb. Sie hatte ihre Therapie um die Weihnachtszeit begonnen und wollte bis zum nächsten Weihnachtsfest wieder zu Hause sein. Und er war im darauffolgenden Jahr auch damit einverstanden gewesen, daß sie ging. Ich fand, daß ihre Darstellung vom Verlauf ihrer Analyse bei Freud ziemlich genau der Beschreibung entsprach, die Hirst von seiner Behandlung geliefert hatte. Denn sie sagte, die Analyse hätte sie auf den Weg zu mehr Selbsterfahrung und auch dahin gebracht, die Verantwortung für alles zu übernehmen, was ihr widerfuhr. Sie war jedoch reifer als Hirst, als sie zu Freud kam, und hielt ihm insofern nicht zugute, einen so großen Anteil daran zu haben, wie sie sich dann im weiteren entwickelt hatte. Sie hatte nach der Analyse jedoch das Gefühl, „auf ihrem Weg" zu sein.

Auf meine Frage, ob es in jenen Tagen bereits merkliche Schwierigkeiten zwischen Melanie Klein und Anna Freud gegeben habe, meinte sie, es habe so „etwas" wie einen Konflikt gegeben, um den sie selbst sich jedoch nicht gekümmert hätte. Als sie dann jedoch nachschob, in Annas Seminar über Kinderanalyse sei Klein allerdings „kaum einmal zitiert" worden, fand ich diese Bemerkung sehr naiv von ihr, da Klein ja bekanntlich eine erbitterte Feindin Annas war. Irma Putnam hielt Anna, die das einzige Kind Freuds war, das sie kannte, für eine „große Frau" und Annas Buch *Das Ich und die Abwehrmechanismen* für einen Klassiker. Jeder hätte das Gefühl gehabt, meinte sie, daß Anna eine „sehr wichtige Person" mit einer ihr eigenen „unabhängigen Größe" war, da sie sich daran gemacht hatte, ein neues Gebiet zu entdecken. Obwohl Freud selbst nicht allzuviel von den Möglichkeiten der Erforschung der Psychologie kleiner Kinder gehalten habe, sei Anna „ihren eigenen Weg gegangen."

Dr. Putnam hatte ihre dreijährige Tochter bei sich in Wien gehabt. Und sie erzählte, bei ihr sei damals an einem Punkt auch das Interesse an den Möglichkeiten der Kinderanalyse geweckt worden, und so hatte sie sich nach einem

Kinderanalytiker umgehört und war mit dem Kind schließlich zu Edith Sterba gegangen. Auf meine Frage, wie Freud dazu gestanden habe, meinte sie, er habe nur gesagt, es „könnte interessant sein." Edith Sterba habe bei dem Kind jedoch keine Probleme feststellen können und mit der Begründung, es sei „zu normal", abgelehnt, es in Behandlung zu nehmen. (Da die Tochter sich später selbst umbrachte, blieb bei mir eine Skepsis bezüglich des vorhersagenden Wertes der Diagnose zurück.)

Freuds Einstellung zur Kinderanalyse sei komplex und vielschichtig gewesen, meinte sie. Es sei nicht etwa so gewesen, daß er diese „abgelehnt" hätte, dafür sei er schon allein an seinen eigenen Kindern zu interessiert gewesen. Aber was er von ihnen wußte, meinte sie, habe er durch Beobachten und Zuhören und nicht dadurch erfahren, daß er mit ihnen redete. Sie hielt es für denkbar, daß er die Hindernisse bei der Analyse von Kindern für unüberwindlich hielt. Sie hatte ihn wegen ihr eigenes Kind nie um Rat gefragt. Jedenfalls, meinte sie, habe er „eine große Sache" daraus gemacht, daß es keine psychoanalytische Pädagogik gab, und daran mußte sie immer denken, wenn sie von den ehrgeizigen Ansprüchen und Behauptungen mancher Analytiker hörte.

Als wir über Freuds Krankheit sprachen, meinte sie, diese sei in der Zeit, als sie in Wien war, überhaupt nicht offensichtlich gewesen. Er hatte sich in der Zeit zwar einer Operation unterzogen und war deswegen eine Woche oder zehn Tage „nicht da" gewesen, aber es sei als Krankheitsbild nie offenkundig zutage getreten, daß er an einem Sarkom litt. Ihre Darstellung unterschied sich von Mark Brunswicks Aussage, der die Tatsache, daß Freud am Sterben war, als hemmenden Faktor in seinen Ausdrucksmöglichkeiten empfunden hatte. Irma Putnam meinte hingegen, seine Krankheit hätte ihn beim Sprechen überhaupt nicht behindert, sondern sich lediglich auf seine Eßgewohnheiten ausgewirkt. Auf meine Frage, ob sie wohl auch mit dazu beitragen hatte, daß er nicht mehr an den öffentlichen psychoanalytischen Sitzungen teilgenommen hatte, meinte sie, signifikanter als seine Krankheit sei in dem Zusammenhang sein Gefühl gewesen, daß er bei den Diskussionen leicht zu einschüchternd wirken konnte, da die jungen Analytiker sich zur Beilegung von Meinungsverschiedenheiten einfach allzu gerne an ihn wandten, wenn er bei den Diskussionen dabei war. Und sie meinte, bei diesen Auseinandersetzungen hätte er sich tatsächlich leicht als eine hemmende Kraft erweisen können.

Dr. Putnam hatte eine so ungemein positive Einstellung zu Freud, daß ich sie letztlich, als ich auf die Kämpfe hinauswollte, in die Freud verwickelt worden war, nur fragte, was andere wohl gemeint hätten, wenn sie ihn als „intolerant" bezeichneten. Einerseits, meinte sie daraufhin, habe er gefragt: „Was wohl überdauern wird?" Aber gleichzeitig sei er als intolerant gesehen worden, wenn jemand etwas Destruktives zu ebendiesen Ideen gesagt oder einen Teil des psychoanalytischen Gerüstes verworfen habe. Freud habe sich nicht geweigert, zuzuhören oder etwas zu überdenken, und er sei immer an allem interessiert gewesen, was in der Vereinigung vorgetragen wurde. Ihrer Meinung nach vermittelte er das Gefühl, daß er „heute" der festen Überzeugung war, daß dieses so und jenes nicht so sei.

Es war wohl bezeichnend für die Unabhängigkeit Dr. Putnams, daß alle Briefe, die sie von Freud erhalten hatte, verlorengegangen waren. Sie konnte seine deutsche gotische Schrift nicht lesen, wobei sie mit der Schrift anderer hingegen durchaus zurechtkam. Sie war in Boston mit Freuds Briefen zu seinem Schüler Hanns Sachs gegangen, um sie sich von ihm „übersetzen" zu lassen; aber selbst Sachs hatte sie „kaum" lesen können. Die Briefe von Freud seien jedoch nicht sehr „interessant" gewesen, es sei darin immer nur um Dinge gegangen, die sie für ihn hatte erledigen sollen.

Dr. Putnam wußte fast nichts über Freuds Familienleben. Sie vermutete, daß seine Frau „ein ganz wundervoller Mensch" war, da sie es geschafft hatte, angesichts all der Dinge, die in Freuds Karriere passierten, ihr Gleichgewicht zu bewahren. Sie hatte auf Irma den Eindruck „einer denkbar zufriedenen Frau" gemacht; sie hatte zwar nie mit ihr gesprochen, sie jedoch in den Sommermonaten gesehen.

Mich interessierte ihre Meinung, inwieweit die Psychoanalyse vielleicht durch Freuds Persönlichkeit in falsche Gleise geraten konnte. Im Gegensatz zu jemandem wie David Brunswick, bei dem es gegenstandslos gewesen wäre, eine solche Frage zu stellen, meinte Dr. Putnam: „Das muß wohl so gewesen sein, zwangsläufig." Sie meinte, man hätte nach „Zeichen" gesucht, sie hatte indes jedoch nie das Gefühl, daß es ihm irgendwie an Objektivität gemangelt hätte.

Dennoch, sagte sie, klängen einige der Berichte, in denen andere ihre Analysen bei Freud geschildert hatten, für sie einfach „unglaublich." Zum Beispiel erschien ihr Joseph Wortis' Buch (1963, dt. 1994) über seine Erfahrungen mit Freud „wirklich abenteuerlich", wobei sie allerdings irrtümlich davon ausging, Wortis sei vor ihrer Zeit bei Freud gewesen. Wortis, meinte sie, habe eine „schändliche Analyse" gehabt, die sie „wirklich beschämend" fand. Und sie fand es höchst unglückselig, daß andere danach denken könnten, ein derart kampflustiger Austausch habe irgend etwas mit Analyse zu tun. Gleichwohl, meinte sie, sei es wohl so gewesen, daß eine Analyse völlig danebengehen konnte, wenn ein Patient Freud auf dem falschen Fuß erwischt habe.

Als sie über mögliche persönliche Schwierigkeiten Freuds nachdachte, fiel ihr ein, daß Freud „immer" geraucht hatte; ansonsten, habe er jedoch keinerlei Anzeichen von einer Neurose gezeigt, obwohl sie danach gesucht habe. Insgesamt habe sie „eine positive Einstellung" zu Freud gehabt, und ihre Achtung vor diesem „alten Gentleman" ginge vor allem auf seine Bereitwilligkeit zurück, etwas Neues erforschen und entdecken zu wollen. Sie bewunderte seine Aufgeschlossenheit und wie brüskiert er reagiert hatte, wenn sie einmal mangelnde Kritikfähigkeit erkennbar werden ließ. Ein anderer Punkt war, meinte sie, daß sie keine sonderliche Bedrohung für ihn dargestellt habe. Vielleicht hätte es, wenn sie länger in Wien geblieben wäre, wie bei Ruth Brunswick, Schwierigkeiten zwischen ihr und Freud gegeben. Denn bestimmte Patientinnen hatten für ihn zur Bedrohung werden können, wobei Marie Bonaparte und Edith Jackson jedoch nicht in diese Kategorie fielen.

Dr. Putnam konnte sich leicht jemanden vorstellen, der eine Bedrohung für Freud darstellte – jemand, der von Anfang an konkurrenzorientiert auftrat. Es gibt Leute, meinte sie, die einfach gerne streiten und denen es mitunter mehr um das Streiten als um die inhaltliche Auseinandersetzung geht. Und einen psychotischen Patienten hätte er sicherlich als Bedrohung empfinden können. Als ich auf mögliche „Besitzansprüche" oder eine „Besitzgier" Freuds zu sprechen kam, war sie wirklich überrascht, da er ihres Erachtens „nichts" machte, als anderen seine Ideen zu geben. Er hatte seine „Schätze", keine Frage, meinte sie, aber er habe sie nicht gehortet.

Auch als Frau hatte sie ihrer Meinung nach nie eine Bedrohung für ihn dargestellt. Es gab so vieles, sagte sie, was sie für ihn tun sollte, und wozu sie auch gerne bereit gewesen sei. Sie lachte darüber, wie sie für seine Sache hatte Geld sammeln sollen. Manchmal, dachte sie, sei er nicht ganz diskret bezüglich Patienten gewesen, deren Familien sie hatte besuchen sollen. Hauptsächlich hatte er jedoch ihre Hilfe in Verbindung mit den Verlusten gesucht, das der Verlag machte. Er hatte ihr des öfteren geschrieben, um sie zum Beispiel zu bitten, ob sie nicht an Alexander herantreten könnte, um ihn zu einer gemeinsamen Spende zu bewegen. Dabei sei es in der Regel um einige hundert Dollar gegangen, und solche Bitten seien eine Zeitlang einmal im Jahr gekommen, bis sie schließlich allmählich versiegt seien. Der Verlag sei manchmal wirklich in Bedrängnis gewesen, meinte sie; sie wußte jedoch nicht, ob er vielleicht ähnliche Briefe auch an Edith Jackson geschrieben hatte.

Auf meine Frage, ob Freud vielleicht irgendwelche Romane erwähnt hatte, meinte sie, er habe ihr gegenüber behauptet, seine ganzen Ideen von den Russen, insbesondere von Dostojewskij zu haben. Sie hätten alles gewußt, habe er bereitwillig eingeräumt und ihr zudem erklärt, er habe russische Patienten gehabt, die ihm „alles" beigebracht hätten, „was er wußte." Im gleichen Atemzug, meinte sie, konnte er jedoch auch „extravagant" sein. Trotz seiner Bemerkungen über die Amerikaner und Russen hatte sie keine Idee, welche Nationalitäten er vielleicht besonders bewundert hatte.

Als ich die Frage von Freuds Judentum ansprach, hatte sie auch keine besondere Meinung. Er sei ihr nicht sonderlich jüdisch erschienen, meinte sie nur, und sie habe ihn „nie" als jüdisch gesehen, allerdings, fügte sie hinzu, habe sie für „solche Dinge" auch kein allzu gutes Gespür. Freud habe zwar jede Menge jüdische Geschichten erzählt – wovon auch Mark Brunswick gesprochen hatte –, aber irgendwie hatten diese Geschichten für sie assoziativ nie irgend etwas mit ihm zu tun, und sie konnte sich im einzelnen auch nicht mehr daran erinnern.

Sie war an sechs Tagen in der Woche zu Freud gegangen, erzählte sie, und hatte in der Zeit, während sie in Wien war, selbst nicht praktiziert. Als sie später wieder in Boston war, hatte sie acht Patienten am Tag empfangen. Sie erinnerte sich noch, wie sie Sachs damals, um ihn für Boston zu gewinnen, im Namen des Bostoner Instituts acht reguläre analytische Patienten hatte garantieren müssen. Helene Deutsch habe später die gleiche verbindliche Zusage haben wollen. Es sei zwar nicht „schwer" gewesen, für Sachs acht solcher Fälle zu finden, aber sie erinnerte sich noch genau, sich damals „geschworen" zu haben, so etwas nie wieder zu tun. Im Unterschied zu Sachs, den sie unbedingt haben wollten, hätten sie Deutsch nicht so dringend gebraucht. Sie wollten nur mit aller „Gewalt" jemanden für die Ausbildung haben, und so hatte sie sich für Sachs stark gemacht. Deutsch, erzählte sie, sei dann auch ohne vorherige Zusicherungen und überdies mit einem großen Troß von Patienten gekommen, die sie begleiteten, so daß sie in der Hinsicht sowieso nicht auf sie angewiesen gewesen sei. Auf Sachs sei sie durch Bertram Lewin gekommen, der dessen Namen ihr gegenüber ins Gespräch gebracht habe, und Sachs sei danach mit seiner Praxis in Boston sehr glücklich gewesen. Mit Freud, sagte sie, habe sie damals nicht über die Wahl von Sachs gesprochen, und sie war auch im nachhinein noch irgendwie froh darüber, dieses Thema bei ihm ausgespart zu haben.

Am Ende des Interviews fragte ich sie, ob ich vielleicht irgend etwas vergessen hätte, was noch hätte angesprochen werden sollen. Sie erzählte mir daraufhin noch eine Geschichte, die sie mit einer Patientin erlebt hatte. Sie hatte sich wegen dieser Patientin große Sorgen gemacht und dieses und jenes für sie getan. Sie hatte ihr Geld gegeben, Stunden für sie am Radcliffe College übernommen, jemanden besorgt, um ein Porträt von ihr zu malen – kurz: sie hatte alles getan, was ein Analytiker nicht tun sollte. Als sie mit Freud darüber sprach, hatte er gemeint: „Manchmal muß man für einen Patienten sowohl Mutter als auch Vater sein." Er hatte volles Verständnis gezeigt für alles, was sie für die Patientin getan hatte, und lediglich bemerkt: „Man tut, was man kann." Diese Geschichte, sagte sie, sei ihr „sehr wichtig", da es den meisten wohl schwerfiele, sie bezüglich Freud zu glauben. Er konnte „ganz unorthodox" sein, meinte sie, wenn die Situation es aus seiner Sicht verlangt habe. Er habe nur sichergestellt wissen wollen, daß der Analytiker etwas nicht um seiner persönlichen Befriedigung willen, sondern im Interesse des Patienten tat.

Abschließend sprach ich noch die Frage an, daß Freud seine Tochter Anna selbst analysiert hatte. „Oh, ja! Wie unorthodox man sein kann!" meinte sie daraufhin spontan. Im Unterschied zu Mark Brunswick und anderen, die Freud kritisch gegenüberstanden, hatte Freud für sie damit jedoch kein berufliches oder menschliches Tabu gebrochen. Schon als sie damals in Wien war, sagte sie, habe sie davon gewußt. (Seltsamerweise schienen die Wiener offenbar allgemein mit der Tatsache vertraut gewesen zu sein, daß Freud Anna behandelt hatte; demgegenüber bin ich jedoch nie englischen Analytikern begegnet, die von dieser Geschichte Kenntnis zu haben schienen, und nicht einmal diejenigen, die ausgesprochen gute Verbindungen hatten. Es bleibt eine offene Frage, ob sogar Jones damals darüber informiert war, wobei ich glaube, daß er zumindest die Wahrheit ahnen mußte.) Dr. Putnam fand jedenfalls, daß man Freud bescheinigen konnte, bei Anna „großen Erfolg" gehabt zu haben, die sie im übrigen für „eine wundervolle Frau" hielt.

Von all den Interviews, die ich mit ehemaligen Patienten über Freud führte, gehört die Begegnung mit Irma Putnam zu denen, die am leichtesten zu rekonstruieren waren, da sie so methodisch vorging und gleichzeitig außergewöhnlich intelligent war. Obwohl Jokl sich kritisch über Freuds Ansichten zu Frauen äußern konnte und das Stereotyp, ihn als Sexisten zu sehen, zu einem Allgemeinplatz geworden ist, war Dr. Putnam eine emanzipierte Karrierefrau, die dennoch außergewöhnlich gut mit Freud zurechtgekommen war. Manchmal, zum Beispiel in Zusammenhang mit Freuds Analyse von Anna, hätte sie vielleicht freidenkerischer sein können, aber ich denke, Freud hätte mit Recht stolz auf die Schilderung ihrer Analyse bei ihm sein können.

Kapitel 8

Zwischen Vater und Mutter: Eva Rosenfeld

Eva Rosenfeld war ganz anders als Irma Putnam. Sie war überaus expressiv und unverbesserlich individualistisch, und sie hatte auch eine ambivalentere Beziehung zum Schöpfer der Psychoanalyse aufgearbeitet. Rosenfeld lernte Freud und seine Familie weitaus intimer kennen als Dr. Putnam. Sie kam aus Mitteleuropa und hatte im Vergleich zu Dr. Putnam einen anderen Ansatz zu Freud. Auch Rosenfeld wurde praktizierende Analytikerin, sie hatte jedoch keine vorherige medizinische Ausbildung und zog sich, solange ich sie kannte, aus ihrer Praxis auch nie zurück.

Auf Irma Putnam war ich aufmerksam geworden, da ich in jener Zeit in Boston lebte und somit zwangsläufig einen besonderen Zugang zu allen frühen örtlichen Analytikern hatte, gleichwohl Irma selbst damals schon nicht mehr in der Stadt wohnte. Auf Eva Rosenfeld hingegen war ich durch den Tip eines Londoner Analytikers gekommen, der sie als jemanden beschrieb, der mit Sicherheit offen und außergewöhnlich freimütig sei. Diejenigen, die sich in den sechziger Jahren in London um Anna Freud geschart hatten, waren in der Regel wie Kata Levy, loyal und diskret in bezug auf alles, was mit den frühen Tagen der Psychoanalyse zusammenhing. Als ich also hörte, daß Rosenfeld sowohl gut informiert als auch emanzipiert sei, schien es mir lohnenswert, sie kennenzulernen. Aber es war für mich schon ein erstaunliches Urteil, als ich später las: „Im Wiener Freundeskreis, der sich um Sigmund und Anna Freud gebildet hatte, war Eva Rosenfeld nach Ruth Mack Brunswick Freuds eindeutige Favoritin" (Appignanesi und Forrester, 1992, dt. 1994, S. 524). Fest stand gleichwohl, daß Eva jemand von historischer Bedeutung war. Eissler hatte sie bereits einige Jahre vor mir interviewt, wobei dieses Dokument jedoch noch bis zum Jahr 2008 unter Verschluß bleiben wird.

Bei meinem ersten Interview mit Eva Rosenfeld war ich verblüfft über die Bereitwilligkeit, mit der sie über ihre Analyse bei Freud sprach. Während ich bei anderen, wie etwa bei Irma Putnam, die Interviews mit einem allgemeinen Interesse an der Geschichte der Psychoanalyse begründete und mich nur langsam an die entscheidende Frage ihrer persönlichen Analyse herantastete, war Rosenfeld nur allzu gerne bereit, geradewegs auf die Einzelheiten ihres persönlichen therapeutischen Kontaktes mit Freud einzugehen. Sie war jedoch auch neugierig und wollte wissen, worüber andere Patienten Freuds, wie etwa David Brunswick, bereit gewesen waren, mit mir zu sprechen. Sie kannte – zumindest entfernt – alle anderen noch lebenden Patienten Freuds in England, wo sie selbst auch lebte.

Rosenfeld sagte von vornherein, es sei ihr egal, was ich über das Gespräch mit ihr veröffentlichen würde, vorausgesetzt, daß es erst nach ihrem Tod erschien. Sie wollte aber in jedem Fall „das" Buch sehen, das ich über Freuds Kreis schrieb, und fragte mich, ob ich darin auch etwas über sie persönlich schreiben würde. Was ich schrieb, wollte sie nur Anna Freud zeigen, so wie sie ihr auch die beiden historischen Aufsätze, die sie verfaßt hatte, vorgelegt hatte. Etwas später jedoch meinte sie, ich sollte warten, bis sie und Anna beide tot wären, ehe ich das ganze Material veröffentliche, das sie mir gab. Sie sollte jedoch noch die Veröffentlichung mehrerer meiner Bücher erleben, und obwohl sie keines davon mochte, arbeitete sie auch noch lange mit mir zusammen, nachdem sie wußte, daß ich bei Anna Freud längst in tiefe Ungnade gefallen war (Roazen, 1993a).

Mir wurde schnell klar, daß Rosenfeld zum engsten Kreis der alten Londoner Analytiker gehörte. Sie bot sogar an, mir das Haus in 20 Maresfield Gardens zu zeigen, da ich seinerzeit, als ich Anna Freud dort interviewt hatte, keine Gelegenheit hatte, es mir näher anzusehen. Als ich Rosenfeld Ende des Sommers 1965 zum erstenmal besuchte, meinte sie, daß Miss Freud gerade in ihrem Landhaus in Walberswick oder vielleicht auch schon mit Dorothy Burlingham zu ihrem gemeinsamen Haus in Irland gefahren sei, wohin sie sich gerne zurückzogen. Anna war in jenem Jahr besonders „müde" gewesen, hatte sie mir erklärt. Eva hatte zwar die Befugnis, mich durch Mansfield Gardens zu führen, sie sprach von Anna aber dennoch als „Miss Freud" und von Freud als dem „Professor". Als ich erwähnte, daß ich Kata Levy getroffen hatte, bestätigte sie, daß Levy „wahrscheinlich die Älteste" aus ihrem Kreis sei, die ich in London treffen konnte. (Rosenfeld selbst war damals dreiundsiebzig; sie starb 1977.)

Eva Rosenfeld hatte ihre Analyse bei Freud 1929 begonnen, und es stellte sich heraus, daß er sie – genau wie Kata Levy – kostenlos behandelt hatte. Ich bezweifele jedoch, daß sie bei unserer ersten Begegnung schon wußte, daß er auch Levy nichts in Rechnung gestellt hatte. Während Freud Levy wegen ihres Bruders Anton von Freund angenommen hatte und es unmöglich fand, jemandem ein Honorar in Rechnung zu stellen, dessen Familie in der Frühzeit der Psychoanalyse so wichtig gewesen war, um die Sache voranzubringen, war Rosenfeld dank ihrer Freundschaft mit Anna, die 1924 begonnen hatte, zu ihm gekommen. Anna hatte ihr 1929 vorgeschlagen, eine Analyse zu machen, und ihr gesagt, Freud hätte die Zeit für die Analyse, und diese würde außerdem kostenlos sein. Aber daß sie für ihre Analyse nichts gezahlt habe, meinte sie scherzhaft, sollte ich niemandem erzählen, sonst würde sie noch von Leuten „bestürmt", die auch gerne kostenlos analysiert werden wollten. (Pfister, ein Schweizer Pfarrer, hatte seine psychoanalytische Praxis als Teil seiner pastoralen Arbeit gesehen und viele seiner Patienten unentgeltlich behandelt [Micale, 1993].)

Am Anfang ihrer Analyse, erzählte sie, habe sie Schwierigkeiten gehabt, offen zu sagen, was ihr in den Sinn kam, so daß die Freudsche Regel, sich in freien Assoziationen zu ergehen, für sie keine leicht zu erfüllende Anforderung gewesen sei. Schließlich sei er für sie der „Allmächtige Gott" gewesen, obwohl ihre Zurückhaltung ihn „etwas aus der Fassung gebracht" habe. Sie war etwa zwei Monate lang sechsmal in der Woche zu ihm gegangen und später dann nur noch einmal wöchentlich, und zwar sonntags, wenn Dorothy und Anna am Nachmittag zusammen weggegangen waren.

Ihre Besuche bei Freud waren zumindest so zwanglos, daß Ruth Brunswick gelegentlich anrufen konnte, um ihr zu sagen: „Kommen Sie nicht, der Professor braucht frische Luft." (Rosenfeld war die einzige von allen, die ich interviewte, die mir von Anrufen in der Wohnung von Freuds Familie erzählte; die Nummer, meinte sie im übrigen, sei „eine sehr berühmte" gewesen.) Manchmal sei Freud eine Fahrt aufs Land schon einmal lieber gewesen, als die Zeit mit ihrer Analyse zu verbringen. „Wir waren schon eine robuste Gesellschaft", meinte sie zu den ausgefallenen Sitzungen und wies auf den Unterschied im Umgang mit den späteren Patienten hin, bei denen man sich allein „eine halbe Stunde" mit dem Verlust auseinandersetzen mußte, daß sie den Analytiker am nächsten Wochenende nicht sehen konnten. Rosenfeld kannte Ruth Brunswick gut und wußte auch, daß Marie Bonaparte bei ihren Aufenthalten in Wien in Ruths Haus logiert hatte. Rosenfelds Analyse bei Freud war dann in den Sommerferien wieder aufgenommen worden, und sie war fortan erneut „jeden Tag" zu ihm gegangen.

In ihrer Analyse, erzählte sie mir, hatte sie sich bei Freud einmal über sein „mangelndes religiöses Gefühl" beklagt – ein Thema, auf das sie im übrigen nochmals zurückkam. Seine Antwort darauf war, sagte sie, daß er an seinen Schreibtisch ging, eine kleine Statue herunternahm und meinte, das seien „die Götter, an die ich glaube." Er habe die Religion „kurzsichtig" als einen „Betrug" gesehen, als einen „Haufen Lügen", als eine absolute „Illusion". Er habe nicht geglaubt, daß es derart tiefgreifende, so „wenig abzutötende" Gefühle gab, die einfach einen Sinn haben mußten. Was das Geben und Nehmen zwischen ihr und Freud anging, erwähnte sie, daß sie mit ihm auch über ihr besonderes Interesse an Leonardo da Vinci hatte sprechen können. In dem Zusammenhang hatte er sie einmal „aufgefordert", sich einen Leonardo-Druck anzuschauen, der an der Wand hing, und gesagt, seine Studie über Leonardo sei sein „Lieblingsbuch." Insgesamt, meinte sie, habe Freud in jenen Tagen aufgrund der ständigen Schmerzen im Mund jedoch nicht allzuviel gesprochen.

Hervorzuheben in Rosenfelds Vita im alten Wien ist ihr Engagement für die Einrichtung einer Schule für Kinder, die entweder selbst oder deren Eltern in Analyse waren. Den Anstoß zur Gründung der Schule hatte im Grunde eine Patientin Anna Freuds gegeben, eine junge Frau namens Minna. Der Psychiater Pötzl, erzählte Rosenfeld, hatte sie an Anna zur Analyse empfohlen. Sie schien psychotisch zu sein, und da Anna Freud der Überzeugung war, sie würde sich von ihrer Familie nie losreißen können, solange sie noch zu Hause lebte, hatte Anna einen Platz für sie gesucht, wo sie unterkommen konnte. Bernfeld hatte ihr dann das Haus Eva Rosenfelds empfohlen. Minna, sagte sie, habe „sehr viel aus ihrem Leben" gemacht und sich ganz „famos" mit ihrer, Rosenfelds, Tochter verstanden. Minna sei jeden Tag zu Anna in die Analyse gegangen, sie selbst habe jedoch nie irgend etwas Sonderbares an ihr feststellen können. Minna hatte acht Jahre bei ihnen gelebt und letztlich den Anstoß dazu gegeben, jene Schule ins Leben zu rufen, die Rosenfeld später mit Hilfe von Dorothy Burlingham und Anna Freud leitete; Peter Blos und Erik H. Erikson waren zwei der prominenten Lehrkräfte jener Schule (Erikson, 1963, dt. 1961).

Erst später entschloß sich Rosenfeld, eine formale psychoanalytische Ausbildung zu beginnen, die sie 1931 in Simmels Sanatorium Tegel in Berlin machte. Diese spannende Institution, meinte sie, sollte eine ideale psychoanalytische Gemeinschaft sein; „jeder, selbst die Krankenschwestern und Pförtner", sollten analysiert werden. Das Interieur hatte Freuds Sohn Ernst entworfen, der Architekt war. Rosenfeld hatte auch ein Foto von Freud und Anna in ihrem Sprechzimmer hängen, das in Simmels Sanatorium aufgenommen worden war. Das Sanatorium überdauerte fünf Jahre, ehe es bankrott war; ihre offizielle Ausbildung machte Rosenfeld dann später in Berlin, wo sie die Analytikerin Therese Benedek als Supervisorin hatte.

Rosenfelds Stellung innerhalb der Psychoanalyse blieb auf eine sehr persönliche Ebene beschränkt. Ihr fiel zum Beispiel die Aufgabe zu, Ferienhäuser für Freuds Familie zu suchen. Wie sehr sie sich im Zweifel auch eine gehobenere, wichtigere Rolle in Freuds Welt gewünscht haben mochte, er hatte sie in erster Linie immer nur als eine enge Freundin Annas gesehen. Sie hatte einmal eine Theorie zum Lächeln der *Mona Lisa* entwickelt und sie Freud geschickt; er war einer Antwort jedoch ausgewichen und hatte nur gesagt, er sei froh, daß Anna ihr sagen würde, was er dachte. Sie erinnerte sich noch, wie sie ihm zum erstenmal begegnet war: Sie war abends bei Anna gewesen, und sie hatten sich in ihrem Schlafzimmer unterhalten, das in der Freudschen Wohnung direkt zwischen dem Praxisteil und dem Privatbereich der Familie lag. Auf dem Weg zwischen diesen beiden Wohnungsteilen hatte sie Freud zu Gesicht bekommen. Als sie später in Berlin lebte, hatte sie die Freuds weiterhin zweimal im Jahr besucht und beobachtet, wie er mit den Jahren „gebrechlicher und gebrechlicher" und immer „kränker" geworden war.

Bei allen ehemaligen Patienten Freuds interessierte mich insbesondere die Frage, was sie von Jones' Biographie hielten. Als ich Rosenfeld danach fragte, meinte sie, der erste Band gefiele ihr „am besten", während sie den zweiten Band „zu belastend" fand. Sie konnte nicht wirklich glauben, daß „diese ganze Kontroverse" mit Adler und Jung andere tatsächlich interessieren könnte. Und den dritten Band fand sie durchaus bemerkenswert, da darin „soviel Leiden" Freuds beschrieben war, das sie und andere hatten miterleben müssen. Zu den historischen Hintergründen meinte sie im übrigen, es hätte Freud „mißfallen", daß sie kein größeres Problembewußtsein von der großen Tragödie gehabt habe, die sich mit den Ereignissen in den dreißiger Jahren in Mitteleuropa abspielte. Freud seien frühere Progrome noch lebhaft in Erinnerung gewesen, während sie jedoch nur mit ihren Alltagssorgen beschäftigt gewesen sei.

Jones war derjenige, der sie und andere 1936 aus Berlin herausgebracht hatte. Sie hatte Deutschland zusammen mit ihrer alten Mutter und ihrem Sohn verlassen; ihre Tochter war 1927 im Alter von nur fünfzehn Jahren auf tragische Weise bei einem Unfall beim Bergsteigen ums Leben gekommen. Nach diesem Unfall, sagte sie, sei Anna damals wiederum eingefallen, daß Minna – das Mädchen, das bei den Rosenfelds lebte – im vorhergehenden Jahr, als sie auf dem Land waren, solche Angstattacken erlitten hatte, daß sie abreisen mußten. Nach dem Unfall hatte Anna sich im nachhinein gefragt, ob sich zwischen der damaligen Angst der „Freundin" und dem tödlichen Ereignis ein „Zusammenhang" herstellen ließe bzw. die Angst eine „Vorahnung" gewesen sei. Anna, meinte sie, habe sich genau wie ihr Vater für Telepathie interessiert. Ich erfuhr erst von anderen, daß Rosenfeld auch bereits am Ende des Ersten Weltkrieges durch akute Krankheiten zwei kleine Kinder verloren hatte. Sie selbst erwähnte diese Verluste jedoch nicht, sondern erzählte nur, daß das „ruinierte Leben" ihrer Brüder zu ihrem Interesse an der Psychoanalyse beigetragen hätte; ihre Brüder seien aber nicht „schlecht", sondern vielmehr „süß" gewesen und hätten somit als „krank" betrachtet werden können. Sie hatte Freud im November 1924 kennengelernt, nachdem ihr Bruder Anton gestorben war. Und als sie Anna begegnet sei, sagte sie, hätte sie wohl gedacht: „Jetzt habe ich meinen Bruder zurückbekommen."

Sie hatte Freud nach seiner Emigration nach England noch viermal gesehen. Sie erinnerte sich noch an die Bemerkung, die er machte, als sie ihm dann zum erstenmal in seinem Arbeitszimmer in London begegnet war. „Alles ist hier, nur ich bin nicht hier!" hatte er gemeint. In einer Sendung, die 1956 anläßlich von Freuds hundertjährigem Geburtstag in Deutschland ausgestrahlt wurde, hatte sie in Anlehnung an diese Bemerkung erklärt, er werde noch lange hier sein, nachdem wir alle schon lange gegangen seien. Ebenso hatte sie in jenem Jahr in einer BBC-Sendung über Freud gesprochen. Nach der Darstellung ihres Sohnes „erging sie sich [dabei] in harmlosen Erinnerungen an die Freuds.

[Und] Annas Zorn stand in keinem Verhältnis zu dem Vergehen ..." (Heller, 1992, dt. 1994, S. 56f). Ich habe eine Abschrift von Rosenfelds Äußerungen in der Sendung gelesen und kann mir nicht vorstellen, woran Anna Anstoß genommen haben sollte. Aber vielleicht hatte Rosenfelds Sohn recht, wenn er vermutete, Anna hätte Angst gehabt, Rosenfeld könnte, wenn sie denn schon öffentlich Anekdoten von sich gab, eines Tages vielleicht auch Annas persönliche Briefe an sie zur Veröffentlichung freigeben. (Sie erschienen letztlich 1992 als – interessantes – Buch [Heller, 1992, dt. 1994; siehe auch Roazen, 1993c].)

Rosenfeld hatte den Großteil ihres Lebens mit psychoanalytischem Denken zu tun. Sie hatte 1911 erstmals Freuds *Traumdeutung* gelesen, wobei das Buch ihr jedoch nicht gefallen hatte. Aber ihr Verlobter, erzählte sie, habe damals darauf „bestanden", den Professor um Rat zu fragen, ob es – als Cousin und Cousine – ratsam für sie sei zu heiraten. Freud hatte ja gesagt, sie sollten ruhig heiraten. Bei den Frauen um Freud war es nicht ungewöhnlich, daß sie entweder unverheiratet waren oder aber einen Ehemann hatten, der eigentlich nicht zählte. Rosenfeld und ihr Mann hatten sich offiziell in den dreißiger Jahren wieder getrennt, wobei sie – wenigstens mir gegenüber – nicht einmal im entferntesten ihrer Beschäftigung mit der Psychoanalyse die Schuld am Scheitern ihrer Ehe gab. Ihr Mann sei „äußerst großzügig" gewesen, sagte sie, und habe „gewollt", daß sie zu Freud ging. Er sei einer der „ersten Hörer" von Freuds Vorlesungen an der Wiener Universität gewesen und „habe nie etwas gegen" den Platz gehabt, den Freud in ihrem Leben einnahm.

Für Rosenfeld war Freud ein Symbol der Wahrheit – oder genauer, ein Symbol dafür, daß man die Wahrheit sagen sollte. Während sie in Analyse bei ihm war, hatte einmal aus seinem Kreis jemand in ihrer Anwesenheit darüber gesprochen, welche Sorgen er sich wegen des Magens des Professors machte – und dabei vergessen, daß sie seine Patientin war. (Anna sei nicht dabei gewesen.) Sie hatte danach versucht, das, was sie gehört hatte, für sich zu behalten, aber Freud habe dennoch erraten, was in ihr vorging und ihr dann einen Vortrag gehalten, daß keiner von ihnen „das Recht" habe, so etwas zu tun. Ihrer Meinung nach „genügte es", Freud gekannt zu haben, „um dem Leben einen Sinn zu geben."

Da Rosenfeld zu der Zeit in Freuds Nähe war, als auch Ruth Brunswick in Wien war, fragte ich sie nach ihr. Rosenfeld kannte sie als „eine extravertierte Amerikanerin", eine Frau, die „herzlich und aufbrausend" gewesen sei. Ruth sei ihr im Grunde „immer auf die Nerven gegangen" und habe wie ein „Wirbelwind ein Riesentamtam um den Professor" gemacht. Sie sei charmant und aufbrausend, sehr intelligent wie auch lebhaft gewesen, und Freud habe sie sehr gemocht. Ruth, sagte sie, habe ihre erste Analyse bei Freud schon vor 1924 gemacht, als sie selbst gerade Kontakt zu den Freuds gefunden hatte. Er habe damals seine erste schreckliche Operation ja bereits hinter sich gehabt und sei

„als ein sterbender Mann hingestellt" worden. Etwas, meinte sie, sei sie auch über Ruth Brunswicks Tochter informiert gewesen, die damals in San Francisco lebte und gerade in Walberswick zu Besuch gewesen war. Ihr war auch bekannt, daß Mark Brunswick nach Ruths „verfrühtem" Tod wiedergeheiratet hatte. Soweit sie wußte, war Ruth im Badezimmer ausgerutscht und bei dem Sturz ums Leben gekommen. Sie hielt Ruth für „eine ziemlich kranke Frau", die damals in Wien eine mysteriöse Krankheit gehabt habe, wegen der die Ärzte ständig „gekommen und gegangen" seien. Ihre Beschwerden, meinte sie, seien wahrscheinlich „psychosomatisch" gewesen, aber sie hatte den Professor damit nicht behelligen wollen. Zwischendurch sprach sie auch einmal davon, daß Ruth eine „schlummernde Psychose" gehabt habe und ein „trauriges Ende" gefunden hätte. Ruth habe ein Haus in einem Vorort Wiens gehabt und sei eng mit der Prinzessin Marie befreundet gewesen. Ruth und Marie hätten sich im Sommer eine Villa geteilt, die später von dem Nazi-Propagandisten Goebbels okkupiert worden sei. Die Nazis, meinte sie, hätten „eine Vorliebe" für Sommersitze gehabt.

Ruth Brunswick habe eine sehr starke „Bindung" an Freud gehabt, genauso wie sie einmal ihrem eigenen Vater verbunden gewesen sei. Rosenfeld wußte jedoch nichts von Freuds „Enttäuschung" über Ruth. Die Freuds, meinte sie, hätten ihr gegenüber nicht von Ruth gesprochen, da dadurch „große Probleme" entstanden wären. Angeblich hatte überhaupt „keinen Klatsch" gegeben. Sie glaubte, daß Freud am Ende oft von Leuten desillusioniert gewesen sei; er sei einfach zu enthusiastisch an eine Sache „herangegangen" und habe sich dann am Ende enttäuscht gefühlt. Bei ihm gab es immer zuerst die „Idealisierungsprozesse", meinte sie, ehe dann der Punkt kam, an dem er sich enttäuscht oder im Stich gelassen fühlte. Er konnte Menschen nicht „realistisch" einschätzen, meinte sie; er habe so sehr das Bedürfnis gehabt, jemanden zu finden, zu dem er aufschauen konnte, und das könnte „schwer" sein, wenn „man so hoch oben" sei. Er sei am Ende im übrigen auch von ihr desillusioniert gewesen, sagte sie. Wenn man verstehen wollte, wie Freud hassen konnte, brauchte man sich ihres Erachtens nur anzusehen, wie stark seine Enttäuschung über andere sein konnte.

Im Vergleich zu Marie Bonaparte, die Freud „einhundertprozentig ergeben" war, meinte Rosenfeld, sie selbst sei in Freuds Welt kein „Stern" dieser Art gewesen. Ihr Sohn schrieb später, wie sie ihrer Beziehung zu Freud einen Schlag versetzt hatte: „Ein großer, absichtlicher – manche würden sagen, provokativer – Schlag, den meine Mutter austeilte, war ihre reifende Freundschaft mit Melanie Klein" (Heller, 1992, dt. 1994, S. 54). Denn sie hatte 1937 beschlossen, wegen einer Analyse zu Melanie Klein zu gehen. Freud, meinte sie, habe Klein jedoch „verabscheut" und das Gefühl gehabt, Anna würde von ihr angegriffen, was „in gewisser Weise ja auch stimmte." Anna sei jedoch

„immer phantastisch" gewesen, „wenn sie unter Beschuß" genommen worden sei. Rosenfeld hatte Freud einmal geschrieben, sie würde gerne für vier Wochen nach Wien kommen, um ihm Kleins Position zu erklären; er habe jedoch „höflich nein gesagt" und gemeint, sie würde ihn nicht überzeugen können und er wollte auch gar nicht den Versuch unternehmen, sie zu überzeugen.

Freuds Brief an Eva wurde unlängst veröffentlicht und kann leicht mißverstanden werden:

> Die Sache hat aber auch andere Seiten, eine die für Sie, und eine, die für mich unangenehm werden kann. Sie wissen, welches meine Einstellung zu den Lehren von Mel. Klein ist. Ich glaube auch, daß sie etwas Neues gefunden hat, aber ich weiß nicht, ob es soviel bedeutet, wie sie meint, und ich bin sicher, daß sich daraus kein Recht ableiten läßt, Theorie und Technik auf eine neue Basis zu stellen. Unsere 4 Wochen würden natürlich darauf aufgehen, kritisch zu untersuchen, was Sie bei sich selbst als Bestätigung für die Klein'schen Theorien gefunden haben. Es ist möglich, daß ich Sie zu einem anderen Urteil über diese Dinge bringen kann. Dann gehen Sie nach London zurück u. finden sich im Widerspruch zu einem Kreis und zu einer Richtung, wo Sie offenbar lieber im Einklang mit beiden bleiben möchten. Andersits würde es Ihnen nicht möglich sein, vor der englischen Gruppe die Beeinflussung zu verbergen, die Sie durch mich erfahren haben, und das würde einen Antagonismus anfachen, dem ich bisher aus dem Weg gegangen bin [Appignanesi und Forrester, 1992, dt. 1994, S. 528].

Freuds Taktgefühl der alten Schule sollte jedoch nicht mit seinen wahren Gefühlen verwechselt werden, die sich hinter wohlgewählten Worten verbargen. Es ist bemerkenswert, wie diese Menschen es schaffen, galant Verletzungen zu überspielen; die im alten Wien üblichen Manieren waren höchst kultiviert und manchmal auch scheinheilig, diese komplizierte Seite der Dinge ist bisher jedoch leider noch nicht hinreichend untersucht worden. So konnten Freuds Worte bedächtig und vorsichtig klingen, wenn er sich in Wahrheit jedoch seiner Sache äußerst sicher war.

> Den anderen Fall, daß Sie mich in 4 Wochen von der fundamentalen Bedeutung und Richtigkeit der Klein'schen Funde überzeugen, ziehe ich als unwahrscheinlich nicht in Betracht. Ich meine also, das Stück innerer Arbeit, das Ihnen jetzt auferlegt ist, die Ablösung Ihrer intellektuellen Parteinahme, sowohl von Vater- als von Muttereinfluß, müssen Sie ohne Hilfe, wenigstens ohne meine Hilfe, zu Stande bringen. Da ich an Ihrem Schicksal wie früher immer lebhaften Anteil nehme, bin ich natürlich mißvergnügt, daß sich eine solche Aufgabe überhaupt für Sie ergeben hat [Appignanesi und Forrester, 1992, dt. 1994, S. 528].

Appignanesi und Forrester (1992, dt. 1994) sind der Ansicht, daß Freuds Brief „eher wie eine Bitte" klingt, „es sich noch einmal gründlich zu überlegen", und meinen, „zugleich rät er ihr gewissermaßen zu Melanie Klein, für die sie sich seiner Meinung nach ohnehin bereits entschieden habe." Und der Brief verdeutlicht aus ihrer Sicht auch irgendwie eindrucksvoll „Freuds Unparteilichkeit ... zumindest bei einigen seiner Freunde und früheren Patienten" (S. 528).

Nach dem, was Rosenfeld mir erzählte, ist eine solche Auslegung seiner Worte jedoch falsch. Sie unterstrich, wie er ihr Interesse an Klein als „eine analytische Angelegenheit" betrachtet hatte, und das war gemeint, als er von ihrem „Vater-" und „Muttereinfluß" sprach. Auch wenn er es nicht ausdrücklich sagte, dachte er, sie würde Klein als Widerstand ihm gegenüber benutzen. Und 1947 schrieb Rosenfeld an Anna: „Ich verstehe ja, wie sehr ich Dich" in der Vergangenheit „gekränkt" habe (Heller, 1992, dt. 1994, S. 207). Es wäre nie und nimmer möglich gewesen, Freud und Anna auf seine letzten Tage auseinanderzubringen, und sei es nur, weil er körperlich so abhängig von ihr war. Ihm wäre Rosenfeld nicht wichtig genug gewesen, um sich durch eine aus seiner Sicht emotional belastete Reaktion auf seine Meinung allzusehr verletzt zu fühlen. Er hätte sich jedoch mit Annas Gefühl, im Stich gelassen zu werden, identifiziert.

Nach Rosenfelds wohlüberlegter Meinung war Klein keine wirkliche „Schismatikerin", was immer Freud oder Anna auch geglaubt haben mochten, da Klein „immer erklärt" habe, wenn man sich an die Freudschen Prinzipien hielte, würde man zu ihren spezifischen Schlußfolgerungen gelangen. (Dissidenten, die von Klein so weit entfernt waren wie Jacques Lacan und Sandor Rado, nahmen für ihre Theorien übrigens genau die gleiche Argumentation in Anspruch.) Melanie Klein, erzählte sie, habe Freud in den letzten Wochen seines Lebens in London besucht. Er sei gegenüber Frauen „ein ausgesprochener Gentleman" gewesen und habe sie gefragt, woran sie gerade arbeite. Als Eissler Rosenfeld interviewte, wollte er mehr über die Einstellung des Professors zu Klein wissen.

Auf meine Frage, ob Freud ihres Erachtens ungeduldig gegenüber denjenigen gewesen sei, die er analysierte, meinte Eva Rosenfeld, daß es mehr „gegen Ende" seines Lebens so gewesen sei. Aber jedes Wort habe ihm ja auch „Schmerzen" bereitet, und er sei „nicht einfach zu verstehen" gewesen. (Mark Brunswick hatte hingegen darauf beharrt, daß Freud auch im Alter nicht weniger gesprochen hatte, daß sich aber seine Beziehung zu Ruth letztlich durch seine Krankheit verschlechtert hatte.) Rosenfeld fand es „erstaunlich", wie er es geschafft hatte, solange weiterzumachen. Sie hatte 1927 ihre Tochter bei dem Unfall verloren, im selben Jahr, als Freud sein Werk *Die Zukunft einer Illusion* veröffentlichte – und er hatte ihr in ein Exemplar des Buches die Widmung geschrieben: „für die tapfere Eva." Sie sah sich selbst als jemanden, der irgendwie versuchte weiterzukämpfen und durchzuhalten.

Aus Rosenfelds Sicht war Freud von all seinen Schülern und Anhängern am „leichtesten" mit den Frauen zurechtgekommen. Von seinen männlichen Schülern, meinte sie, habe er Federn „wenig Sympathie" entgegengebracht. Und Jones habe eine besondere Rolle gespielt, da Freud ja bekanntlich „eine Schwäche" für die Nichtjuden in der Analyse gehabt habe und Jones in die Reihe seiner nichtjüdischen Schüler wie Jung paßte. (Der Wiener politische Philosoph Sir Karl Popper, ansonsten ein scharfer Kritiker seines Mitjuden

Freud, hatte in dem Punkt einen ähnlichen Ansatz gegenüber seinen eigenen nichtjüdischen Anhängern.) Bei Jung, meinte sie, habe Freud „eine richtige Übertragung" gehabt. Was sie selbst anging, sei er zwar enttäuscht, aber nicht allzusehr enttäuscht gewesen, da sie keine große Rolle gespielt habe. Zu Hartmann, der nach ihr in Freuds Welt gekommen war, erzählte sie, er sei „der blauäugige Junge" geworden, und daß er – wie Jung – nichtjüdisch war, sei wohl „der Hauptanziehungspunkt" gewesen.

Aber wie allüberragend wichtig für Freud seine Arbeit auch gewesen sei, meinte sie, im Haushalt der Freuds sei das Wort Psychoanalyse nie zu hören gewesen. In der Familie sei nie ein vulgärer Witz gemacht oder irgendwie über andere geklatscht worden. Sie hätten sich zwar selbst nicht zu ernst genommen, sich aber dennoch nie über etwas lustig gemacht, woran sie glaubten. Sie seien sehr „prüde" in bezug auf sexuelle Anspielungen gewesen, meinte sie. Rosenfeld glaubte nicht, daß Freud jemals untreu war, schließlich habe er zu denen gehört, die Geschlechtsverkehr mit dem Wunsch nach Kindern rechtfertigen. In seinem persönlichen Leben, meinte sie, habe es viele Tabus oder Dinge gegeben, die man einfach „nicht tat." Er habe Geschichten über untreue Frauen geliebt und gemeint, wie „langweilig" es für sie wäre, anständig zu sein. In seiner eigenen Familie hätte er ein solches Verhalten jedoch nie „erlaubt."

Freud habe zu Hause, erzählte sie, nie mit technischem Vokabular um sich geworfen oder irgendeinen Fachjargon verwendet. Und er hatte auch kaum einmal über eine Frage wie seine Einstellung zu Amerika gesprochen. Er war „wie ein Kaiser", sagte sie, und er wußte, daß alles, was er sagte, „aufgegriffen und verwendet" wurde. Die übliche Schweigsamkeit des Analytikers, meinte sie, bedeutet, daß der Patient einfach sehr aufmerksam hinhört, was er vielleicht sagen könnte. Freud habe in seinen letzten Jahren nicht mehr „sonderlich frei heraus" gesprochen, wenn nicht gerade jemand da gewesen sei, um über etwas Berufliches mit ihm zu diskutieren. Am Eßtisch sei er „fast immer schweigsam" und am Essen nicht besonders interessiert gewesen.

Rosenfeld wußte, welche Bedeutung Bullitt für Freud hatte, sie war damals jedoch in dem Glauben gewesen, daß er über Moses und nicht über Woodrow Wilson arbeitete. Sie hatte sich des Eindrucks nicht erwehren können, daß er einfach „prahlte" – aber wie sich herausstellte, sei dem doch nicht so gewesen. Sie wußte nicht, ob Bullitt vom Professor analysiert worden war, und auch nicht, wie wichtig er politisch war, „obwohl er sich so verhielt, als sei er es." Bullitt habe sich damit gebrüstet, daß er zusammen mit Freud ein Buch schrieb. Seine Tochter Anne, die er „angebetet" habe, habe bei ihnen – im Haus der Rosenfelds – gewohnt. Zu Bullitts Beziehung zu Anna Freud, meinte sie, er habe sie nicht allzusehr gemocht, aber sie habe ihn auch nicht sonderlich geschätzt.

Rosenfeld war darauf vorbereitet, daß ich sie nach Freuds Beziehung zu seiner Schwägerin Minna fragen würde, da Eissler sie auch schon gefragt hatte, ob Freud ein sexuelles Verhältnis mit ihr gehabt habe. (Indem er seine Interviews jahrelang zurückhielt, gab Eissler seinen Interviewpartnern und -partnerinnen ein Gefühl von erhöhter persönlicher Wichtigkeit.) Aus Rosenfelds Sicht „haßte" Freud „Unordnung", und der „Zwist der Eifersucht", der sich aus einer solchen Beziehung ergeben hätte, hieß für Rosenfeld, daß es „ganz unmöglich" war, daß es so etwas gegeben hatte. Freud hatte sie einmal auf seine „berühmte Liebesaffäre" mit Minna angesprochen und gemeint: „Sie glauben es auch." Sie hatte jedoch den Eindruck, daß er verletzt war, und zwar mehr um Minnas als um seiner selbst willen, so daß sie nicht glauben konnte, daß es eine derartige Liaison gegeben hatte.[1]

Freuds Frau sei kein uninteressanter Mensch gewesen, meinte Eva Rosenfeld. Sie selbst hatte es sich jedoch nicht erlauben können, „Mama", wie sie allgemein genannt wurde, näherzukommen. Was ihre Beziehung zu Anna anging, so glaubte sie, die Frau Professor habe Anna „nie geliebt", dies sei „die Tragödie von Annas Leben" gewesen. Ihre Mutter habe das sechste Kind nicht gewollt, und folglich habe der Vater Anna alles bedeutet. Wenn sie, Rosenfeld, sich nicht so „zurückgehalten" hätte, wäre sie sicher eine der Favoritinnen „der Damen", Mama und Minna, gewesen. Aber dann hätte Anna sich ständig anhören müssen, wie sie ihr vorgehalten hätten: „Schau, wie Eva [Rosenfeld] dieses oder jenes macht." Mama, sagte sie, sei in der Familie „sehr" abgewertet worden, aber nicht von ihrer Tochter Mathilda oder ihren Söhnen, sondern der Kreis um Freud sei dafür verantwortlich gewesen. Da sie eine so „perfekte Dame" war, hätte man nicht sagen können, wie lange die Liebe zwischen ihr und Freud gehalten habe, oder ob sie eifersüchtig auf Minna gewesen sei. Mama und Minna seien „wie siamesische Zwillinge" gewesen. „Mit Sicherheit" sei Mama eifersüchtig auf Anna gewesen, da Anna sich um Freud gekümmert und seinen Mund gespült habe, und zwar zu einem Zeitpunkt, als Mama überhaupt nichts mehr gemacht habe.

Minna sei von beiden die literarisch Bewandertere gewesen; sie hatte Rosenfeld zum Geburtstag einmal einen Korb Kosmetika mit der kleinen Notiz, „Das Behagen in der Kultur", geschenkt, was eindeutig eine Anspielung auf Freuds Titel *Das Unbehagen in der Kultur* war. (Rosenfeld meinte, sie sei von der Familie „so etwas wie adoptiert" gewesen und man habe ihren Geburtstag gefeiert.) Die Kinder im Freudschen Haushalt hätten unter der „doppelten

---

[1] Nachdem Bilinskys Artikel (1969) erschienen war, in dem es hieß, Jung habe einmal behauptet, Freud hätte eine Affäre mit Minna gehabt, erklärte Henry A. Murray mir, Bilinsky habe das „falsch verstanden." Freud hätte eine komplizierte emotional enge Beziehung mit Minna gehabt, die für sie kurzweilig möglicherweise qualvoll gewesen sein mochte. Jung hätte jedoch das Gefühl gehabt, daß Freuds Unfähigkeit, weiterzugehen und die Schwester seiner Frau zu seiner sexuellen Partnerin zu machen, ein Zeichen von Freuds neurotischen Hemmungen und ein Zeugnis seiner, Jungs, emanzipierten Überlegenheit war, da ihm Freuds angebliche sexuellen Komplexe fehlten.

Autorität" von Freuds Frau und Minna gelitten, da die „beiden Mütter" entweder beide gemeinsam den Kindern nachgesetzt oder Unstimmigkeiten untereinander gehabt hätten. Die „Eifersucht" der Kinder darauf, wie Mama und Minna sich vor allem miteinander beschäftigt hatten, sei schlimmer als die Emotionen gewesen, die für gewöhnlich bei den Bindungen zwischen Mutter und Vater mit im Spiel seien.

Rosenfeld teilte die Meinung, daß Freud seine Söhne zwar geliebt habe, aber enttäuscht von ihnen gewesen sei. Ernst sei für ihn ein „feiner Kerl", seine „Säule" gewesen. Rosenfeld hatte im übrigen nie gehört, daß Freud von Oliver gesprochen hatte, den sie für einen „komischen" Menschen, einen „Langweiler" hielt. Sie wußte nicht, warum Olivers Tochter Eva während des Zweiten Weltkrieges hatte „sterben müssen", und vermutete zu Recht, daß es in dem Zusammenhang ein Geheimnis gab (Roazen, 1993a). Freud hätte sich nie in die außerehelichen Affären Martins eingemischt, meinte sie. Aber es hätte auch „keinen Zweck" gehabt, mit ihm zu reden. Er war ein „Schuft", sagte sie, und Freud hätte ihn nicht „regieren" können. Ein Don Juan habe halt eine „unheilbare ödipale Bindung" und würde aus dem Gefühl heraus, von seiner Mutter verlassen worden zu sein, dann wiederum aus „Rache" andere Frauen verlassen. Rosenfeld war etwas unsicher, ob man von Freud sagen konnte, er habe das „Interesse" an seinen Söhnen „verloren", da es fraglich war, ob er sich damals überhaupt noch um sie „gekümmert" habe.

Seine Söhne, sagte sie, hätten es zu „nichts" gebracht. Sie hatte jedoch nie mit ihm über seine etwaige Enttäuschung gesprochen. Sie hatte den Eindruck, daß die Söhne eher nach der Familie der Mutter kamen, während die Töchter mehr zur väterlichen Seite geneigt hätten. Er sei ein „liebevoller Vater" gewesen, meinte sie und fragte sich, ob er tatsächlich mehr von seinen Söhnen erwartet hatte: „Oder ging es bei allem, was ihn interessierte, damals nicht schon immer zu sehr um ihn selbst?" Er habe nicht gewollt, daß einer von ihnen Arzt wurde; er hätte sich einen Nachfolger gewünscht, aber von seinen Söhnen habe keiner das Zeug dazu gehabt. Letztlich sei dann nur Anna zu Hause wohnen geblieben; Mathilda habe es allerdings auch nicht weit verschlagen, sie habe mit ihrem Mann nur „um die Ecke" gewohnt.

Wie bei Hirst hatte Freud auch die Familie Eva Rosenfelds gekannt. Er habe ihre Mutter „sehr gern" gehabt, meinte sie, die „eine feine, distinguierte Dame" und eine Schwester von Max Schiller, dem Mann von Yvette Guilbert, gewesen sei. (Rosenfeld kam von sich auf die persönliche Beziehung zwischen Freud und Yvette zu sprechen [Knapp und Chipman, 1964].) Die letzten Male, daß Freud sich öffentlich gezeigt habe, habe er bei Yvettes Konzerten in der „Mitte der ersten Reihe" gesessen. Rosenfeld war anschließend zusammen mit Anna und Dorothy Burlingham Essen gegangen; sie seien alle so auffallend „wenig elegant" gekleidet gewesen, daß die Kellner direkt hätten sehen können, daß diese Frauen zusammengehörten, auch wenn sie getrennt voneinander im Restaurant eingetroffen waren. Freud habe Yvettes Mut bewundert, das Kind beim Namen zu nennen; sie habe ein ausgesprochenes Talent gehabt, sich durch körperliche Bewegungen zum Ausdruck zu bringen und habe mit ihrer angeborenen Psychologie „die Seele der Franzosen" symbolisiert.

Rosenfeld sah Freud im Kontext der kosmopolitischen mitteleuropäischen Kultur. Und sie hatte im Unterschied etwa zu Irma Putnam keine Schwierigkeiten, Freud als Juden zu sehen. Juden mit Freuds Hintergrund, meinte sie, seien damals schon lange nicht mehr verfolgt worden. Sie seien seit 1848 volle Staatsbürger gewesen, und Moses Mendelssohn, erinnerte sie mich, habe mit zu ihrer Befreiung beigetragen. Für Rosenfeld war Freud die Frucht der Befreiung aus dem Ghetto; er war für sie Teil des „jungen Saftes" dieser ganzen alten Zivilisation.

Als ich sie in dem Zusammenhang auf Freuds Vater ansprach, da ich fand, daß über ihn allgemein zu wenig bekannt war, erinnerte sich Rosenfeld, daß Freud betont hatte, wie tief ihn der Tod seines Vaters getroffen hatte. Es sei jedoch nicht zu vergessen, meinte sie, daß es in jenen Tagen zur Rolle der Mutter und nicht des Vaters gehört habe, die Kinder zu erziehen. Freuds Vater Jakob sei ein Wollhändler, aber „sehr arm" gewesen. Nach der Geburt Freuds seien noch fünf Schwestern und schließlich noch sein jüngerer Bruder Alexander geboren worden. Vier seiner Schwestern, die damals noch in Europa lebten, seien 1942 von den Nazis „vergast" worden.

Freud, erzählte sie, hätte sich bei der Geburt seines letzten Kindes, Anna, eigentlich einen Jungen gewünscht, den er nach Wilhelm Fließ habe benennen wollen; und nachdem sich dann herausgestellt habe, daß es ein Mädchen war, habe er sodann darauf verzichtet, Wilhelm Fließ ein Telegramm zu schicken, um ihn über das freudige Ereignis zu benachrichtigen. Auch Freuds Frau sei enttäuscht gewesen. Mathilda Hollitscher habe ihr erzählt, Anna sei ein „schwieriges, unter Deprivation leidendes" Kind gewesen. Und dennoch, meinte sie, habe sich Freuds Praxis mit Annas Geburt verbessert. Angesichts der Freude und Liebe, die Freud und Anna aus ihrer Beziehung bezogen hätten, hätte ihr Leben „nur nach gewöhnlichen Maßstäben" als „eine Tragödie" betrachtet werden können. Er habe sie seine Antigone genannt, sagte Rosenfeld und distanzierte sich von der allgemeinen Sicht, wonach Anna durch ihre Bindung an ihren Vater „verloren" und „draufgezahlt" habe, was auch für ihn eine Tragödie gewesen sein soll.

Zum Thema Fließ meinte sie, er sei als ein „Zeitgenosse" Freuds wichtig gewesen. Freud war aus ihrer Sicht ein „langsamer Entwickler", was für sie auch daran ablesbar war, daß die Fließ-Periode „so spät" in Freuds Leben gekommen war. Die Briefe an Fließ, meinte sie, seien wirklich „wichtiger" als irgendein anderes verfügbares Dokument. In der Korrespondenz mit Fließ habe er sich sehr wie der Freud der späteren Periode angehört, aber selbst wenn er damals das gleiche „empfunden" haben sollte, hätte er solche herzlichen Worte nicht „gesagt." Er war ihrer Meinung nach wesentlich „herzlicher" als seine Kinder und insbesondere als Anna gewesen.

Freud hatte aus Rosenfelds Sicht „eine Mission." Die Hysterie, meinte sie, habe zwar eine „Mobilisierung" aller psychologischen Kräfte dargestellt und „eine Substanz" gehabt, aber in seinen letzten Jahren sei er noch weitaus obsessiver gewesen. Doch auch Anna hatte sich mit den Jahren verändert, sagte sie; nachdem sie einmal eine ausgesprochene Liebhaberin von Gedichten gewesen sei, seien ihre Vorstellungen in den sechziger Jahren schließlich immer „rigider" geworden. (Dennoch hatte sie 1929 an Eva schreiben können: „gut sein und Analyse machen ist dann zum Schluß dasselbe" [Heller, 1992, dt. 1994, S. 122].) In Zusammenhang mit Freuds Obsession erinnerte sie sich, wie „Tante" Minna einmal eine Bemerkung hatte fallenlassen, nachdem Freud ihren Füller in ihr Zimmer mit dem Konmmentar zurückgebracht hatte, der Füller gehöre nicht in sein Arbeitszimmer, und er könne es nicht ausstehen, wenn er dort herumläge.

Ein andermal, erzählte sie, hatte sich im Urlaub der Freuds herausgestellt, daß die Bücherregale in ihrem Ferienhaus zu klein für seine Bücher waren, und sie hätten sie „sofort" rausschaffen müssen. Freuds „Zwanghaftigkeit", meinte sie, sei in seinem ganzen Sein zum Ausdruck gekommen. Er habe dieses immense Maß an Selbstkontrolle und Disziplin gebraucht, um die Schmerzen aushalten zu können. Minna habe einmal gemeint, daß „jeder normale Mensch" früher mit seinem Leben Schluß gemacht hätte. Während der Fließ-Periode, meinte Rosenfeld, sei er im kreativen Sinne wesentlich desorganisierter gewesen, was in dem Alter auch angemessen gewesen sei. Seine Traumtheorie sei schließlich nicht wie bei einer Maschine aus ihm „herausgefallen." Er habe die Psychologie als seinen „Tyrannen" bezeichnet, sagte sie, was aus ihrer Sicht jedoch hysterisch von ihm war.

Als Psychoanalytikerin war es für Rosenfeld unmöglich, sich nicht Gedanken über Freuds Kindheit zu machen; und sie war dabei weitaus freier als Jokl. Ihrer Meinung nach hatte sein Kindermädchen eine besondere Rolle in seiner Kindheit gespielt. Und genau diesen Punkt, sagte sie, hatte sie auf Jones' Drängen hin aus einem Artikel herausnehmen müssen, den sie über Freud geschrieben hatte. Sie hatte es jedoch beeindruckend gefunden, wie er als Kind seiner Familie Predigten gehalten hatte, nachdem sein Kindermädchen ihn mit zur Kirche genommen hatte. Sie meinte, er sei dann enttäuscht gewesen, daß dies nicht sein Gott war – und sei so aus der Religion hinausgeworfen worden, was für ihn – wie auch für ihren eigenen Sohn, der ebenso ein Religionshasser geworden war – im wahrsten Sinne des Wortes traumatisch gewesen sei. Für Jones, sagte sie, sei ihre Theorie jedoch nicht mit seinem eigenen Atheismusbegriff vereinbar gewesen, und er hatte ihr klipp und klar gesagt: „Sie werden nicht veröffentlichen, was Puner geschrieben hat." (Puners [1947] Biographie gehörte zu denjenigen, die Jones zu bekämpfen versuchte.)

Für Rosenfeld wie auch für Puner hatte Freud eine „ambivalente" Beziehung zu seinem Judentum. Apollo, meinte sie, könnte für uns schöner als wir selbst aussehen. Das Schönheitsideal müßte in Verbindung mit dem ästhetischen Genuß gesehen werden, den wir aus dem Anderssein, der Verschiedenheit beziehen. Freud habe der Gegensatz zwischen den klassischen Modellen der Antike (wie Apollo) und denen der Renaissance (wie David) gefallen. In ihrem Moses-Aufsatz (Rosenfeld, 1951), sagte sie, habe sie sich hingegen von den Kleinschen Ästhetikauffassungen beeinflussen lassen. Aber als Freud ihr diese Geschichte zu seiner Einstellung zur Religion und seinen eigentlichen „Göttern" erzählt habe, habe er ihr damit bedeuten wollen, daß er nur an etwas „Greifbares" glaube.

Freud hatte sich in der letzten Phase seines Lebens sehr intensiv mit dem Moses-Thema und seinem Judentum beschäftigt. Nicht zuletzt deshalb fragte ich sie, warum er bei seiner Sensitivität gegenüber dem Antisemitismus Wien nicht früher, vor dem „Anschluß" Österreichs ans Deutsche Reich verlassen hätte. „Man war einfach der Meinung", sagte sie daraufhin, „daß das hier nicht passieren konnte." Und dann sei schnell der Punkt gekommen, an dem die Gestapo ihn nicht mehr gehen lassen wollte. Hinzu kam, meinte sie, daß er alt und krank gewesen sei, und es sehr hart sei, in so einem Alter sein Haus und seine Heimat zu verlieren. Aber es sei auch eine seiner „Obsessionen" gewesen, daß alles, was aus dem Rahmen des Üblichen fiel, was unerwartet kam und wovor man sich nicht „schützen" konnte, bei ihm Angst und Unbehagen geweckt habe.

Was Rosenfeld von Freud wußte, deckte die letzten fünfzehn Jahre seines Lebens ab. Dorothy Burlingham sei damals, erzählte sie, kurz nachdem sie, Rosenfeld, Kontakt zu den Freuds gefunden hatte, auch nach Wien gekommen. Rosenfeld und Anna seien zu dem Zeitpunkt jedoch bereits eng miteinander befreundet gewesen. Dorothys Mann, sagte sie, sei manisch-depressiv gewesen, und sie habe regelrecht Angst vor ihm gehabt und zwischen ihm und ihren vier Kindern am liebsten „einen Ozean" wissen wollen. Theodor Reik sei zunächst ihr Analytiker gewesen; sie habe einige Jahre bei ihm eine Analyse gemacht, die jedoch insgesamt „unbefriedigend" gewesen sei. Dann habe Freud sie als Patientin angenommen, und Anna habe schließlich ihre Kinder in Analyse genommen. In ihrer eigenen Analyse, sagte Rosenfeld, habe Freud Dorothy Burlingham gar einmal als „Ihre Rivalin" bezeichnet! Sie, Anna und Burlingham, erzählte sie, seien recht lange befreundet und ein festes Trio gewesen. Die Idee vom Wochenende sei zwar eine amerikanische Idee gewesen, aber Burlingham habe den Professor des öfteren in ihrem Wagen mit aufs Land hinausgenommen. Und später habe sie im zweiten Stock des Hauses in der Berggasse gewohnt, wo auch Freud seine Wohnung gehabt habe.

Rosenfeld war auch bei einigen der letzten Seminarabende in Wien dabei, die jeden Monat in Freuds Praxis abgehalten wurden. Einmal, erzählte sie, habe Edoardo Weiss einen Vortrag gehalten, bei dem danach einfach das große „Schweigen" ausgebrochen sei. Freud sei es unangenehm gewesen, daß er im Endeffekt so hemmend auf andere gewirkt habe, und ihm habe die Vorstellung, welchen „Einfluß" er hatte, nicht „behagt."

Freud, meinte sie, habe im allgemeinen allem ablehnend gegenübergestanden, was er nicht habe verstehen können. Diese Haltung half ihres Erachtens auch, seinen Ansatz zur Musik zu erklären – Musik sei für ihn einfach „unergründlich" und „unbegreiflich" gewesen, und er habe keine Gefühle gemocht, die nicht rational erklärbar waren. Auf diese Beweggründe führte sie zum Teil auch seine Abneigung gegenüber der Religion zurück. Beim Stichwort Religion erwähnte sie, daß die „Frau Professor" nach seinem Tod auch nicht wieder angefangen hatte, ihre Religion zu praktizieren, obwohl sie es zu seinen Lebzeiten „sicher" gerne getan hätte. Bei der Beisetzung ihrer Mutter habe Anna einen Rabbi hinzugezogen, der „sehr taktvoll" gesprochen habe. Daß er dabei war, hieß wohl, meinte sie, daß Anna glaubte, ihre Mutter hätte es sich so gewünscht. (Im Unterschied zu Freuds Frau, deren Asche weitestgehend seiner Asche beigegeben worden sei, sei ihre Tante Minna „wohl" wegen ihres traditionellen jüdischen Empfindens nicht eingeäschert, sondern am Krematorium Golder's Green beigesetzt worden.)

Freud war, wie viele meinten, selbst eine Art Rabbi geworden, und so fragte ich sie, wie er die Schmeicheleien hatte ertragen können. Er habe mit allen seinen Schülern „Schwierigkeiten" gehabt, meinte sie daraufhin, und habe gesagt: „Ich bin nicht verpflichtet, ihre Gefühle zu erwidern." Er freute sich, sagte sie, daß sie Spaß an der Psychoanalyse hatten, wollte dabei jedoch persönlich nicht einbezogen werden. Er habe sie ganz bestimmt nicht als „Kumpel" haben wollen. Er sei Leuten wie von Freund und Max Eitingon wegen ihrer Geldspenden persönlich dankbar gewesen. Und Pfister sei ein Christ gewesen, den er sehr gemocht habe. Er habe sie aber nicht als „Freunde" haben wollen. Er sei schließlich „sehr reserviert" geworden und habe, als er krank war, niemanden mehr beim Essen dabeihaben wollen.

Obwohl viele Analytiker, Freuds Empfehlungen folgend, die Couch als einen wesentlichen Bestandteil ihres Berufes betrachten, stellte ich die Vorzüge ihrer Verwendung in Frage. Genau wie Freud, meinte auch Rosenfeld, sie fände es anstrengend, Patienten den ganzen Tag ins Gesicht zu schauen. Es stimme zwar, meinte sie, daß Psychotiker die Realität des Analytikers bräuchten und die Couch dagegenarbeitete. Damals sei die nonverbale Kommunikation „die große Mode" gewesen, es werde jedoch leicht vergessen, daß Freud das Ich durch die Fähigkeit, Gefühle auch verbal zum Ausdruck zu bringen, habe stärken wollen. Er habe keine Psychotiker behandelt und nicht gewollt, daß die Psychoanalyse zur „Magd der Psychiatrie" wurde. Er habe davon geträumt, daß es an den Universitäten einmal Lehrstühle für Psychoanalyse geben würde. Und er habe nicht zuletzt auch auf den Nobelpreis gehofft, und es sei eine „Enttäuschung" für ihn gewesen, daß dieser ihm versagt geblieben sei.

Wie Irma Putnam, dachte auch Rosenfeld, Freud hätte nicht geglaubt, daß diese Therapie auch für Psychotiker geeignet war. Ein Neurotiker, sagte sie, sucht in der Übertragung eine „verlorene" Liebe, während ein Psychotiker ein fehlendes Selbst sucht und einen Teil seines Ichs auf den Analytiker projiziert – was nicht dasselbe wie eine neurotische Übertragung sei. Freud habe etwas „Kulturelleres und Individuelleres" als die Behandlung von Psychotikern vor Augen gehabt. Er wollte, meinte sie, daß die Menschen etwas „Höheres" oder Besseres waren – Übermenschen, im Sinne Nietzsches. Und das sei nicht dasselbe, wie jemandem helfen zu wollen, der unter der Vorstellung leidet, von einem Stromkasten verfolgt zu werden, was der Psychiatrie im alten Sinne entsprach. Was ihn bei der Behandlung von Psychotikern interessiert habe, sei der wissenschaftliche Fortschritt, aber nicht die Therapie gewesen. Freud hatte sich ihres Erachtens zusehends von den medizinischen Aspekten der Möglichkeiten der „Heilung" entfernt.

Als junger Mann hatte Freud sich für Philosophie interessiert, nicht für die Medizin, und es interessierte mich, ob Rosenfeld sich in irgendeiner Form Gedanken über seine Adoleszenz gemacht hatte. Sie habe darüber, meinte sie jedoch, weiter noch nicht nachgedacht. Er „muß arm und stolz gewesen sein", meinte sie, und sei von seiner Mutter „angebetet" worden. Dann kam sie auf das Thema Liebe respektive Verliebtsein zu sprechen und meinte, sie sei „absolut überzeugt", daß Verliebtsein für ihn „ein pathologischer Zustand" gewesen sei. Und demnach sei er sicher froh gewesen, als die Zeit der Werbung bei seiner angehenden Frau vorbei gewesen sei, denn wenn man verliebt war, konnte man einfach „nicht in Bestform" sein. Aber auch bei seinen Patienten habe er es nicht gerne gesehen, wenn sie verliebt gewesen seien. Jedenfalls, fand sie, sei er bei der Werbung um seine Frau „zielstrebig und besitzergreifend" gewesen.

Aber Rosenfeld konnte sich auch keinen Bereich vorstellen, in dem er nicht „besitzergreifend" gewesen sei. Er war ihres Erachtens bei allem so gewesen – ein Punkt, den Irma Putnam hingegen völlig anders gesehen hatte. Rosenfeld erinnerte sich an eine bezeichnende Episode, wo er bei einer Bahnfahrt einmal „schrecklich nervös" gewesen sei, bis er sein Gepäck schließlich wieder beieinander gehabt habe. Sie führte diese Gefühle auf sein „Trauma" zurück, daß er als kleiner Junge seine Heimat in Mähren hatte verlassen müssen und mitbekam, wie seinen Eltern zumute gewesen sei, als sie sich auf den Weg nach Wien gemacht hatten. Seine „Zugphobie", die er im Erwachsenenalter zeigte, hing ihres Erachtens damit zusammen, was damals in seinen Eltern vorgegangen war und was er dann übernommen habe. Er sei auch besitzergreifend gegenüber seinen Kindern gewesen, meinte sie, besitzergreifend und großzügig zugleich. Er sei großzügig in Gelddingen gewesen. Er habe Anna beispielsweise Geld, das er unerwartet aus Konsultationen eingenommen hatte, für allgemeine karitative Verwendungszwecke gegeben. Das habe Anna ihr erzählt, als sie sich kennengelernt hätten; und aus dieser Quelle sei auch das Geld für die junge Frau Minna gekommen, um ihren Aufenthalt bei den Rosenfelds zu bestreiten.

Ein anderer Aspekt Freuds war, sagte sie, daß er ständig Zigarren geraucht habe, was aus ihrer Sicht gleichzeitig auch ein wesentlicher Bestandteil seiner Persönlichkeit war. Wenn er bei ihrer Analyse eine gute Deutung gefunden hatte und eine Verbindung zwischen einem Erwachsenenproblem und einem Problem in früher Kindheit hatte herstellen können, sei er für gewöhnlich aufgestanden und habe gesagt „Jetzt habe ich mir eine Zigarre verdient!" Aber es war aus ihrer Sicht auch für viele Wissenschaftler bezeichnend, daß sie offenbar rauchen mußten, wenn sie Höchstleistungen erbrachten. Gleichwohl führte sie es in Freuds Fall auf seine Mutter zurück. Sie meinte, es stimme „mit Sicherheit" nicht, daß die Bindung zwischen Mutter und Sohn so „perfekt" sei, wie Freud sie gerne beschrieben hatte; Klein, meinte sie, sei in dem Punkt besser als Freud gewesen, da sie solche Emotionen als Neid oder Eifersucht der Mutter auf den Sohn beschrieben habe.

Freuds Analyse sei eine Vateranalyse gewesen, während sich das post-Freudsche psychoanalytische Denken auf die Mutter konzentriert habe. Die Übertragung, meinte sie, werde heute als etwas soviel Komplizierteres und Schwierigeres verstanden. In seinem Aufsatz „Die endliche und die unendliche Analyse", erklärte sie, müßte Freud dann jedoch auch auf die „Mutterbindung" gestoßen sein, die für das psychologische Verständnis „unverzichtbar" sei und eine neue „Technik und Einschätzung" erforderte. Sie meinte, Freud hätte sozusagen am Pier gestanden und nach der Mutterbeziehung „gefischt", aber fest auf dem Pier gestanden, während „wir uns mit unseren Patienten" auf offener „See" befunden hätten. Sie hielt es für wichtig, nochmals daran zu erinnern, daß Freud keine Kinder behandelt hatte.

Rosenfeld stellte eine Verbindung zwischen der Mutter und dem Infantilen einerseits und dem Unbekannten und der Musik andererseits her. Freud, sagte sie, habe nie über das, was er lösen konnte, hinausgehen wollen. „Wenn Sie Ihre Ziele begrenzen", habe er vielfach gesagt, „so ist das meisterlich." Sie hatten nicht über seine Einstellung zur Musik gesprochen, die einfach als bekannt vorausgesetzt worden sei. Er habe bekanntlich seine helle Freude an Yvette Guilbert gehabt und in seiner *Traumdeutung* ja auch auf Wagner verwiesen. Ihre Wohnung sei jedoch so klein gewesen, sagte sie, daß er „Angst" gehabt habe, die Kinder könnten sich auf Musik verlegen, was bei allen gut denkbar gewesen wäre. Im großen und ganzen, meinte sie, sei er jedoch einfach nicht musikalisch gewesen.

Das war ihrer Ansicht nach eigentlich verblüffend angesichts der Tatsache, daß er ansonsten mit dem Nichtrationalen doch so vertraut gewesen sei. Als Lehrer habe er „eine ungeheuere verführerische Kraft" gehabt. Und gerade zu Beginn einer Analyse sei man so „verwundbar", da man dann so überraschende Dinge an sich entdeckte. Er habe diese Auseinandersetzung fördern wollen, sagte sie, um all dies bis ins Erwachsenenalter aufzuarbeiten.

Rosenfeld meinte, sie hätte nicht das Zeug gehabt, um eine gute „Schülerin" zu sein. (Eine Reihe anderer Schüler Freuds behaupteten übrigens exakt das gleiche von sich.) Freud wollte, sagte sie, daß seine Schüler sowohl unabhängig als auch „fruchtbar" seien und habe in diesem Zusammenhang beklagt, daß „die Tugendbolde zu nichts gut" seien, die „Frechen und Schlimmen" jedoch „weggingen." Dabei sei er der vorsichtigste von allen seinen Hörern gewesen, und er wäre von sich als seinem eigenen Schüler wohl auch nicht gerade begeistert gewesen.

Freud hatte komplizierte Gefühle gegenüber seinen Patienten und Schülern, und ich fragte mich, warum er nie mehr über die Gegenübertragung geschrieben hatte. Das sei „ein sehr großes Thema" gewesen, meinte Rosenfeld daraufhin, ein Thema, das inzwischen jedoch „ziemlich überstrapaziert" worden sei. Für Freud habe die Übertragung „einen Irrtum" bedeutet oder zumindest irrtümliche, falsche Gefühle. Das Wesentliche, was einen Analytiker ausmachte, sei folglich damit gleichgesetzt worden, daß man sich nicht im Irrtum befand, so daß es ein Phänomen wie die Gegenübertragung überhaupt nicht gab (oder nicht geben konnte). Aber die unverheirateten Frauen, die Analytikerinnen geworden seien, hätten in der Tat Gegenübertragungen entwickelt, meinte sie; sie hätten Brüder, Söhne, Liebhaber und Kinder gebraucht. Rosenfeld glaubte jedoch, selbst nie einen Patienten gehabt zu haben, bei dem sie hätte sagen können, er hätte für irgendeine Figur aus ihrer Vergangenheit „gestanden."

Mit meinen Nachforschungen über Freuds Analyse von Anna kam ich bei Rosenfeld wesentlich weiter als bei Kata Levy. Wenn das ein Geheimnis sein sollte, meinte Rosenfeld frei heraus: „Ganz Wien wußte es!" Lou Andreas-Salomé sei später Annas Analytikerin gewesen, obwohl Anna im nachhinein versucht hatte, zu bestreiten, jemals von ihr analysiert worden zu sein (Roazen, 1993a). Als Rosenfeld ihnen begegnete, seien Andreas-Salomé und Anna bereits „erklärte Freundinnen" gewesen. Und Lou hatte eines ihrer Bücher Anna gewidmet. Ich fragte Rosenfeld, wie Freud Anna habe analysieren können. „Er nahm sich einfach die Freiheit!" meinte sie und zitierte die lateinische Maxime: „Was dem Jupiter gestattet ist, ist dem Ochsen nicht erlaubt." Technisch sei er ziemlich unorthodox gewesen. Er habe zwar seine Werke über die Technik geschrieben, meinte sie, diese Empfehlungen hätten für ihn selbst jedoch nicht gegolten. Und er habe auch seine Schüler nicht aufgefordert, sich „an die Regeln zu halten." Er wollte, daß sie gute „Versteher" waren, sagte sie; er sei zu klug gewesen, um bezüglich der Technik dogmatisch zu sein. Die Regeln hätten für alle gegolten – aber nicht für den Regenten. Ich fragte zwar, ob Freud mit zunehmendem Alter willkürlicher und eigenmächtiger geworden sei, Rosenfeld meinte jedoch, er habe sich immer bei allem, was er tat, große Freiheiten herausgenommen. Seine Gebote habe er für seine Schüler und die Welt aufgestellt. Und Anna Freud hatte ihr einmal geschrieben: „… jede Modifizierung der strengen Analyse ist aber etwas, wozu sicher nur ein erfahrener und ganz von der Analyse durchtränkter Analytiker imstande ist … man muß sie besonders gut können, um sie modifizieren zu dürfen" (Heller, 1992, dt. 1994, S. 180f).

Es gab zum Beispiel die Regel der „Enthaltsamkeit", sagte sie. Angeblich wurde für die Dauer der Analyse ein Moratorium für etwaige wichtige Lebensentscheidungen verhängt. Das Problem war nur, meinte sie, daß die Analyse damals rund sechs Monate gedauert habe. Und je länger der einzelne beschlossen habe, in Analyse zu bleiben, desto unmöglicher sei dann auch diese Form der Enthaltsamkeit als Regel geworden. Eine Analyse zu unterbrechen, sei in den dreißiger Jahren nicht so leicht gewesen, da die Patienten zu große „Ehrfurcht" vor dem Analytiker gehabt hätten, um die Behandlung abzubrechen. Nebenbei, erwähnte sie, sei es in den ersten Jahren, in denen sie als Analytikerin praktizierte, nicht üblich gewesen, Rechnungen zu verschicken; damals hätten die Patienten noch selbst Buch darüber geführt, wieviel sie ihren Analytikern schuldeten.

Ich versuchte abzuklopfen, inwieweit Freud vielleicht auch noch in anderer Hinsicht „unorthodox" war, worauf Rosenfeld erzählte, wie sie „alle" bei der Familie ein- und ausgegangen waren. Sie selbst hatte den Sommer über im Haus der Freuds gewohnt, während sie beim Professor in Analyse war. Sie hatte Jones auch jene Geschichte erzählt, als sie sich wegen der Magenprobleme des Professors Sorgen gemacht hatten, da Freud stets Wert darauf gelegt hatte, die Wahrheit zu sagen. Jones hatte ihr dann jedoch erklärt, daß sie in ihrer Schilderung den Teil, wie sie damals im Haus der Freuds gelebt hatte, unbedingt weglassen mußte. Was hatte Loe Kann, Jones' Lebensgefährtin, doch einmal über ihn an Freud geschrieben: „Ich frage mich, warum er ein so unverbesserlicher Schwindler ist (um es höflich auszudrücken!)" (Appignanesi und Forrester, 1992, dt. 1994, S. 326). Wenn Jones (1955, dt. 1982) über den frühen „Dissidenten" Stekel schrieb: „er hatte überhaupt kein wissenschaftliches Gewissen" (S. 167), so klingt das für mich nach dem Esel, der den anderen Langohr schilt.

Rosenfeld erinnerte sich, daß Tante Minna ihr einmal kurz vor einer Sitzung irgendeine Medizin und einen Löffel in die Hand gedrückt und gesagt hatte:

„Passen Sie auf, daß er sie auch nimmt!" Er schluckte, was sie ihm gab. Danach hatte sie sich dann jedoch Phantasien zusammen gesponnen, ihn vergiftet zu haben. Sie hatte das Gefühl, zu ihm ins Sprechzimmer zu gehen, sei, wie wenn man in Eton zum Direktor gerufen wurde. (Ruth Brunswick, meinte Mark, hätte ihm nicht so nahegestanden, daß sie ihm Medizin gegeben hätte, sondern hätte ihn eher zu einem Arzt in die Sprechstunde geschickt.) Freud, meinte Rosenfeld, habe das „warme Nest" der Frauen um sich herum gemocht, es jedoch nicht gerne gesehen, wenn männliche Kollegen da gewesen seien. Als sie die Szene betreten habe, sei Rank de facto schon nicht mehr in der Bewegung gewesen, und Abraham in Berlin habe damals noch höchstes Ansehen genossen.

Freud schrieb Berge von Briefen an Leute wie Rank und Abraham, wobei Rosenfeld fand, daß er in Zusammenhang mit seinen Anhängern auf dem Papier besser als im persönlichen Umgang war. Bei einem künstlerischen Menschen, meinte sie, werde jeder Brief halb für sich selbst und halb für den Empfänger geschrieben. Mit der Zeit, sagte sie, habe Freud sich sogar noch mehr „zurückgezogen", und Irma Putnam habe ihn etliche Jahre nicht gesehen, nicht einmal in seiner familiären Umgebung. Bei Tisch habe er oft nur „einige Bissen gegessen" und den Teller dann dem Hund hingestellt. „Jeder", sagte sie, sei „dabei zusammengezuckt."

Seine körperlichen Gebrechen schienen die immense Wirkung, die er auf Rosenfeld hatte, noch zu erhöhen. Sie hatte aus ihrer Analyse noch immer eine seiner Deutungen im Ohr: „Ihr Pech ist, daß ich wie Ihr Vater bin." Diese Vorstellung mußte auch später bei seiner Äußerung über ihren Konflikt zwischen dem Vater- und Muttereinfluß eine Rolle gespielt haben, als sie ihm von ihrem Interesse an den Kleinschen Ideen erzählt hatte. Freud habe erkannt, daß er, genau wie ihr Vater, vielleicht „zuviel" von ihr erwartete. Und er habe implizit auch das Problem des Analytikers erkannt, wonach er in Wirklichkeit zu sehr wie eine Figur aus der Vergangenheit des Patienten gewesen sei.

Anna war das jüngste Kind Freuds, genau wie Rosenfeld es in ihrer eigenen Familie war. Als einziges Mädchen war Rosenfeld der „Liebling" in der Familie gewesen. Bei einer seiner frühen Deutungen hatte Freud bei ihr genau diesen Punkt berührt; sie hatte sich einen Leuchter mit sechs Kugeln angeschaut und bemerkt, daß eine anders als die anderen war. Worauf Freud gesagt hatte: „Sie meinen, Sie sind ein besonderer Liebling, genau wie Anna." Dann sei er aufgestanden und habe gesehen, daß eine Kugel tatsächlich eine besondere war. Die Deutung sei jedoch treffend gewesen. Seine Einsichten, insbesondere einige der frühen, seien manchmal jedoch erst zehn oder fünfzehn Jahre später wirklich zu ihr durchgedrungen.

Freud hatte sich bei ihr nicht in spekulativen Rekonstruktionen von irgendwelchen frühen Kindheitstraumata ergangen, wie Albert Hirst oder seine Tante

Emma es bei ihm erlebt hatten. Rosenfeld kam hier nochmals darauf zurück, wie außerordentlich schwer es für sie am Anfang der Behandlung gewesen sei. Er war so „ein olympischer Gott", sagte sie, und sie habe einfach frei assoziieren und über so alberne kindische Dinge wie Liedchen sprechen sollen. Dabei sei sie so verlegen gewesen und er einfach nur „unbarmherzig, unbarmherzig." Einmal habe er gesagt: „Der Intellekt ist wie ein Anwalt", was hieß, daß, welche Seite auch immer zu zahlen hatte, der Verstand der Emotion folgte.

Rosenfeld war mehr mit Freud als Familienmenschen, denn in der Analyse als Patientin mit ihm zusammen gewesen, so daß sie zwangsläufig manches zu Hause mitbekommen hatte. Sie erinnerte sich zum Beispiel, daß Simmel, als er einmal bei den Freuds zu Besuch war, gesagt hatte, wenn er so eine Frau [wie Freuds Frau] gehabt hätte, hätte er auch alle diese Bücher schreiben können. (Mehr als nur eine von Simmels Frauen war eine ehemalige Patientin.) Simmel war damals aus dem Badezimmer gekomen und hatte gemeint, wie fürsorglich doch die Frau Professor sei und Freud sogar die Zahnpasta auf seine Zahnbürste tat. Rosenfeld war zufällig hinzugekommen, als man sich gerade über die Eigentümlichkeiten der sogenannten viktorianischen Familien und darüber unterhalten hatte, wie anders die damalige Gesellschaft doch im Vergleich zur heutigen gewesen sei. Ihre Eltern, meinte Rosenfeld, hätten ihre Großeltern noch jeden Abend besucht. Zu den Gepflogenheiten im Freudschen Haushalt erinnerte sie sich noch, daß Minna Freud für gewöhnlich seine zweite Tasse Kaffee eingeschenkt habe – „Er mußte kaum einmal etwas anfassen!" meinte sie.

Auf meine Frage, ob Freud dogmatisch sein konnte, meinte sie, ja, wenn es aus seiner Sicht um prinzipielle wissenschaftliche Wahrheiten ging. Sie erinnerte sich an die Auseinandersetzung zwischen Jones und Edward Glover über die Bedeutung von Melanie Kleins Arbeit, die etwa 1938 begonnen habe. Jones hatte sich aufs Land zurückgezogen und Glover den Vorsitz bei der Britischen Psychoanalytischen Vereinigung überlassen. Kleins Tochter Melitta, die auch Analytikerin war, habe bei der Vereinigung „schreckliche Dinge" über ihre Mutter gesagt und Punkt für Punkt gegen sie opponiert und dabei von Glover „Rückendeckung erhalten." Glover sei „ursprünglich ziemlich Kleinianisch" gewesen und hätte seine Insider-Informationen wohl nur durch seine Analyse von Melitta erhalten haben können. Es sei seltsam gewesen, wie Freud, der Vernarrtheiten und Schwärmereien nicht mochte, sie alle nicht nur in bezug auf sich selbst, sondern auch in der Psychoanalyse insgesamt so inspiriert habe. Bei der Auseinandersetzung über Klein sei den Analytikern bewußt gewesen, wie „extrem rachsüchtig" und „wütend" Freud sein konnte, wie er es bei dem Ausschluß Adlers, Jungs und anderer gezeigt hatte.

Freuds Krebs bedingte, meinte sie, daß er sich auf solche Kontroversen nicht mehr habe einlassen können und bei Klein vorsichtig gewesen sei. Durch seine Krankheit sei er bereits „sehr schweigsam" gewesen, als Rosenfeld ihm zum erstenmal begegnete. Sie selbst sei in Freuds Kreis wie auch in der Vereinigung in London naturgemäß eine – wenn auch „beliebte" – „Außenseiterin" gewesen. In den Jahren, in denen sie ihn kannte, habe er ständig aufgrund der Schmerzen Kiefer und Mund bewegt. Er habe über „fünfzehn Jahre lang ein Martyrium" ertragen und sei schließlich nur noch „sehr schwer zu verstehen" gewesen. Bei einem Gespräch mit Yvette Guilbert habe er einmal eine Anspielung auf dieses Handikap gemacht und gemeint: „Meine Prothese spricht nicht Französisch." Er habe es „gerade" noch geschafft, Englisch zu sprechen, das er ja „immer" gesprochen habe. Er sei mit der Zeit immer „stiller und stiller" geworden und habe sich mit den Hunden beschäftigt, was dann sein „Vergnügen" gewesen sei. Und sie erinnerte sich noch, wie „wütend" die Frau Professor jedesmal war, wenn er den Hunden sein Essen hingestellt hatte. (Ich bezweifele, daß sie die Hunde überhaupt gerne um sich haben wollte; nach der traditionellen jüdischen Erfahrung waren Hunde dazu eingesetzt worden, um an der Grenze zwischen dem nichtjüdischen Gebiet und dem Ghetto zu patrouillieren.) Rosenfeld glaubte im übrigen, daß Freud nie mit seiner Frau oder mit Minna über seine Fälle gesprochen hatte, räumte jedoch ein, daß er mit Minna über seine Ideen gesprochen habe. Als die „Mutter seiner Kinder", meinte sie, habe die Frau Professor einen eigenen Platz gehabt.

In den letzten Jahren, die Rosenfeld bei den Freuds war, hatte sie sich des öfteren zusammen mit „Mama" außerhalb Wiens auf die Suche nach Ferienhäusern für den Sommer gemacht. Dabei seien „die Damen", wie sie meinte, „entsetzlich eigen" gewesen. Das Haus mußte „geschrubbt und hergerichtet" werden. Sie hätten eigens „grünen Loden" für Freuds Schreibtisch besorgt. Freud habe es „nicht ertragen" können, auch nur eine Nacht nicht an der Seite seiner Frau zu schlafen, selbst wenn sie zusammen in einem „winzigen Zimmer" schlafen mußten.

In dem Sommerferienort Grundlsee hatte Freud mit seinem Gefolge in einem Jahr fünf Häuser in Beschlag genommen – für Marie Bonaparte, Ruth Brunswick, Dorothy Burlingham, Eva Rosenfeld und sich selbst. Brunswick sei damals „am vertrautesten" mit ihm gewesen; sie habe die „wenigsten Hemmungen" gehabt. Sie sei ihm gegenüber ausgesprochen herzlich und zuvorkommend gewesen und habe sich demonstrativ über die „Strenge" der Freudschen Sitten und Manieren hinweggesetzt. Sie sei halt „wie eine Amerikanerin" gewesen, meinte sie, allerdings sei Brunswick den Talenten Helene Deutschs „nicht gewachsen" gewesen. Rosenfeld fand, daß Freud in seiner „Verehrung" der Frauen, die um ihn herum waren, die Situation seiner Kindheit mit seinen fünf Schwestern „wiedergeschaffen" hatte. Bei Brunswick, meinte sie, habe sie jedoch den Eindruck gehabt, daß er nicht so recht gewußt hätte, was er mit ihr anfangen sollte; sie sei jedoch fraglos „mutiger, distanzierter und femininer" als die anderen gewesen. Ihre „Ehrfurcht" vor ihm sei

„eine Barriere" zwischen ihnen gewesen. Rosenfeld gegenüber hatte Freud sich genauso wie Anna verhalten. Er respektierte, sagte sie, wer auch immer bei Anna an erster Stelle gekommen sei. Dorothy Burlingham sei eine reiche Amerikanerin gewesen, die Anna nach seinem Tod habe helfen können.

Freud hatte zumindest eine so gute Meinung von Rosenfeld, daß er ihr, wie den anderen Frauen, die um ihn waren, einen Ring geschenkt hatte. Freud habe selbst immer solche Siegelringe getragen und, wenn er zu seinen Schülern sprach, die Eigenart gehabt, an dem Stein zu lecken. Das sei „ein kleiner Tick" von ihm gewesen, über den sich einer seiner frühen Schüler, ein Russe namens Dr. Kaplan, allerdings entrüstet habe. Freud hatte Rosenfeld im übrigen auch noch ein anderes Schmuckstück geschenkt. Er hatte Burlingham „eine hübsche Brosche" gegeben, die sie dann jedoch im Schnee verloren hatte, worüber sie „untröstlich" gewesen war. Rosenfeld hatte sie dann jedoch wiedergefunden, und sie seien „verrückt vor Freude" darüber gewesen. Freud hatte Rosenfeld dann die Brosche gegeben, die er inzwischen als Ersatz für Burlingham hatte anfertigen lassen. Zum Verständnis ihrer, Rosenfelds, Beziehung zu Freud, erzählte sie, daß sie mit fünfzehn Jahren ihren Vater verloren habe und den Verlust immer als „schrecklich" empfunden habe, bis sie dann schließlich Freud begegnet sei. Und ihr erster Traum in der Analyse habe so gedeutet werden können, als hätte er ihr sagen wollen: „Jetzt habe ich dich zurück."

Die Analyse, sagte Rosenfeld, habe ihr definitiv geholfen, und sie sei „so empfänglich" für alles gewesen, was er gesagt habe. Sie habe seine Deutungen „nie vergessen." Manchmal habe sich das, was er gesagt hatte, erst nach zwanzig Jahren bewahrheitet. Er hatte zum Beispiel behauptet, wenn ihr Vater noch leben würde, würde sie ihn „hassen" – was vermutlich auch „die Wurzel" ihrer „Schwierigkeiten" mit Männern gewesen sei. Freud habe die große Fähigkeit gehabt, das Richtige im richtigen Augenblick zu sagen. Und sie habe „eine Gabe" gehabt, auf das einzugehen, was er meinte. Er wäre ihres Erachtens sicher weniger erfolgreich bei jemandem gewesen, der nicht so jüdisch wie sie gewesen sei, oder bei einem Nichtjuden, der Leiden nicht als etwas Selbstverständliches nahm; und sie glaubte, daß er diesen Zug an ihr gemocht habe.

Gegen Ende meines Interviews mit Eva las ich ihr zwei Briefe Freuds vor, die sie nicht kannte und auf die ich erst kurz zuvor gestoßen war. Einer war an Herbert Silberer adressiert; Freud hatte ihm darin erklärt, daß er keinen weiteren persönlichen Kontakt mit ihm haben wollte. (Ich kannte diesen Brief noch nicht, als ich zu Jokl ging.) Der andere Brief war an Lou Andreas-Salomé gerichtet und beschrieb Freuds Erleichterung nach dem Selbstmord von Tausk. Rosenfeld wußte, daß Freud eine Art hatte, Freunde einfach „fallenzulassen" und dies im Leben auch für „unvermeidlich" hielt. Genauso, meinte sie, sei er auch eines Tages mit ihr „fertig" gewesen, und „nichts hätte ihn dabei umstimmen" oder etwas daran ändern können. Sie verlor ihn wegen Klein – danach sei er „distanziert" ihr gegenüber gewesen. Er sei ein „Fertigbearbeiter" gewesen, was für sie ein neurotischer Teil war, der noch aus seiner Beziehung mit Fließ übriggeblieben und aus ihrer Sicht darauf zurückzuführen war, daß man ihn als Kind „dazu gebracht hatte", sein Kindermädchen nicht mehr zu lieben. Diese Enttäuschung habe Freud dann immer wieder wiederholt, wobei er jedoch nicht aufgehört habe, dieses Kindermädchen zu lieben, obwohl man ihn dazu angehalten und sie weggeschickt hatte.

Freud war für Rosenfeld einfach „unwiderstehlich", ohne daß er bewußt etwas dazu getan hätte. Freud sei überzeugt gewesen, daß ein Kind fortwährend um seinen Vater „buhlen" mußte; das war es, was aus seiner Sicht den „Charakter formte." Freud habe ihr immer wieder zu verstehen gegeben: „Geben Sie sich mehr Mühe, seien Sie nächstes Mal besser." Das war Freuds Moralismus, zu dem auch Mark Brunswick sich geäußert hatte. Rosenfeld hatte Freud einmal etwas gezeigt, was sie geschrieben hatte; er hatte die Seiten jedoch nur kurz durchgeblättert und gemeint: „so kurz", was sie als Kritik verstanden hatte. Damit habe er ihr Schriftstück bereits „im Keim" verrissen. Sie hatte danach nie mehr gewagt, ihm noch einmal irgend etwas vorzulegen. (Er hatte einmal gesagt: „Man darf nur schreiben, wenn man schreiben muß, nicht, wenn man schreiben möchte.") Freud sei bestrebt gewesen, das Beste aus Menschen herauszuholen; es sei auch bezeichnend für Anna gewesen, immerzu zu arbeiten, ohne zu merken, wie außergewöhnlich fleißig sie war.

War er wie die Flamme, die die Motten anzog? (Ich dachte dabei an Silberer, Tausk und Ruth Brunswick.) Rosenfeld fand, daß er tatsächlich eine Flamme „*war*", und der Rest seien die Motten gewesen. Er habe niemanden gehabt, mit dem er Dinge hätte teilen können. Seine Ängste, andere könnten seine Ideen stehlen, die bei den berühmten Kontroversen in seinem Leben eine große Rolle spielten (und auf die nur Hirst in Verbindung mit dem Kokain-Thema hingewiesen hatte), seien bis dahin „vorbei" gewesen. Er habe so weit über allen anderen gestanden. In seinen späteren Jahren, meinte sie, sei er ziemlich hart und unnachgiebig geworden, aber in jungen Jahren habe er sich bemüht, einen Ebenbürtigen zu finden.

Auf meine Frage, ob Freud die Auseinandersetzungen und Kämpfe nicht vielleicht auch zu sehr genossen habe, meinte Rosenfeld, er sei fraglos „kampflustig" gewesen, genau wie Anna. Jemand, der so unabhängig und mutig wie er gewesen sei, sei gerne streitsüchtig. Er konnte „weise" sein, meinte sie, aber er konnte nicht „unaggressiv" sein. Sie erwähnte, daß er während seiner Verlobungszeit eifersüchtig auf die Mutter seiner künftigen Frau gewesen sei, und meinte dazu: „Ein Genie will nicht teilen, und wenn es das versucht, erweist es sich als falsch."

Rosenfeld konnte von Freud eigentlich nicht hinausgeworfen werden, denn sie sei nie wirklich „drin" gewesen. Marie Bonaparte sei gegen Ende „der

Liebling" gewesen. Marie und Ruth Brunswick hätten es als Freundinnen zusammen „durchgestanden", welche wechselnden Gefühle Freud ihnen auch immer entgegengebracht hatte. Brunswick habe ihr Geld und ihre Verbindungen in Amerika gehabt, und er sei im Grunde „ein einfacher Mann", immer noch der Sohn „eines armen Wollhändlers" gewesen. Sie selbst, Rosenfeld, sei für Freud nur „eine Sackgasse" gewesen. Was hätte er „durch" sie schon sein können? „Die Analyse" sei „sein ein und alles" gewesen. Im übrigen, meinte sie, habe er ihre Intelligenz „überschätzt."

Freuds Moralismus implizierte, daß wertlos „ein großes Wort" für ihn sein konnte, sagte sie. Die Personen, denen durch die Psychoanalyse geholfen werden konnte, seien jene gewesen, die wirklich jemand waren. Die Analyse sei „eine moralische Medaille" gewesen, und er sei ein Prediger geworden, wenn auch vom Anti-Christen. Der Neurotiker sei ein Pionier des künftigen ethischen Maßstabes gewesen. Man hatte es „verdient", durch die Psychoanalyse geheilt zu werden, was in Freuds Augen keine medizinische Angelegenheit gewesen sei. Er habe lange Analysen im Grunde bedauert; wenn der Patient es sich jedoch leisten konnte, sie zu bezahlen, sei es auch in Ordnung gewesen. Und nach einer zehnjährigen Analyse habe Freud aus der Beziehung, sofern er viel von dem Patienten hielt, eine Freundschaft werden lassen.

Konnte Freud als paranoid betrachtet werden? Für Rosenfeld war „dieses ganze" Wütendwerden am Ende anderen gegenüber „paranoid." Ein großer Mann sei jedoch von innen heraus so, meinte sie, er könne nicht ständig nur gegen alles kämpfen, aber er könne alles sehen. Nach Kleins Terminologie konnte Freud nicht depressiv sein, und auch Anna nicht, sagte sie, zumindest nicht so, wie jemand es sein konnte, der das überwunden hatte, was Klein als die paranoide Phase bezeichnete. Man habe sich dann gefragt: „Was habe ich ihm getan?", statt darüber nachzudenken, was er einem selbst angetan hat. Charakterologisch seien diese paranoiden Typen die weniger wertvollen Menschen, und bei anderen habe er das mitnichten bewundert. Aber sein Pessimismus, seine schlechte Meinung von den Menschen, habe nicht zu einer depressiven Person gepaßt, die Menschen als solche nie als wertlos betrachten würde. Pessimismus war in ihren Augen „ein verborgener paranoider Zug." Freud habe Menschen abgewertet – genau wie er Religiosität abgelehnt habe.

Gelegentlich hatte Rosenfeld ihm in ihrer Analyse Dinge erzählt, die sie von ihrer Großmutter gehört hatte. „Ganz recht", habe er dann gesagt, wir müssen sie als eine „Pionierin" der Psychoanalyse bezeichnen. Sie fragte sich, warum er sie nicht mehr ermutigt hatte, und kam zu dem Schluß, daß es wohl daran lag, daß sie mit einigen seiner Ideen nicht einverstanden gewesen sei. Ihm habe „etwas von persönlicher Größe gefehlt", meinte sie. (Nachdem 1969 mein Buch über Freud und Tausk erschienen war, schrieb sie mir zu Freud: „Ich habe seine Persönlichkeit nicht bewundert, aber man mußte sein Werk bewundern ..."

Und ich schrieb ihr zurück, daß „bei einem großen Mann alles zusammengeht, das Gute mit dem Schlechten, daß man das eine ohne das andere nicht haben kann." Selbst 1973, als sie mir half, auf einem Gruppenfoto vom Analytikerkongreß in Oxford aus Jahr 1929 die einzelnen Personen zu identifizieren, bat sie mich noch, ihren Namen nicht zu erwähnen, da „die Freud-Damen" – womit Anna und Mathilda gemeint waren – sonst „sehr wütend" auf sie sein würden.)

Im Vergleich zu Freud, sagte sie, sei ihre andere Analytikerin, Klein, hingegen „überhaupt kein netter Mensch" und „paranoid bis zum Extrem!" gewesen. Aber Klein habe andere Menschen verstanden, auch wenn sie manchmal dumme und ungeschickte Dinge gesagt habe. Sie habe einen sicheren Griff bei religiösen Gefühlen gehabt – wonach es einem, wenn man ein guter Mensch war, besserging, als wenn man nicht gut war. Das war es, sagte Rosenfeld, was sie mit ihrem Konzept „der depressiven Position" gemeint habe. Freud habe sich jedoch erst gar nicht die Mühe machen wollen, ihren Punkt zu verstehen. Klein, erzählte sie, habe sich bei dem Oxforder Kongreß Anna gegenüber „daneben benommen" und habe mit „der ganzen englischen Mannschaft" zu einer „Meute" gegen seine junge Tochter zusammengerottet. Es habe wie eine „Verfolgung" ausgesehen, und Freud habe das Ganze als gegen sich gerichtet verstanden. Es sei Annas „erster Vortrag" gewesen, den sie bei einem Kongreß hielt, und Jones sei zusammen mit Klein „regelrecht widerlich" zu ihr gewesen. Klein habe die Auffassung vertreten, daß die Menschheit „nach der Sonne strebe." Es sei ein Ausdruck von Idealismus gewesen, in Wirklichkeit sei Klein jedoch „ihr eigenes erstes Ideal" gewesen. Sie sei „narzißtischer" gewesen, als Freud es jemals hätte sein können.

Auf meine Frage, was Klein für eine Analytikerin gewesen sei und wie sie sie im Vergleich zu Freud sehen würde, meinte Rosenfeld, sie sei „eine erstklassige Analytikerin", wenn auch „nicht so betäubend wie Freud" gewesen. Rosenfeld konnte seine Deutungen nie vergessen, denn er habe „einen so scharfen Verstand" gehabt, was bei Klein hingegen nicht so gewesen sei. Sie sei auf eine „wechselhafte" Weise zwar „immer hilfreich" gewesen, ihre einzelnen Deutungen seien jedoch nichts gewesen. Nach Freud, sagte sie, habe sich ihr Leben „anders gestaltet." Und durch die Analyse bei Klein seien dann Dinge bestätigt worden, die sie jedoch vorher schon gefühlt habe. Freuds „Einfluß", meinte sie, sei durch seinen „Mut, etwas zu sagen", einfach „immens" gewesen.

Klein sei mit der Zeit „immer grausamer" geworden und habe „entsetzlich" unter den Angriffen ihrer Tochter Melitta „gelitten." Sie habe sich mißverstanden gefühlt, und je mehr sie sich mißverstanden gefühlt habe, desto wütender sei sie geworden. Auf sie, Rosenfeld, sei sie jedoch „nie" wütend gewesen – sie sei die einzige gewesen, mit der sie Frieden bewahrt habe. Klein hätte sie gerne aus dem Freudschen Lager für sich gewonnen. Rosenfeld war schließlich Mitglied der sogenannten Mittleren Gruppe in England geworden, die weder dem Kleinschen Lager noch dem Anna Freuds zuzurechnen war. Klein habe damals zu ihr gesagt: „Sie haben Ihre Analyse der Freundschaft mit Anna geopfert." Rosenfeld zuckte einfach mit den Schultern, als sie Klein zitierte, als wäre es eine belanglose Geschichte gewesen. Freud und Anna, sagte sie, seien „anfänglich verärgert" gewesen, daß sie zu Klein in die Analyse ging; sie habe sich jedoch dazu entschlossen, da sie sich „so depressiv" gefühlt habe.

Klein habe ihre männlichen Schüler geliebt, erzählte sie weiter – John Rickman und Herbert Rosenfeld zum Beispiel. Sie habe an ihnen mehr Freude als an ihren Anhänger*innen* gehabt. Sie habe sich von solchen Männern etwas verwöhnen lassen, und sie seien als „Fanatiker" wichtig gewesen. In ihren analytischen Ansichten, meinte Rosenfeld, sei Klein der Wahrheit jedoch näher als Freud gewesen. Sie habe begriffen, daß sowohl Mütter als auch Töchter schlecht sein konnten, während Freud im Gegensatz dazu an einer Idealisierung der Mutter festgehalten habe, die zugleich mit einer gewissen unbewußten Abwertung von Frauen verbunden gewesen sei. Freud, meinte sie, habe „etwas Angst" vor dem Antagonismus bei einem Mann gehabt und sich bei Frauen sicherer gefühlt.

Rosenfeld sagte, sie habe die Schwierigkeiten verstanden, die es in Kleins Anhängerschaft gab. Für Paula Heimann, die später von Klein zu Anna übergelaufen sei, sei sie, Rosenfeld, zum Beispiel seit zwanzig Jahren „tot", weil sie Klein gegenüber treulos gewesen sei Ein Baby, sagte sie, sei – was immer Klein auch geschrieben habe – nur wirklich sadistisch, wenn ihm die Mutter weggenommen wurde. Klein sei keine erfolgreiche Mutter gewesen, sondern habe die „Schwächen und Schwachheiten" einer Frau gehabt. In ihrem Buch *Envy and Gratitude* habe Klein über Heimann geschrieben. Ein Problem bei Klein war, sagte sie, daß sie von ihren Anhängern keine Kritik habe annehmen können, und Heimann sei einfach „neidisch" gewesen.

Zur Frage des Neides meinte sie, Freud habe den männlichen Neid auf Frauen nicht verstanden, der insbesondere ein Problem in unserem Jahrhundert sei. Es sei natürlich, daß eine Frau sich nach der Menopause mehr mit ihrem Vater identifiziere. Der Neid des Mannes sei hingegen eng mit dem Umbruch von einem anderen, im neunzehnten Jahrhundert vorherrschenden kulturellen Muster verbunden. In einem Leben Jung und Freud zusammen zu lesen, meinte sie in dem Zusammenhang, sei ein Ding der Unmöglichkeit, aber in dieser Frage sei Jung gut gewesen. Der entscheidende Punkt war ihrer Auffassung nach, daß eine Frau aus sich einen Mann machen konnte, ein Mann aus sich jedoch keine Frau machen konnte. Und für Freud sei Klein, genau wie Jung früher, „unverständlich" gewesen. Das habe er gemeint, als er schrieb, er bedaure, daß dieser Kampf zwischen Mutter und Vater bei ihr, Rosenfeld, zutage getreten sei.

Klein habe „keine guten" therapeutischen Ergebnisse erzielt, erklärte sie und fügte hinzu, man könne eine Depression analysieren und auch verstärken. Freudianer, sagte sie, analysieren und heilen eine Depression paradoxerweise jedoch nicht. Sie helfen, indem sie die Persönlichkeit „kleiner und weniger aggressiv" machen. Und die Kleinianer, meinte sie, sagen einfach: „Schauen Sie sich das ganze Prisma der Welt an." Sie seien gegenwärtig vor allem an Psychotikern interessiert. Kleins Resultate seien jedoch insofern positiv, als daß sie viele Analytiker ausgebildet habe; es sei, meinte sie, schon eine große Befriedigung, Schüler oder Schülerin zu sein.

Freudianer, sagte Rosenfeld, haben das Ziel, die Persönlichkeit zu stabilisieren, während Kleinianer darauf aus seien, jeden zu einem Kleinianer zu machen. Sie seien „Kreuzritter", Freud sei hingegen nie ein Kreuzritter gewesen. Er sei immer sachlich gewesen und habe sich selbst „nie" angebetet oder gehuldigt. Er habe „sein Leben" für die Psychoanalyse „gegeben", aber nie „einen Millimeter seines Erfolges" übertrieben. Er sei in höchstem Maße realistisch und „ein einfacher Mann mit einem großen Thema" gewesen. Rosenfeld sah viele bescheidene Aspekte an ihm, was auch von Irma Putnam bekräftigt wurde. In einem Brief an Yvette Guilbert, erinnerte sie mich, hatte er sich vorsichtig dazu geäußert, was die Psychoanalyse war und tun konnte, und an Einstein hatte er geschrieben, daß er die Rolle des „Hexenmeisters" oder Zauberers nicht übernehmen wollte. Er habe sich eine gewisse Härte zu eigen gemacht gegenüber sich selbst, der Analyse und Personen, die ihn anbeten wollten.

Das Schlimmste bei der Klein-Kontroverse, erzählte Rosenfeld, sei erst kurz nach Freuds Tod gekommen. Jones sei im hohen Alter von Klein „weggegangen." Glover habe „geglaubt", durch Melitta „sein Bestes zu tun"; er habe bei ihr gesehen, wie sie von ihrer Mutter „geschädigt" worden sei. Warum Glover aus seinen Ansichten dann eine „Kampagne" gegen Klein gemacht hatte, wußte Rosenfeld nicht zu sagen; Glover sei jedenfalls „ausgesprochen widerlich" zu ihr gewesen. Und Jones und Glover hätten wie „zwei Furien" zueinandergestanden, wie „Todfeinde". Das sei bereits 1936 so gewesen, als sie nach England gekommen sei. Die Kontroverse habe bereits, ehe die Wiener 1938 gekommen seien, „erschreckende" Ausmaße angenommen. Auf der einen Seite habe es die alten Freudianer wie David Forsyth, Grant Duff, Barbara Low und David Eder gegeben. Und auf der anderen Seite die führenden Kleinianer – Jones, Klein und Rickman. Und Ella Sharpe und Nina Searle seien schließlich „Opfer" der Auseinandersetzung gewesen – Searle habe sich dann zurückgezogen, da sie den Streit nicht ertragen habe. Sharpe, meinte sie, sei „schrecklich englisch" gewesen. Sie hatte sie eigentlich alle als sehr „angesehene Langweiler" empfunden. Sylvia Payne war in ihren Augen „eine sachliche Zuschauerin" gewesen. Kate Friedlander sei ganz Freudianisch gewesen, während Paula Heimann schnell zur Kleinianerin geworden sei; beide waren ebenfalls vom Kontinent gekommen. Joan Riviere, eine Patientin Freuds, die er ernst genommen habe, sei eine eifrige Kleinianerin gewesen. Und von Kata Levy habe Freud wörtlich gesagt, sie sei „schwerfällig" und „etwas blöd." Diese Bemerkung über Levy sei irgendwann während ihrer, Rosenfelds, Analyse gefallen, als Levy bei ihr, in ihrem Haus gewohnt habe. Anna Freud hatte 1927 an Rosenfeld über „die arme Tante Kata mit ihrer mühsamen analytischen Bildung, die doch keine ist" geschrieben (Heller, 1992, dt. 1994, S. 114). Levy habe „Essensmarotten" gehabt, bemerkte Rosenfeld nebenbei. (Rosenfeld zufolge hatte Toni von Freunds erste Frau Selbstmord begangen; sie habe sich vor den Augen ihres Mannes beim Frühstück vergiftet.) Später, sagte sie, habe Anna Freud Levys Leben „gerettet."

Anna blieb für Rosenfeld eine zentrale Figur, obwohl die Freundschaft zwangsläufig kompliziert war. Aus Rosenfelds Sicht hatte Freud Anna analysiert, weil er „eine Todesangst" hatte, jemand könnte sie verletzen. Freud mußte geglaubt haben, er könnte es „locker" machen, ohne sie allzusehr an sich zu binden. Er sei „glücklich" gewesen, als sie dann Dorothy Burlingham gefunden habe, bei der sie in „sicheren" Händen gewesen sei. Damit brauchte er sich dann keine „Sorgen" mehr zu machen. Anna sei „eine keusche Jungfrau" gewesen, meinte sie, was ein „Handikap" in ihrem Leben gewesen sei. Sie sei wirklich niemand gewesen, bei dem es „leicht gefunkt" hätte. Sie sei in Eitingon verliebt gewesen, habe sie Rosenfeld anvertraut; er sei mit „einer schrecklichen Frau" verheiratet gewesen, meinte sie. Anna hätte „ihre letzte Angstbarriere" jedoch nie überwinden können. Weder Anna noch Freud hätten gewußt, welche Angst sie vor ihrem Vater gehabt habe. Anna hatte 1927 an Rosenfeld geschrieben: „Ich bin so froh, dass Du Dich nicht mehr vor uns fürchtest" (Heller, 1992, dt. 1994, S. 113).

Anna hatte in Freuds letzten Jahren und bei seinem Tod eine besondere Rolle gespielt. Ich fragte Rosenfeld, ob sie zum Schluß nicht zu lange gewartet hätten, bis sie ihm das Morphium gaben – und sie meinte, ja. Schur habe ihr „mit großem Unmut" gesagt, das Leiden sei einfach übermäßig gewesen. Aber Anna habe „gewollt, daß er weiter- und weitermacht." Er habe kein Morphium nehmen können oder wollen. Und Anna habe aufgrund ihrer „Achtung vor dem Leben" nicht „zulassen" können, daß Schur etwas unternahm. „Mama" habe in jenen Tagen „überhaupt nicht mehr gezählt", meinte sie. Rosenfeld hatte Freud an seinem letzten Geburtstag, dem 6. Mai, gesehen, und er habe „furchtbare Schmerzen" gehabt. Die Familie sei „untröstlich" gewesen, als er seine erste Operation 1923 vor ihnen „geheimgehalten" habe. Als ich das Problem Selbstmord ansprach, meinte Rosenfeld, „seine ganzen Bücher" wären ihrer Meinung nach „nichts mehr wert gewesen", wenn er sich selbst umgebracht hätte. (Dennoch war Freuds Tod ein Fall aktiver Sterbehilfe.) Bis auf die letzten drei Tage vor seinem Tod habe er noch lesen und Anteil nehmen können; als er sein letztes Buch beiseite gelegt habe, sei das „das Ende" gewesen. Es seien nicht viele gewesen, die nach seinem Tod am 23. September 1939 über die Beisetzung unterrichtet worden seien, und dennoch sei „eine ansehnliche Menge" von Leuten dabei gewesen.

Rosenfeld wurde in späteren Jahren eine erfolgreiche Londoner Analytikerin und Supervisorin. Sie erwähnte diese Seite ihrer Arbeit kaum, die für sie befriedigend gewesen sein muß. Erst Jahre später erfuhr ich, wie ausgesprochen beliebt sie bei ihren Schülern gewesen war. Sie habe die Fähigkeit gehabt, zu einer besonderen Form von Eifer zu inspirieren – kein Eifer, der an eine spezielle Doktrin gebunden war und auch kein Eifer, der zu irgendeiner Gefolgstreue führte. Indem ich mich darauf konzentrierte, Freud durch Rosenfelds Augen zu betrachten, versäumte ich es, ihre eigene Einzigartigkeit innerhalb jenes Kreises wahrzunehmen.

Kapitel 9

Bloomsbury: James und Alix Strachey

James und Alix Strachey waren unter den britischen Patienten Freuds sehr bekannt. Unter anderem hatte mir auch Eva Rosenfeld von Freuds Bewunderung erzählt, die er den Engländern ob ihrer „Einfachheit und jedem fehlenden schwärmerischen Getue" entgegenbracht hatte. Als Freuds Vater 1859 von Mähren nach Wien übersiedelte, waren Freuds Halbbrüder nach England gezogen, und Freud hatte den Kontakt mit seinen englischen Verwandten stets aufrechterhalten. Einige seiner amerikanischen Patienten hatten sich nach dem Ersten Weltkrieg über seine offenkundige Vorliebe für seine englische Klientel geärgert. Da es sich bei seinen amerikanischen Analysanden jedoch überwiegend um Juden handelte und er überdies seine nichtjüdischen Anhänger unterstützen wollte und nicht zuletzt auch sein allgemeiner Anti-Amerikanismus ein Punkt war, hatte er es vorgezogen, seine Zeit mit seinen britischen Schülern zu verbringen.

James Strachey war für mich von besonderem Interesse, da er Chefredakteur der mehrbändigen Standard Edition of the Collected Psychological Works of Sigmund Freud war. Als ich ihn interviewte, hatte er gerade eine Biographie über seinen älteren Bruder Lytton autorisiert, die ein damals noch unbekannter Autor, Michael Holroyd, schreiben sollte. Strachey ergötzte sich daran, daß Holroyd zwar Eton absolviert, es darüber hinaus jedoch nicht zu einer höheren Bildung gebracht hatte – ein Punkt, bei dem Strachey recht komisch war. Er gewährte Holroyd uneingeschränkten Zugang zu Lyttons ganzem Briefwechsel. Er fand jedoch, daß die Briefe zu „pikant und nachteilig" für noch lebende Personen waren, um sie zu veröffentlichen, wollte aber auch nicht, daß sie redigiert wurden. Er meinte, er sei nicht davon ausgegangen, daß Holroyds Bücher wirklich sehr gut sein würden. Als Holroyd seine Entwürfe fertig hatte, zeigte er Strachey das Manuskript, der dann dazu eine Reihe kleiner Fußnoten schrieb, die Holroyds (1971, dt. 1995) Text wesentlich lebendiger machten.

Als ich Strachey im Sommer 1965 interviewte, war er gerade dabei, den Nachlaß von Lyttons Bibliothek und seinen Unterlagen, samt Porträts und einer Büste zu regeln. Es gab sogar einen Brief von Freud an Lytton bezüglich Lyttons *Elizabeth and Essex*, den Strachey seinerzeit nicht hatte finden können, um ihn in die gesammelten Briefe Freuds aufzunehmen. (Er hatte mir gegenüber dieses Buch nie auch nur mit einem Wort erwähnt, das ihm und seiner Frau Alix gewidmet war.) Strachey zufolge hatte Freud Lyttons zentrale Punkte in jenem Buch nicht verstanden, in dem Lytton versucht hatte, Freuds Ideen zu folgen. Was Lyttons allgemeine Einstellung zu Freud anging, meinte er, er sei „skeptisch" bezüglich der Psychoanalyse gewesen, obwohl viele Parallelen zwischen Lyttons und Freuds Ansatz festzustellen seien (Roazen, 1991d).

Alix hatte sich in ihrer Analyse gar mit Freud über Elizabeth I. gestritten, die aus Freuds Sicht „eine schlechte Königin" war. Als Alix gegen Freuds Einschätzung protestiert hatte, hatte er sie nur noch weiter denunziert und erklärt: „Jedenfalls war sie eine schlechte Frau." Alix war „wütend" gewesen, da sie Elizabeth für eine außergewöhnlich gute Königin hielt, die Maria, der Königin der Schotten, Schutz gewährt hatte. Aus Alix' Sicht schien Freud eine „romantische" Zuneigung zu Maria zu haben, was in ihren Augen damit zu erklären war, daß sie die Verfolgte und Benachteiligte war.

James Strachey konnte zwar zurecht den Anspruch für sich erheben, besonders prominent zu sein, gleichwohl fand ich, daß Alix Strachey sich wesentlich interessierter an meinen Fragen zeigte. Dies war für mich insofern überraschend, als ich mir vor dem Interview ihr Buch über die unbewußten „Motive" des Krieges angeschaut und es politisch recht vereinfachend, wenn auch psychoanalytisch korrekt gefunden hatte. Nach den Vermerken, die über Alix in der *Standard Edition* zu finden waren, hatte sie James bei der Arbeit assistiert, für mich schien sie jedoch diejenige zu sein, die in der Familie „die Hosen anhatte." Sie machte keinen Hehl daraus, daß sie stolz darauf war, in der Psychoanalyse eines der „alten Schiffe" zu sein. Sie half mir auch, James dazu zu bringen, auf bestimmte Punkte etwas ausführlicher einzugehen, und gab ihm überdies bisweilen Anweisungen, für mich aufzustehen, um einige Fotokopien aus jüngerer Zeit zu holen. Im Zusammenspiel erwiesen sich beider Erinnerungen jedenfalls als informativ und lehrreich.

Sowohl James als auch Alix kamen aus den höchsten intellektuellen Kreisen Englands, so daß mir bei Fragen nach Büchern und Ideen keine Schranken gesetzt waren. Alix hatte am Newnham College in Cambridge studiert, während James das Trinity College in Cambridge besucht hatte, wo er auch in Kontakt mit Frederick Meyers Society for Psychical Research gekommen war. Obwohl diese Organisation sich für Telepathie und das Okkulte interessierte, hatte sie auch Freuds *Studien über Hysterie* aufgegriffen, und zwar lange, ehe sonst irgend jemand in Großbritannien darüber gesprochen hatte. Alix fand, daß die Psychoanalyse jeden Glauben an „Gespenster konterkarierte"; und James ließ sich darüber aus, wie er seinerzeit zufällig dazu gekommen war, Freuds Artikel über „Das Unbewußte" zu lesen, den er für „vernünftig" hielt. (Freud war 1912 gebeten worden, sich Meyers Vereinigung anzuschließen, was er auch tat; und er steuerte auch einen Artikel für ihre Berichte bei [Hinshelwood, 1995].)

Es war bezeichnend für die Bloomsbury-Clique der Stars und Glanzlichter, daß sie Cambridge-Verbindungen hatten. (Ich selbst war ein Jahr auf dem Magdalen College in Oxford gewesen, was hieß, daß James Strachey – der seit vierzig Jahren nicht mehr in Cambridge gewesen war und so tat, als hätte er irgendwelche tollen Ideen zu den ungeheuerlichen architektonischen Veränderungen, die es dort angeblich gegeben hatte – mich hänseln konnte, „am anderen Ort" gewesen zu sein.) Es war verlockend, mit den Stracheys über einige ihrer berühmten Freunde und deren Reaktionen auf die psychoanalytischen Lehren zu sprechen. Ich denke, daß Freud wohl die bei den Stracheys spürbaren geistigen Qualitäten geschätzt haben und sich auch ihrer strategisch wichtigen gesellschaftlichen Stellung bewußt gewesen sein dürfte.

Freud hatte James Strachey recht bald, nachdem er seine Analyse bei ihm angefangen hatte, einen Aufsatz von sich zum Übersetzen gegeben. Jones wußte zwar die ganzen Übersetzungen, die James letzten Endes anfertigte, zu würdigen, dennoch ist davon auszugehen, daß Jones, der ein relativer Außenseiter des Establishments in Großbritannien war, etwas gegen die besondere Sphäre des britischen intellektuellen Lebens hatte, in der sich die Stracheys bewegten. Einer zuverlässigen Quelle, dem Autor und Anthropologen Geoffrey Gorer, zufolge hatten James und Alix im Juni 1920 geheiratet, da sie so leichter ein Visum für Wien bekommen konnten. Da James und Alix nach wie vor zusammenlebten, kam es mir damals nicht in den Sinn, mir über ihre sexuellen Präferenzen Gedanken zu machen, obgleich Gorers Punkt über die Umstände ihrer Heirat mich doch darauf hätte aufmerksam machen müssen, daß ihre Ehe wohl kaum eine leidenschaftliche sexuelle Verbindung war. Aber nach allem, was im Laufe der Jahre bekannt geworden ist, scheint James nicht so ausschließlich homosexuell wie sein Bruder Lytton gewesen zu sein; gleichwohl hatte er Alix, nachdem er sie kennengelernt und ebenso entzückt wie begeistert von ihr war, in einem Brief beifällig als „einen absoluten Jungen" beschrieben (Meisel und Kendrick, 1985, S. 23).

Weder James noch Alix hatten irgendeine medizinische Ausbildung, dennoch hatte Freud Jones später die Anweisung gegeben, beide als Vollmitglieder in der Britischen Psychoanalytischen Vereinigung aufzunehmen. Karin und Adrian Stephen (Virginia Woolfs jüngerer Bruder) sollten Jones hingegen nie vergeben, daß er bei ihnen beiden als Vorbedingung, um Analytiker werden zu können, auf einem Medizinstudium bestanden hatte, so daß sie sich gezwungen gesehen hatten, diese Anforderung, wenn auch widerwillig, zu erfüllen. James und Alix wußten sich nicht nur eine besondere Stellung in Freuds Welt zu verschaffen, sondern nahmen auch einen wirklich herausragenden Platz in der britischen Geistesgeschichte ein. (Leider habe ich damals nicht daran gedacht, aber ich hätte mehr auf Draht sein sollen, wer in Bloomsbury mit wem geschlafen hatte.)

James und Alix wohnten in einem schönen Landhaus in Marlow, das einmal Alix' Mutter, einer Malerin, gehört hatte; sie waren 1954, nach dem Tod der Mutter, dorthin gezogen, um den Frieden und die Ruhe zu haben, die *Standard Edition* fertigzustellen. Otto Fenichel hatte diese Ausgabe „unbedingt haben wollen." Bei einer Versammlung nach dem Zweiten Weltkrieg, bei der auch Ernst Kris und Anna Freud zugegen waren, hatte James Strachey „kühn" angeboten, sich an diese Aufgabe zu machen. Und die anderen waren erleichtert gewesen, daß ein einzelner und kein Ausschuß dafür verantwortlich sein würde. (Ein französisches Team arbeitete unlängst eifrig daran, Freud in Paris herauszubringen.)

Als ich die Stracheys besuchte, war gerade der letzte Band der *Standard Edition*, der numerisch der erste war, fertig geworden, obwohl er dann doch erst 1966 erschien. (Der Index-Band, der von einem Mitarbeiter James Stracheys erstellt wurde, erschien erst 1974, als beide Stracheys bereits tot waren.) In jenen Tagen, als die *Standard Edition* noch nicht vollständig war, zahlten die Käufer an den Verlag, Hogarth Press, den vollen Preis für die ganze Reihe und erhielten die Bände dann sukzessive jeweils nach ihrem Erscheinen. (Ich bedaure, daß ich es versäumte, James nach den Tantiemenvereinbarungen zu fragen, ich bezweifele jedoch, daß er sehr viel für seine Übersetzungen erhielt; sie waren in erster Linie ein Liebesdienst.) Als ich James fragte, was Freud wohl zu seiner ganzen Arbeit an der *Standard Edition* gesagt hätte, gab er mir unzweideutig zu verstehen, daß Freud sie wohl als ziemlichen Unsinn betrachtet hätte.

James, der 1967 starb, war besonders stolz auf die Arbeit, die er beim ersten Band geleistet hatte, da dieser Band außergewöhnlich dick war und das rekonstruierte Manuskript von Freuds 1895 verfaßtem „Entwurf einer Psychologie" enthielt, das Freud nicht einmal hatte behalten und aufbewahren wollen. Er hatte es ursprünglich an Fließ geschickt, und als Marie Bonaparte dann Freuds Briefwechsel mit Fließ erwarb, war auch dieses Manuskript wieder aufgetaucht. Fließ' Witwe war darauf bedacht gewesen, das ganze Freud-Material sicher aus Nazi-Deutschland herauszuschaffen, was ihr auch gelungen war, indem sie die Dokumente für einen nominellen Betrag über eine Buchhandlung verkauft hatte. Freud hatte angeboten, Marie Bonaparte – von der die Stracheys mit ihrem rechtmäßigen königlichen Titel, als „der Prinzessin Georg" sprachen – einen Teil der Summe, die sie dafür bezahlt hatte, zurückzuerstatten, was sie jedoch ablehnte, aus Furcht, Freud könnte damit den Wunsch verbinden, das Material zu vernichten. „Obwohl sie" von Freud „analysiert worden war", bemerkte James, „war sie eine Frau und leistete Widerstand." Ich hatte den Eindruck, daß er gerne witzig und geistreich sein wollte und – wie sein Bruder – eine ausgesprochene Vorliebe für Bonmots hatte.

Der „Entwurf" war ursprünglich von Ernst Kris herausgegeben worden, wobei James jedoch der Meinung war, daß Kris „eine sehr schlampige" Arbeit geliefert hatte. (Eva Rosenfeld mochte Kris nicht besonders, weil er in ihren

Augen „sehr ehrgeizig" war. Anfangs, sagte sie, hätte „niemand" erwartet, daß Kris je „ein richtiger Analytiker" würde, da er zuvor Kurator in einem Museum gewesen sei. Kris war zuerst von Helene Deutsch und später von Anna Freud analysiert worden.) In der Originalfassung hatte es einige Teile gegeben, die für James unverständlich gewesen waren und keinen Sinn ergeben hatten, und so hatte er das Manuskript Anna Freud zur Überprüfung gegeben. James fand, daß der „Entwurf" neurologisch sehr „aktuell", quasi „auf dem neuesten Stand" gewesen sei, wobei sich dann jedoch herausstellte, daß er gerade einmal drei Wochen Medizin studiert hatte. In den Augen der englischen Oberschicht wurden Ärzte offenbar gerne nur als so etwas wie unbedeutende, drittklassige Aderlasser gesehen – entsprechend florierte die nichtmedizinische Psychoanalyse in Großbritannien denn auch seit jeher besser als in den Vereinigten Staaten. Freuds Handschrift bei dem „Entwurf", meinte James, sei nahezu unleserlich gewesen, oft hätten Absätze und zum Teil auch Großbuchstaben an Stellen gefehlt, wo sie hätten sein sollen, so daß James das Manuskript künstlich in Absätze habe unterteilen müssen.

James war allgemein ein Pedant, was Einzelheiten und Kleinigkeiten anging, und in der Regel unzufrieden mit der redaktionellen Arbeit anderer. Aus seiner Sicht waren die deutschen Freud-Ausgaben ein einziges Mischmasch, und so hatten sie sich, genau wie die Italiener, selbst darangemacht, Freuds Notizen und wissenschaftlichen Texte zu übersetzen. Die Aufgabe, Freud zu übersetzen und herauszugeben, hatte sich dann jedoch als eine weitaus kompliziertere und schwierigere Arbeit erwiesen, als James es je erwartet hätte, und sei es, weil Freud in die späteren Fassungen seiner Texte zusätzlich so viel neues Material eingefügt oder auch bestimmte frühere Verweise herausgenommen hatte. Strachey stützte sich bei seiner Arbeit auf die veröffentlichten Fassungen der Freudschen Werke und nicht auf die vorhandenen Manuskripte, da er der Meinung war, daß die Fassung zählte, die Freud zur Veröffentlichung autorisiert hatte. In jenen Tagen waren die ganzen Briefe und Manuskripte, die in 20 Maresfield Gardens aufbewahrt wurden, noch nicht vervielfältigt worden, so daß James mit Anna Freud verhandeln mußte, um Freuds Originalentwürfe einsehen zu können; folglich war es ebenso bequem wie eine Frage des Selbsterhalts, zu argumentieren, der gedruckte Text sei die von Freud abgesegnete Fassung. (Wir wissen heute jedoch, nach den Informationen, die Dr. Ernst Falzeder mir gab [siehe Kapitel 3], daß einige Aufsätze Freuds, die nach seinem Tod erschienen, gegenüber den überlieferten Manuskripten abgeändert wurden.)

Ich hatte viele Fragen an die beiden Stracheys, deren Haus im übrigen vor Dokumenten aus der Geschichte der Psychoanalyse nur so überzuquellen schien. Beide machten auf mich einen sehr außergewöhnlichen, wenn nicht gar exzentrischen Eindruck. James war achtundsiebzig und sah mit seinem Bart genauso aus wie Freud auf Fotos in seinen späteren Jahren. (Mir war gesagt worden, daß James sich jahrelang gerne älter gemacht hatte, als er tatsächlich war, und sich auch gerne als von der Außenwelt abgeschnitten hingestellt hatte; alt werden hieß, „sich selbst einzuholen", wie ein Londoner Analytiker es formulierte.) James behauptete, als Folgeerscheinung einer Erkältung zu fünfundsiebzig Prozent taub zu sein, und er war auch auf einem Auge blind, da sich die Netzhaut gelöst hatte und es dafür damals noch keine Behandlungsmöglichkeiten gab. Wegen dieser Blindheit war eines seiner Brillengläser matt. 1953, ehe er die Übersetzung *Die Traumdeutung* bewältigt hatte, hatte sich dann auch noch die Netzhaut auf dem anderen Auge gelöst, und er hatte sechs Monate nicht sehen können. Danach schien das *Standard Edition*-Projekt zunächst höchst gefährdet zu sein, bis er dann schließlich doch erfolgreich hatte operiert werden können. Duncan Grant hatte James 1910 als Dreiundzwanzigjährigen gemalt; die vielen Bücher, von denen er auf dem Bild umgeben ist, zeigen, wie gebildet und gelehrt er seit jeher war. Bei meinem Besuch saßen James und ich eine Zeitlang allein in altmodischen hölzernen Liegestühlen in der Sonne und unterhielten uns.

Einige merkwürdige Aspekte im Leben von James und Alix wurden offensichtlich, als sie mir das Mittagessen servierten. Soweit ich sehen konnte, lebten sie ausschließlich von Konserven. Alix servierte Ginger-beer zum Essen und erklärte dabei, davon sei auch schon bei Dickens die Rede gewesen. Sie erzählte mir, daß sie den Mann, bei dem sie telefonisch immer die Lebensmittel bestellte, seit nunmehr neun Jahren nicht mehr gesehen habe. (Ich kann mir gut vorstellen, daß Alix „eine erratische Einstellung zum Essen" und einmal eine Krankheit gehabt hatte, die einer Anorexia nervosa ähnelte [Meisel und Kendrick, 1985].) Sie übernahm den Abwasch des Geschirrs, band sich aber vorher eine Kordel um die Taille, um zu verhindern, daß ihre Kleidung Wasser abbekam. Dabei fiel mir auf, daß sie auch ein Stückchen Kordel als Uhrenarmband verwendete. Der Taxifahrer, der mich vom Bahnhof des Ortes zum Haus brachte, meinte, er hätte Alix kaum einmal zu Gesicht bekommen, während James hingegen von Zeit zu Zeit allein verreist sei. Alix trug ungeheuer klobige Schuhe, und ihre dünnen Beine steckten in braunen Strümpfen; ihr langes Gesicht war von tiefen Falten durchfurcht.

Beide Stracheys waren von normalen zwischenmenschlichen Kontakten, oder was man als solche bezeichnen würde, abgeschnitten, und der Briefkasten war eine Meile vom Haus entfernt. Es war schwer zu glauben, daß sie beide einmal praktizierende Analytiker in London gewesen waren. James hatte eine Zeitlang einen ausgesprochen starken Zulauf an Patienten gehabt; Kata Levy war er als „zögernd und schüchtern" in Erinnerung geblieben. Alix erzählte, sie sähe von Zeit zu Zeit noch einen „alten Patienten", „einfach, um in Verbindung zu bleiben", wobei sie jedoch eine gewisse Besorgnis erkennbar werden ließ, ob sie noch immer verständlich sei.

Sie lebte zwar noch bis 1973, erlitt nach dem Tod von James jedoch eine Art Zusammenbruch. Bei ihm konnte ich mir wirklich nicht vorstellen, was für ein Therapeut er gewesen sein sollte, da er mir so abgehoben gelehrt vorkam. In der zwischenmenschlichen Kommunikation fand ich zumindest, daß Alix wesentlich besser war. James hatte 1934 einen vielbeachteten Aufsatz mit dem Titel „The Nature of the Therapeutic Action of Psychoanalysis" geschrieben – ich konnte mir allerdings kaum vorstellen, daß er in den Dingen, über die er schrieb, auch in der Praxis allzu gut gewesen sein sollte. Zum Umgang mit einem Patienten hatte er beispielsweise geschrieben, „der beste Weg, sicherzustellen, daß sein Ich in der Lage ist, zwischen Phantasie und Realität zu unterscheiden, ist, die Realität soweit wie möglich von ihm fernzuhalten" (S. 147). Ein derartiger Ansatz mochte sich vielleicht auf bestimmte Freudsche Theorien stützen, er war mit Freuds klinischen Praktiken jedoch kaum vereinbar.

Es war typisch für James, daß er über A. A. Brill, seinen Vorgänger bei der Übersetzung von Freuds Werken ins Englische, spöttelte und meinte, er sei ein „sehr netter Mensch" gewesen, hätte jedoch zwei Fehler gehabt – er hätte kein Deutsch gekonnt und Englisch nicht verstanden. Brill war ungarischer Herkunft, was James' Aphorismus erklärte. Mitte der sechziger Jahre war allgemein bekannt, daß Brill, der für die Zusammenstellung der riesigen *Basic Writings of Sigmund Freud* verantwortlich gewesen war, die in der höchst einflußreichen Modern Library-Ausgabe erschienen, tatsächlich Texte produziert hatte, die nicht unbedingt zuverlässig waren. Ich wurde etwas mißtrauisch, ob bei James auch ein latenter Anti-Amerikanismus vorlag, als er darüber lächelte, welche mannigfachen Gründe Freud wechselweise gehabt hatte, um Amerika nicht zu mögen; Alix fand, daß die Vereinigten Staaten außergewöhnlich empfänglich für neue Ideen gewesen waren, und schien nicht die eher traditionellen britischen Vorurteile zu haben. (Ich wußte zu dem Zeitpunkt nicht, daß sie in New Jersey geboren, jedoch seit ihrer Kindheit nicht mehr in Amerika gewesen war; auch Eva Rosenfeld war übrigens in Amerika geboren.) Brill war jahrelang der führende Analytiker in New York gewesen und hatte, mit Freuds Genehmigung, die Freudschen Fehlleistungen durch seine eigenen ersetzt. Da er mit der Modern Library-Ausgabe Freuds Urtexte jedoch nicht ersetzen wollte, hatte er hier und dort, um Freuds Urheberrechte zu schützen, ganze Passagen ausgelassen.

Während James Stracheys Arbeit in den sechziger Jahren eine wesentliche Verbesserung dessen zu sein schien, was Brill hinterlassen hatte, wurde 1983 mit Bruno Bettelheims Kritik an Stracheys Übersetzungen einer neuen Generation vor Augen geführt, wie interpretierend jede Übersetzung zwangsläufig ist. Bettelheim gab den Stracheys die Schuld an dem in den Vereinigten Staaten schon so lange bestehenden medizinischen Monopol in der Psychoanalyse. Und es stimmt auch, daß Stracheys anti-religiöse Neigung dazu beitrug, daß

Freud hier wissenschaftlicher klingt als das deutsche Original es rechtfertigt. Es wäre aus meiner Sicht jedoch falsch, einfach zu ignorieren, was Strachey für Freud geleistet hat (Wilson, 1987). Freuds Englisch war gut genug, um Stracheys ansehnliche Talente als Übersetzer zu erkennen, und selbst wenn Strachey neue Begriffe wie etwa *cathexis* schöpfte, so mag Freud sich anfänglich vielleicht darüber geärgert haben, letztlich übernahm er den Begriff jedoch selbst und verwendete ihn in einem seiner deutschen Manuskripte (Freud, 1926).

Freud verfügte über beachtliche Fremdsprachenkenntnisse und hatte selbst einige Erfahrung als Übersetzer. (Freuds Übersetzungen waren mindestens so umstritten wie die von Strachey oder Brill. So hatte Freud zum Beispiel Fußnoten eingefügt, über die sein Lehrer Jean-Martin Charcot höchst unglücklich gewesen war. Freud war hocherfreut über die Arbeit, die Strachey leistete, so daß es mehr als nur etwas mißlich ist, wenn Zeitgenossen Stracheys Leistungen schmälern wollen.) James behauptete nicht, Deutsch tatsächlich beherrscht zu haben, als er zu Freud ging, der denjenigen, die er als Übersetzer seiner Werke akzeptierte, bezeichnenderweise einen subtilen Spielraum zugestand. Das Beispiel von James in England könnte durch andere Personen in anderen Ländern und in anderen Sprachen als Englisch ergänzt werden. In Italien fand Freud es zum Beispiel richtig, daß Edoardo Weiss Freuds Fehlleistungen durch seine eigenen ersetzte. Diesen frühen Übersetzern ging es um die Förderung von Freuds Sache und nicht darum, so etwas wie eine Heilige Schrift zu präsentieren. Ich fände es bedauerlich, wenn die Grenzen, die Strachey bei seiner glänzenden Ausgabe zwangsläufig gesetzt waren, jetzt zu einer fundamentalistischen Suche nach dem sogenannten wahren Freud führen würden, statt uns auf eine reife Bewertung der Substanz und Validität der Freudschen Ideen als solche zu konzentrieren.

Strachey hatte sich nicht allein als Übersetzer darangemacht, Freud ins Englische zu übersetzen, da Jones vorher bereits gewisse Schlüsselentscheidungen getroffen hatte. Englischsprachige Leser sollten aufhorchen, daß es schon merkwürdig und ein Zeichen französischen Kirchturmdenkens ist, daß es allein mehr als zehn französische Übersetzungen von Freuds kurzem Aufsatz über die Verneinung gibt. Jacques Lacan mag gelehrt haben, daß wir den wahren Freud durch „die Buchstäblichkeit des Textes" wiederentdecken können, was aber mit Sicherheit nicht als der Dinge letzter Schluß genommen werden sollte. Eine französische Übersetzergruppe hat unlängst die Nutzung von Worten wiederbelebt, die seit Jahrhunderten nicht mehr verwendet wurden. Man kann die Kritiker Stracheys nicht ernst nehmen, solange sie nur immer wieder die Behauptung wiederholen, daß die neuen französischen Freud-Übersetzungen „den Text, den ganzen Text und nichts als den Text" wiedergeben. Die sogenannte „Eigentümlichkeit der französischen Sprache" rechtfertigt nicht den Gebrauch von Neologismen. Dieses französische Übersetzerteam propagiert „einen Freud in Französisch, das ... Freudianisch ist." Das absolut lohnenswerte Ziel, eine Verbesserung gegenüber Strachey zu erreichen, sollte jedoch nicht gleichbedeutend damit sein, daß wir unser Kritikvermögen aufgeben, nur um Freuds Werke als Evangelien präsentieren zu können (Roazen, in Vorbereitung – a).

Den Stracheys wurde zwar vorgeworfen, Freud tendenziös übersetzt zu haben, gleichwohl waren beide, was Freud anging, emanzipierter als manche Analytiker heutzutage. Eine Idealisierung Freuds kann viele Formen annehmen. Die Stracheys spielten in der Geschichte der Psychoanalyse in Großbritannien insofern eine Schlüsselrolle, als daß sie maßgeblichen Anteil daran hatten, Melanie Klein die Übersiedlung nach England zu ermöglichen. Alix sagte, sie habe „sehr dazu beigetragen und geholfen", Klein nach England zu bekommen. Nach ihrer Analyse bei Freud war Alix von 1924 bis 1925 in Berlin bei Abraham gewesen; ein Buch mit dem Briefwechsel zwischen James und Alix aus dieser Zeit erschien 1985. Sie sei nicht aufgrund einer Anregung Freuds zu Abraham gegangen, sagte sie, Klein sei damals ebenfalls bei Abraham in Behandlung gewesen. In ihren Briefen, die Alix James nach London schrieb, hatte sie ihm Klein berichtet, und James hatte daraufhin mit Jones gesprochen. In Berlin, meinte Alix, seien „sie alle" gegen Klein gewesen, und sie habe scheinbar zu Freud in Wien nicht „durchkommen" können. Hans Lampl sei besonders gegen sie gewesen, aber er sei ja auch ein Wiener gewesen, und dieser ganze Kreis, meinte sie, schien ihrer Arbeit feindselig gegenüberzustehen.

Alix scherzte darüber, wie eigenmächtig Freud dafür gesorgt hatte, daß sie und James an den Sitzungen der Wiener Psychoanalytischen Vereinigung hatten teilnehmen können; Edith Jackson hatte im Unterschied dazu später eine Weile warten müssen, bis er ihr erlaubte, mit zu den Sitzungen zu gehen. (Alix meinte, er müßte es „befohlen" haben.) Die Sitzungen, erzählten sie, hätten nicht in einem Saal, sondern in einem Raum stattgefunden, wo sie alle um einen Tisch herum gesessen hätten. Die Stracheys waren beide etwa zwei Jahre in Wien. James glaubte, es habe Freud gefallen, daß sie so lange geblieben seien – zumindest habe er anders als bei den Amerikanern reagiert, die vermeintlich zu schnell wieder abreisten. (Es gelang mir nicht, ihm klarzumachen, daß Freud dabei oft derjenige gewesen war, der bei seinen amerikanischen Patienten die Behandlung abgebrochen hatte.) Alix war nach ihrer Analyse bei Freud zu dem Schluß gekommen, daß sie noch mehr Analyse brauchte, und war dann zu Abraham nach Berlin gegangen; und sie ließ sich auch später in England weiterhin von anderen analysieren.

Es fiel mir bei den Stracheys nicht leicht, den Vorstoß zu unternehmen und sie nach ihrem klinischen Kontakt mit Freud auszuhorchen. Ich hatte Hemmungen, teils wegen ihrer berühmten Namen, aber mehr noch angesichts ihrer prominenten Freunde und Bekannten. Virginia Woolf war für sie einfach „Virginia". Und so beschied ich mich, mich als glücklich zu betrachten, das bei ihnen aufgeschnappt zu haben, was möglich war, und den Kontakt zu ihnen nicht durch zu aufdringliche Fragen zu ruinieren – was dann damit belohnt wurde, daß ich wiederkommen durfte. So konzentrierte ich mich bei meinen Fragen mehr oder weniger auf jene Bereiche, über die sie von sich aus bereit waren zu reden. (Sie hatten sich im übrigen geweigert, bei Eisslers Oral History-Projekt mitzuarbeiten; Mrs. Riviere hatte sich zu einem Interview bereiterklärt, mit dem Ergebnis, meinte James, daß die Schreibkraft das Manuskript dann „ganz verfälscht" habe. Wenn die Stracheys mir erlaubt hätten, ein Tonband zu verwenden, hätte ich anderen wissenschaftlich vielleicht einiges vorausgehabt, aber vielleicht hätte es dann auch kein wirkliches Gespräch gegeben. Es sei nur daran erinnert, wie irreführend tendenziös Eisslers Gespräch mit Hirst oder Edith Jackson im Ergebnis war. Und ich wußte, daß Helene Deutsch zum Beispiel anders redete, wenn kein Tonband mitlief.)

Da Alix davon gesprochen hatte, daß sie zu Abraham gegangen war, den sie im übrigen für „einen guten Wissenschaftler" hielt, hatte ich einen Anknüpfungspunkt, um mit James darüber zu sprechen, was Freud von Abraham hielt. James war auch der Meinung, daß Freud Abraham persönlich nicht gemocht, jedoch respektiert hatte; Abraham sei „geistig sehr gesund, sogar etwas langweilig" gewesen. Im Gegensatz dazu sei Ferenczi „verrückt" gewesen, wobei James jedoch die Frage offenließ, ob Ferenczi „tatsächlich verrückt" (d.h., geisteskrank) war, wie Jones es in seiner Biographie dargestellt hatte. Abrahams Briefe an Freud, meinte er, seien „entsetzlich weitschweifig" gewesen. (Helene Deutsch meinte, es sei für sie schockierend gewesen zu sehen, wie infantil Abraham, ihr zweiter Analytiker nach Freud, Freud gegenüber hätte sein können.) James bemerkte, ein sehr wütender Brief, den Freud 1925 an Abraham kurz vor dessen Tod geschickt hatte, sei in der veröffentlichten Ausgabe des Freud/Abraham-Briefwechsels „unterschlagen" worden. (Eine unbereinigte Fassung dieses Briefwechsels ist jetzt erst in Vorbereitung.) James befürwortete, daß „alles" veröffentlicht wurde, hielt es jedoch für möglich, daß es wohl noch weitere fünfzig Jahre bräuchte, bis schließlich alle Freud-Briefe herausgegeben seien.

James zufolge hatte Abraham im Vergleich zu Freud eine wesentlich ausgewogenere Meinung von Jung und Rank, ehe sie die Bewegung verließen. Er widersprach meiner Auffassung, Freud hätte zumindest bei Rank vielleicht insofern Recht gehabt, als Abraham (und Jones) eine bereits schlimme Situation durch persönliche Eifersucht im Zweifel noch verschlimmert hatten. Als die Stracheys von 1920 bis 1922 in Wien waren, sei Rank „der Favorit" gewesen. Freud hatte den Stracheys damals zu verstehen gegeben, daß er sie nicht zu einer Weihnachtsfeier einladen konnte, da dies eine Interferenz in ihren Analysen darstellen würde, er hatte jedoch dafür gesorgt, daß sie statt dessen zu Ranks

Weihnachtsfeier eingeladen wurden. Sie kannten und mochten Ranks Frau Tola, die es im übrigen genossen habe, für Freud die Gastgeberin zu spielen.

Während James Adler schlicht „trivial" fand, wurde Jung ernst genommen. Alix meinte, Jung hätte einen „großartigen Zugang zum Unbewußten" gehabt. Und sie fand, daß Jungs Autobiographie eine „Pflichtlektüre" für alle Analytiker sein müßte; Teile davon waren für sie zwar „dummes Geschwätz", aber es gab darin einen „sehr guten Abschnitt über Gott." (Dank der Recherchen von Sonu Shamdasani ist inzwischen bekannt, daß noch ein zweiter Band von Jungs Erinnerungen existiert, der jedoch bis dato von Jungs Familie unter Verschluß gehalten wird.) Die Autobiographie zeigte vermeintlich, „wie krank er bisweilen war", und wie nahe er an die „Primärvorgänge" in Zusammenhang mit dem Unbewußten herangekommen war. Alix hatte insbesondere eine kritische Einstellung zu Georg Groddeck, zumal Freud erklärt hatte, daß Groddecks Arbeit ebenso gut wie die Rabelais' sei. Sie nahm Anstoß daran, wie Groddeck überall das Unbewußte gesehen hatte; wenn „zwei Züge zusammengestoßen waren", dann mußte jemand es „gewünscht" haben. Ihrer Meinung nach mußte Freud ihn letzten Endes aus der Bewegung ausstoßen, obwohl er ihn ursprünglich einer Gruppe aufgezwungen hatte, die ihn partout nicht hatte haben wollen.

Ich fragte, ob Freud sich jemals verändert hatte, worauf James kurz lachte und meinte, nein – als ob Freud der letzte gewesen wäre, bei dem so etwas denkbar gewesen sei. James hatte ihn in den Jahren 1938 und 1939 mehrere Male in London gesehen. Was die Außenwelt aus James Sicht bei Freud nicht verstanden hatte, war, wie „humorvoll" er gewesen sei. (Freud [1905] verwendete in einer seiner Schriften das Beispiel eines „zynischen" Witzes, der mir typisch für die Art von Humor zu sein scheint, den er wohl schätzte: „Eine Frau ist wie ein Regenschirm. Man nimmt sich dann doch einen Komfortabel" [S. 84].[1]) Die Stracheys kannten Freud, was auf subtile Weise in jeder denkbaren Hinsicht ihre Übersetzungen beeinflußte; wie weit Strachey dabei richtig lag, wird gegenwärtig unterschätzt. Freud, meinte er, sei „überhaupt" nicht so ernst und streng wie auf seinen Bildern gewesen und habe es, nebenbei, „gehaßt", fotografiert zu werden. Und wenn er von Künstlern gezeichnet oder gemalt wurde, hätten sie immer geglaubt, ihn streng darstellen zu müssen.

Es paßte zu James' außergewöhnlicher Gründlichkeit, daß er Jones' Biographie als „ziemlich schlampig" kritisierte. Jones wiederholte sich aus seiner Sicht zu sehr. Es gab einen riesigen Stoß Briefe von Jones im Haus, der James jeweils Teile der Biographie geschickt hatte, sowie sie geschrieben waren. James erzählte, er hätte Jones oft die richtigen Angaben und Daten geschickt, wobei Jones dann jedoch häufig das falsche Material übernommen und veröffentlicht hätte. Jones sei bei den Fakten sehr genau und zugleich „immer ungenau" gewesen.

---

[1] Peter Swales hat diesen Witz für andere biographische Zwecke als ich hier verwendet.

Aber selbst wenn Jones sich im Irrtum befand, habe es dennoch autoritativ geklungen, wobei „die ganzen Einzelheiten" einfach „daneben" gewesen seien. Jones hatte ihm geschrieben und um die richtigen Informationen gebeten, aber nur um sie dann wieder zu vergessen. James hatte in seinem Exemplar der Jonesschen Biographie die ganzen Angaben entsprechend geändert; es wäre „nötig", meinte er, sie von vorne bis hinten nochmals ganz durchzugehen. James fand außerdem, daß Jones ein „morbides" Interesse an Freuds Krebs hatte und sich zuviel und zu lange mit der Krankheit beschäftigt und sich regelrecht in den ganzen „blutrünstigen" Einzelheiten „ergangen" hatte.

Jones, meinte er, konnte in öffentlichen Sitzungen „sehr taktlos" sein und die Vorträge anderer einfach zerreißen. In den dreißiger Jahren hatte Strachey einmal eine Dinnerparty für Jones gegeben, der den Bloomsbury-Ökonom John Maynard Keynes hatte kennenlernen wollen. Der Abend sei jedoch „ein Flop" gewesen. Keynes habe Jones im Endeffekt alles über die Psychoanalyse erzählt. „Er machte so etwas gern, mit einem Experten zusammen zu speisen und dem dann zu erzählen, was Sache war." Aus James' Sicht wußte Keynes jedoch nicht allzuviel über die Psychoanalyse (siehe auch Winslow, 1986, 1990). Leonard Woolf sei an jenem denkwürdigen Abend ebenfalls dabei gewesen.

James hatte Freud damals gleich nach Erscheinen des Keynesschen Buch über den Versailler Vertrag ein Exemplar gegeben, das Freud „sehr gut" gefunden habe. Es wurde ins Deutsche übersetzt, James hatte ihm jedoch die englische Ausgabe gegeben. (Viele britische Intellektuelle nahmen Anstoß an Freuds Einstellung zur männlichen Homosexualität und seiner Perversionstheorie, Keynes offenbar jedoch nicht.) James erwähnte, daß Freud auch noch ein anderes Buch gefallen habe, in dem es um eine psychoanalytische Interpretation Woodrow Wilsons ging. Alix war skeptisch bezüglich solcher „Anwendungen" der Psychoanalyse, James jedoch nicht; dabei hatte sie selbst nicht nur über den Krieg, sondern auch über die Psychologie der nationalen Geschlossenheit geschrieben.

Auch E. M. Forster gehörte zu Stracheys Bloomsbury-Freunden, wobei „Morgan" sich jedoch nicht für die Psychoanalyse interessiert hatte. Forster und Virginia Woolf hatten die Befürchtung geäußert, eine Analyse könnte ihr schöpferisches Potential beeinträchtigen. Und Alix fand, daß an ihren Einwendungen vielleicht wirklich etwas dran war. Virginia ließ sich von ihren „Stimmen führen." Ob sie diese „Stimmen" auch noch nach einer „abgeschlossenen" Analyse gehabt hätte, war für Alix eine offene Frage – wobei ich allerdings nicht so recht wußte, was das heißen sollte, denn eine derartige Vorstellung von einer endgültig abgeschlossenen Analyse konnte doch wohl nur eine bedauerliche Illusion sein.

Ich las einige der Briefe, die Jones, während er an der Biographie arbeitete, an Strachey geschrieben hatte. Jones hatte darin an einer Stelle von Freuds

„idiotischer" Begeisterung von Rank gesprochen. Und es gab einen amüsanten Brief, in dem er sich darüber ausließ, wie er durch die in England geltenden Verleumdungsgesetze – im Unterschied zu denen in den Vereinigten Staaten – im freien Fluß seiner Prosa eingeschränkt wurde. Jones meinte, er dürfe angesichts dessen nicht einmal schreiben, Jung habe dieses oder jenes mit einem „sauren" Gesicht gesagt (Jung starb 1961.) Jones dürfte gewußt haben, daß Freud den Begriff *Thanatos* nie verwendet hatte, wobei ihm der Grund dafür vermutlich jedoch nicht klar war: daß nämlich Stekel ihn bereits verwendet hatte. Mich interessierte besonders, was Jones Strachey zu dem gemeinsamen Manuskript von Freud und Bullitt über Woodrow Wilson geschrieben hatte. Jones hatte es gelesen, während er an der Biographie schrieb, und fand, daß Bullitt „manisch" und „eigensinnig" sei. Das Manuskript war offenbar unter einem Buchstabencode „unter Verschluß" gehalten geworden; U.S. Marines seien nötig gewesen, um es wieder in einen Safe zurückzubringen. Jones bediente sich einer sehr starken Sprache und meinte, das Buch würde für politisches Aufsehen sorgen, den Demokraten schaden und der Psychoanalyse mit Blick auf unparteiische Historiker nichts Gutes tun. Mrs. Wilson war damals achtundachtzig, und Jones meinte, sie würde es wohl nicht mehr lange machen. Bullitt hatte die Überzeugung geäußert, der Versailler Vertrag hätte den Zweiten Weltkrieg „ausgelöst", und danach war auch nichts passiert, was seine Meinung in dem Punkt geändert hätte. Jones fragte auch, ob Strachey nicht vielleicht das Wilson-Manuskript in die *Standard Edition* mit aufnehmen würde, da er im zweiten Band schließlich auch die *Studien über Hysterie* aufgenommen habe, bei denen Breuer der Mitautor war. (In beiden Fällen glaubte Freud, die Kapitel würden jeweils von den Autoren unterzeichnet.)

Auf meine Frage, wie Jones Ferenczi das antun konnte, was er ihm im letzten Band der Biographie angetan hatte, meinte James spontan, Jones habe bei Ferenczi eine „Pseudo-Analyse" gehabt. Während Alix sich auf die kurze Feststellung beschränkte, Ferenczi sei ihr „etwas wild" erschienen, erklärte James, Freud habe Ferenczi geliebt, da er jene ungehemmte Art des Denkens veröffentlichte, zu der auch Freud geneigt, die er jedoch kontrolliert und nicht veröffentlicht habe. Statt in Ferenczi einen großen Pionier der therapeutischen Technik zu sehen, betrachtete James ihn als jemanden, der lediglich versucht hatte, die Analyse zu verkürzen. Ferenczi sei der Meinung gewesen, wenn ein Patient die Beziehung mit der Mutter nochmals durchlebt, dann sollte der Analytiker sich wie die Mutter verhalten. Solche Techniken erschienen den Stracheys, und zwar beiden, „fast wild."

Es interessierte mich, welche Folgen es für Jones und die Britische Psychoanalytische Vereinigung hatte, als 1938 die Wiener Analytiker kamen. Alix konnte gar nicht aufhören zu erzählen, wie die Neuankömmlinge die englische

Sprache „verhunzt" hatten. Dadurch seien die Sitzungen „sehr schwierig" geworden. „Wie schrecklich muß es sein, im Ausland zu leben!" Irgendwie war den Stracheys der amerikanische Akzent geläufig, obwohl James nie in den Vereinigten Staaten gewesen war. Sechs Monate später hatten James und Alix einen wohlverdienten Urlaub auf den Westindischen Inseln gemacht, um damit die Fertigstellung der *Standard Edition* zu feiern.

Die Frage nach der Ankunft der Wiener Analytiker in England warf auch das leidige Thema Melanie Klein auf. Den Stracheys zufolge waren die Wiener „sehr dumm" und intolerant mit ihr umgegangen. Aus ihrer Sicht wäre Freud vermeintlich auch Kleins Weg gegangen, wenn er weiter gelebt und seine Gesundheit behalten hätte. Mrs. Klein sei „keine sehr gute Darlegerin" ihrer Ideen gewesen. Aber nach ihren Erfolgen sei sie schließlich „dahin gekommen, von jedem Wort überzeugt zu sein, das sie geschrieben hatte", was ganz im Gegensatz zu ihrer früheren „Bescheidenheit" in Berlin gestanden habe. Alix hatte einige ihrer Aufsätze übersetzt. Nur Abraham sei in Berlin nicht gegen sie gewesen. (Die Berliner schienen immer effizienter als die Wiener gewesen zu sein, aber Alix war sich nicht sicher, ob die Vorträge dort tatsächlich besser gewesen seien.)

Jones habe Klein geholfen, als sie in England war, aber nachdem sie sich dann etabliert hatte, meinte Alix, sei es notwendig gewesen, kritischer ihr gegenüber zu sein, da „sie ihre ganzen Ideen so ernst nahm." Weder Alix noch James schienen zu wissen, daß Klein in den sechziger Jahren in den Vereinigten Staaten noch eine Unbekannte war. Sie war in ihren Augen „herrisch", insbesondere als sie „an der Spitze" war. Sie sei „sehr eigensinnig" gewesen, wenn es darum ging, wie ihre Bücher ins Englische zu übersetzen waren. Keiner der beiden Stracheys schien zu sehen, daß Klein dabei auf Freuds Erbe als Kämpfer zurückgriff. Mark Brunswick zufolge habe sich die ganze Familie Freuds gegen Jones gewandt, als er sich für Klein stark gemacht habe – selbst der Hund Anna Freuds, Wolf, habe sehr genau gespürt, was los war, und versucht, Jones zu beißen, denn der Hund habe genau gewußt, was damals in Anna und ihrem Vater vorgegangen sei.

Was Anna Freud anging, glaubten die Stracheys im nachhinein, sie unterschätzt zu haben. Sie sei in Wien „sehr charmant" gewesen und schien sich „etwas mit Stickerei" beschäftigt zu haben. Alix glaubte jedoch nicht, daß sie „das Freud-Hirn" gehabt habe. Annas besitzergreifende Art bezüglich Freuds Manuskripten war aus ihrer Sicht im Zweifel auf „eine Angst vor Ausbeutung" und den Wunsch zurückzuführen, sich selbst um die Zukunft der Analyse kümmern zu wollen. Natürlich konnte es auch sein, daß Anna „mißverstanden" worden sei. Aus Alix' Sicht hatte Anna alles in allem Angst, einer Jagd Vorschub zu leisten, die Spürhunde auf die Fährte eines Alkoholproblems bei Freud hätten bringen können und damit eine Schwäche zutage gefördert hätten, nach der man hätte sagen können, er sei „menschlich" gewesen. Das sei genau die Art von Nachgraben gewesen, die Anna habe vermeiden wollen.

Freud habe eine Schwäche gehabt, was das Zigarrenrauchen anging. Angeblich hatte er „sehr kleine" Zigarren geraucht, bis die Amerikaner ihm schließlich größere mitgebracht hätten. Wenn James ihn, nach seiner Analyse, besucht hatte, hatte Freud ihm immer eine Zigarre angeboten und schien davon auszugehen, daß James sie auch rauchen wollte. Freud sei einfach „immer" am Rauchen gewesen. „Heutzutage", meinte Alix vorsichtig, würden die Ärzte Freuds Gaumenkrebs vielleicht auf sein Rauchen zurückführen. Das war eine der wenigen Situationen, in denen James sich einmischte und Alix' Idee, den Krebs mit dem Rauchen in Verbindung zu bringen, als „Aberglaube" abtat, und Alix seinem Einwand prompt nachgab.

Ein Thema, bei dem ich bei den Stracheys absolut nicht weiterkam, war die Frage von Freuds Judentum; sie schienen bei diesem Punkt sogar noch verhaltener als Irma Putnam zu sein. Ich muß allerdings gestehen, daß mir damals, als ich das Interview führte, nie in den Sinn gekommen wäre, daß sie antisemitisch sein könnten. Nachdem jetzt aber Briefe zwischen James und Alix veröffentlicht wurden, kann über dieses Vorurteil nicht mehr hinweggesehen werden. Es taucht sogar in den Tagebüchern von Virginia Woolf auf, wobei ihr Mann Leonard selbst jüdisch war. Als ich James auf Freuds Judentum ansprach, schob er den Punkt einfach beiseite und meinte nur, Menschen sind Individuen, das ist alles. Der einzige jüdische Charakterzug, den James bei Freud hatte ausmachen können, war, wie er sich als Familienoberhaupt verhalten hatte. Als ich daraufhin fragte, ob Freud diese patriarchale Herrschaft auch auf die übrige Bewegung ausgedehnt hätte, räumte er ein, die „Leute" hätten es zumindest so „gesagt", ihm schien der allgemeine Punkt, auf den ich hinaus wollte, jedoch nicht zu behagen. Er tat sogar meine Frage ab, warum die Psychoanalyse gerade in Wien aufgekommen sei.

Alix fand hingegen, daß Freuds Einstellung zu Geld ein unverkennbar jüdischer Aspekt an ihm gewesen sei. Sie lobte Freud indes nicht wie andere ob seiner Ehrlichkeit in finanziellen Dingen; andererseits fand sie Freud als Juden auch nicht so negativ, daß sie ihn und seine Arbeit nicht bewundert hätte.[2] Was sie jedoch zum Beispiel nicht nachvollziehen konnte, war, daß es klinisch notwendig sein sollte, daß Patienten finanzielle Opfer brachten, um in der Behandlung

---

[2] 1924 schrieb James an Alix: „Ich hatte eine sehr unangenehme Stunde mit Jones und Mrs. Riviere ... Der kleine Rohling (wenn ich es wagen darf, ihn so zu bezeichnen) geht einem wirklich äußerst auf die Nerven ... Sie wollen ‚das Es', ‚the Id' nennen. Ich sagte, jeder würde ‚the Yidd' sagen. Worauf Jones meinte, ein solches Wort gäbe es im Englischen nicht: ‚Es gibt „Yiddish", wissen Sie. Und im Deutschen „Jude". Es gibt aber kein solches Wort wie „Yidd".' ‚Entschuldigen Sie, Doktor, Yidd ist ein geläufiges umgangssprachliches Wort für Jude.' ‚Ah! Ein umgangssprachlicher Ausdruck. Er kann jedoch nicht sehr weitverbreitet sein.' – Einfach, weil der l.b. ihn nie gehört hat" (Meisel und Kendrick, 1985, S. 83).

gut voranzukommen. Daß Freud die Wichtigkeit solcher Zahlungen so betont hatte, schrieb sie indes seinem Judentum zu. „Sie *sind* an Geld interessiert", meinte sie. (Beide Stracheys hatten ihre eigenen privaten Einkommen.) Als sie 1920 Freud zum erstenmal geschrieben hatten, hatte er ihnen mitgeteilt, sie sollten in englischer Währung bezahlen. Zuerst lag das Honorar bei einer Guinee pro Sitzung und war dann auf zwei Guinees pro Sitzung erhöht worden. Später sei es nochmals auf fünf Guinees erhöht worden, und an dem Punkt hätten sie es sich dann nicht mehr leisten können, bei ihm zu bleiben. Sie waren während des allgemeinen Währungsverfalls in Wien und seien so „einmal in ihrem Leben reich" gewesen. Alix war auch während der Inflation in Berlin.

Beide Stracheys bezeichneten Freud immer wieder als einen „Sozialdemokraten" oder als eine Art Sozialist. Sie waren jedoch nicht, wie Mark Brunswick, in Wien, als Freud Dollfuß gegen die Sozialisten unterstützt hatte. Nach Meinung der Stracheys hatte Freud „auf der Seite der Armen" gestanden und die Sozialisten gewählt, denn es habe nicht immer einen Kandidaten der Liberalen gegeben. Alix war beeindruckt von der Kühnheit, die Freud im sozialen Bereich gezeigt habe; so habe er zum Beispiel gesagt, der größte Wohltäter der Menschheit wäre jemand, der ein sicheres und billiges Verhütungsmittel erfände.

Die Stracheys waren der Überzeugung, daß der Marxismus kein Hindernis für die Akzeptanz der Psychoanalyse in Großbritannien gewesen war, da die englischen Intellektuellen erst Ende der dreißiger Jahre „politisch geworden" seien. James stellte Frank Ramsey als einen außergewöhnlichen Cambridger Logiker und Metaphysiker heraus, der „ebenso brillant wie Bertie Russel" gewesen sei, der von Theodor Reik analysiert wurde, ein Buch über die Psychoanalyse schrieb und früh gestorben war (Monk, 1990, dt. 1992). Die anderen in den Kreisen, in denen sich die Stracheys bewegten, hätten „alle zuviel Angst" gehabt, um wirklich empfänglich für die Psychoanalyse gewesen zu sein.

Selbst Leonard Woolf, Freuds Verleger bei Hogarth Press, habe Virginia, wenn sie einen Zusammenbruch hatte, zu einem prominenten „Quacksalber, Sir so-und-so" zur Behandlung gebracht, der ihr erzählte, sie müßte dreimal täglich „Ovaltine trinken." James hatte Leonards Autobiographie gelesen und kannte Leonard auch vor seiner Eheschließung mit Virginia. (Mir fiel auf, wie unpsychologisch Leonard mit Virginias Zusammenbrüchen umging.) Es war James, der Leonard ursprünglich den Vorschlag gemacht hatte, Freud zu publizieren. Der Versuch, eine englische Ausgabe von Freuds Werken in Wien herauszubringen, war fehlgeschlagen, so daß Strachey dann versuchte, dies in England zu bewerkstelligen. Was die Urheberrechte für die englischen Ausgaben anging, sei alles ein einziges Durcheinander gewesen. Jones habe Freud überzeugen können, seine Zustimmung zur Herausgabe der „gesammelten" Ausgabe zu geben, die in den zwanziger Jahren erscheinen sollte; Mrs. Riviere sei dafür „verantwortlich" gewesen. Hogarth hatte bis dahin nur „kleine Broschüren" herausgebracht. Und Sir Stanley Unwin sei nur unter „unmöglichen" Bedingungen überhaupt bereit gewesen, Freuds Werk anzurühren. Aus James' Sicht war Hogarth Press dann letztlich um des Geldes willen angesprungen, das mit der Herausgabe des Freudschen Werkes habe gemacht werden können. Virginia Woolf habe sogar Freuds Aufsatz über Dostojewskij übersetzt.

Als ich James und Alix fragte, ob ihre Analysen bei Freud in Deutsch oder Englisch durchgeführt worden seien, wußten beide es wirklich nicht mehr mit Sicherheit zu sagen. Einig waren sie sich darin, daß sie beide Englisch gesprochen hatten, wobei Freud bei einem von ihnen möglicherweise auch in Englisch angefangen hatte und dann zu Deutsch übergegangen war. Nach einigem Hin und Her meinte Alix schließlich, Freud hätte Deutsch gesprochen. Dabei betonte sie, wie erstrebens- und wünschenswert es sei, daß Analytiker und Analysand dieselbe Sprache sprechen. Bezeichnend für beide Stracheys war ihre ausgesprochene Liebe für Worte. Ich hatte mich lobend über das Buch von Hanns Sachs über Freud geäußert, da beide, genau wie Kata Levy, begeistert von Martin Freuds Erinnerungen gesprochen hatten. Alix meinte daraufhin, sie würde Sachs' Buch lesen; denn es hatte sie beeindruckt, wie bewandert Sachs in englischen Redewendungen gewesen sei, wenn man nur davon abgesehen habe, daß er sie „alle" an der falschen Stelle verwendete. Sie räumte jedoch bereitwillig ein, daß Sachs durchaus gut schreiben konnte – wenn seine Texte aus ihrer Sicht auch etwas „sentimental" waren, was James jedoch in Ordnung fand, „solange alles authentisch war."

Sadger war jemand, der aus ihrer Sicht neben Federn und Hitschmann unter den „heimischen" Wienern herausgeragt hatte. Alix glaubte sich zu erinnern, daß er ein besonderes Interesse am Sadismus gezeigt hatte. Im übrigen gehörte er für sie zu der „Sorte Mensch", der das, was er machte, aus „persönlicher Loyalität und Hingabe" heraus tat. Und sie glaubte, wenn es nicht für Freud persönlich gewesen wäre, hätte Sadger sich nicht für den Stoff der Psychoanalyse interessiert. (Freud hatte sich 1908 in einem Brief über Sadgers Fanatismus beklagt, gleichwohl hatte Sadger am Ende seiner Karriere ein Buch geschrieben, das so häretisch war, daß Jones es für angezeigt hielt, Sadger in ein Konzentrationslager zu stecken [Roazen, 1975, dt. 1976]. Sadger überlebte die Nazis nicht.)

Als Freud die Stracheys analysierte, hatte er ihnen zu verstehen gegeben, daß sie „das erste Paar" seien, das er gleichzeitig behandelte. Ruth und Mark Brunswick sollte er erst später analysieren. Alix dachte, daß Freud vielleicht an einer möglichen Telepathie zwischen ihr und James interessiert gewesen sei, zwischen ihnen habe es jedoch nichts dergleichen gegeben. Wenn einer von ihnen eine analytische Stunde nicht wahrnehmen konnte, hatte der andere sie nehmen können. Im ersten Jahr waren sie sechs Stunden in der Woche zu ihm gegangen und im zweiten dann nur noch fünf Stunden in der Woche. Die wirtschaftlichen Bedingungen seien damals in Wien, wo auf der Straße gebettelt wurde, einfach verheerend gewesen. Alix erinnerte sich, wie „ein Mann in einem schwarzen Mantel", ein Akademiker, sie 1920 in einem Restaurant einmal gefragt hatte, ob er den Rest von ihrem Pudding haben könnte, den sie nicht mehr essen konnte, da sie zu satt war. Ein Erlebnis wie dieses unterstrich, wie entsetzlich die Umstände damals in Wien gewesen seien. Freud wollte ihr Geld haben, meinten sie und „wagten zu sagen", er hätte sie auch sonntags behandelt, wenn sie es angeboten hätten. James erinnerte sich, daß er Wert darauf gelegt hatte, daß seine Sitzungen nicht zu spät am Tag anberaumt wurden, so daß er noch in die Oper gehen konnte, womit Freud einverstanden gewesen sei. James fand, daß Freuds Wartezimmer und sein Arbeitszimmer „muffig" und sehr Wienerisch gewesen seien. Er hatte das meiste von Freud bereits gelesen, ehe er zu ihm ging. (James und Alix pflegten in Wien ins Café Zentral zu gehen, um mit der Londoner Times auf dem laufenden zu bleiben.)

Die Stracheys waren beide musikalisch; als ich sie besuchte, hatten sie die allerneueste Stereoanlage, obwohl die Kosten dafür „ruinös" gewesen seien. Als James Freud einmal auf Mozart angesprochen hatte, hatte er gemeint: „Oh, er ist anders." Alix meinte jedoch quasi zu seiner Verteidigung, von einem englischen Intellektuellen werde nicht erwartet, daß er auch eine Vorliebe für Musik habe, während dies bei einem Wiener jedoch traditionell vorausgesetzt werde. Vielleicht, meinte sie, habe Freud mit der Frage der Musik ja auch nur kokettiert und seine skeptische Haltung quasi nur „vorgeführt." (Freuds Bemerkungen über den Tod hatten sie demgegenüber jedoch ernst genommen, obgleich diese Ansichten im übrigen doch kaum damit zu vereinbaren waren, wie sehr er „das Leben genoß.") Eine Verwandte Freuds behauptete, er habe schreckliche Angst gehabt, die Kinder könnten sich für Musik begeistern und womöglich selbst anfangen zu musizieren, was ihn dann bei seiner Arbeit gestört hätte. Freud verstand zumindest genug von Musik – oder war in meinen Augen etwas überheblich -, um zu behaupten, Gustav Mahlers Zehnte Sinfonie, die bei seinem Tod unvollendet war, sei dank seiner „Behandlung" (die aus einem gemeinsamen vierstündigen Spaziergang der beiden in Holland bestanden hatte) besser als seine Neunte gewesen.

Im zweiten Jahr ihrer Analyse bei Freud hatte er ihre Stunde jeden Tag auf eine andere Uhrzeit festgelegt, so daß ihre Sitzungen gelegentlich schon einmal mit ihren abendlichen Opernbesuchen kollidierten. Ein andermal hatte Alix früh aufstehen müssen, um etwa einen Termin um acht Uhr morgens wahrzunehmen. Wenn sie dann durch die Straßen geeilt war, um pünktlich zu sein, hatte sie oft gedacht, daß sie im Zweifel die erste Frau sei, die in Wien durch die Straßen lief. Denn Freud sei immer so pünktlich gewesen, meinte sie. Im übrigen habe er eine

„altmodische" Einstellung zu Frauen gehabt und sei der Meinung gewesen, daß ihr Platz „zu Hause" sei; gleichzeitig habe er ihnen wegen ihrer „feineren Gefühle" im Vergleich zu Männern jedoch auch „sehr viel" Achtung entgegengebracht. Er habe Frauen als „schwächer" und als „schutzbedürftig" gesehen. Und wenn sich herausstellt habe, daß sie „Köpfchen" hatten, sei er bereit gewesen, „sie gewähren und machen zu lassen." (Alix gestand, daß Männer ihres Erachtens gemeinhin klügere Köpfe als Frauen waren.)

Freud hatte sich bitter darüber beklagt, daß sie beide bei ihren Analysen so gemurmelt hätten. Und er habe generell beanstandet, daß er bei seinen amerikanischen Patienten so viel Englisch sprechen mußte. Die Freuds, meinten sie, hätten „alle" einen großen Mund gehabt und klipp und klar gesagt, was sie zu sagen hatten. Während ihrer Analyse hatten die Stracheys in einer Pension ganz oben auf dem Berg der Berggasse gewohnt. Alix betonte, daß sie „Schüler" gewesen seien und somit nicht alle gesellschaftlichen Verbindungen zu den Freuds hätten unterbinden müssen. Alix hatte in Wien also dennoch mit Anna Freud verkehren können.

Bei James hatte Freud auf die Couch geklopft, um „einen Punkt klarzumachen"; das Klopfen sei jedoch kein Zeichen von Gereiztheit gewesen. James war etwas stolz darauf, wie er es immer geschafft hatte, wenn er an einen schwierigen Punkt gekommen war, dem er ausweichen wollte, einfach ein kluges Thema anzusprechen und damit Freud dann jeweils dazu gebracht hatte, dazu etwas in einem Lexikon nachzuschlagen.

Die Analysen von James und Alix waren beide auf einem intellektuell anspruchsvollen Niveau durchgeführt worden. Alix zufolge hatte Freud gelegentlich Conrad Ferdinand Meyer zitiert, jenen Schweizer Autor, den er auch bei Kata Levy erwähnt hatte, und des öfteren auch Friedrich von Schiller. Auch James erzählte, wie er gegenüber Freud einmal erwähnt hatte, Dostojewskij sei für ihn der größte Schriftsteller, worauf Freud ihm von ganzem Herzen beigepflichtet habe. Freud habe Dostojewskij ausgezeichnet gefunden, wobei er in einem Brief an Reik jedoch eingeräumt habe, daß er ihn in Wirklichkeit gar nicht mochte. Freud hatte bei ihnen jedoch nie Joseph Conrad erwähnt; wozu James dann meinte, auf so einer intellektuellen Ebene hätte Freud sie auch wiederum nicht behandelt, wohingegen Alix jedoch betonte, sie seien mehr als Schüler denn als Patienten bei ihm gewesen.

James war Experte in allen Freud-Texten. Er hatte zum Beispiel mit dafür gesorgt, daß eine Fußnote aus dem Jahr 1935 zu Freuds *Selbstdarstellung* gestrichen wurde, in der Freud festgehalten hatte, daß er nicht mehr glaube, daß der Mann aus Stratford Shakespeares Werke geschrieben hatte. Nach der Lektüre eines Buches, das 1920 ein gewissser J. T. Looney geschrieben hatte, war Freud zu der Auffasung gelangt, daß sich hinter dem Decknamen Shakespeare in Wirklichkeit der Earl of Oxford verbarg (eine merkwürdige Überzeugung, die Ruth Brunswick im übrigen zu teilen schien). James war darüber „so sehr bestürzt" gewesen, daß er Freud geschrieben und ihn gebeten hatte, diesen Punkt nochmals im Licht des „Effektes" zu bedenken, „den diese Fußnote wohl auf den durchschnittlichen englischen Leser hat, insbesondere angesichts des bedauerlichen Namens des Autors jenes Buches, um das es geht." Freud habe dann davon „Abstand genommen" und eingewilligt, die Fußnote in England zu streichen, wobei er sie jedoch in der amerikanischen Ausgabe beibehalten wollte, da diese Art der britischen „narzißtischen Abwehr" seines Erachtens „dort drüben nicht zu befürchten" war (Freud, 1925, S. 96 [Originaltext in Englisch]). In einem anderen Punkt hatte James auch mit ihm über die Identifizierung eines Schmetterlings in der Fallgeschichte des Wolfsmannes gestritten und Freud (1918) schließlich überzeugen können, so daß der Name dann in allen späteren Ausgaben geändert wurde. (Andere, wie etwa Sandor Rado, berichteten hingegen, daß Freud es auch durchaus versäumte, Fehler zu korrigieren, die ihm, wie er selbst zugegeben hatte, in seinen Schriften unterlaufen waren.) Mit seinem Sinn für Literatur erinnerte James sich noch daran, daß Freud den vierten Abschnitt von *Totem und Tabu* für seine schönste schriftliche Arbeit gehalten hatte – dieser Ansicht sei im übrigen auch Thomas Mann gewesen.

In Zusammenhang mit den Freudschen Werken fand James den Schluß in allen seinen Büchern etwas „schwierig", da er dann eigentlich immer schon wieder ein anderes angefangen habe; er habe begonnen, seine Gedanken in einer elliptischen Form auszudrücken. James fand die *Massenpsychologie* „simpel", und aus *Jenseits des Lustprinzips* sei er nicht so recht „schlau geworden." Ihm hatte besonders Freuds letztes Buch, Der *Abriß der Psychoanalyse*, gefallen, das bei Freuds Tod noch unvollendet war. Was *Der Mann Moses und die monotheistische Religion* anging, das letzte Buch, das Freud publiziert hatte, fand er es seltsam, daß Freud die Veröffentlichung zunächst zurückgehalten hatte, aus Angst, es könnte bei der Katholischen Kirche Mißfallen erregen, dabei seien es dann die Juden gewesen, die an den Thesen Anstoß nahmen. Die Tatsache, daß Freuds Hypothesen zu Moses „historisch" völlig falsch gewesen sein könnten, schien James nicht im mindesten zu stören. Mrs. Jones hatte sich seinerzeit extrem mit der Übersetzung von *Der Mann Moses und die monotheistische Religion* beeilt, um das Buch noch herauszubringen, ehe Freud starb. Das Ganze war für James jedoch viel zu überhastet gelaufen, um die Arbeit ordentlich zu machen. Jones' Frau war eine gebürtige Wienerin und, wie wir wissen, eine Verwandte Jokls, und James sprach nicht gerade positiv von ihrer Arbeit, ganz im Gegensatz dazu, wie er sich zu seiner eigenen äußerte. Er bekräftigte nochmals den hinlänglich bekannten Grundsatz, wonach niemand eine Übersetzung ins Englische machen konnte, für den Englisch nicht die Muttersprache war.

Die Stracheys gehörten zu den illustersten Patienten Freuds, die ich interviewte. Obwohl ihre Referenzen sicher eine Rolle gespielt hatten, daß Freud sie zur Behandlung annahm, schien er kaum Anstoß an ihrer Stellung in Großbritannien genommen zu haben. Bei James hatte er die Behandlung offenbar damit eröffnet, daß er ihm zunächst Wort für Wort den Brief vorlas, den Jones ihm über James geschrieben hatte. Jones hatte geschrieben: „Er ist ein Mann von 30, sehr gebildet und kommt aus einer sehr bekannten Schriftstellerfamilie (ich hoffe, daß er vielleicht bei den Übersetzungen Ihrer Werke behilflich sein wird), ich halte ihn für einen guten Kerl, aber für schwach, und dem es vielleicht an Zähigkeit fehlt" (Paskauskas, 1993, dt. 1993, S. 378 [Originaltext in Englisch]). Wie sehr Freud Jones durch diese Form der Indiskretion auch in Verlegenheit gebracht haben mochte, sie muß dazu beigetragen haben, sich bei James gut einzuführen und eine Beziehungsgrundlage zu schaffen und so die Analyse auf gutem Fuße in Gang zu bringen. Beide Stracheys blieben Freud den Rest ihres Lebens treu verbunden.

Kapitel 10

Schlußfolgerungen

Eines der zentralen Ziele, die ich mit den Schilderungen der therapeutischen Kontakte verbinde, die diese zehn Personen mit Freud hatten, ist, das Spektrum der klinischen Situationen zu zeigen, mit dem Freud sich konfrontiert sah. Dabei werden die Meinungen darüber, wie erfolgreich Freud mit den Komplexitäten, in die er verwickelt wurde, umgehen konnte, wohl auseinandergehen. Bis zu einem gewissen Grad war es sein Ziel, zunächst ebenjene Abhängigkeiten heraufzubeschwören, die er dann zu überwinden versuchte; gleichwohl war ihm unweigerlich auch bewußt, inwieweit seine eigene Persönlichkeit wie auch das von ihm geschaffene Behandlungssetting einen regressiven Einfluß auf seine Patienten hatten. Als ich herumreiste, um seine Patienten zu interviewen, bekam ich des öfteren exakt dieselben Worte zu hören, die immer wieder wiederholt wurden; wie hätte einem dabei nicht der Gedanke kommen sollen, Freuds Patienten seien in einen bleibenden, quasi-hypnotischen Zustand versetzt worden. Hinter dem berühmten Aphorismus eines Zeitgenossen Freuds, des Wiener Satirikers Karl Kraus, steckt ein wichtiges Körnchen Wahrheit: „Psychoanalyse ist jene Geisteskrankheit, für deren Therapie sie sich hält" (Timms, 1986, dt. 1995, S. 167).

Es mag nicht allzu überraschend sein, daß Freud zu Lebzeiten in seinen Absichten leicht mißverstanden wurde. Die Vertraulichkeit des psychoanalytischen Verfahrens implizierte, daß nur schwer zu verfolgen war, was in Freuds Sprechzimmer tatsächlich vor sich ging; und was Freud an Propaganda über seine neuen Verfahren veröffentlichte, war auf seine Weise zwangsläufig irreführend. Nicht einmal er selbst konnte sich bezüglich der Art und des Wesens der Konflikte, in die er verwickelt wurde, immer sicher sein; die menschliche Seele ist in einem gewissen Sinne zwangsläufig unergründlich. Freuds Ehrgeiz konnte zu diagnostischen Fehlern führen, und es gibt eine Vielzahl von Gründen, warum es Patienten nicht gelingt, eine Besserung zu erzielen. Obwohl Freud insgeheim sehr wohl wußte, wie oft Psychoanalytiker sich irren konnten, lud er in seinen Publikationen trotzdem die ganze Verantwortung für alles, was schiefging, auf den Schultern der Patienten ab. Wenn jemand mit der psychoanalytischen Behandlung nicht zurechtkam, konnte rückblickend immer behauptet werden, er sei aufgrund der „unzugänglichen" Natur seiner

Schwierigkeiten für die Analyse einfach nicht geeignet gewesen. Leider ließ das von Freud geschaffene wohldurchdachte Gedankensystem zuviel Spielraum für mögliche Entschuldigungen therapeutischen Versagens. Aber selbst heute, mit der immensen Literatur, die bereits über Freud erschienen ist, bleibt die Bedeutung der von ihm geschaffenen Psychoanalyse nach wie vor höchst umstritten.

Die Frage der Macht wird in der klinischen Literatur fast nie diskutiert. Und daran hat auch die Tatsache nichts geändert, daß Freud selbst es 1937 für nötig hielt, an den „Dichter" zu erinnern, „der uns mahnt, wenn einem Menschen Macht verliehen wird, falle es ihm schwer, sie nicht zu mißbrauchen" (S. 95). In jüngerer Zeit wurde die Frage des sexuellen Mißbrauchs von Patienten durch ihre Therapeuten sehr öffentlichkeitswirksam diskutiert. Die größeren Fragen, die mit den mannigfaltigen Gelegenheiten verbunden sind, bei denen Kliniker unangefochten ihre Macht geltend machen, sind bisher jedoch kaum einmal untersucht worden. Überschreitungen sind angesichts der zwangsläufig privaten, nicht öffentlichen Natur der therapeutischen Praxis schwer zu kontrollieren; Geld ist mindestens so problematisch wie Sexualität. Es ist kein Wunder, daß unsere Rechtssysteme noch immer damit zu kämpfen haben, wie sie mit Beweisen umgehen sollen, die von sogenannten psychologischen Experten geliefert werden.

Freud hatte dank seiner historischen Rolle in der Schöpfung eines neuen Feldes eine besondere Stellung. Aber mit der Haltung, die er vorzugsweise bei der Frage der Ethik und Psychoanalyse einnahm, trug er nicht dazu bei, den Machtmißbrauch zu kontrollieren. Freud versuchte, sich von moralischen Fragen zu distanzieren, als hätte eine Untersuchung derartiger ethischer Fragen den wissenschaftlichen Status gefährden können, den er für die Psychoanalyse zu gewinnen hoffte. Er dachte gerne, was moralisch sei, sei auch selbstverständlich, und obwohl er bürokratischen Ausbildungsverfahren für angehende Praktiker ursprünglich argwöhnisch gegenübergestanden hatte, verließ er sich in seiner Position am Ende darauf, daß die Lehrinstitute analog der von Toni von Freund vorgeschlagenen Linie letztlich in der Lage wären, die Qualität und das Verhalten von Psychoanalytikern zu kontrollieren.

Jedenfalls bleibt die Frage der Zauberlehrlinge eine verwirrende Frage; in einem Brief an Jung verglich Freud sich mit „dem würdigen alten Meister" (Falzeder, 1994, S. 173) aus Goethes Gedicht. Kein anderer hätte sein System so umsetzen können, wie er es tat. Freud war entschlossen, seine eigene Schule zu gründen, die unabhängig vom regulären Universitätsleben sein sollte. Und so hatte er sich darangemacht, eine Reihe von Ausbildungszentren zu gründen, die zumindest bis zu einem gewissen Grad unabhängig von seiner ganz persönlichen Weisung und Leitung sein sollten. Aber die spezifischen therapeutischen Verfahren, die Freud sich ausgedacht hatte, hatten eine sehr persönliche Note, und selbst wenn seine Schüler bestens damit vertraut waren, wie er sich in der Praxis verhielt, zogen sie es oft vor, seinen schriftlichen Empfehlungen zu folgen, statt sich daran zu halten, was sie leibhaftig durch mündliche Überlieferung mitbekommen hatten.

Für mich ist es keine Frage, daß es eine gewisse historische Perspektive erfordert, um abschätzen zu können, was es in jenen Tagen und der Ära, in der Freud lebte, wohl bedeutet haben mag, wie er den Versuch zu unternehmen, die Dilemmata zu verstehen, mit denen Patienten zu ihm kamen. Diese zehn Beispiele aus dem Leben einzelner Patienten dürften vor dem Hintergrund ihrer Berichte über Freuds Behandlung dazu beitragen, ein lebendigeres Bild davon zu bekommen, wie Freud sich im allgemeinen wohl verhielt. Man muß kein Apologet Freuds sein, der alles verteidigt, was Freud jemals machte, oder ein gewerkschaftlicher Verfechter in der Unterstützung der Sache der von ihm geschaffenen Bewegung, um zu begreifen, wie anders die Welt, in der er lebte und funktionierte, im Vergleich zu der unserigen war. Wir sollten nicht zu schnell nachträgliche Einsichten bemühen, wenn es darum geht, wie Freud daranging, diesen Menschen zu helfen.

Aus einer krassen und ahistorischen Perspektive mag Freud manchen als Scharlatan erscheinen, wobei die Übertragung, von der er sprach, wie der ein Jahrhundert früher von den Anhängern Franz Anton Mesmers propagierte „magnetische" Rapport (Darnton, 1968, dt. 1983) erscheint. Einer der größten Schriftsteller unseres Jahrhunderts, Vladimir Nabokov, reagierte vergnügt auf die Veröffentlichung der Freud-Bullitt-Studie über Woodrow Wilson und schrieb in einem Brief an die Monatszeitschrift *Encounter* (Februar 1967, Band 28), die Teile des Werkes veröffentlicht hatte: „Ich begrüße Freuds ‚Woodrow Wilson' nicht nur wegen seiner komischen Wirkung, die großartig ist, sondern weil das mit Sicherheit der letzte rostige Nagel im Sarg des Wiener Quacksalbers sein müßte" (S. 91). (Genau wie Nabokov die Mitarbeit Bullitts an dem Buch unterschlug, wies ein orthodoxer Freudianer wie Peter Gay den Text zuerst unter dem Namen Bullitts aus, obwohl dadurch die ursprüngliche Reihenfolge umgekehrt wurde [Roazen, 1990a].)

Soweit Freuds Ansatz heilend war, dann, weil er und seine Patienten ein gemeinsames Glaubenssystem teilten, das uns heute fremd erscheinen mag. Franz Alexander war, wie er meinte (1940), „nicht überrascht" von Freud „zu hören, daß nach seiner Erfahrung der Erfolg bei den meisten Fällen in erheblichem Maße von der anhaltenden vertrauensvollen Einstellung des Patienten zu seinem Analytiker abhängt, auch wenn er seinen Arzt vielleicht nie wiedersieht" (S. 202). Wenn diese Berichte aus erster Hand von zehn Patienten Freuds für uns heute unwahrscheinlich klingen, ist es hilfreich, sich vor Augen zu halten, daß eine „Heilung nur möglich ist, weil die Beziehung persönliche Erfahrungen authentisch in Symbolen darstellt, die kulturell und praktisch relevant sind" (Kleinmann, 1988, S. 137). Der anhaltende vertrauensvolle Glaube, auf den Freud nach der Aussage von Alexander anspielte, ist nur vor dem Hintergrund seiner Verfahren und einer inzwischen geschwundenen Ära verständlich. Freud verhielt sich rational im Rahmen der aufgeklärten Erwartungen seiner Zeit, selbst wenn er rückblickend wie ein charismatischer Heiler erscheinen mag, der seine Heilkur in einem quasi gemeinschaftlichen Setting durchführte (Micale, 1993).

Freuds wiederholter Anspruch, Wissenschaftler zu sein, muß im Rahmen seiner gesellschaftlichen Welt gesehen werden. Dieser Anspruch, einen neutralen Beitrag zur sogenannten Wissenschaft der Psychologie geleistet zu haben, war mit zunehmendem Alter und der zunehmenden Desillusionierung Freuds hinsichtlich seiner früheren Hoffnungen, therapeutische Verdienste errungen zu haben, zunehmend nachdrücklicher erhoben worden. Ich denke, daß für Freud die Versuchung groß war, sich insofern selbst zu täuschen, als seine ergebenen Anhänger darauf bedacht waren, ihm genau das zu liefern, was er und sie für Bestätigungen seiner vermeintlichen „Erkenntnisse" hielten. Freuds Problem war zum Teil eine historisch bedingte und geprägte Vorstellung davon, was Wissenschaft darstellt, und er machte eine zu scharfe Zäsur zwischen theoretischen vorgefaßten Meinungen und „Fakten".

Freuds persönliche suggestive Wirkung und die einschlägigen Effekte des psychoanalytischen Verfahrens gestatteten ihm, sich nicht hinreichend bewußt machen zu müssen, inwieweit seine Ergebnisse, auch wenn er sich bemüht haben mochte, sie zu überprüfen, in Wirklichkeit durch alle möglichen selbsterfüllenden Prophezeiungen herbeigeführt wurden. Menschen, die Probleme haben und in Schwierigkeiten sind, glauben fast alles, zumindest vorübergehend, wenn sie hoffen, daß es ihnen dadurch am Ende bessergehen wird. Somit gab es also vielfältige Anreize, ganz abgesehen von den eigennützigen ökonomischen Motiven bei den angehenden Praktikern, daß die Psychoanalyse nicht jene Form von eingebauten Sicherungen hatte, die man bei einer wissenschaftlichen Disziplin erwarten würde. Patienten wie Edith Jackson, die ein kleines Vermögen investierten, um von Freud behandelt zu werden – und obendrein noch ins Ausland reisten –, waren wohl kaum geneigt, die Nutznießung zu kritisieren, die ihnen zuteil geworden war.

Trotz der Enttäuschungen darüber, was Freud versprochen zu haben schien, scheint sein intellektuelles Ansehen mit zunehmend verstrichener Zeit um so mehr zu wachsen. So werden in Großbritannien, mit seiner langen Geschichte voller Skepsis gegenüber Freuds Lehren, heute beispielsweise an einer Reihe neuerer Universitäten psychoanalytische Studienzentren errichtet. Und Argentinien, das europäischste der südamerikanischen Länder, war und ist ein zentrales Ausbildungszentrum für Analytiker aus ganz Lateinamerika. Margaret Thatcher, die in Buenos Aires als Heldin ob der Demütigung gefeiert wurde, die sie dem Militär auf den Falkland-Inseln – oder Malwinen – beibrachte, war auch für den Erfolg der Psychoanalyse an den neueren Hochschulzentren in Großbritannien verantwortlich; sie hatte zugunsten dieser neuen Institutionen die Gelder für Oxford und Cambridge gekappt.

Freud war ein großartiger, faszinierender Redner, und sein Gedankensystem hat unser ganzes Denken über die menschliche Natur beeinflußt. Menschen zu helfen, sich zu ändern, ist vielleicht eine schwierigere Aufgabe, als Freud gehofft hatte, und die Identifizierung mit ihm ist vielleicht eine der verborgenen Quellen seiner Wirkung. Selbst wenn bestimmte Behauptungen und Ansprüche Freuds heute unglaubwürdig erscheinen, üben seine Schriften weiterhin einen so nachhaltigen Einfluß aus, der von allen alternativen Denkern, die ihre Ideen präsentiert haben, nach wie vor unerreicht ist. Die Häufigkeit, mit der Freud angegriffen und kritisiert wurde, ist ein Zeugnis für die anhaltende Vitalität und Relevanz dessen, was er aufgezeigt hat. Nur die vertrauensseligsten naiven Gläubigen konnten davon ausgehen, daß das, was Freud behauptete, auch nach all den Jahren noch buchstabengetreu für wahr gehalten werden könnte. Und dennoch hatte seine Weltanschauung genügend Validität, daß trotz der inzwischen vergangenen Zeit Schlüsselaspekte dessen, was er zu sagen hatte, nach wie vor treffend sind. Er bleibt eine Erscheinung unserer Zeit, da das, was er beizutragen hatte, über die Grenzen der Kultur seiner eigenen Ära hinausging.

Jeder Denker muß zwar auch Verantwortung dafür übernehmen, für welche Zwecke seine Ideen herangezogen und bemüht werden, Freud wurde jedoch manchmal geradezu unfair die Schuld an Vorkommnissen angelastet, die absolut jenseits seiner Kontrolle lagen. Oft ist zum Beispiel zurecht darauf hingewiesen worden, wie weit Freud viele kulturelle Vorurteile seiner Zeit teilte, und insbesondere war auch seine Einstellung zu Frauen zwangsläufig ein Aspekt der Kultur, der er angehörte. Jokls Kritik an Freud aber ging über die Frage des gesellschaftlichen Klimas, in dem Freud aufgewachsen war, völlig hinweg. Wenn man jedoch über Freuds Kontakte mit den hier interviewten Patienten nachdenkt, glaube ich, daß man sich unmöglich eine simplistische Einstellung dazu, wie er Frauen behandelte, zu eigen machen kann.

Psychoanalyse und Feminismus, zwei der wichtigsten Strömungen in der Gedankenwelt der letzten hundert Jahre, sind in einem komplizierten Beziehungsgeflecht eng miteinander verwoben. Die Psychoanalyse erwies sich als enorm offen für das weibliche Talent. Bereits 1910 wollten einige von Freuds Anhängern in Wien, Männer, die mindestens eine Generation jünger waren als er, Frauen aus der Wiener Psychoanalytischen Vereinigung ausschließen. Obwohl Freud einen klaren Standpunkt einnahm gegen eine Politik, die Mitgliedschaft in der Gruppe ausschließlich auf Männer zu beschränken, und es als „arge Inkonsequenz" ansah, wenn Frauen „prinzipiell" ausgeschlossen blieben, wurde Freuds Position bei der Abstimmung lediglich mit elf gegen drei Stimmen angenommen (Nunberg und Federn, 1967, dt. 1977, S. 440). In dem Milieu, in dem Freud arbeitete, war er kaum ein Reaktionär. Noch zu Lebzeiten Freuds – und insbesondere als er ein alter Mann war – nahmen Frauen sowohl als Theoretikerinnen wie auch als Praktikerinnen führende Positionen in der psychoanalytischen Bewegung ein. Freuds allgemeine Punkte über die Unterschiede zwischen der Psychologie von Männern und Frauen waren zu kompliziert, um auf einige Stereotypen, wie Freud vermeintlich die Emanzipation der Frauen zurückhielt, reduziert werden zu können (Deutsch, 1991, dt. 1925; Roazen, 1985, dt. 1989). (Keiner meiner Interviewpartner betonte, daß Freud jemals viel Aufhebens um das heutzutage berüchtigte Konzept des Penisneides gemacht hätte.) Die Beispiele, wie gut er mit einigen seiner Patientinnen zurechtkam, insbesondere jenen, die außergewöhnlich begabt waren, sollten dazu beitragen, den Mythos zu begraben, daß Freud in seiner Zeit zu denjenigen gehörte, die den legitimen Rechten von Frauen feindselig gegenüberstanden.

Freuds Schriften können hier manchmal irreführend sein, und so ist dem Muster, wie er sich in der Praxis verhielt, mit Sicherheit mehr Aufmerksamkeit zu schenken, wenn wir ihn historisch verstehen wollen. Freuds beständige Größe scheint paradoxerweise jedoch gleichbedeutend damit zu sein, daß bestimmte Worte, die er veröffentlichte, oft aus dem entsprechenden angemessenen Zusammenhang herausgenommen und unfair herausgestellt werden. Eine seiner früheren Patientinnen, Joan Riviere verwehrte sich zum Beispiel schwarz auf weiß gegen einige seiner jüngsten theoretischen Schriften über die Natur der Weiblichkeit; sie sagte damals, es sei „keine glaubwürdige Sicht der Frauen", und „Freud selbst" hätte „Frauen nicht immer so gesehen" (1934, S. 336). Angesichts all dessen, was Freud schaffen konnte, wurde und wird allzu leicht der Schwerpunkt dessen, was er leistete, übersehen. Auch wenn Freuds Überzeugungen in Zusammenhang mit Frauen insgesamt nicht haltbarer sein dürften als irgend etwas, was er ansonsten behauptete, und sein Ansatz zur Weiblichkeit ebenso wie seine ganzen anderen Ideen einer kritischen Überprüfung unterzogen werden sollten, unterstützen die Beispiele aus seiner klinischen Praxis, zumindest soweit, wie ich sie rekonstruieren konnte, allerdings nicht die These, daß er ein Frauenfeind war.

Nun, da die diversen Briefwechsel Freuds nach und nach publiziert werden – und die Herausgabe dieser Bände mit seinen Briefen wird sicher noch in der nächsten Generation weiter fortgesetzt werden –, wird man zunehmend feststellen, daß Freud bei vielen Gelegenheiten offenkundig widersprüchliche Dinge sagte. Es wird sicher auch einen kleinen Disput darüber geben, was für ein großartiger literarischer Stilist er in Wirklichkeit war, und es wird spannend sein, zu lesen, was er vielleicht über diese zehn Patienten geschrieben hat. Aber es sind auch genau diese Fähigkeiten Freuds als Autor, die leicht in den Schatten stellen und verschleiern, wie engagiert er in seiner Praxis als Psychoanalytiker war. Ungeachtet dessen, wie hart er als Kliniker arbeitete und welche Bedeutung er guten praktischen Ergebnissen beigemaß, sehen ihn heutzutage viele allzu leicht als einen wirklichkeitsfernen, abgehobenen Philosophen, der seine Ideen unabhängig von konkretem, praktischem Druck entwickelte.

Freud betonte bisweilen, insbesondere in seinen späteren Jahren, die Bedeutung der Psychoanalyse als rein theoretischem Beitrag. Je älter Freud wurde, desto distanzierter konnte er gegenüber menschlichen Konflikten sein. Und dennoch, wenn man bedenkt, wie sehr er unter dem Gaumenkrebs litt und mit welcher Sorge er sich auch weiterhin um die therapeutischen Effekte seiner Form der Behandlung kümmerte, so ist das vielleicht herausragendste, daß er sich, trotz seines persönlichen Leidens, weiterhin so für die Probleme interessierte, mit denen die Menschen zu ihm kamen. Mark Brunswick kritisierte heftig viele Aspekte von Freuds Ansatz bei seiner Analyse, er zog jedoch nie Freuds Sorge um ihn als Patienten in Zweifel.

Gleichwohl kann kaum behauptet werden, Freud sei ein liebenswürdiger und gütiger Menschenfreund gewesen, und er war mit Sicherheit kein Sentimentalist. Er war ein unbarmherziger Kritiker der Religion, selbst wenn er (1918) bei bestimmten Patienten einzuräumen vermochte, wie nützlich religiöse Lehren sein konnten. Freud war ein ausgesprochener Gegner der Pietäten der christlichen Ethik. Pfister war demgegenüber der Überzeugung, daß die Psychoanalyse, ungeachtet aller Freudschen Thesen, für eine andere Version der christlichen Liebe stand. Pfister wich in vieler Hinsicht von Freuds Meinungen ab und war der Ansicht, daß Freuds Einstellung zur Kunst, Philosophie und Psychotherapie gewisse Mängel aufwies – und dennoch war er (1993) der Auffassung, daß es innerhalb von Freuds Psychoanalyse einen Standpunkt gab, der absolut in Einklang mit der christlichen Moralität war. Obwohl Pfister viele der zentralen Punkte neu formulierte, die Jung zuvor bereits versucht hatte aufzuzeigen, konnte Freud Pfisters Ansichten tolerieren und zulassen, daß sie in einer seiner Zeitschriften veröffentlicht wurden. Und in der Folge sollten auch andere in der Geschichte der Psychoanalyse versuchen, innerhalb von Freuds Denken eine Basis zur Unterstützung des traditionellen religiösen Gedankengutes zu finden (Roazen, 1976).

Freud besaß eine außergewöhnliche Härte, die ein wesentlicher Bestandteil der Stärke war, die er bei der Erfüllung dessen zeigte, was er als seine besondere Mission betrachtete. Seinen historischen Erfolg verdankt Freud zum Teil auch seinen außergewöhnlichen Talenten als Kämpfer. Frühe Rezensenten warfen ihm vor, die Daten seiner Theorie einfach anzupassen. Von unserem heutigen Standpunkt aus klingt es, zumindest für mich, vorausgesehend, wenn ein solcher Rezensent einwandte, Freud hätte „immer und überall sexuelle

Ursachen und sexuelle Verbindungen gesucht." Ich wünschte, mehr Analytiker hätten sich die frühe Warnung zu Herzen genommen, daß „jeder, der sich darauf versteht, seinen Fragen, ob bewußt oder unbewußt, einen suggestiven Dreh zu geben, von entsprechend empfänglichen Patienten jede Antwort bekommen kann, die in sein System paßt" (Roazen, 1990c, S. 199). Dieses Prinzip gilt auch heute noch, selbst für die letzten und höchst aktuell erscheinenden nicht-Freudschen therapeutischen Empfehlungen.

Angesichts des Erfolges der Freudschen Revolution in der Geistesgeschichte wird jede kritische Erkenntnis über seine Arbeit um so wertvoller. Meiner Meinung nach hatten einige der frühen Rezensenten seines Werkes recht, als sie Fehler und Mängel in seinem Ansatz sahen. Innerhalb von etwa zehn Jahren nach Erscheinen der *Traumdeutung* hatte Freud bereits die Macht erreicht, die die Grundlage für seinen späteren Triumph war. Es ist kein Wunder, daß er entsetzt über Rezensionen war, die nicht uneingeschränkt enthusiastisch waren; er begriff früh, welche Kontrolle er am Ende würde ausüben können und verschmähte und verachtete somit diejenigen, die nur halbherzig in ihrer Bewunderung waren. Im großen und ganzen scheint in Mitteleuropa die Reaktion auf Freuds Werk intellektuell anspruchsvoll gewesen zu sein. Zeitgenössische Kritiker, insbesondere aus den Reihen seiner ehemaligen Schüler, die über genügend Wissen verfügten, um aufgrund eigener Einsichten „Dissidenten" zu werden, wiesen oft zu Recht auf verschiedene Mängel und Fehler an Freuds Ansatz hin. Am Ende seines freundschaftlichen Kontaktes mit Freud fragte Jung provozierend, ob Freud Neurotiker „vielleicht" wirklich haßte, und Ferenczi sagte Freud in der Phase, in der er selbst akut desillusioniert von ihm war, nach, er habe seine Patienten als „Gesindel" bezeichnet (McGuire, 1974, dt. 1984; Roazen, 1990d, Ferenczi, 1988, S. 142). Ich denke, es ist wichtiger, sich über diese besorgniserregenden Aspekte des Freudschen Gedankengutes nachzudenken und deren Bedeutung zu bewerten, als sich wie besessen mit Fragen in Zusammenhang mit Stracheys Freud-Übersetzungen zu beschäftigen, was nur zu oft wie die Suche nach der Stecknadel im Heuhaufen endet.

Freud erhob kaum einmal den Anspruch für sich, die Menschen unterschiedslos zu lieben. Er beharrte darauf, daß traditionelle moralische Lehren Betrug seien, und er entwarf die psychoanalytische Behandlung für die außergewöhnlichen Wenigen; was Eva Rosenfeld zu seinem Ideal der Psychoanalyse sagte, war aufschlußreich. Freud gab zu, verärgert darüber zu sein, wie die Menschheit insgesamt den grundlegendsten Anstandsnormen nicht gerecht wurde, die in seinen Augen von den Menschen erwartet werden konnten. Verlogener Spiritualismus war mitnichten eine zuverlässige Hilfe und führte die Unbedarften in die Irre in der Frage, was wirklich im Leben zu erwarten war. Unter dem Strich kann Freuds komplizierte Art der Ironie jedoch leicht zu verstehen sein. Als sein Bild 1924 zum Beispiel auf dem Titelblatt der *Time* (27. Oktober) erschien, soll er von sich gesagt haben, er sei „der einzige Schurke in der Gesellschaft unbefleckter Gauner."

Freud neigte unweigerlich dazu, eigentlich persönliche Erkenntnisse für allgemeingültig zu erklären. Die ganze psychoanalytische Theorie kann im Prinzip als Freuds erweiterte Autobiographie gesehen werden. Aber Freud nahm es anderen sehr übel, wenn sie ihm zu zeigen versuchten, wie er dazu neigte, seine eigenen Konflikte in die Gedanken seiner Patienten hineinzuprojizieren. Bereits 1901 hatte Fließ die Warnung geäußert: „Der Gedankenleser liest bei anderen nur seine eigenen Gedanken" (Masson, 1985, dt. 1986, S. 492); doch wenn das Fließ' Verständnis von Freuds psychoanalytischen Bemühungen, die Gedanken anderer zu verstehen, war, dann hatte Fließ, so Freuds Schluß, mit seinem Vorwurf nichts anderes gesagt, als daß er seine, Freuds, „ganze Arbeitsweise" für „wertlos" hielt (Masson, 1985, st. 1986, S. 495). Ihre Freundschaft hätte eine solche Kritik seitens Fließ nie überleben können.

Und dennoch, wenn man Freuds Briefe an Fließ liest, muß man Eva Rosenfeld zustimmen, wie ähnlich er hier dem späteren Freud klingt. Bezeichnend für Freuds ganzes Denken ist eine bemerkenswert konsistente Linie, und es gab nie eine Zeit, zumindest nicht während meine Interviewpartner ihn kannten, in der Freud nicht auf der Grundlage eines wohldurchdachten Ideensystems gearbeitet hätte. Schließlich war Freud, als diese zehn Personen bei ihm waren, weder ganz jung noch tappte er irgendwie im Dunkeln. Er war sechsundvierzig Jahre alt, als er 1902 begann, seine ersten Anhänger in Wien zu rekrutieren; und nur ein oder zwei Jahre später kam Hirst zum erstenmal zu ihm. Für jemanden in Freuds Alter war es damals, in der Kultur der Alten Welt, einfach ungewohnt, so ohne weiteres herausgefordert zu werden. Und dennoch, wenn Freud sich mit Patienten gut verstand – und ich hoffe, diese zehn Beispiele geben eine Vorstellung davon, wie er in seinem Element war –, so konnte er sich entspannen und relativ locker sein. Manchmal konnte er sogar einige seiner höchstgeschätzten Konzepte in Frage stellen, wobei es jedoch immer strenge Grenzen gab, über die etwaige Skeptiker nicht hinausgehen durften. Und einige seiner schlechtesten therapeutischen Ergebnisse brachten ihm am Ende, wie etwa bei David Brunswick, paradoxerweise einige seiner glühendsten Anhänger ein.

Die Komplexität von Freuds Interaktion mit diesen zehn Personen dürfte, denke ich, zeigen, wie unzureichend es ist, Freuds abstrakteste Schriften als Beweis für seine wertvollsten oder charakteristischen Denkmodi heranzuziehen. Die veröffentlichten klinischen Schilderungen, wie zum Beispiel seine fünf berühmten Fallgeschichten, stellen nur einen Bruchteil von Freuds tatsächlichen Praktiken und Überzeugungen dar. Eine Geschichtsschreibung nach mündlichen Überlieferungen, wie sie hier von mir zusammengetragen wurden, hat ihre eigenen Unzulänglichkeiten, und ich bezweifele nicht, daß, wenn diese Personen noch am Leben wären und erneut befragt und hinterfragt werden könnten, im Zweifel noch andere Informationen über ihren Kontakt mit Freud zutage gefördert würden. Obwohl das von mir in dieser Form gesammelte Material zwangsläufig seine Grenzen hat, bin ich überzeugt, daß es erhaltenswert und geeignet ist, etwas von Freuds einmaliger Bandbreite zu zeigen.

Es gibt nicht nur eine Reihe bedauerlicher Vorurteile über Freuds Verhalten als Therapeut, sondern auch über die angemessene Rolle eines Psychotherapeuten. Bei Schülern, mit denen er nicht einigging, konnte er unversöhnlich sein. Nachdem Ferenczi angeblich angefangen hatte, seine Patienten zu küssen, und ihnen vermeintlich erlaubte, ihn zu küssen, schrieb Freud 1931 in seiner Mißbilligung:

> Nun scheiden sich, wenn Sie ausführlichen Bericht über Technik und Erfolge geben, für Sie zwei Wege: Entweder Sie teilen dies mit, oder Sie verschweigen es. Letzteres, wie Sie sich denken können, ist unwürdig. Was man in der Technik tut, muß man auch öffentlich vertreten. Übrigens würden beide Wege bald zusammenfließen. Auch wenn Sie es nicht selbst sagen, wird es bekannt werden, so wie ich es vor Ihrer Mitteilung wußte [Jones, 1957, dt. 1982, S. 197].

Ferenczis Antwort ist bisher unveröffentlicht.

Einer von Freuds Hauptvorwürfen gegen Ferenczi ist unmittelbar für die Geschichten relevant, die diese zehn Patienten zu berichten hatten. Denn wenn es stimmt, daß man das, „was man in der Technik tut, ... auch öffentlich vertreten" muß, dann muß unsere Vorstellung von Freud als Psychoanalytiker erheblich über das stereotype Bild hinaus erweitert werden, das von so vielen Lehrbuchberichten genährt wird, wie er an die Dinge heranging. Aber nach den vorherrschenden Tabus dauerte es halt länger, als zu erwarten gewesen wäre, bis Freuds eigene Techniken bekannt wurden.

Ich habe versucht, einige der irritierendsten Aspekte von Freuds Versäumnissen und Mißerfolgen als Praktiker weder zu beschönigen noch zu vertuschen. Es kann kein Zufall sein, daß zum Beispiel in all den Jahren nach Ruth Brunswicks Tod so wenig über sie in der Literatur erschienen ist, und daß das, was veröffentlicht wurde, derart tendenziös ist. Die Tragödie ihres Lebens kann natürlich nicht Freud angelastet werden; die Tatsache, daß sie von ihren Problemen überwältigt wurde, sagt etwas über die Unausweichlichkeit des menschlichen Schmerzes und Leidens aus, die Freuds skeptischer philosophischer Ansatz nie herunterzuspielen versuchte. Aber das Versäumnis, die Einzelheiten und näheren Umstände in Verbindung mit Ruths Leben oder auch das vielleicht noch spektakulärere Desaster in Verbindung mit dem Debakel von Horace Frink zu untersuchen, ist letztlich wohl nur dazu angetan, eine Reihe gefährlicher Mythen darüber fortzuschreiben, inwieweit auf die Psychoanalyse gezählt werden kann, um die Menschheit von einigen ihrer schwierigsten Probleme zu erlösen.

Intellektuelle gehören oft zu den vertrauensseligen Propagandisten von Illusionen bezüglich der frühen Tage der Psychoanalyse. Die historischen Ursprünge einer Disziplin wie der Psychoanalyse kritisch zu untersuchen, heißt, den Vorwurf zu riskieren, man sei nur auf eine Entlarvung hinaus; alle Organisationen leben durch eine gemeinsam geteilte Mythologie, was zugleich auch der Grund ist, warum wirkliche historische Forschungen in einem autoritären Setting noch nie begrüßt wurden. Dennoch zeugt das wahre Modell, wie Freud tatsächlich war, das wir bestenfalls rekonstruieren können, von einer weitaus interessanteren und lehrreicheren Figur als irgendeine der mannigfachen Idealisierungen seiner Person.

Wie positiv die Erfahrungen mancher Personen mit Freud auch gewesen sein mochten, er war kein Wundertäter. Die Erfolge, die er hatte, waren oft Faktoren zuzuschreiben, die ihm entweder nicht bewußt waren oder die er vorzugsweise herunterspielte. Nach heutigen Maßstäben war er zu puritanisch, und die moralischen Positionen, die er vertrat, sind mitnichten über eine kritische Untersuchung so erhaben, wie er gerne dachte. Aus einer falschen Loyalität heraus ist ein Zweig orthodoxer Verteidiger Freuds entstanden, wobei der Versuch, ihn aus falsch verstandener Pietät heraus vor genaueren historischen Untersuchungen zu bewahren, doch längst unnötig sein sollte.

In Großbritannien zum Beispiel wurde der nachhaltige Einfluß Kleinschen Denkens nicht nur innerhalb der klinischen Gemeinde, sondern auch von einigen der anspruchsvollsten britischen Philosophen begrüßt. Als mir Mitte der sechziger Jahre ein führender Apostel Kleins erzählte, alle Analysen sollten prinzipiell zehn Jahre dauern, fragte ich bescheiden, was denn diese Form der Einmischung in das Leben eines anderen Menschen rechtfertigen könnte. Die Antwort, die ich darauf erhielt, bestand aus einem Wort: „Forschung." Ich war damals so entsetzt wie heute; wenn Menschen wie Meerschweinchen behandelt werden, dann haben sie ein Recht darauf, daß ihnen das auch im voraus gesagt wird.

Als ich diese Geschichte über psychoanalytische Anmaßung Anfang der neunziger Jahre in Frankreich erzählte, hörte ich ein paralleles Beispiel von einer französischen Kinderanalytikerin. Eine Freundin von ihr, eine Engländerin, war mit ihrem kleinen Kind, das aus unerklärlichen Gründen noch nicht sprechen konnte, zur selben Schülerin Kleins gegangen. Der Mutter wurde gesagt, sie sollte das Kind ein Jahr lang zu ihr bringen, und dann würde die Psychoanalytikerin ihr sagen, was sie „dachte." Die Mutter hatte noch ein zweites Kind, und von der anderen Seite Londons zu den täglichen analytischen Sitzungen zu fahren, bedeutete nicht nur eine Unterbrechung in ihrem Familienleben, sondern auch eine Herausforderung an ihre mütterlichen Verantwortlichkeiten. Die Antwort, die die Analytikerin darauf hatte, bestand auch hier wiederum nur aus einem Wort: „Umziehen." Freud hatte sachlich vorgeschlagen, mittels Analyse die neurotische Misere in ein alltägliches Unglücklichsein zu verwandeln, wobei dann jedoch von anderen ein messianischer Zug an ihm aufgegriffen wurde.

Manchmal hat man den Eindruck, Freuds ganze Vorsicht könnte in dem Idealismus untergehen, den er seinen professionellen Nachfahren hinterließ. In Frankreich ist der Enthusiasmus für Freud heute, obwohl die psychoanalytische Welle dieses Land später als andere erfaßte, so groß, daß einige der Gebildetsten der Intelligentia der Welt sich der längst als gesichert geltenden Fehler und Mängel des Freudschen Ansatzes nicht bewußt sind. Es gibt eine Geschichte der Debatte über die Vorzüge wie auch Grenzen der Verwendung der analytischen Couch, und die Erfahrung der letzten hundert Jahre lehrt vieles darüber, wo Therapeuten typischerweise am ehesten irren oder auf Abwege geraten.

In Amerika war die medizinische Gemeinde so enttäuscht über die Diskrepanz zwischen – dem anfänglich übertriebenen – Anspruch und Wirklichkeit der therapeutischen Effizienz der Psychoanalyse, so daß das Pendel radikal zu einem streng somatischen Ansatz zurückgeschwungen ist. Wenn Freud je übertriebene Ansprüche dazu, was die Psychoanalyse leisten kann, hätte erheben können, was bedeutet hätte, daß Patienten jahrelang bei ihm in Behandlung geblieben wären, so fühlen sich die psychopharmakologischen Befürworter heute frei, Medikationen auf der Grundlage allein eines denkbar kürzesten Kontaktes mit ihrer leidenden Klientel zu verschreiben. Allgemeinmedizinern mag die Psychotherapie mit einer angemessenen modernen Medikation klinisch am sinnvollsten erscheinen, es ist jedoch schwierig, Therapeuten zu finden, die mit den letzten chemischen Entwicklungen wie auch mit der Geschichte der ganzen Disziplin wirklich vertraut sind.

Wie immer die natürliche Tendenz in einer Sparte wie der Psychiatrie oder Psychotherapie in der Propagierung und Beförderung der eigenen Ansprüche auch sein mag, in Amerika gehörten einige der angesehensten Autoren zu den eifrigsten Propagandisten Freuds. So schrieb zum Beispiel Lionel Trilling, der herausragende Literaturkritiker an der Columbia University, 1957 in der Sonntagsausgabe der *New York Times Book Review* fälschlicherweise über Rank und Ferenczi: „Beide Männer fielen einer extremen Geisteskrankheit zum Opfer und starben im Wahnsinn" (Lieberman, 1985, dt. 1997, S. 499) Trilling war später Mitherausgeber einer einbändigen Ausgabe der Jonesschen Biographie, ohne dabei einzugestehen, wie tendenziös Jones durchgängig gewesen war. Und selbst 1972 konnte Trilling noch schreiben: „Zwar ist die klinische Theorie Freuds keineswegs als unerheblich für die Schizophrenie abzuschreiben, aber ihr therapeutisches Verfahren führt bei der Behandlung dieser Pathologie zu keinem entscheidenden Erfolg" (dt. 1980, S. 154). Trillings Prosa ist so prätentiös, daß man ihn schwerlich so „komisch" finden kann wie Nabokov die Freud-Bullitt-Studie über Wilson.

Wenn Trilling nicht eine so einflußreiche und repräsentative Quelle wäre, könnte man es lächerlich finden, daß jemand so spät von Freuds Ansatz noch schreibt, er führe bei der Behandlung von Schizophrenie zu keinem „entscheidenden Erfolg." Schließlich dürfte jeder auch nur halbwegs Verständige auch damals schon lange gewußt haben, daß bei der Psychoanalyse alle möglichen Anpassungen erforderlich waren, um überhaupt in solchen Fällen angemessen genutzt werden zu können. Und Trilling wird auch mitnichten weniger irreführend, wenn er hinzufügte: „Das Freudsche Ethos, das ich durch seine patrizische Haltung charakterisiert habe, mit der er das Leben in der Kultur zugleich akzeptiert und Distanz zu ihm hält, ist der Situation des Psychotikers in einer offensichtlichen und beklagenswerten Weise unangemessen" (S. 154).

Trilling schien jedoch keine realistische Vorstellung davon zu haben, was Freud selbst dachte. Es gibt eine ansehnliche Literatur über die Unterscheidung zwischen Neurose und Psychose, die Freud, trotz Jungs Beharren, erst verspätet machte, und es gibt eine Fülle von Beweisen dafür, wie und warum Freud sich sträubte, einige der wesentlichen Grenzen seiner eigenen Behandlungsform zu akzeptieren. Er selbst hatte nur eine begrenzte Erfahrung mit psychiatrischen Fällen wie Psychotikern, auch wenn er bereit war, die Experimente anderer abzusegnen, die durch Veränderungen seiner bevorzugten Techniken solche Patienten zu erreichen suchten. Somit gab es überhaupt keinen Grund für irgendwelche Verbitterungen, was ein Akzeptieren der Unangemessenheit des Freudschen Ethos für die „Situation des Psychotikers" anging.

Leider ist Trillings Form der Naivität kein isoliertes Phänomen. Wie Janet Malcolm sich jüngst auf die psychoanalytische Argumentation stützte, kann nicht nur als Förderung einer subtilen Form der Orthodoxie, sondern auch als ein Spiegel einer weitverbreiteten Leichtgläubigkeit innerhalb der Intelligentia gesehen werden. Malcolm scheint keine Vorstellung davon zu haben, welche Dinosaurier-Position sie verteidigt hat, ob es nun darum geht, wie lange eine Behandlung dauern sollte, oder darum, wie Analytiker sich verhalten sollten. Es paßt zu ihrer Einstellung, daß Malcolm (1984, dt. 1986) ihr Bestes tun wollte, um Eissler zu verherrlichen (siehe auch Roazen, 1990a), der sich so prominent als Wächter zugunsten der reaktionärsten Kräfte innerhalb der Psychoanalyse hervortat. Jeder, auch ich, der je den Status quo herausgefordert hat, weckte bei Eissler und Malcolm jenen polemischen Zorn, der unparteiische Beobachter leicht dazu bringt, die ganze Unternehmung des psychoanalytischen Denkens zu diskreditieren.

Genau vor dem Hintergrund jenes bedauerlichen Dogmatismus, der in diesem Bereich so viel Ungutes angerichtet hat, habe ich versucht, diese zehn

Beispiele von realen Personen darzustellen und sie der Handvoll schriftlicher Fallberichte gegenüberzustellen, die Freud selbst präsentierte, und der ganzen Aufmerksamkeit gegenüberzustellen, die ihnen geschenkt wurde. Wie immer es sich bei Freud auch manchmal angehört haben mag, praktische Ergebnisse waren ihm wichtig. Und wie zweifelnd er sich vielleicht auch zurecht über die Möglichkeiten des moralischen Fortschritts geäußert haben mag, so wenig hilfreich ist es, Freuds Texte isoliert zu zitieren, wie es heute in weiten Teilen der Fachliteratur praktiziert wird. Freuds Worte können heute zur Rechtfertigung fast jeder Praxis herangezogen werden, mit dem Ergebnis, daß es um so unwahrscheinlicher ist, daß die Fakten, wie er tatsächlich war, letztlich überleben werden. Wie sagte doch Finley Peter Dunnes Mr. Dooley: „Je weiter man sich von einer Zeit entfernt, desto besser kann man darüber schreiben. Man ist dann nicht dem Problem ausgesetzt, von Leuten gestört und unterbrochen zu werden, die dabei waren" (O'Brien, 1992, S. iii).

Ich habe versucht, über reale Personen zu sprechen, und zwar nicht nur, weil Individuen wichtiger als Konzepte sind. Ich glaube, daß Ideen wie diese in einem menschlichen Zusammenhang entstehen und ein Ausdruck der Hoffnungen und Ängste unvollkommener, aber ringender Akteure sind. Die Geschichte der Psychoanalyse ist voll von interessanten, aber vergessenen Figuren – wobei es nicht nur um jene geht, die mit Skandalen verbunden werden -, die aus diesem oder jenem Grund unbekannt geblieben sind. Irma Putnam mochte klug und tüchtig als Trommlerin gewesen sein, dennoch hat sie in der Literatur bis heute weiter keine Spuren hinterlassen.

Ich habe die Geschichte von Freuds Patienten aus ihrer jeweiligen Sicht dargestellt. Gleichwohl diese Perspektive zweifellos ihre eigenen Beschränkungen hat, vermeidet sie wenigstens jene Form von Stereotypen über die Psychoanalyse, die sich für manche Intellektuelle als so merkwürdig attraktiv erwiesen haben. Der Marxismus hatte zu einer gewissen Zeit als Ersatzreligion eine ähnliche Anziehungskraft. Obwohl es vielleicht unmöglich ist, die Geschichte je exakt so zu rekapitulieren, wie sie sich tatsächlich ereignete, und wir bestenfalls hoffen können, unterschiedliche Perspektiven von Freuds Verhalten zu gewinnen, zeigen diese zehn Personen doch Seiten Freuds auf, die weder Nabokov noch Trilling erkennen konnten.

Wissenschaft im Kontext der Psychotherapie bedeutet lediglich, daß eine Generation von den Fehlern einer früheren Ära lernen kann. Freud können seine Fehler und Schwächen zugestanden werden, ohne sein Platz in der Geschichte dadurch geschmälert würde. Er sollte auch nicht idealisiert werden, damit es nicht allzu schockierend ist, schließlich zu erfahren, daß er auch seine Fehler und Schwächen hatte. Ich vermute, er wäre enttäuscht gewesen, wenn es ihm nie gelungen wäre, den selbstgefälligen Frieden der Alltagswelt zu stören.

Die ganzen zurückliegenden Querelen in der Geschichte der Psychoanalyse haben ein bedauerliches Maß an Abwehr hervorgebracht. Wenn man das Schicksal Ruth Brunswicks erwähnt oder über einige der Selbstmorde in den Reihen der frühen Analytiker schreibt, wird impliziert, man werfe Freud vor, persönlich für die Probleme anderer Menschen verantwortlich gewesen zu sein. Es sollte nicht notwendig sein, die Vergangenheit reinzuwaschen, menschliche Tragödie aus der Geschichte der Psychoanalyse zu streichen, um Anspruch darauf zu haben, Gehör zu finden. Auf diesem Gebiet gibt es eine Fülle falscher Kontinuitäten, und bestimmte Denker sind an bestimmten Orten aus „parochialen" Gründen bekannter als andere Theoretiker. Auch Übertragungen, die im Rahmen der Ausbildung entstanden sind, sind eine weitere gängige Quelle der Verzerrung.

Freuds Größe in der Geistesgeschichte ist gesichert, auch wenn seine technischen Empfehlungen, was nicht überrascht, dringend revidiert werden müssen; gleich von Anfang an hielten alle vertrauensselig Ausschau nach Handbüchern, die ihnen sagten, wie zu verfahren war – dabei offerierte Freud nur selten jene Richtlinien, die so dringlich und naiv verlangt wurden. Eine Vielzahl von Denkern hat im Laufe der letzten hundert Jahre respektvoll versucht, Alternativen zu Freuds Arbeitsweise anzubieten. Ihnen gebührend Gehör zu schenken, kann nicht gleichbedeutend damit sein, daß man in den Ruch kommt, subversiv gegenüber Freud zu sein. Er wußte: soweit eine bessere Welt je möglich ist, kann sie nur durch eine kritische Untersuchung kommen.

Das alte Wien, das Freud repräsentierte, existiert nicht mehr, geblieben ist jedoch, daß Freuds Kultur einen der Höhepunkte des menschlichen Denkens darstellt. Wir können nur davon profitieren, wenn wir uns damit vertraut machen, wie er und seine Kultur waren. Freud beschwor bestenfalls das Konzept des Unbewußten als Weg, dem Grenzen zu setzen, was wir über uns selbst oder andere wissen können. Es wäre im Sinne seines wirklich bescheidenen Geistes, wenn wir anerkennen würden, daß es selbst heute, trotz der Fülle an Literatur über ihn, nur weniges gibt, was wir gesichert über ihn wissen können. Eine solche Annahme unserer unausweichlichen Unzulänglichkeiten stellt ein wertvolles Korrektiv zu der Arroganz und Selbstgerechtigkeit dar, die auf dem Feld der Psychotherapie so viel Ungutes angerichtet hat.

Freud hatte, wie wir gesehen haben, seine eigenen Moralismen, die zum Teil einfach aufgrund der inzwischen vergangenen Zeit hervorstechen. Es ist immer schwer, die Frage des Einflusses abzuklären, gleichwohl scheint es jedoch, daß Freud eine führende Rolle bei der Kritik am traditionellen Familienleben übernahm. Obwohl er auch mit Familienmitgliedern seiner Patienten arbeiten konnte und selbst mehrere Mitglieder einer Familie gleichzeitig behandelte, war eines der anziehenden Schlüsselmomente seines Ansatzes die Anklage, die er gegen die Erziehung erhob, die seine Patienten gehabt hatten. Als Therapeut handelte Freud jedoch oft als Elternteilersatz. Er konnte mit der einen Hand geben, während er mit der anderen wegnahm; er offerierte das Ideal der Autonomie und Selbstbestimmung und legte dabei zugleich auch bestimmte Regeln für das Verfahren der Psychoanalyse fest. Im Sinne der traditionellen Philosophie teilte er die Überzeugung Jean-Jacques Rousseaus, daß es aufgrund der Art und Weise, wie wir durch unsere Passionen versklavt werden können, sinnvoll ist, Menschen zu ihrer Freiheit und zum Freisein zu zwingen.

Die Welt, wie wir sie kennen, ist weitaus anomischer als der Kontext, in dem Freud wirkte. Statt der Großfamilien, die einst eine Selbstverständlichkeit waren, haben wir es heute zunehmend mit einsamen und isolierten Menschen zu tun, die sich an Therapeuten wenden, um Unterstützung und einen Sinn in ihrem Leben zu finden. Traditionen bestärken und stützen ebenso, wie sie beeinträchtigen und stören. Freud wußte dies, obwohl er nur selten innehielt, um es auszusprechen.

Freud machte einmal bei einer Diskussion über Selbstmord einige Bemerkungen von bleibendem Wert darüber, was er für die Menschen vor Augen hatte. In Zusammenhang mit der Rolle, die die Mittelschule bei der Erziehung der Jugendlichen spielte, bemerkte er, daß sie „aber mehr leisten [soll], als daß sie die jungen Leute nicht zum Selbstmord treibt." Diese Institutionen sollten den Schülern vielmehr „Lust zum Leben machen und ihnen Stütze und Anhalt bieten in einer Lebenszeit, da sie durch die Bedingungen ihrer Entwicklung genötigt werden, ihren Zusammenhang mit dem elterlichen Hause und ihrer Familie zu lockern" (1910, S. 62). Hier ging Freud zum Angriff über:

> Es scheint mir unbestreitbar, daß sie dies nicht tut, und daß sie in vielen Punkten hinter ihrer Aufgabe zurückbleibt, Ersatz für die Familie zu bieten und Interesse für das Leben draußen in der Welt zu erwecken. Es ist hier nicht die Gelegenheit zu einer Kritik der Mittelschule in ihrer gegenwärtigen Gestaltung. Vielleicht darf ich aber ein einziges Moment herausheben.
> Die Schule darf nie vergessen, daß sie es mit noch unreifen Individuen zu tun hat, denen ein Recht auf Verweilen in gewissen, selbst unerfreulichen Entwicklungsstadien nicht abzusprechen ist. Sie darf nicht die Unerbittlichkeit des Lebens für sich in Anspruch nehmen, darf nicht mehr sein wollen als ein Lebensspiel" (S. 62f).

Freud verteidigte einen Standpunkt, der unfortschrittlich, sogar reaktionär klingen mag, seine Worte verdienen es meines Erachtens jedoch, intensiv darüber nachzudenken, da sie heute wohl kaum unpopulär erscheinen. Die Schulen, dachte er, sollten anders als das Leben sein, wenn sie die Aufgabe erfüllen wollten, wirkliche Reife zu fördern. Und das gleiche galt, denke ich, für die Behandlungssituation, die er konzipierte.

Ich habe diese Berichte über meine Kontakte mit diesen zehn Patienten Freuds geliefert, um dazu beizutragen, daß wir toleranter gegenüber der menschlichen Vielseitigkeit werden. Einige der beschriebenen Situationen mögen bizarr oder unangemessen erscheinen: Hirsts Prahlen über seine jugendliche sexuelle Potenz; die komplizierten Verwicklungen in der Familie der Brunswicks; Edith Jacksons Verwicklungen mit Freuds ältestem Sohn; die Levys und ihre Probleme, ein Kind großzuziehen; der Selbstmord der Tochter Putnams; Jokls finanzielle Vorschläge; Eva Rosenfelds Redereien hinter dem Rücken Anna Freuds; die Ehe der Stracheys; oder auch, daß Freud seine Tochter Anna analysierte.

Es gab vieles in Zusammenhang mit diesen Personen, was ich nicht ergründen und aufdecken konnte. Jeder dieser kurzen Abrisse kratzt nur an der Oberfläche dessen, was sich im Zweifel zugetragen hat. Und dennoch denke ich, daß ich vielleicht nicht zu wenig, sondern zu viel herausgefunden habe. Ich frage mich, ob es richtig ist, daß die Welt diese ganzen intimen Details kennt. Freud entwickelte eine Form der Behandlung, die in einer bis dahin nie dagewesenen Weise die menschliche Intimsphäre verletzte.

Ich habe diese Geschichten auch zu einem emanzipatorischen Zweck zusammengestellt. Stereotypen der psychologischen „Normalität" und darüber, was die Psychotherapie je zu erreichen hoffen darf, sind zwangsläufig ärmer und reizloser, als sie sein müßten. Menschen sind eben deshalb so interessant, weil sie nicht in vorgefaßten Formeln erfaßt werden können. Freud mag als Schöpfer der Psychoanalyse mit dem Feuer gespielt haben, und nicht jeder blühte eindeutig dank des Kontaktes mit ihm auf. Unsere Welt hat jedoch Freuds nachhaltigen Einfluß geerbt, und wir sollten das beste daraus machen, indem wir so tolerant wie möglich gegenüber den unterschiedlichen Wahlen und Entscheidungen sind, die Menschen treffen müssen.

Vonnöten ist jedoch vor allem eine Verlagerung des bisherigen Schwerpunktes von den Worten, die Freud schrieb und die ritualistisch in der Literatur zitiert werden, zu dem, was er in der Praxis tat. Es sollte eine wechselseitige Beziehung zwischen Freuds Leben und seinen Schriften geben, damit wir uns seinen Texten mit einem vertieften Verständnis zuwenden können. Hinter dieser ganzen Mühe, die Historiographie der Psychoanalyse zu untersuchen, steht jedoch nur ein Ziel, nämlich das, unsere Menschlichkeit zu fördern. Ich bin an diese Aufgabe nie mit der Einstellung herangegangen, die Gegenwart sei der Vergangenheit in irgendeiner Form überlegen. Die Geschichte kann uns am meisten lehren, wenn sie bewirkt, daß wir über unseren Schatten springen und aus uns heraustreten. Wirklich loyal gegenüber Freuds Geist zu sein, bedingt, glaube ich, unsere Bereitschaft, seinem Beispiel zu folgen und über ihn hinauszugehen.

Ein strenger Zuchtmeister wäre vielleicht versucht, diese zehn Menschen, die ich ausgewählt habe, um über sie zu schreiben, einfach als „verdorben" abzutun, als Menschen ohne Qualitäten, um Robert Musils Begriff zu bemühen, als Relikte aus einer Zeit, die schnell an ihnen vorbeigegangen ist. Vielleicht ist die Psychoanalyse weder eine Krankheit noch eine Kur – sie fesselt die Vorstellungskraft und treibt sie voran oder läßt diejenigen hinter sich zurück, die sie nicht nutzen, um zu lernen, sondern um zurechtzukommen. Eine solche Möglichkeit bedeutet keine Schmälerung Freuds, der vorwärts- und vorwärtsgetrieben wurde. Die unausweichlichen Grenzen dieser Menschen – und ich neige zu Toleranz, nicht zu Moralismus – sollten uns etwas über die Unzulänglichkeiten des menschlichen Zustandes lehren. Ideen wie die Freuds behalten entweder eine stimulierende Wirkung und Ausstrahlung, oder sie werden zu Spielereien, was zugleich ihren sicheren Untergang bedeutet. Ich persönlich jedenfalls drücke Freud und der Psychoanalyse die Daumen.

Bibliographie

Albrecht, A. (1973), „Professor Sigmund Freud", in: *Freud As We Knew Him*, hg. von H. Ruitenbeek, S. 23-25. Detroit.
Alexander, F. (1940), „Recollections of Berggasse 19", *Psychoanalytic Quarterly*, 9(2), S. 202.
Appignanesi, Lisa, und John Forrester (1992), *Freud's Women*, New York; dt.: *Die Frauen Sigmund Freuds*, München 1994.
Bernfeld, S. (1962), „On Psychoanalytic Training", *Psychoanalytic Quarterly*, 31(4), S. 463.
Bertin, Célia (1982), *Marie Bonaparte: A Life*, New York; dt.: *Die letzte Bonaparte. Freuds Prinzessin. Ein Leben*, Freiburg 1989.
Bilinsky, J. (1969), „Jung and Freud", *Andover Newton Quarterly*, 10(2).
Blanton, Smiley (1971), *Diary of My Analysis with Sigmund Freud*, New York; dt.: *Tagebuch meiner Analyse bei Sigmund Freud*, Frankfurt, Berlin, Wien 1975.
Bonomi, C. (1994), „Why Have We Ignored Freud the ‚Paediatrician'?", in: *100 Years of Psychoanalysis*, hg. von A. Haynal und E. Falzeder, London.
Brabant, E., E. Falzeder und P. Gampieri-Deutsch, Hg. (1993), *Sigmund Freud/Sandor Ferenczi - Briefwechsel*, Bd. I., Wien, Köln 1993.
Brown, T. M. (1987), „Alan Gregg and the Rockefeller Foundation's Support of Franz Alexander's Psychosomatic Medicine", *Bulletin of the History of Medicine*, 5(61), S. 155-182.
Cocks, G., Hg. (1994), *The Curve of Life: Correspondence of Heinz Kohut 1923-1981*, Chicago.
Crews, F. (1993), „The Unknown Freud", *New York Review of Books*, 18. November, S. 55-66. (Siehe auch spätere Beiträge: 3. Februar 1994, S. 34-43; 21. April 1994, S. 66-68; 11. August 1994, S. 54-56.)
Darnton, Robert (1968), *Mesmerism and the End of the Enlightenment in France*, Cambridge, MA; dt.: *Der Mesmerismus und das Ende der Aufklärung in Frankreich*, München 1983.
Deutsch, Helene (1965), „Psychoanalytic Therapy in the Light of Follow-up", in: *Neuroses and Character Types: Clinical Psychoanalytic Studies*, New York, S. 339-352.
– *Psychoanalyse der weiblichen Sexualfunktionen*, Wien 1925.
– „Occult Processes Occuring During Psychoanalysis", in: *The Therapeutic Process, the Self, and Female Psychology: Collected Psychoanalytic Papers*, hg. von P. Roazen, New Brunswick, NJ, S. 223-238.
Diaz de Chumaceiro, C. L. (1990), „A Brief Comment on Freud's Attendance at Opera Performances: 1880-90", *American Journal of Psychoanalysis*, 50(3), S. 285-288.
Douglas, C. (1993), *Translate This Darkness: The Life of Christiana Morgan*, New York.
Dufresne, T. (in Vorbereitung), „An Interview with Joseph Wortis", *Psychoanalytic Review*.
Edmunds, L. (1988), „His Master's Choice", *Johns Hopkins Magazine*, April, S. 40-49.
Ellman, S. J. (1991), *Freud's Technique Papers: A Contemporary Perspective*, Northvale, NJ.
Erikson, E. H. (1963), *Childhood and Society*, 2. Ausgabe, New York; dt.: *Kindheit und Gesellschaft*, Stuttgart 1961.
Falzeder, Ernst (1994), „The Threads of Psychoanalytic Filiations or Psychoanalysis Taking Effect", in: *100 Years of Psychoanalysis: Contributions to the History of Psychoanalysis*, hg. von A. Haynal und E. Falzeder. Sonderausgaben der *Cahiers Psychiatriques Genevois*. London [Freud-Zitat: in Freud/Jung, *Briefwechsel*, Frankfurt 1974, S. 527].
Ferenczi, Sandor, *Ohne Sympathie keine Heilung. Das klinische Tagebuch von 1932*, Frankfurt 1988.
Freeman, E. (1971), *Insights: Conversations with Theodor Reik*, Englewood Cliffs, NJ.

Freud, Anna (1965), *Normality and Pathology in Childhood: Assessments of Development,* New York; dt.: *Wege und Irrwege in der Kinderentwicklung,* Stuttgart 1968.
- „In Memoriam Edith Jackson", *Journal of the American Academy of Child Psychiatry,* Nr. 17, S. 731.
Freud, Ernst L., Hg. (1968), *Sigmund Freud/Arnold Zweig - Briefwechsel,* Frankfurt.
Freud, Martin (1957), *Glory Reflected.* London.
Freud, Sigmund (1895), *Studien über Hysterie,* Gesammelte Werke, Bd. 1, 1952.
- (1901), „Autobiographische Notiz", in: *Selbstdarstellung. Schriften zur Geschichte der Psychoanalyse,* Frankfurt 1989.
- (1905), *Der Witz und seine Beziehung zum Unbewußten,* Ges. W., Bd. 6.
- (1909), „Bemerkungen über einen Fall von Zwangneurose", Ges. W., Bd. 7, S. 381-463.
- (1910), „Zur Einleitung der Selbstmord-Diskussion", Ges. W., Bd. 8, S. 61-63.
- (1912), „Ratschläge für den Arzt bei der Behandlung", Ges. W., Bd. 8, S. 375-387.
- (1916/1917), *Vorlesungen zur Einführung in die Psychoanalyse,* Ges. W., Bd. 11.
- (1918), „Aus der Geschichte einer infantilen Neurose", Ges. W., Bd. 12, S. 29-157.
- (1920), „Dr. Anton von Freund", Ges. W., Bd. 13, S. 435f.
- (1921), „Psychoanalyse und Telepathie", Ges. W., Bd. 17, S. 27-44.
- (1925), *Selbstdarstellung,* Ges. W., Bd. 14, S. 31-96.
- (1926), „Psychoanalyse", Ges. W., Bd. 13, S. 211-229.
- (1931), „Über die weibliche Sexualität", Ges. W., Bd. 14, S. 517-537.
- (1937), „Die endliche und die unendliche Analyse", Ges. W., Bd. 16, S. 59-99.
- (1938), „Die Ichspaltung im Abwehrvorgang", Ges. W., Bd. 17, S. 59-62.
Sigmund Freud/Oskar Pfister (1963), Briefe 1909-1939, Frankfurt.
Friedman, Lawrence (1990). *Menninger; The Family and the Clinic,* New York.
Gardiner, Muriel (1983), Code Name *„Mary",* New Haven; dt.: *Deckname „Mary". Erinnerungen einer Amerikanerin im österreichischen Untergrund,* Wien 1989.
Gay, Peter (1987), *A Godless Jew: Freud, Atheism, and the Making of Psychoanalysis,* New Haven; dt.: *Ein gottloser Jude,* Frankfurt 1988.
- (1988), *Freud: A Life for Our Time,* New York; dt.: *Freud. Eine Biographie für unsere Zeit,* Frankfurt (1989) 1995.
Gilman, S. L. (1993), *Freud, Race, and Gender,* Princeton, NJ; dt.: *Freud, Identität und Geschlecht,* Frankfurt 1994.
Glover, E. (1955), *The Technique of Psychoanalysis,* New York.
Grubrich-Simitis, I. (1993), *Zurück zu Freuds Texten,* Frankfurt.
Heller, Peter (1992), *Anna Freud's Letters to Eva Rosenfeld,* New York; dt.: *Anna Freud: Briefe an Eva Rosenfeld,* Basel, Frankfurt 1994.
Hendrick, Ives, Hg. (1961), *The Birth of an Institute,* Freeport, ME.
Higgins, Mary und Chester M. Raphael, Hg. (1967), *Reich Speaks of Freud,* New York; dt.: *Wilhelm Reich über Sigmund Freud: Von der Psychoanalyse zur Orgonanie. Über Marxismus und Psychoanalyse. Gespräche und Materialien 1933-1954,* Berlin 1969.
Hinshelwood, R. D. (1995), „Psychoanalysis in Britain: Points of Cultural Access, 1893-1918", *International Journal of Psycho-Analysis,* 76(1), S. 135-152.
Holroyd, Michael (1971), *Lytton Strachey: A Biography,* London; dt.: *Carrington: Eine Liebe von Lytton Strachey,* Reinbek 1995.
Jones, Ernest (1955), *The Life and Work of Sigmund Freud,* Bd. 2, New York; dt.: *Das Leben und Werk von Sigmund Freud,* Bd. 2, 1901-1919, Bern, Stuttgart, Wien 1982.
- (1956), *Sigmund Freud: Life and Work,* Bd. 1, 2. Ausgabe, London; dt.: *Das Leben und Werk von Sigmund Freud,* Bd. 1, 1856-1900, Bern, Stuttgart, Wien 1982.
- (1957), *The Life and Work of Sigmund Freud,* Bd. 3, New York; dt.: *Das Leben und Werk von Sigmund Freud,* Bd. 3, 1919-1939, Bern, Stuttgart, Wien 1982.
Kardiner, Abram (1957), „Freud, The Man I Knew", in: *Freud and the Twentieth Century,* hg. von B. Nelson, New York, S. 48-49.
Kleinman, A. (1988), *Rethinking Psychiatry: From Cultural Category to Personal Experience,* New York.

Knapp, B., und M. Chipman (1964), *That Was Yvette: The Biography of the Great Diseuse*, New York.
Levy, K. (1949), „The Eternal Dilettante", in: *Searchlights on Delinquency*, hg. von K. R. Eissler, New York, S. 65-76.
– (1960), „Simultaneous Analysis of a Mother And Her Adolescent Daughter", *Psychoanalytic Study of the Child*, Nr. 15, S. 378-391.
Lévy-Freund, K. (1990), „Dernières Vacances de Freud Avant le Fin du Monde", *Le Coq-Heron*, Nr. 17, S. 39-44.
Lieberman, E. James (1985), Acts of Will: *The Life and Work of Otto Rank*, New York; dt.: *Otto Rank. Leben und Werk*, Gießen 1997.
MacLean, G., und U. Rappen (1991), *Hermine Hug-Hellmuth: Her Life and Work*, New York.
Mahony, P. J. (1986), Freud and the Rat Man, New Haven; dt.: *Der Schriftsteller Sigmund Freud*, Frankfurt 1988.
Malcolm, Janet (1981), Psychoanalysis: *The Impossible Profession*, New York; dt.: *Fragen an einen Psychoanalytiker. Zur Situation eines unmöglichen Berufs*, Stuttgart 1992.
– (1984), *In the Freud Archives*, New York; dt.: *Vater, lieber Vater ...: Aus dem Sigmund-Freud-Archiv*, Frankfurt, Berlin 1986.
– (1992), *The Purloined Clinic: Selected Writings*, New York.
Masson, Jeffrey M. (1984), *The Assault on Truth; Freud's Suppression of the Seduction Theory*, New York; dt.: *Was hat man dir, du armes Kind, getan? Was Freud nicht wahrhaben wollte*, Freiburg 1994.
Masson, Jeffrey M. (1985), *The Complete Letters of Sigmund Freud to Wilhelm Fliess*, Cambridge, MA; dt.: *Sigmund Freud: Briefe an Wilhelm Fließ*, Frankfurt 1986.
McGuire, W., Hg. (1974), *The Freud/Jung Letters*, Princeton, NJ; dt.: *Sigmund Freud/C. G. Jung – Briefwechsel*, Frankfurt 1984.
Meghnagi, David, Hg. (1993), *Freud and Judaism*, London.
Meisel, Perry, und Walter Kendrick, Hg. (1985), *Bloomsbury/Freud: The Letters of James and Alix Strachey*, New York.
Menaker, Esther (1989), *Appointment in Vienna*, New York.
Micale, Marc S., Hg. (1993), *Beyond the Unconscious: Essays of Henry F. Ellenberger in the History of Psychiatry*, Princeton, NJ.
Molnar, Michael, Hg. (1992), *The Diary of Sigmund Freud*, New York; dt.: *Sigmund Freud: Tagebuch 1929-1939. Kürzeste Chronik*, Basel, Frankfurt 1996.
Monk, Ray (1990), *Ludwig Wittgenstein: The Duty of Genius*, New York; dt.: *Wittgenstein. Das Handwerk des Genies*, Stuttgart 1992.
Nunberg, Herman (1942), „In Memoriam: Ruth Mack Brunswick", *Psychoanalytic Quarterly*, 15(2), S. 142.
Nunberg, Herman, und Ernst Federn, Hg. (1967), *Minutes of the Vienna Psychoanalytic Society*, Bd. 2, New York; dt.: *Protokolle der Wiener Psychoanalytischen Vereinigung*, Bd. II, 1908-1910, Frankfurt 1977.
O'Brien, Conor C. (1992), *The Great Melody: A Thematic Biography of Edmund Burke*, Chicago.
Paris, Bernard J. (1994), *Karen Horney: A Psychoanalyst's Search for Self-Understanding*, New Haven.
Paskauskas, R. A. (1985), *Ernest Jones: A Critical Study of his Scientific Development*, Dissertation, Institute for the History and Philosophy of Science and Technology, University of Toronto.
Paskauskas, R: A., Hg. (1993), *The Complete Correspondence of Sigmund Freud and Ernest Jones*, Cambridge, MA; *Sigmund Freud/Ernest Jones: Briefwechsel 1908-1939*, 2. Bde. (Briefwechsel in Originalfassung), Frankfurt 1993.
Pawel, Ernest (1989), *The Labyrinth of Exile: A Life of Theodor Herzl*, New York.
Pfister, O. (1993), „The Illusion of a Future: A Freindly Disagreement With Prof. Sigmund Freud", hg. und kurze Einleitung von P. Roazen, *International Journal of Psycho-Analysis*, 74(3), S. 557-579.

Puner, Helen W. (1947), *Sigmund Freud: His Life and Mind*, New York (zweite Ausgabe mit neuer Einleitung von P. Roazen, New Brunswick, NJ, 1992).
Riviere, Joan (1934), „Review of New Introductory Lectures"; *International Journal of Psycho-Analysis*, Nr. 15, S. 336.
Roazen, Paul (1968), *Freud: Political and Social Thought*, New York (zweite Ausgabe und neues Vorwort, New York 1986; dt.: *Politik und Gesellschaft bei Sigmund Freud*, Frankfurt 1971.
– (1969), *Brother Animal: The Story of Freud and Tausk*, New York (zweite Ausgabe mit neuer Einleitung, New Brunswick, NJ, 1990); dt.: *Brudertier. Sigmund Freud und Viktor Tausk - Die Geschichte eines tragischen Konflikts*, Hamburg 1973.
– (1975), *Freud and His Followers*, New York (Reprint, New York 1992); dt.: *Sigmund Freud und sein Kreis. Eine biographische Geschichte der Psychoanalyse*, Berg. Gladbach 1976.
– (1976), *Erik H. Erikson: The Power and Limits of a Vision*, New York.
– (1985), Epilog. *Helene Deutsch; A Psychoanalyst's Life*, zweite Ausgabe mit neuer Einleitung, New York; dt.: *Freuds Liebling Helene Deutsch. Das Leben einer Psychoanalytikerin*, Stuttgart 1989.
– (1989), Rezension von *So Close to Greatness: Biography of Williams C. Bullitt* von Brownell und Billings, *American Scholar*, Winter, S. 135-140.
– (1990a), *Encountering Freud: The Politics and Histories of Psychoanalysis*, New Brunswick, NJ.
– (1990b), „Tola Rank", *Journal of the American Academy of Psychoanalysis*, 18(2), S. 247-259.
– (1990c), Rezension von *Freud Without Hindsight*, *Journal of the History of the Behavioral Sciences*, Nr. 26, S. 197-202.
– (1990d), Rezension von *The Clinical Diary of Sandor Ferenczi*, hg. von J. Dupont, American Journal of Psychoanalysis, Nr. 50, S. 367-371.
– (1991a), „Nietzsche and Freud: Two Voices From the Underground", *Psychohistory Review*, Frühjahr, S. 327-349.
– (1991b), „Freud in France", *Virginia Quarterly Review*, Herbst, S. 780-784.
– (1991c), Rezension von Burlingham, *The Last Tiffany: A Biography of Dorothy T. Burlingham*, *Psychoanalytic Books*, Januar, S. 32-40.
– (1991d), „Freud and Lytton Strachey: An Uncanny Parallel", *Psychologist-Psychoanalyst*, Sommer, S. 43f.
– (1992a), Rezension von *The Freud-Klein Controversies 1941-45*, *Psychoanalytic Books*, Herbst, S. 391-398.
– (1992b), „The Rise and Fall of Bruno Bettelheim", *Psychohistory Review*, Frühjahr, S. 221-250.
– (1993a), *Meeting Freud's Family*, Amherst, MA.
– (1993b). Rezension von *The Complete Correspondence of Sigmund Freud and Ernest Jones*, *Psychoanalytic Books*, Herbst, S. 478-488.
– (1993c), Rezension von *Anna Freud's Letters to Eva Rosenfeld*, *Bulletin of the History of Medicine*, Nr. 67, S. 739f.
– (1994a), Rezension von *Julius Wagner-Jauregg* von Magda Whitrow, *History of Psychiatry*, März, S. 148-150.
– (1994b), Rezension von *The Correspondence of Freud and Ferenczi*, *American Scholar*, Frühjahr, S. 315-318.
– (1995), „Erich Fromm's Courage", in: *A Prophetic Analyst: Erich Fromm's Contributions to Psychoanalysis*, hg. von Maurius Cortina und Michael Maccoby, Northvale, NJ.
– (in Vorbereitung a), Rezension von *Translating Freud*, *The Forum*, American Academy of Psychoanalysis.
– (in Vorbereitung b), *Canada's King: An Essay in Political Psychology*, Kapitel 2, Oakville.
Rosenfeld, E. M. (1951), „The Panheaded Moses - A Parallel", *International Journal of Psycho-Analysis*, Nr. 32, S. 83-93.

Rosenzweig, Saul (1992), *Freud, Jung, and Hall the King-Maker: The Expedition to America*, 1909, St. Louis.
Silberman, S. L. (1990), „Pioneering in Family-Centered Maternity and Infant Care: Edith B. Jackson and the Yale Rooming-In Research Project", *Bulletin of the History of Medicine*, Nr. 64, S. 262-287.
– (1994), „The Curious Pattern of a Distinguished Medical Career: A Psychoanalytic Portrait of Edith B. Jackson", *Biography*, 17(3), S. 223.
Sterba, R. F. (1982), *Reminiscences of a Viennese Psychoanalyst*, Detroit, MI; dt.: *Erinnerungen eines Wiener Psychoanalytikers*, Frankfurt 1985.
Strachey, J. (1934), „The Nature of the Therapeutic Action of Psychoanalysis", *International Journal of Psycho-Analysis*, 15(2-3), S. 147.
Tausk, Viktor (1991), *Sexuality, War and Schizophrenia: Collected Psychoanalytic Papers*, hg. von P. Roazen, New Brunswick, NJ; dt.: *Gesammelte psychoanalytische und literarische Schriften*, hg. von Hans-J. Metzger, Wien, Berlin 1983.
Thomas, D. M. (1981), *The White Hotel*, New York; dt.: Das weiße Hotel, München 1983.
Thompson, M. Guy (1994), *The Truth about Freud's Technique: The Encounter with the Real*, New York.
Timms, Edward (1986), *Karl Kraus: Apocalyptic Satirist: Culture and Catastrophe in Habsburg Vienna*, New Haven; dt.: *Karl Kraus. Der Satiriker der Apokalypse*, Wien 1995.
Trilling, Lionel (1972), *Sincerity and Authenticity*, Cambridge, MA; dt.: *Das Ende der Aufrichtigkeit*, München 1980.
Warner, S. (1994), „Freud's Analysis of Horace Frink, M.D.: A Previously Unexplained Therapeutic Disaster", *Journal of the American Academy of Psychoanalysis*, 22(1), S. 137-152.
Wessel, M. A. (1978), „Edith B. Jackson", *Journal of Pediatrics*, Juli, S. 165f.
Wilson, E. (1987), „Did Strachey Invent Freud?", *International Review of Psycho-Analysis*, Nr. 14, S. 299-315.
Winslow, E. G. (1986), „Keynes and Freud: Psychoanalysis and Keynes's Account of the ‚Animal Spirits' of Capitalism", *Social Research*, Nr. 53, S. 549-578.
– (1990), „Bloomsbury, Freud, and the Vulgar Passions", *Social Research*, 57(4), S. 785-819.
Wortis, Joseph (1954), *Fragments of an Analysis with Freud*, New York; dt.: *Meine Analyse bei Freud*, Wien 1994.
Young-Bruehl, Elizabeth (1988), *Anna Freud: A Biography*, New York; dt.: *Anna Freud. Eine Biographie*, Wien 1995.

Stichwortverzeichnis

Abraham, Karl 82, 166, 211, 231f, 236
Acton, Lord 150
Adler, Alfred 13, 15, 18, 44, 54, 109, 129, 135f, 152, 179, 182, 195, 212, 233
Aggression 40, 127, 145, 215, 219
– Brunswick, Mark 87
– Brunswick, Ruth 93
Aichhorn, August 116, 159, 165
Albrecht, A. 59
Alexander, Franz 68, 99, 138, 173, 187, 247f.
Alkoholmißbrauch 72, 143, 236
– Brunswick, Mark 92
Allen, Woody 14, 34
Amerika 31, 41, 57, 68, 79f, 91, 95f, 99, 116, 132, 136, 141, 181, 229
– Freud und 34f, 38, 62f, 66, 80, 83, 95f, 98, 114, 117, 119, 141f, 161, 167, 183, 187, 200, 216, 223, 229,
– Psychoanalyse und 52f, 55f, 62, 68, 83, 100, 108, 111, 119, 132, 136, 160, 170, 172f, 175, 180, 183f, 187, 216, 229, 256
Andreas-Salomé, Lou 118, 139, 155, 209, 214
Angst, Libido und 87f.
„Anschluß" Österreichs ans Deutsche Reich 125, 205
Antisemitismus 36, 38, 46, 119, 162, 205, 237
- Siehe auch Religion
Appignanesi, Lisa 58, 149, 191, 198, 210

Bak, Robert 87
Balint, Alice 163
Balint, Michael 151, 153, 158, 163, 166
Benedek, Therese 194
Bernays, Minna (Freuds Schwägerin) 37, 107, 146, 162, 194, 200ff, 204, 206, 210, 212f
Bernfeld, Siegfried 48, 113, 125f, 128, 194
Bernfeld, Suzanne - s. Cassirer
Bertin, Célia 86
Bettelheim, Bruno 132, 229
Bibring, Edward 109, 116, 165, 180
Bibring, Grete 109, 116, 180
Bilinsky, J. 201
Biologische Psychiatrie 14f, 18, 55
Bismarck 39, 100
Blanton, Smiley 104, 118f
Bleuler, Eugen 133f, 136
Bleuler, Manfred 136
Blos, Peter 194
Blumenthal 80, 97
Blumgart, Herman 57, 74, 81, 89
Blumgart, Leonard 57, 62, 80, 82

B'nai B'rith 36
Bonaparte, Marie 69, 80, 93, 95, 100, 111ff, 117f, 163f, 172, 187, 193, 197, 213, 215f, 226
Bonomi, C. 123
Borderline-Störung, Freud und 129
Brabant, E. 60, 63, 149, 160
Brandes, George 32
Breuer, Josef 38, 143, 235
Brill, A. A. 83, 139, 229f
Brown, T. M. 108
Brunswick, David 23, 51ff, 77, 84ff, 89f, 93, 109, 114f, 125, 138ff, 173, 178, 181, 186, 192, 253, 261
Brunswick, Mark 23, 57ff, 63, 67, 71ff, 77ff, 103, 107, 109ff, 114f, 121, 138, 140ff, 158, 173, 178, 181, 185, 187f, 197, 199, 211, 215, 238f, 251, 261
Brunswick, Ruth Mack 56ff, 63, 65ff, 69ff, 78ff, 85, 89ff, 104, 107ff, 114, 117f, 131, 138, 140, 143f, 178, 180f, 187, 191, 193, 196f, 199, 211, 213, 215f, 239, 242, 254, 259, 261
Brunswick, Tilly 71, 80, 91, 94, 109
Bullitt, William C. 80, 96, 100, 106, 119, 200, 235, 247, 257
Burlingham, Dorothy 69, 106, 109, 113, 118, 123, 139, 162, 192ff, 202, 205, 213f, 220
Busch, Wilhelm 142

Campbell, Macfie 171
Cassirer, Suzanne (Bernfeld) 113, 118
Charcot, Jean-Martin 230
Chipman, M. 202
Clift, Montgomery 104
Cocks, G. 150
Conrad, Joseph 241
Coriat, Isadore H. 170
Crews, F. 11
Cushing, Harvey 170

Darnton, Robert 247
da Vinci, Leonardo 193
Depression 178, 216ff
Deri, Frances 64, 68
Deutsch, Felix 109, 116, 144, 174
Deutsch, Helene IV, 48, 61, 93, 105, 109f, 113, 116, 118, 121, 127, 130ff, 144, 174, 181f, 188, 213, 227, 232, 250
Deutschland 96, 141
Dias de Chumaceiro, C. L. 84

269

Dickens, Charles 228
Dollfuss, Engelbert 98, 141, 238
Dooley, Lucille 115
Doolittle, Hilda 122
Dora, der Fall (Freud) 17f
Dostojewskij, Fjodor 159f, 187, 239, 241
Douglas, C. 171
Dubovitz, Margit 157
Duff, Grant 219
Dunne, Finley Peter 258

Eckstein, Emma 27, 30, 32f, 38, 43, 180, 212
Eckstein, Friedrich 30, 180
Eckstein, Gustav 30, 180
Eder, David 219
Edmunds, L. 83
Einstein, Albert 219
Eissler, Kurt II, IVf, 29, 47, 48f, 51, 56, 59, 81f, 84, 103, 106, 116, 119, 133, 163, 165, 191, 199ff, 232, 257
Eissler, Ruth 123
Eitingon, Max 206, 220
Elisabeth I. (Königin von England) 224
Erikson, Erik H. IV, 144f, 194
Es, das 73, 84, 86
Ethik 246, 251f, 258
– s. a. Moralismus

Falzeder, Ernst I, 91, 227, 246
Federn, Ernst 250
Federn, Paul 29, 38ff, 81f, 114, 127, 130, 132, 141, 163, 165, 174, 178, 199, 239
Federn, Walter 97
Feminismus 249f
Fenichel, Otto 64, 68, 127, 130, 226
Ferenczi, Gisela 118
Ferenczi, Sandor 90, 99, 139f, 142, 149ff, 160, 163f, 173, 232, 235, 252, 254
Fetischismus 90
Fichtl, Paula 162
Fliess, Robert 97
Fließ, Wilhelm 33, 145, 203f, 215, 226, 253
Forrester, John 58, 149, 191, 198, 210
Forster, E. M. 234
Forsyth, David 219
Französische Revolution 36
Frauen, Freud und 19, 131, 137, 142ff, 146, 161, 182, 189, 218, 241, 249f
Freeman, E. 160
Freie Assoziation 40, 43, 112, 160, 193
– Brunswick, David und 64, 74
– Brunswick, Mark 79
– Brunswick, Ruth und 74
– Politik und 114
Fremont-Smith, Frank 174

Freud, Alexander 203
Freud, Amalia (Freuds Mutter) 33, 37, 107, 146, 207
Freud, Anna I, 26ff, 38, 51, 56, 62, 64, 69, 73f, 82, 84f, 87f, 93f, 97ff, 103f, 109, 111, 114, 118, 120ff, 133, 136, 138f, 143ff, 149f, 154ff, 163, 165ff, 175ff, 184, 188f, 191ff, 214ff, 220, 226f, 236, 241, 261
Freud, Ernst 38, 72, 80, 89, 112, 138, 149, 156, 194, 202
Freud, Henny 118
Freud, Jakob (Freuds Vater) 146, 203, 216, 223
Freud, Martha 12, 26f, 37f, 82, 94, 107, 137, 146, 155f, 162, 186, 201ff, 206, 212f, 215
Freud, Martin 38, 72, 82, 89, 98, 106f, 110, 112, 120ff, 137f, 151, 156f, 202, 239
Freud, Oliver 38, 68, 72, 89, 112, 138, 202
Freud, Sigmund Iff, 11, 17ff, 30, 32, 49, 54, 59f, 64, 71, 78, 91, 144, 153, 156f, 160, 198, 219, 230, 233, 242, 246, 254, 260
Freud, Sophie 157
Freud-Archiv I, IV, 12, 17, 25, 27, 29, 47, 82, 84, 163
Freund, E. 13
Friedlander, Kate 219
Friedman, Lawrence J. 128
Frink, Horace W. 82f, 109, 254
Fromm, Erich 131, 177f

Gardiner, Muriel 97f
Gay, Peter 126, 151, 247
Gegenübertragung 209
– Brunswick, David 61, 67, 72
– Brunswick, Ruth 67, 72, 83
– Freud und 67, 72, 83, 142
– Frink und 83
Gershwin, George 183
Gilman, S. L. 31
Glover, Edward 55, 129, 169, 212, 219
Goebbels, Joseph 197
Goethe 146
Gorer, Geoffrey 225
Grant, Duncan 228
Greer, Germaine 131
Gregg, Alan 108
Grinker, Roy 119
Groddeck, Georg 233
Grubrich-Simitis, I. 91
Guilbert, Yvette 112, 160, 202f, 208, 213, 219

Hartmann, Heinz 93, 100, 123, 136, 144, 163, 200
Hauptmann, Gerhart 160
Hawthorne, Nathaniel 113

Heimann, Paula 218, 220
Heller, Peter 196f, 199, 204, 210, 220
Hendrick, Ives 170ff, 180
Herman, William 169
Herzl, Theodor 32
Higgins, Mary 69, 127
Hinshelwood, R. D. 224
Hirst, Albert 23, 25ff, 63, 78, 96, 140, 180, 184, 202, 211, 215, 232, 253, 260
Hitchcock, Alfred 41
Hitler, Adolf 36, 100, 141, 184
Hitschmann, Edward 58, 74, 109, 116f, 125, 138, 239
Hoffer, Willi 162
Hollitscher, Mathilda 38, 71f, 84, 89, 94, 201, 203, 217
Holroyd, Michael 223
Holt, E. B. 57
Homosexualität 65, 86, 137, 225, 234
Horney, Karen 131f
Hug-Hellmuth, Hermine von 132
Hysterie 17f, 143, 204

Ich-Psychologie 114, 136, 165, 176
Identifikation, Hirst 40
Impotenz, Hirst 40ff, 48f, 51
Intoleranz, Freud 92, 119, 185
- s. a. Toleranz

Jackson, Edith 23, 103ff, 125, 128, 140, 143, 161, 167f, 172, 175, 178, 181, 183, 187, 231f, 248, 261
Jackson, Gardner 106
Jackson, Helen Hunt 105f
James, William 168
Jekels, Ludwig 36, 158, 163
Jensen, Wilhelm 145
Jokl, Robert 23, 125ff, 149f, 189, 204, 214, 242, 249, 261
Jones, Ernest 26ff, 48, 57, 66, 71f, 84, 89f, 94, 100, 104, 106f, 111, 126, 139f, 144, 151ff, 166, 182, 189, 195, 199, 204f, 210, 212, 219, 225, 231ff, 239, 242f, 254, 256
Jones, Katherine 118, 219
Joseph II. 35
Juden, Judentum 31, 36ff, 46f, 99, 119, 126, 161f, 164, 168, 187, 199f, 203, 205f, 213f, 223, 237f, 242
- s. a. Antisemitismus
Jung, Carl G. 13, 15, 18, 35, 46, 54, 109, 128, 133, 136, 143, 152, 169ff, 176ff, 181, 195, 199ff, 212, 218, 232f, 235, 246, 251f, 257

Kann, Loe 72, 90f, 210

Kaplan, Dr. 214
Kappers, Ariens 169
Kardiner, Abram 62, 82, 136, 172, 182f.
Kastrationsangst 135, 163
Kendrick, W. 80, 225, 228, 237
Kennedy, Jacqueline 56
Keynes, John Maynard 234
Kinderanalyse 113f, 122f, 132f, 140, 165f, 168, 176f, 182, 184f, 205, 255
Klein, Melanie 94, 114, 129, 151, 165f, 184, 197ff, 205, 208, 211f, 214, 216ff, 231, 236, 255
Klein, Melitta 212, 217, 219
Kleine Hans, der Fall (Freud) 18, 78, 138, 145
Kleinmann, A. 248
Knapp, B 202
Königstein, Leopold 28f
Kohut, Heinz 53. 150
Kokain, Freud und 27ff, 67, 72, 215
Koller, Karl 27ff, 36, 67
Kommunismus 15, 69, 114, 153, 157, 162, 173, 184
Kovacs, Wilma 163f
Kraus, Karl 245
Kreativität, Frauen und 92, 135
Krebsleiden Freuds 21, 59, 62f, 65, 69, 72, 80, 87, 91ff, 97, 115, 128, 137, 144f, 185, 193, 195ff, 199, 204, 212f, 220, 234, 237
Kris, Ernst 84f, 88, 93, 99, 109, 136, 157, 163, 226f
Kris, Marianne 83ff, 88f, 93, 109, 111, 113, 123
Kubie, Lawrence S. 169, 172
Kunst 15, 84, 136, 251
Kurzanalyse 61, 70, 83

Lacan, Jacques 136, 199,. 230
Laienanalyse 52f, 62, 132, 163
Lambda, Peter 158f, 165
Lampl, Hans 231
Lampl-de Groot, Jeanne 118
Lassalle, Ferdinand 32
Leere Leinwand 115
Lehrman, Philip 82
Leopold und Loeb, der Fall 106
Levy, Kata 23, 149ff, 167, 180, 183, 191f, 209, 220, 228, 239, 241, 261
Levy, Lajos 150f, 154f, 158f, 162, 261
Lévy-Freund, K. 163
Lewin, Bertram 188
Libidotheorie 86f, 172
- Siehe auch Sexualität
Lieberman, E. James 256
Literatur, Freud und 45, 105f, 145, 159, 187, 241

Loewenstein, Rudolf 136
Low, Barbara 219
Loy, Myrna 97

Mack, Julian 57, 98
Mahler, Gustav 240
Malcolm, Janet 51, 152, 257
Mann, Heinrich 45
Mann, Thomas 242
Maria Stuart (König von Schottland) 224
Marxismus 47, 69, 238, 258
Masson, Jeffrey M. 33, 253
Masturbation 46, 86ff, 121
McGuire, William 252
MacLean, G. 132
Medikamentenabhängigkeit 72
– Brunswick, Ruth 71f, 81, 92, 94f, 143f.
Meghnagi, David 36
Meisel, Perry 80, 225, 228, 237
Menaker, Esther 91
Menninger, Karl 97
Menuhin, Yehudi 161
Mesmer, Franz Anton 247
Meyer, Adolf 168f, 171, 241
Meyer, Conrad Ferdinand 159
Micale, Marc S. 193, 248
Millett, Kate 131
Minderwertigkeitskonzept 182
Molnar, Michael 80, 91, 150
Monk, Ray 39, 159, 238
Monroe, Marilyn 56
Moralismus 86f, 128, 215f, 246, 259, 262
Morgan, Christiana 171
Mozart, Wolfgang Amadeus 112, 142, 173, 240
Murray, Henry H. 201
Musik 84, 112, 142, 160, 173, 181, 206, 208f, 240
Musil, Robert 261
Mutter-Kind-Beziehung 74, 94, 208

Nabokov, Vladimir 247, 257f
Napoleon Bonaparte 36f
Neurologie, Psychiatrie und 21, 139
Neurose 42ff, 47f, 62, 75, 82, 99, 115, 129, 151, 163f, 171, 174, 178, 201, 207, 216, 257
– Freud und 42ff, 47f, 73, 75, 86, 99, 115, 129, 143, 145f, 164, 178, 186, 201, 215, 252
– Trauma und 42f
Nietzsche, Friedrich 85, 207
Nunberg, Herman 91, 116, 128, 163, 250

Oberndorf, Clarence P. 65
O'Brien, Conor C. 258
Ödipuskomplex 74, 135, 146

Österreich 35ff, 69, 93, 96, 125
– Antisemitismus 36, 38, 46, 162, 205
– Erster Weltkrieg 36f
– Unruhen 98
Oper - s. Musik
Osler, William 18

Paine, Tom 36
Palos, Elma 90
Paranoia 18, 65, 127, 152, 216f
Paris, Bernard J. 132
Parsons, Talcott 106
Paskauskas, R. A. 91, 144, 153, 243
Pawel, Ernest 32
Payne, Sylvia 219
Penisneid 135, 163, 250
Pfister, Oskar 12, 193, 206, 251
Pharmakologie 15f, 55
– s.a. Psychopharmakologie
Politik 79, 98, 195
– freie Assoziation und 114
– Freud und 37, 96, 98, 106, 141, 162, 238
Popper, Karl 199
Pötzl, Otto 134, 194
Prohibition 106
Psychiatrie 21, 115, 168f, 207, 256f
Psychoanalyse Iff, 41f, 47, 51f, 56, 64ff, 69, 72, 75, 78, 99, 128, 130, 133f, 137, 139, 143, 150ff, 163, 175, 177f, 180f, 186, 188, 207, 210, 224, 229, 234, 245, 251, 260
– äußere Bedingungen und 14ff, 40, 52ff, 57f, 60, 65f, 128, 153, 161f, 173, 180, 193
– heilende Wirkung 15f, 43f, 47, 53f, 89, 171, 207, 216, 219, 245ff, 255f.
– Medizin und 15f, 18f, 216, 229
– Unparteilichkeit und 31, 42, 48f, 51f, 56, 58, 60f, 188, 198
Psychoanalytische Ausbildung III, 52f, 62, 66, 113f, 116, 128, 157, 170, 246
– Freud über die 52f, 62
– Kleinianer 129
Psychologie des Selbst 53
Psychopharmakologie 15, 178, 182, 256
– Siehe Pharmakologie
Puner, Helen W. 205
Putnam, Irmarita 23, 111, 113, 115, 118, 167ff, 191, 207, 211, 219, 237
Putnam, James Jackson 108, 118f, 168, 170, 180, 261
Putnam, Marian 118, 168
Putnam, Tracey 167, 169

Rabelais 233
Rado, Sandor 99, 151, 199, 242
Ramsey, Frank 238

Rank, Otto I, 85, 99f, 109, 128f, 132f, 136, 152, 179, 182, 211, 232f, 235
Rank, Tola 132f.
Raphael, Chester M. 69, 127
Rappen, U. 132
Rattenmann, der Fall (Freud) 18
Reich, Wilhelm 69, 88, 127, 130
Reik, Theodor 82, 130, 132, 160, 205, 238, 241
Religion 12, 36f, 47, 168, 193, 204ff, 229, 233, 251, 258
– s.a. Juden, Judentum
Rickman, John 218f
Rie, Oskar 109, 165
Riviere, Joan 111f, 220, 232, 238f, 250
Roazen, Paul Iff, 18, 20, 26f, 30f, 35, 38, 51ff, 58, 60, 68f, 72, 75, 80, 83, 85, 93, 96, 103, 107, 121, 126ff, 130, 132f, 136, 144, 152, 156, 165, 168, 176, 178, 192, 196, 202, 209, 216, 224, 231, 239, 247, 250ff, 257
Römisch-katholische Kirche 36f, 204, 242
– österreichisch-ungarisches Kaiserreich 36f
Roheim, Geza 164
Roosevelt, Franklin D. 57, 141
Rosenfeld, Eva 23, 118, 191ff, 223, 226, 229, 252f, 261
Rosenfeld, Herbert 196, 204, 218
Rosenzweig, Saul 35
Ross, Helen 121
Rousseau, Jean-Jacques 21, 260
Russell, Bertrand 238
Rußland, Russen 37, 69, 161, 187

Sacco und Vanzetti, Prozeß 106
Sachs, Hanns 68, 130, 186, 188, 239
Sadger, Isidor 130, 163, 239
Schilder, Paul 136, 163
Schiller, Friedrich von 241
Schiller, Max 202
Schizophrenie 129, 256f
Schlesinger, Therese 30
Schreber, der Fall (Freud) 18
Schur, Max 93, 97f, 220
Scopes, Prozeß 106
Searle, Nina 219
Selassie, Haile, Kaiser 165
Selbstmord 71, 95, 106, 220, 259f, 261
– Freud 220
– Silberer 126f, 130, 137
– Tausk 127, 129, 137, 214
Sexualität 130, 246
– Freud und 35, 41, 43, 46f, 86, 88, 130, 160, 182, 200f, 251f.
– Hirst 34f, 40ff, 261
– Verbot der 120ff

– Vereinigte Staaten und 34, 141
– Siehe auch Libidotheorie
Shakespeare, William 241
Sharpe, Ella 219
Silberer, Herbert 126f. 130, 137, 144, 214f.
Silberman, Sara Lee 103, 106, 110, 115, 123
Simmel, Ernst 64, 68, 154, 194, 212
Sozialismus, Freud und 98, 238
Stekel, Wilhelm 129, 134, 144, 210, 235
Stephen, Adrian 225
Stephen, Karin 225
Sterba, Edith 185
Sterba, Richard 109, 116, 131, 165
Sterbehilfe, aktive 220
Strachey, Alix 23, 223ff, 261
Strachey, James 23, 112, 223ff, 252, 261
Strachey, Lytton 223ff
Swales, Peter 233
Syphilis 43

Tausk, Viktor IVf, 127ff, 137, 144, 155, 214ff
Thatcher, Margaret 248f
Thomas, D. M. 121
Timms, Edward 245
Tod (Freud) 15, 71, 91, 97f, 137, 144f, 150, 157, 203, 219f, 235, 240
Toleranz, Freud und 44, 54, 86, 119
– s.a. Intoleranz
Trauma 42f, 70, 89, 97, 130, 137, 204, 207, 211
Trilling, Lionel 256f.

Übertragung 47, 61, 115, 159, 207f, 259
– Freud und 35, 47, 159, 200, 209, 247
– Hirst 34f, 40
Übertragungsliebe 83
– Brunswick, Ruth 69, 83
Unbewußte, das 42, 47, 73, 168, 177, 224, 233, 259
Unparteilichkeit, Psychoanalyse und 31, 42, 48f, 51f, 56, 58, 60f, 198
Unpersönlichkeit – Siehe Leere Leinwand
Untreue 200
Unwin, Stanley 239

Van der Hoop, J. H. 169f, 181
Vanzetti (Sacco und) 106
Vereinigte Staaten - siehe Amerika
Versailler Vertrag 234f.
Virgil 32
von Freund, Anton 154ff, 180, 192, 206, 220, 246
von Freund, Rozsi 159

Wälder, Jenny 109, 116, 180
Wälder, Robert 109, 116, 144, 180

Wagner, Richard 84, 173, 208
Wagner-Jauregg, Julius 30, 134
Warner, S. 83
Weiss, Edoardo 206, 230
Weltkrieg, Erster 12, 18, 36ff, 41, 57, 96
Weltkrieg, Zweiter 12, 26, 123, 183, 203, 235
Wessel, M. A. 110
Widerstand 73, 105, 127f, 226
– Brunswick, David 61, 65f, 70, 73f
– Brunswick, Mark 78
– Jokl und 127f
Wien, Österreich 13, 25, 31, 34ff, 39, 46, 54f,
    79, 90, 141, 156, 163, 189, 194, 237, 240
– Bevölkerung 31
– Erster Weltkrieg 36, 96
– Freud und 27f, 37ff, 45, 54f, 97f, 189, 259
– Unruhen in 98
Wiener Psychoanalytische Vereinigung 69,
    81f, 105, 114ff, 125ff, 128f, 133f, 140ff,
    161, 185, 231, 249
Wilde Analyse 183, 235
Wilson, E. 230
Wilson, Woodrow 96, 200, 234f, 247, 257
Winslow, E. G. 234
Wissenschaft 15, 19, 28, 30f, 48, 51f, 54f, 65,
    67, 126, 140, 145, 207, 232, 246, 248,
    258
Wittgenstein, Ludwig 39, 159
Wolfsmann, der Fall (Freud) 18, 57f, 65, 78,
    84, 242
Woolf, Leonard 234, 237f.
Woolf, Virginia 225, 232, 234, 237ff.
Wortis, Joseph 119, 186

Young-Bruehl, Elizabeth 95, 150, 155

Zilboorg, Gregory 183
Zwangserscheinungen (Zwangsneurose),
    Freud und 18, 73, 129, 204
Zweig, Stefan 31

559 Seiten
68,– DM, SFr 62,–, öS 496,–
ISBN 3-930096-77-3

Hunderte von Interviews mit über siebzig Personen, die Freud kannten – Patienten, Kollegen, Familienmitglieder –, unveröffentlichte Papiere aus dem Nachlaß des Freud-Biografen Ernest Jones sowie genaue Kenntnisse psychoanalytischer Theorie und Praxis sind die Grundlagen dieser groß angelegten Darstellung.

Paul Roazen zeichnet zunächst ein genaues Bild Sigmund Freuds, er geht den Einflüssen von Kindheit und Jugend nach, von Umgebung und Familie, er zeigt Freud, den leidenschaftlich Liebenden und den leidenschaftlich Hassenden, als Arzt und Forscher: das Genie und den Wiener Bürger des 19. Jahrhunderts.

„Roazen schrieb eine Biographie der psychoanalytischen Bewegung, und der Rezensent gesteht, kein vergleichbares Werk über eine geistige Führergestalt und ihre Nachfolger zu kennen. Aus zahllosen Gesprächen und seiner eigenen Kenntnis analytischer Theorie rekonstruierte der Autor eine lebendige Geschichte, dramatisch, einsehbar: ein höchst gelungenes Unternehmen."
Book Week

P🕮V
Psychosozial-Verlag

Neuausgabe · April 1999
436 u. 500 Seiten
Format 15,2 x 22,5 cm · gebunden
DM 122,– · öS 891,– · SFr 109,–
Einzelpreis 68,– DM
ISBN: 3-932133-67-6

Karl Abraham, der erste Psychoanalytiker in Deutschland, gilt heute als einer der bedeutendsten Schüler und Mitarbeiter Sigmund Freuds. Seine Schriften zählen zu den klassischen Grundlagentexten der Psychoanalyse. Seit die Nationalsozialisten sie 1933 verbrannten, waren sie unzugänglich. Erst 1969 erschien im S. Fischer Verlag der erste der zwei Bände der „Psychoanalytischen Studien". Seit geraumer Zeit sind auch diese vergriffen. Der Psychosozial-Verlag macht sie nun der interessierten Leserschaft wieder zugänglich.

Die von Johannes Cremerius herausgegebenen und eingeleiteten „Psychoanalytischen Studien" entsprechen weitgehend einer Gesamtausgabe der Schriften Karl Abrahams. Beide Bände enthalten mit besonderer Sorgfalt zusammengestellte Register, ferner im Anhang eine systematische Gliederung des Materials beider Bände nach Sinngruppen und schließlich die umfassende „Bibliographie der wissenschaftlichen Veröffentlichungen Karl Abrahams."

P🔲V
Psychosozial-Verlag

Juni 1999 · ca. 500 Seiten
gebunden
DM 48,– · öS 350,– · SFr 44,50
ISBN: 3-932133-70-6

Trennungen können gegensätzliche Gefühle auslösen, die dennoch oft eng miteinander verbunden sind: Schmerz und Trauer über den Verlust, aber auch freudige Erleichterung über die Freiheit, wenn die Loslösung gelungen ist. Die Auseinandersetzung mit schmerzhaften Trennungserlebnissen von Mutter (und Vater) bildet einen der Schwerpunkte dieses Buches.

Bindungstheoretische und familientherapeutische Ansätze untersuchen die unmittelbaren wie langfristigen Folgen sowohl früher wie auch später Trennungen (z. B. Scheidungen). Auch die Beendigung einer psychoanalytischen Behandlung impliziert eine Trennung. Was geschieht hier mit den beiden Beteiligten, Patient und Analytiker?

Mit Beiträgen u. a. von:
Joachim Küchenhoff, Christa Rohde-Dachser, Stephen A. Mitchell, Lore Schacht, Roy Schafer, Stephan Wolff, Mathias Hirsch, Manfred Cierpka, Michael Buchholz, Alf Gerlach, Inge Rieber-Hunscha

P🮲V
Psychosozial-Verlag

In der Reihe »BIBLIOTHEK DER PSYCHOANALYSE« bislang erschienen:

Karin Bell, Kurt Höhfeld (Hg.): Psychoanalyse im Wandel.

Karin Bell, Kurt Höhfeld (Hg.): Aggression und seelische Krankheit.

Rosemarie Eckes-Lapp, Jürgen Körner (Hg.): Psychoanalyse im sozialen Feld.

Otto Fenichel: Aufsätze.

Otto Fenichel: Psychoanalytische Neurosenlehre.

Mathias Hirsch (Hg.): Der eigene Körper als Objekt.
Zur Psychodynamik selbstdestruktiven Körperagierens

Kurt Höhfeld, Anne-Marie Schlösser (Hg.): Psychoanalyse der Liebe.

Marianne Leuzinger-Bohleber (Hg.): Psychoanalysen im Rückblick.

E. James Lieberman: Otto Rank – Leben und Werk.

Hans-Martin Lohmann (Hg.): Das Unbehagen in der Psychoanalyse.

Christiane Ludwig-Körner: Wiederentdeckt – Psychoanalytikerinnen in Berlin.
Auf den Spuren vergessener Generationen

Esther Menaker: Schwierige Loyalitäten.
Psychoanalytische Lehrjahre in Wien 1930-1935

Emilio Modena (Hg.): Das Faschismus-Syndrom.

Ludwig Nagl u.a. (Hg.): Philosophie und Psychoanalyse.

Otto Rank: Das Trauma der Geburt.
und seine Bedeutung für die Psychoanalyse

Paul Roazen: Sigmund Freud und sein Kreis.

Paul Roazen: Wie Freud arbeitete.
Berichte von Patienten aus erster Hand

Anne-Marie Schlösser, Kurt Höhfeld (Hg.): Trauma und Konflikt.

Robert J. Stoller: Perversion.
Die erotische Form von Haß

Vamik D. Volkan: Das Versagen der Diplomatie.
Zur Psychoanalyse nationaler, ethnischer und religiöser Konflikte